KB130454

COLLAB-ORATIVE GOVER-NANCE

PRIVATE ROLES FOR PUBLIC GOALS IN TURBULENT TIMES

JOHN D. DONAHUE • RICHARD J. ZECKHAUSER

WITH A FOREWORD BY STEPHEN BREYER

변혁시대의 협력적 거버넌스

초판 1쇄 발행 2022년 2월 1일
저　　자 존 도나휴(John D. Donahue), 리처드 잭하우저(Richard Zeckhauser)
역　　자 조용운
발 행 인 권선복
편　　집 오동희
디 자 인 오지영
전 자 책 노유경
발 행 처 도서출판 행복에너지
출판등록 제315-2011-000035호
주　　소 (07679) 서울특별시 강서구 화곡로 232
전　　화 0505-613-6133
팩　　스 0303-0799-1560
홈페이지 www.happybook.or.kr
이 메 일 ksbdata@daum.net

값 22,000원
ISBN 979-11-5602-948-9 (93350)

COLLABORATIVE GOVERNANCE: Private Roles for Public Goals in Turbulent Times

새로운 거버넌스 시대를 맞이하며

변혁시대의 협력적 거버넌스

Collaborative Governance

Private Roles for Public Goals in Turbulent Times

존 도나휴, 리처드 잭하우저 지음

조용운 옮김

도서출판 행복에너지

그의 놀라운 비전과 든든한 지지에 감사를 담아

프랭크 웨일(Frank Weil)에게

이 책을 바칩니다.

추천사

로렌스 서머스(Lawrence H. Summers), 하버드대학 Charles W. Eliot University 교수

20세기의 중심 이슈는 '정부 vs 시장'이었다. 이제는 국민의 요구에 부응하기 위해 공공부문의 노력과 민간부문의 역량을 어떻게 효율적으로 결합할 수 있는지가 21세기의 핵심 주제다. 이 책이 바로 그 주제를 다룬다. 민간부문과 협력하고자 하는 공공부문, 또는 공공부문과 일하고자 하는 민간부문에 속한 모든 사람들이 꼭 읽어야 하는 책이다.

로버트 라이시(Robert B. Reich), UC버클리 정책대학원 교수

정부는 우리에게 닥친 모든 문제를 해결해 줄 수 없다. 민간부문도 마찬가지다. 그렇기에 공공부문과 민간부문의 협력이 중요한 해결책이 된다. 명쾌하면서도 고민이 깃든 책에서, 존 도나휴와 리처드 잭하우저는 협력이 어떻게 작동하는지, 어떤 상황에서 가장 효과적인지, 그리고 정책수립자가 민간부문의 효율성과 공적 책임을 어떻게 성공적으로 조화시켰는지를 설명해 준다. 저자들은 교육, 경제 개발, 의료 및 안전 등 다양한 분야에서 도출한 실제 정책 사례를 이용하여 협력이 품은 많은 장점을 설명하면서, 동시에 위험성도 명확히 짚어준다. 그 결과 이 책은 공공목표를 달성하기 위해 민간부문의 장점을 어떻게 활용할 수 있는지 이해할 수 있으며 놀랍도록 읽기 쉬운 유용한 설명서가 되었다.

토머스 셸링(Thomas C. Schelling), 노벨경제학상 수상자

이 책은 나의 호기심을 자극했다. 이 선구적인 주제와 함께 제시되는 모든 원칙들은 실제 사례 연구를 통해 명확하게 드러난다. 흥미롭게 읽을 수 있도록 만든 저자들의 저술 능력에 감탄하게 된다.

킵 비스쿠시(W. Kip Viscusi), 밴더빌트대학 법학전문대학원 석좌교수

통찰력이 가득한 이 책은 사적행위와 공적행위가 갖는 각각의 역할을 재고하도록 자극한다. 두 저자는 협력이 지니는 강점과 잠재적인 함정을 모두 보여주는 여러 사례를 제공한다. 정책 수립에 반영될 수 있도록 구체적인 원칙을 이렇게 명확하고 공식적인 표현으로 정리한 책은 이제껏 없었다. 이 책을 읽는 것은 진정한 즐거움이다.

폴 포스너(Paul L. Posner), 조지메이슨대학 공공행정대학원 교수

협력적 거버넌스는 협력과 파트너십에 관한 상당한 학문적 공백을 메워준다. 또한 이 책은 탁월한 저술, 사례 연구의 본이 될 만하다. 모든 사례는 흥미로울 뿐 아니라 광범위한 정책 분야를 망라하고 있다. 설명하는 내용은 모두 설득력이 있고 명확하면서도 매끄러운 표현을 통해 전달된다.

진희선, 연세대학교 도시공학과 특임교수, 전 서울시 행정2부시장

우리는 지금 코로나 팬데믹, 기후변화, 저성장과 양극화, 일자리 부족, 저출산 등 인류가 그동안 경험하지 못했던 초유의 위기에 직면하고 있다. 이 위기의 극복은 정부 혼자만의 힘으로는 불가능하며, 어느 때보다도 공공과 민간의 협력이 필요한 상황이다. 공공의 공적 목표와 민간의 효율적 능력이 잘 조화되고 균형을 이루는 협력적 거버넌스(collaborative governance)가 요구되는 것이다. 또한 풀뿌리 민주주의 정신에 근거하여, 협력적 거버넌스, 즉 협치는 시민의 공공정책 참여라는 면에서 더욱 발전되고 확장되어야 한다. 풀뿌리 민주주의는 선거를 통해 선출된 대리인에게 공적 임무를 위임하는 데 그치지 않고, 우리 공동체 문제를 시민들이 함께 참여해서 해결하는 것이다.

이미 서울시에서는 도시재생사업, 마을공동체사업, 사회경제 기업, 사회주택 등 도시문제 해결을 위한 공공정책에 공공과 민간의 협력이 이루어지고 있다. 한 걸음 더 나아가 민주주의위원회, 주민참여예산제도 등을 통해 공공정책 선정과 공공예산계획 수립 단계에서부터 시민이 직접 참여하고 있다. 공공과 민간의 협력은 사업구상, 추진단계, 결과의 피드백에 이르기까지 전 과정에 걸쳐 이루어져야 그 효과를 극대화할 수 있다.

그러나 이 같은 협력은 실제 사업 추진 단계에서 잘 작동되지 않고, 시행착오를 겪는 경우가 많다. 이 책은 협력 과정에서 나타나는 문제들을 잘 해결하기 위한 다양한 비법들을 제시해준다. 왜 협력이 필요한지, 어려운 문제를 어떻게 해결해야 하는지, 효율적인 협력을 위한 기술 등 협력적 거버넌스의 다양한 대안과 기술들을 알고자 하는 독자들에게 일독을 권한다.

목차

옮긴이 일러두기

인물명, 고유명사, 그리고 역자가 판단한 중요한 표현들은 국문 옆에 영문을 병기하였습니다. 병기한 용어가 반복되는 경우에는 가급적 국문으로 반복하였습니다.

다만, 영문의 약자(이니셜)가 있는 경우에는 영문의 약자를 반복하도록 하였습니다. 본문 중 괄호의 내용은 원저작에 포함된 내용이며, 이해를 돕기 위하여 옮긴이가 추가한 내용은 옮긴이가 추가한 내용임을 밝히는 표시를 두었습니다.

서문

스티븐 브레이어
(Stephen Breyer)

미국인은 실용적이다. 필요한 재화나 서비스를 제공하는 방법 중에는 (1) 자유시장 내에서 운영되는 민간 기업을 통한 방법, (2) 정부의 상당한 규제 아래 운영되는 기업을 통한 방법, (3) 정부를 직접 통하는 방법이 있다는 사실을 잘 인식하고 있다. 때로는 이념적 입장에 따라 이 세 가지 전달 방식의 장점을 서로 비교하거나 그 혼합 방식을 논의하기도 한다. 동시에 각 방식을 효율적으로 수행할 수 있도록 개선하고자 체계적인 방식을 모색하기도 한다.

한 세기에 걸쳐, 정부 기관과 법원은 자유시장이 경쟁력을 유지하면서 더 원활하게 기능할 수 있도록 돕기 위해 독점금지법(Antitrust Law)을 제정하고 적용해 왔다. 20세기 대부분의 기간 동안 정부 기관은 전력 생산 기업과 같이 고도의 통제를 받는 기업을 대상으로 산출량을 결정하고, 그 가격을 결정하는 체계적인 방법을 발전시켰다. 나중에는 그 반대로 엄격한 통제를 완화시키거나 혹은 아예 없애버리는 방식을 찾아내기도 했다. 이렇게 하는 것이 국민에게 도움이 된다고 믿었기 때문이다. 최근에는 전통적인 지휘통제(Command-and-control) 규제 방식에서 협상 기반(Negotiation-based) 혹은 인센티브 기반(Incentive-based) 규제 방식으로 변화하는 등 정부 내 규제 기관들이 보건, 안전, 환경 분야에서 보다 효과적이면서 제한 수준이 낮은 방법을 찾기 위해 노력하고 있다.

이 책의 저자인 두 저명한 학자는, 현재 규제 형태를 띠고 있는 몇몇 서비스를 포함하여 정부가 재화나 서비스를 제공할 수 있는 더 나은 방향을 찾고, 탐구하면서 매우 다양한 정부 활동으로부터 이 책의 주제를 이끌어 낸다. 정부 기관은 미국의 국민총생산의 30% 이상(제2장 각주 3번을 보라)을 지출하고 있다. 연방정부만 해도 200만 명의 근로자(Bureau of Labor Statistics, U.S. Department of Labor, Career Guide, http://www.bls.gov)를 보유하고 있다. 이들 정부 소속의 근로자들은 정부의 세금, 복지, 사회보장, 국방, 의약품, 교육, 고속도로, 철도, 전기, 천연가스, 주식, 채권, 은행, 의료, 공중보건, 안전, 환경 개선, 고용, 소비자 보호 등에 대한 많은 일들을 담당하고 있다. 또한 각자의 임무를 수행하기 위해 규정을 만들고, 분쟁을 해결하고, 민간부문의 행위를 조사하고, 제재를 가하기도 하며, 사업을 승인하고, 재화나 서비스를 직접 제공하기도 하며, 공공 목표를 위해 민간 기업과 계약을 체결하기도 한다. 요약하자면, 정부 활동의 규모는 상당히 방대하며, 추진하는 목적도 다양하고, 형태와 규모 또한 각기 다르다.

저자들은 이 방대하고 다양한 정부의 활동 속에서 '협력적(collaborative)'이라 부를 수 있는 실제 사례 혹은 잠재적 활동을 정확히 짚어 낸다. 이 협력이라는 용어는 정부가 민간 기업, 민간 조직 또는 민간인과의 협력을 통해 공적인 임무를 완수하려는 경우를 일컫는다. 폐기물 수거나 교도소 운영과 같은 임무를 민간 기업에 위탁하기 위해 계약을 맺는 차원을 협력으로 보기는 힘들다. 이는 계약서에 민간 기업이 어떤 일을 해야 하는지에 대해 매우 상세하게 명시되어 있는 까닭에 정부의 상당한 통제 아래 있다고 볼 수 있다. 반대로 공적인 임무를 위해 어떤 일을, 어떻게 해야 할지에 대해 정부가 민간 기관에게 상당한 '재량(discretion)'을 부여했다면, 그 관계가 바로 '협력적' 관계가 된다(특히 정부가 공을 들여 위임하는 권한을 검토하고, 조정하는 경우에는 그 관계는 확실히 협력 관계라 판단할 수 있다).

이 '협력적' 관계를 개념화하고 분석하기 위해 저자들은 주요 공공 서비스를 그 대상으로 삼았다. 한 가지 예로서, 모든 계층의 정부 기관은 다양한 종류의 공공 서비스를 전달하기 위해 빈번하게 협력 관계를 맺게 되는데, 저자들은 6개의 각기 다른 도시의 4개의 공공 서비스(공원 관리, 구급차 운영, 직업 훈련, 미취학 아동 교육)를 전달하는 방식에 대해 연구했다. 그리고 한 도시를 제외한 모든 도시가 민간 조직과 협력적 방식을 통해 하나 이상의 공공 서비스를 제공한다는 사실을 발견했다.

또 다른 예로서, 저자들은 정부가 협력을 고려하게 되는 기본적인 이유를 포함하는 개념적 틀(Conceptual framework)을 제시함으로써 이 협력 관계에 대한 이해를 돕는다. 정부는 민간부문이 제한된 자원을 이용하여 향상된 결과를 도출할 수 있는 능력이 상대적으로 정부보다 낫다는 점을 인식하고 생산성을 위해 협력한다. 이 생산성을 이유로 정부는 항만 시설을 테러로부터 안전하게 유지하기 위해 민간 기업과 협력하며, 러시아의 농축 우라늄을 제거하기 위한 노력의 일환으로 이를 확보하여 미국의 원자력 발전소에 되팔기도 했다.

정부보다 기업이 필요한 정보를 더 많이 보유하고, 접근할 수 있다는 이유 때문에 민간부문이 더 효율적이라고 판단할 수도 있다. 따라서 산업안전보건청(Occupational Safety and Health Administration)은 개별 기업이나 공장의 고용주가 단순히 OSHA 규정을 따르는 것보다는 필요한 안전 계획을 자체적으로 수립하고 준수하는 것이 안전을 확보하는 데 더 효과적이라고 판단했다.

정부는 어떤 사업을 진행해야 할 때, 민간부문과 협력해야 정당성을 갖는다고 판단할 수 있다. 예를 들어, 국제개발처(Agency for International Development)는 다양한 해외 원조 프로젝트를 민간의 비영리 기관 등과 협력하여 신뢰성을 확장시켰다. 그리고 협력은 더 많은 자원을 확보하는 데 도움을 준다고 믿었다. 예를 들어, 뉴욕시는 도시 내 공원을 복원하기 위해 민간 기업, 개인과 협력하여 더 많은 자원을 확보할 수 있었다.

더 나아가, 저자들은 협력이 동반하는 잠재적인 비용과 편익에 대한 설명도 함께 제공한다. 예를 들어 항만 보호와 같은 공공 목표를 달성하기 위해 그 방안을 가장 잘 알고 있는 민간 기관, 즉 항구를 운영하는 기업에게 생산재량(Productivity discretion)을 부여할 때에 국민의 편익은 증대된다. 그러나 다른 한편으로는 그 민간 기관이 공공 목표를 희생하여 자신의 이익을 추구하기 시작한다면, 협력이 허용한 수익재량(Payoff discretion)으로 인해 잠재적인 비용이 발생할 수밖에 없다. 예를 들어 정부의 안전 조치 시행을 돕고 있는 민간 기업이 안전을 위한 권고 사항을 이용하여, 자신의 제품 혹은 유관 기업의 제품 판매와 연계되도록 그 프로그램을 왜곡할 수 있다. 마찬가지로 협력이 허용한 선호재량(Preference discretion)으로 인해 민간부문의 행위자는 자신의 선호 혹은 특이한 선호를 반영하려고 노력할 수도 있다(민간부문과의 협력으로 새롭게 단장한 공원에 전시하는 예술 작품은 과연 누가 선정하게 될까?).

주목할 점은 두 저자가 상당히 다양한 사례를 언급하면서도 동시에 상세한 내용을 제공한다는 점이다. 그 사례에는 시카고의 밀레니엄 파크(Millennium Park) 조성을 위한 협력으로 공공 이익이 증대된 사례, 연방정부의 학자금대출 프로그램(Federal student loan program) 운영을 위해 민간 은행과 협력했으나 실패한 사례, 차터스쿨(Charter school)의 운영, 의료보장(Health care), FDA의 신약 안전성 검사 등 국가적으로 매우 중요한 사례가 포함되어 있다. 저자들이 제시한 개념적 틀에 대한 논의를 통해, 정부가 언제 협력 방식을 채택해야 하는지, 어떻게 공공 임무를 개선시킬 수 있을 것인지, 무엇이 옳은 방향인지, 왜 실패하게 되는지를 독자는 충분히 이해할 수 있게 된다.

마지막으로 이 책이 강조하는 사실 중의 하나는 어떤 성공적인 협력이라도 시간이 경과함에 따라 점진적으로 변화한다는 점이다. 이 때문에 지속적인 모니터링, 점검, 수정이 필요하다. 정부 관료는 업무 중에서 협력이 가능한 부분이 있는지, 어떻게 협력해야 하는지, 어떤 보상이 필요한지, 어떻게 평가해야 하는지 등을 끊임없이 분석해야 한다. 분석 후에는 역할과 책임을 배치하고, 그 관계를 설계하고, 협력의 결과를 평가해야 한다. 또한 이 과정은 협력의 점진적인 변화로 인해 계속적으로 그 과정을 반복해야 하는 사이클을 갖는다. 저자들은 정부의 관리자를 소위 서커스단의 링마스터(ringmaster)에 비유한다. 다양한 참여자들의 활동을 지속적으로 분석하고 조정하며, 그 공연을 발전시켜 나간다. 이 비유를 통해 정부 관리자의 역할에 상당히 구체적인 의미를 부여한다.

개념적 틀을 개발하고, 특정 사례에 실제 적용해 보는 과정을 통해 이 책은 희망을 제시한다. 다양한 공공 목표를 실현하기 위한 실무적으로도 타당한 접근법(게다가 합리적이면서 이념에 치우치지 않는 접근법)이 바로 협력이라는 사실을 보여주기 때문이다. 또한 몇 가지 간단한 개념 도구를 적용함으로써 협력이 실패하지 않도록 도움을 준다. 이를 통해 우리의 교육과 의료 서비스와 같은 분야에서도 협력적 방식을 통한다면 큰 진전이 있을 것이라는 희망을 갖게 한다.

두 저자의 관점은 특정 이념에 치우치지 않는다. 그러나 두 저자가 협력을 강조할 때, 나는 이상주의자처럼 미래의 가치를 생각하게 된다. 민간부문의 근로자가 정부 관료와 협력하여 공공 목표를 성취하기 위해 노력한다는 것의 의미는 민간부문으로 고용된 근로자가 자신의 근로 생활의 일정 부분을 공공 임무 수행에 할애한다는 것을 의미한다. 결국 공공 목표의 완수를 위한 협력적 노력으로 인해 공공과 민간 사이의 장벽은 서서히 사라지게 된다. 이 점은 입헌 민주주의 사회에 있어 대단히 바람직한 일이다. 우리 사회의 미래는 '공공 vs 민간'의 대결이 아니라, '공공'과 '민간'이 함께 일한다는 인식을 널리 공유하는 데 달려 있기 때문이다.

스티븐 브레이어(Stephen Breyer, 1938. 8. 15. ~)

현재 미국의 최고령 대법관이다. 스탠포드(Stanford University)와 옥스퍼드(University of Oxford)에서 학사학위를 취득하고, 하버드 법학대학원(Harvard Law School)에서 법학석사학위를 취득했다. 법조계 이력으로는 1980년부터 항소법원 판사로 재직하였고, 1990년부터 1994년까지 항소법원 부장판사를 역임하다가 빌 클린턴(Bill Clinton) 대통령으로부터 1994년 8월 3일 대법관으로 임명되었다. 학계 이력으로는 1967년부터 1994년까지 하버드 법학대학원(Harvard Law School)에서 교수로 재직하였고, 1977년부터 1980년까지 하버드 케네디 스쿨(Harvard Kennedy School)에서 교수로 재직했다.

제1부

협력의 가능성과 난제

제1장

공공 목표를 위한 민간의 역할

우리는 격동의 시대에 살고 있다. 21세기가 진전할수록 스트레스와 격동의 지표는 훨씬 심각해지는 것 같다. 세계 경제는 흔들리고, 주택 가격은 호황과 불황을 오가며, 일자리는 사라지고, 퇴직 연금이 줄어들고, 상징적인 금융 기관들은 파산하거나 구제 금융으로 휘청거리고 있다. 그런데 이들 문제는 일시적인 문제일 뿐이다. 우리는 다가올 미래를 대비해야 하는 엄청난 도전에 직면해 있다. 지구를 오염시키지 않고서 경제를 발전시킬 수 있는 방법을 찾고, 모두를 위한 저렴한 의료 서비스를 갖추고, 사회보장제도의 미래를 확보해야 한다. 또한 학교는 학부모들이 기대하는 것과 학생들이 요구하는 것에 훨씬 못 미치며, 도로와 다리, 제방 등 기반시설의 수명이 다 되어 무너지고 있다. 이 불안한 나라에 큰 도전이 찾아왔으며, 이 위기는 우리의 노력을 상당한 차이로 앞서고 있는 것 같다.

우리가 직면하고 있는 도전의 복잡성과 비용을 고려하면, 단순히 일반적인 정부 해결책의 규모를 확대하는 것이 정답이 될 것이라고 어느 누구도 생각하지 않는다. 정부는 스스로 해결 방법을 찾아내고 그것을 완수하기 위한 기술, 의지, 그리고 예산이 부족하다고 한다. 이 위험으로부터 모두를 구해야 한다는 사회적 책임감을 원동력 삼아 우리 모두의 희망이 될 수도 있는 기업조차도 자활을 위해 몸부림치거나, 직간접적인 이익이 발생하는 해결책이 아니라면 어느 상황에도 자원을 투입하기를 거부한다. 그리고 민간 자선단체들은 정부가 떠넘기는 모든 부담을 감당하기에 재원이 너무 적다. 특히 민간부문을 지원하는 정부 책임이 최근 급증하고 있다. 이 급증의 경향은 두 분야 사이의 익숙했던 경계가 원래 유동적이었다는 사실을 보여줌과 동시에, 이 책이 초점을 맞추고 있는, 전통적으로 정부의 영역으로 여겨졌던 사업에 민간부문의 참여가 증대되는 추세를 보여준다.

그러나 격동의 시대는 기회를 낳는다. 우리는 큰 계획과 용기를 가진 대통령을 가졌다. 국가 최고의 사상가와 행동가들이 그를 둘러싸고 있다. 오바마 행정부는 긴급한 위협으로부터 국가를 구출할 뿐만 아니라 정부가 일하는 방식을 개선해야 한다는 사명을 가지고 취임했다. 그러나 이 개선은 역설적이게도 국가 경계를 뛰어넘는 안목을 필요로 한다. 이 격동의 시대가 갖는 문제의 심각성과 해결에 대한 열망은 현 정부와 잘 어울린다.

오바마 행정부, 주(州) 정부와 지방 정부, 관련된 기관 등 앞으로 구성될 정부는 군대용어인 소위 '전력증강자(force multiplier)'를 필요로 한다. 이는 정부 노력의 영향력을 증가시킬 수 있는 어떤 체계적인 방법을 의미한다. 우리는 재량 공유(shared discretion)라는 공공과 민간 능력을 상호 결합하는 세심하게 구조화된 방식인 협력적 거버넌스(collaborative governance)가 그 전력증강자가 될 수 있다고 믿는다.

정부의 각 기관들은 정부 스스로 할 수 있는 것보다 더 효과적으로 공공 목표를 달성하기 위해 민간 행위자들과 협력할 수 있는 다양한 기회를 맞이하고 있다. 기회를 잘 활용할 경우, 협력 방식(collaborative approach)은 공공 가치 창출을 위한 강력한 지렛대가 될 수 있다. 그러나 이 협력적 접근방식은 종종 정책 입안자들과 대중 모두에게 전통적인 계약 관계나, 자선 단체 활동으로,

또는 공사관계가 분명하지 않게 혼합된 것으로 오해받기도 한다.

정부 자료를 면밀히 살펴보면 미국 정부의 성과는 협력적 거버넌스를 최대한 활용하는 데 달려있다는 것을 확인할 수 있다. 협력적 거버넌스는 추구하는 정확한 목표와 실현 수단에 대한 통제권을 정부와 민간 협력자 간에 전략적으로 공유함으로써 민간의 전문지식, 역량, 그리고 자본을 활용할 수 있게 된다. 동시에 재량을 공유함으로 민간 협력자가 공적 영역에 진입하도록 동기를 부여하고 그들이 주어진 역할을 잘 수행하도록 힘을 실어 준다. 협력적 접근은 창조적 시민의 예측할 수 없는 지략을 촉발시켜 신선하고 유연한 해결책을 이끌어 낸다. 잘 이루어진 협력은 정부와 민간 협력자 사이에 시너지를 불러일으켜서, 함께 노력하면 각각의 노력으로 만들어 낼 수 있는 성과의 단순합보다 더 큰 성과를 낼 수 있게 한다.

이 접근법은 새로 등장한 방식이 아니다. 공공임무를 국가의 배타적 영역으로 보는 경향이 있는 사람들은 로마제국 당시 민간 징세원에게 위임했던 세정[1)]이나, 영국 정부의 외교적, 상업적 활동의 연장선상에서 역할을 했던 영국 동인도회사의 전설적인 역사를 떠올릴지도 모른다. 서부를 개척한 루이스(Lewis)와 클라크(Clark)의 원정대는 제퍼슨 대통령의 권한을 위임받아 운영됐던 민간 탐험대였다. 하지만 이 경우 모두 비교적 단조로운 시기였다. 오늘날 정부와 사회는 훨씬 더 복잡하고, 변화의 기류는 더 세차고 확연하다. 그리고 정부와 민간 단체 간의 협력은 세계 각 국가에서도 공히 발견할 수 있지만, 시장 친화적이고 관료주의를 경계하는 미국 문화에 더 적합한 독특한 접근법이다.

우리는 새로운 형태의 조직적인 상호작용 발견을 주장하는 것도 아니며, 놀랄만한 개념적 참신함을 주장하지도 않는다. 이 책(또는 이 분야를 다루는 대부분의 최신 책들)이 다루는 대부분의 아이디어들은 아담 스미스, 제레미 벤담, 또는 존 스튜어트 밀에게 그다지 놀랄 만한 내용은 아닐 것이며, 집단행동에 관한 20세기 최고의 저작물들은 이 책이 담게 될 내용에 대한 영감과 약간의 직접적인 선례들을 제공한다.[2] 이 책의 핵심은 첫째, 자주 혼동하는 공공부문과 민간부문 간의 상호작용 형태를 구별해 내는 것, 둘째, 공유 재량이 갖는 의미를 이해하는 것, 그리고 셋째는 현재와 미래의 핵심적인 문제에 대해 협력적 접근방식을 지향하게 하는 데 있다.

연합(coalition), 사회 자본(social capital), 네트워크(network) 및 기타 관련된 이론에 대한 방대한 정치학 문헌이 있다.[3] 정실 자본주의(crony capitalism)에서 정치머신(political machine)에 이르기까지 협력의 위험성도 잘 기록되어 있다.[4] 법학자들도 협력, 또는 협력과 관련 주제를 상세하고, 인상적인 통찰력으로, 그리고 법적인 측면에서 탐구해 왔다.[5] 게임 이론(game theory), 행동경제학(behavioral economics), 제도경제학(institutional economics, 특히 경제 구조 내에서의 거래비용 이론(transactional-cost-based theory)), 특히 대리인 이론(agency theory) 등 경제학 분야에서 적절한 지식을 얻을 수 있다.[6] 협력적 거버넌스에 대한 우리의 연구와 밀접하게 관련된 경영학 분야도 기업 제휴(corporate alliance)와 전략적 파트너십(strategic partnership)을 포함한 다양한 협력 장치(collaborative arrangements)와 연관된 풍부한 자료를 가지고 있다. 이 분야는 1980년대 후반부터 기업 간의 새로운 상호작용 모델에 대한 실제 실험 사례와 더불어 활기를 띠고 있다.[7] 그리고 공공 관리 분야에서는 우리가 협력적 거버넌스라고 일컫는 접근방식이, 용어상의 불분명한 경향에도 불구하고 완전히 대세다.[8]

그러나 많은 사람들에게 여전히 정부와 민간부문 사이의 협력적 개념은 익숙하지 않다. 종래의 전통적 개념은 정부는 공공 사업을 하고, 사업가는 민간 사업을 하고, 자선 비영리단체가 그 틈새를 메우는, 각자 묵묵히 자신의 일에 전념하는 것이었다. 그리고 이렇게 구분된 영역을 지닌 이 개념은 오랜 기간 현실 사회에 대한 합리적이고 적절한 묘사였다. 반 세기 전만 해도 정부의 활동은 공공 조직에서, 공공관리자의 지시 아래, 정부 관료들에 의해 행해지는 활동이었다. 민간 참여자의 경우, 관여가 되었을 경우에만 제한적이고 종속적인 역할을 했다. 1970년대 중반까지만 해도 미국의 공공부문(연방 정부, 주정부 및 지방 정부)은 공무원에게의 지출되는 비용이 전체 지출의 40%를 차지했다. 오늘날 그 비율은 29% 이하로 낮아졌는데,[9] 이는 정부 활동이 직접 생산 방식에서 보조금 지급 방식(grant), 이전지급 방식(transfer payment), 계약 방식(contract)으로 전환했음을 의미한다. 민간부문과 상호작용하는 형태와 복잡성 또한 바뀌었다. 민간 조직이 정부와의 거래에서 취할 수 있었던 단순한 입장(유권자, 계약자, 납세자, 수혜자, 로비스트, 고문)은 잠재적인 역할로 인해 더 풍부해지고, 더 정교해졌으며, 당연히 더 복잡해졌다. 돈을 벌기 위해 정부 조달 계약의 규격을 맞추는 납품업자들로부터 자기 주도적으로 나름대로의 공익을 추구하는 자선가에 이르기까지, 공공 가치를 창출하기 위한 민간의 역할은 이제 광범위한 영역에 걸쳐 있다. 21세기의 중요한 공공 임무의 성과는 많은 부분, 아마도 대부분 민간의 영리단체와 비영리단체의 역할에 달려 있다.

그러나 우리(정치인, 정부 관료, 국민)는 민간 부문이 공공사업에 관여하는 것의 본질과 함의를 간과하거나 오해하는 경향이 있다. 얼마나 폭넓은 협력이 이미 이루어지고 있는지에 대한 광범위한 인식이 없으며, 공공 업무에 민간이 참여하는 다른 방식과는 어떻게 다른지에 대한 이해는 더더욱 부족하다. 이는 사회 이념이라는 왜곡된 렌즈를 통해 보기 때문이기도 하다. 공공부문의 민간 참여에 대한 일반적인 적절성 논쟁은 흥미롭지만, 대부분 시간 낭비다.[10] 대화는 분명한 목표, 명확한 배경, 정확한 당사자에 관심을 집중해야 그 대화가 의미가 있다. 대부분의 대중이 폭넓게 협력적 거버넌스를 이해하고, 학자와 전문가들이 심도 있게 협력적 거버넌스를 이해해야 협력적 거버넌스가 큰 질문에 대한 바른 대답이 될 수 있다. 이러한 바른 이해는 적절한 공공 임무에 선별적으로 협력적 거버넌스를 선택하고, 옳은 접근이 아닐 때는 그것을 회피하도록 해준다. 또한 바른 이해가 있다면 협력적 거버넌스를 어디에 적용하든지 현명하게 적용할 수 있게 해 준다.

중요한 첫걸음은 현재 공공부문에서의 많은 민간의 역할이 우리가 정의하는 협력에 해당하지 않는다는 점을 인식하는 것이다.[11] 개인 자선 단체, 기업 자선 사업, 그리고 다양한 형태의 자발적 활동들은 우리가 다루는 주제와 관련은 있지만 구별된다. 이 같은 방식에서는 재량은 공유되지 않으며 재량이 있더라도 민간 당사자에게 있거나 거의 독점되다시피 한다. 상당히 광범위한 변수가 있지만, 민간부문의 개인과 기관이 선택하는 활동은 추정컨대 세금 때문에 공익을 추구하는 것으로 포장한다. 하지만 이는 틀림없이 한계가 있다. 정당 후원금이나 기업 CEO가 사촌에게 주는 증여에 대해서는 어떤 법인세를 청구할 수 없다. 주주들은 기업 회장이 자신의 모교나 지역의 사설 단체에 지원금을 주는 행위에 대해 불만을 표시하고, 납세자들은 이상한 예술가나 이국적 종교 종파에 대한 세금공제에 분개할 수도 있지만, 정부는 그 자선 단체 자체를 불신임하는 극단적 조치 외에는 세금 면제를 거부할 방도가 없다. 공공부문이 세금을 받는 당사자라는 사실에도 불구하고 정부는 재량이 없다. 의심할 여지 없이, 이 방식은 때때로 낭비나, 사소한 문제, 자기거래를 때때로 조장하기도 하지만, 그 목적에 대한 정부의 평가에 우선해 기증자의 재량권을 보호하려는 강력한 이유가 있다. 다른 예로서, 어느 누구도 정부가 어느 종교는 허용되고, 어느 종교는 허용되지 않는지를 정해주기를 원치 않을 것이다.[12]

민간 폐기물 관리 회사와 계약하는 지방자치단체는 조금 다른 예가 된다. 재량은 전적으로 정부에게 있다. 쓰레기를 수거해 매립지에 버리는 회사의 책임이 분명하고 완전히 정부의 우선순위에 맞추어져 있다. 만일 지방자치단체 공무원이 쓰레기를 수요일이 아닌 금요일에 수거하기를 원하거나, 엘름(Elm) 거리 대신에 메이플(Maple) 거리부터 수거하기를 원하거나, 매립 대신에 소각하기를 원한다면 계약된 대로 비용을 지불하는 한도 내에서 지방자치단체는 그 위임사항을 자유롭게 변경할 수 있다. 이와 같은 방식은 매우 일반적이며, 목적이 쉽게 정의되고 측정될 때, 매우 적절한 방식이다. 이와는 대조적으로 협력적 거버넌스에서는 광범위하게 정의된 목표를 달성하기 위한 수단과 목표 자체의 세부사항을 각 당사자들이 함께 협력하여 결정한다.

| 구체적인 협력 사례 |

협력의 구체적인 사례들은 다른 장에서 소개하겠지만, 여기에서 소개하는 몇 개의 간추린 사례들은 협력적 거버넌스가 다른 방식과 어떻게 다른지 명확히 하는 데 도움을 준다.

● 시카고의 한 공원: 밀레니엄 파크

1990년대 중반 시카고 시 정부는 일리노이중앙철도(Illinois Central Railway)에 오랜 기간 대여해 주었던 중심가의 토지를 회수했다. 필요했던 지하주차장을 건설하면서 주차장 상부에는 잔디를 깔고 벤치와 조각상을 설치할 계획이었다. 시의 예산 부담을 덜기 위해 리차드 데일리(Richard Daley) 시장은 이 프로젝트에 소요되는 비용에 도움이 될 3,000만 달러에 달하는 민간 자본 모금을 논의하고자 지역 경제 리더인 존 브라이언(John Bryan) 회장에게 접근했다. 브라이언 회장은 시장의 민간 참여 요청을 받아들이고, 그 금액을 모아 주었다. 그러나 결정적인 반전이 있었다. 상당한 기부를 하는 대신 그 대가로 공원의 특정 위치에 기부자만의 특색을 반영할 수 있도록 주차장 위 넓은 부지를 녹지가 아닌 문화 공간으로 만들 것을 주문한 것이다.

데일리 시장이나 브라이언 회장이 당초 예상했던 것보다 더 많은 시간과 자본이 필요하긴 했지만, 민간 협력자가 참여할 수 있도록 동기를 부여하는 재량 공유의 기본 전략은 훌륭하게 작용했다. 시카고에서 가장 부유한 프리츠커(Pritzker) 가문은 유명한 건축가인 프랭크 게리(Frank Gehry)에게 공원 중앙의 야외 콘서트 홀 건축을 의뢰했다. 거대 통신업체인 AT&T는 기부자 컨소시엄을 이끌어 신진 예술가였던 아니쉬 카푸어(Anish Kapoor)의 상징 조형물로 둘러싸인 우아한 광장을 제공했다. 크라운(Crown) 가문은 공원 한 모서리에 분수를 설계하기 위해 유명한 카탈란(catalan) 화가를 고용했다. 시카고 시는 민간 협력자의 제안을 종종 거절하거나 수정을 요청하는 경우도 있었다. 그러나 시카고의 공공 관리자들은 기여하기 원하는 가문, 회사, 개인 모두에게 활동 공간을 제공했다. 이는 자신의 이름을 걸고 진행하는 각 프로젝트가 시카고 시민들로부터 좋은 평가를 받기 원한다는 확실한 동기가 있다고 판단했기 때문이다. 이 사업이 마쳐질 무렵, 기부자들로 인해 97,000㎡의 구획 부지에 2억 달러 이상의 민간 자본이 투입되었다. 이는 프로젝트에 투입된 공공 자본에 비해 엄청난 규모였다. 2004년 중반 개장한 날부터 밀레니엄 파크는 도심 한 복판의 화려하고, 붐비는 문화적 상징물이 되었고, 시카고 시민과 방문객 모두에게 엄청난 인기를 얻고 있다. (밀레니엄 파크는 제10장에 자세히 설명되어 있다. 협력적 거버넌스의 또 다른 주목할 만한 장소인 뉴욕 센트럴 파크에 대해서는 제7장에서 주로 설명하며, 도시의 공원 시스템 전체의 주목할 만한 역사에 대해서도 설명한다.)

● 매사추세츠 주의 한 학교

보스턴에서 서쪽으로 45분쯤 이동하면 이제는 사용하지 않는 육군 부지에 거의 400명의 중고등학생들이 평범하지 않은 한 학교에서 최신의 교육 모델에 참여하고 있다. 심지어 이 학교의 기이한 건축물은 학교의 하이브리드한 형태를 상징적으로 나타내 준다. 인근 대학에서 중고로 구입한 2층의 모듈식 건물은 오래된 붉은 벽돌의 초등학교 건물에 붙어 있다. 프랜시스 W. 파커 에센셜 차터스쿨(Francis W. Parker Essential Chater School)의 학생들은 교직원과 학생들 간의 긴밀한 상호관계와 매력 있는 커리큘럼에 이끌려 20개 이상의 도시와 마을에서 모여들었다. 교직원은 매일 아침 모여 그날의 학습에 대해 의논하고, 그 결과를 전체 학사력에 반영한다. 학생들에게 융합 교육의 기회를 제공하기 위해 영어, 미술, 수학, 기술 교사들은 그들의 수업을 함께 계획한다. 파커는 객관식 시험을 치르기보다 학생부의 철저한 평가를 통해 학생의 발전 수준과 승급 준비 상태를 모니터링한다. 이런 특징은 매사추세츠 주에서 운영되는 Groton, Deerfield, Phillips Andover, Winsor와 같은 학비가 매우 비싼 특권층이 이용하는 사립학교에서는 일반적인 교육 방식이다. 파커는 1994년 매사추세츠 차터 스쿨의 첫 유행 때, 소수의 지역 학부모와 교육 개혁가에 의해 설립되었다.

파커와 매사추세츠 교육당국과의 관계 측면에서 보면 교육당국은 파커에게 상당하지만 제한이 없는 재량을 부여한다. 이 재량으로 인해 파커의 트레이드마크인 독특한 학습 문화를 만들어 낼 수 있고, 모든 학생들에게 '파커만의 방식(Parker way)'의 수용을 요구할 수 있다. 그러나 재량이 있어도 입학생을 직접 선발하거나 선택할 수는 없다. 그 지역의 모든 학령기의 학생들 중에서 추첨을 통해 선발해야 한다. 학교 운영자들이 전통적인 공립학교와는 차별적으로 교과과정을 임의로 만들 수 있지만, 학생들은 매사추세츠 공립학교들과 같이 표준화된 시험을 치러야 하며, 학생들의 성적이 떨어질 경우 그 결과를 인정해야 한다. 학교는 정부가 지원하는 예산을 보완하기 위해 민간 자본을 모집할 수 있다. 그러나 어느 학생에게도 학교생활을 위한 비용을 단 한 푼도 부과할 수 없다. 파커는 성공적이며, 수용 인원에 비해 훨씬 많은 학생들이 진학하기 희망하는 학교가 되었고, 매사추세츠 학부모와 교육가들 모두에게 뛰어난 평판을 얻고 있다(파커 스쿨과 다른 차터 스쿨에 대해서는 제4장에서 자세히 다루고 있다).

● 연안경비대의 항만 보호

미국 내 항구에서는 위험한 사건들이 일어날 수 있다. 제1차 세계대전 중, 독일 요원들이 뉴욕 항구에서 유럽으로 향하는 200만 파운드의 탄약을 폭파했다. 그 폭발은 항구 지역을 파괴했고 오늘날까지도 자유의 여신상에 구조적인 문제가 남아 있을 만큼 큰 피해를 남겼다. 그 이후 별 사건 없이 수십 년이 지나자 미국인들은 항만 보호를 부차적인 문제로 보게 되었다. 그러나 그 안일함은 2001년 9월 11일에 급작스럽게 끝이 났다. 정부와 시민 모두 세계 각지에서 온 선박, 화물, 사람들로 가득 찬 항구의 취약함을 알고 있었다. 항만시설에 대한 공격은 교역을 불가능하게 만들 수 있다. 연료 창고나 부둣가의 천연가스 유조선이 파괴된다면 도시의 넓은 지역을 없애버릴 수도 있다. 또는 국가 내 수백 개의 항구를 통해 조용히 핵장비가 밀반입되어 내륙 어느 곳에서 엄청난 피해를 일으킬 수도 있다.

그 취약점을 해결하기 위한 임무를 미국연안경비대(U.S. Coast Guard)가 맡았다. 이 임무를 위해 투박한 방법이나 비용이 많이 드는 방법은 얼마든지 생각해 낼 수 있었다. 새로운 법률을 제정하거나 기존의 법률을 새롭게 해석해서 어떤 보안 위반이라도 민간 당사자에게 강한 책임을 물을 수도 있다. 또는 민간부문이 보안 체계를 별도로 가지고 있어서 모든 만일의 사태에 대해 책임을 물을 수 있고, 보험회사는 모든 항만의 위험성을 정밀하게 판단할 수 있고, 선주, 선박 소유주 그리고 항만 운영자들은 적은 비용으로 책임보험을 확보할 수 있다면, 이 체제는 가장 효과적인 민간 보안 체제일지도 모른다. 그러나 열렬한 자유시장 근본주의자도 이 같은 방식을 진지하게 추천하지 않을 것이다. 왜냐하면 시장주도형 항만 보호가 제대로 작동하기 위해서는 너무나 많은 일이 차질 없이 진행되어야만 하고, 실패는 곧 재앙이 될 수 있다. 그렇다면 전통적인 정부의 보안 시스템이 다른 대안이 될까? 가능한 조치들을 상상해 보자. 연안경비대는 무장 쾌속정을 운영하여 유사시에 모든 항구에 경보를 울릴 수 있다. 연안경비대가 머리 끝에서 발끝까지 샅샅이 조사한 후에 선박 내 화물이나 승무원, 그리고 선박 그 자체에 어떠한 위험성도 없음이 확인되어야 그 선박은 비로소 항구를 통과할 수 있을 것이다. 내륙에서는 항구 출입자 전원의 신원 확인을 실시하고, 도로를 통해 항구에 도착하는 차량, 화물의 안전 여부를 점검한 후에 항구에 들여보내게 된다. 이 조치들은 의심의 여지 없이 위험도를 상당히 낮출 것이다. 그러나 정부에게는 감당할 수 없을 만큼의 비용이 수반될 것이고, 해상 무역이 도리어 타격을 받게 될 것이다. 결국 테러리스트는 아무런 노력도 하지 않고 그 목적을 달성하게 될 것이다.

임무를 맡은 연안경비대는 철저하게 협력하는 항만보호시스템을 만들었다. 보안 시스템 성공을 위해 중요한 것은 각 항만, 각 민간 당사자, 그리고 각 위험 유형에 대한 세부 조항들의 엉킨 실타래를 푸는 것이었다. 연안경비대는 이를 위해 다음 두 가지의 입장을 정리했다. 첫째, 모든 항구의 곳곳에 대해 높은 수준의 보안을 강하게 요구한다. 둘째, 민간 당사자들이 제기하고, 정부가 필요로 하는 위험성 감소를 위한 방안에 대해서 면밀하게 검토한다. 그러나 연안경비대는 항만 시설, 선주, 선박 그리고 독립적으로 운영되는 수백 개의 다양한 구성 요소들에 전반적으로 적용되는 어떤 통일된 방법을 고집하지 않았다. 연안경비대는 협력적 접근방식을 수용함으로써 미국 항만의 보호 필요성과 항만의 원활한 상업 운영의 균형을(지금까지의 부분적인 증거들을 보더라도 성공적이었다) 추구했다(연안경비대의 항만 보안에 대한 세부 사항은 제4장에서 자세히 다루고 있다).[13)]

| 재량 스펙트럼 |

앞서 언급된 사례들은 불가피하거나 불변의 것은 아니다. 사실, 상당한 민간 역할이 가능하리라고 기대하지 않았었다. 당연히 정부는 공원을 관리하고, 학교를 운영하며, 보안을 제공할 수 있다. 그러나 본 책의 목적은 공공임무 수행의 직접 수행과 위임 수행의 차이를 살피는 것이 아니라, 위임 수행의 범주 내에서의 다양성을 고민하는 것이다. 이를 통해 협력적 거버넌스에 대한 인식을 풍요롭게 할 수 있고, 협력적 거버넌스가 차지하는 영역을 그려 볼 수 있다. 다시 한번 강조하지만, 핵심은 재량의 배분에 있다.

밀레니엄 파크가 대표적인 협력사례가 된 것은 민간 당사자로 하여금 어떤 공원이 만들어질지에 대해서 상당한 영향력을 직접 행사할 수 있도록 했기 때문이었다. 이는 공원을 잘 만들기 위해 민간부문의 협력이 절대적이라는 의미가 아니다. 예를 들어 보스턴의 공원에 대한 예산 지출의 대략 10%(2007년 기준)가 가지치기, 잔디관리, 건물 유지보수 등을 위한 민간 용역업자와의 계약에 사용되었다. 오클랜드와 롤리를 포함한 몇몇 도시들은 거의 전적으로 시 직원들이 직접 공원을 만들고 운영하고는 있지만, 대부분의 공원들은 어느 정도의 용역 계약을 통하는 것이 일반적인 관례다. 협력적 방식과는 대조적으로 용역업체들은 정부가 정해준 우선순위를 고수하고 재량은 거의 행사하지 않는다.

이같이 재량이 거의 없는 공원 운영 방식은 우리가 설명하는 협력 사례와는 극명한 대조를 이루는 사례이며, 반면 재량 스펙트럼의 정반대 편에 위치해 있는 공원 운영 방식은 민간 당사자가 재량의 대부분을 가지고 있는 사례가 된다. 밀레니엄 파크 남쪽으로 200마일 떨어진 곳, 인디애나폴리스 중심가 근처에 잘 정리된 잔디와, 나무, 길들이 붉은 벽돌 건물들을 감싸고 있다. 그곳은 울타리가 없고, 주위의 거주자들이 종종 그 잔디 위를 산책하곤 한다. 그렇다면 누가 이 훌륭한 공원의 책임자일까? 사실 이곳은 공공 구역도 아니고, 심지어 공원도 아니다. 이 매력적인 곳은 거대 제약회사 일라이 릴리(Eli Lilly) 본사 단지 내에 자리 잡은 한 구역이다. 일라이 릴리는 근로자들의 사기진작을 위하여 미학적 안목을 바탕으로 캠퍼스 내에 녹지공간을 디자인했다. 그리고 지역사회와 유대관계를 돈독히 하기 위한 목적으로 인근 주민과 그 공간을 공유하기로 했다.

물론 공공으로 운영되는 공원에서도 자발적인 민간의 역할을 흔히 볼 수 있다. 때로는 정부는 수동적인 역할을 하며, 개인 또는 단체가 자신의 시간, 전문지식, 비용을 본인 마음이 이끄는 대로 기부하기도 한다. 어떤 경우 그 관계는 스펙트럼 중심부에 가까워는데, 재량 공유라는 측면에서 보면 공공의 능력과 민간의 능력이 적절히 상호작용을 하는 경우다. 제7장은 뉴욕시의 특별히 훌륭한 사례에 대해 분석하고 있지만, 그 방식은 여러 현장 곳곳에 존재한다. 다른 분야와 마찬가지로 공원에도 '협력'과 '다른 형태의 민간 참여' 간의 뚜렷한 경계가 존재하지 않는다. 그러나 재량 스펙트럼은 공동 목표를 진전시키기 위해 공공 에너지와 민간 에너지가 상호작용하는 서로 다른 방식을 나타내는 의미 있는 척도가 되어준다.

학교의 경우도 마찬가지다. 다른 주와 마찬가지로 매사추세츠 주는 초등학교와 중학교는 정부가 운영한다. 그러나 민간부문의 참여라는 광범위한 범주 내에서 그 다양성에 다시 초점을 맞추어 이번에는 스펙트럼의 맨 끝, 민간부문이 대부분의 재량을 갖는 모델에서 시작해 보자. 이 부분에서는 유명한 사립고등학교를 찾아볼 수 있는데, 다른 여느 기관들처럼 주 환경법과 지방 건축 규정을 따라야 하지만 교육 부분에 대해서 만큼은 거의 완벽한 재량을 갖는다. 또한 종교 단체가 운영하는 훨씬 더 많은 수의 학교—이 작은 주에서만 50개 이상의 로마 가톨릭 계열 중학교가 있다—들이 있다. 그리고 학부모회 활동, 자발적인 봉사활동에서부터 학교 운영을 위한 공공 예산으로는 불가능한 활동을 지원하는 지역 교육 재단에 이르기까지, 학교 안팎에서의 엄청난 민간 자원봉사 노력을 확인할 수 있다. 반면 대부분의 교육부문의 민간 참여는 정부에게 여전히 재량의 전부 또는 대부분을 남기는 것을 조건으로 한다. 대개 공립학교는 그 핵심적인 교육 임무와 분리하여 식품 공급, 교통, 유지보수 서비스를 제공받기 위해 용역 계약을 체결한다. 또한 많은 학교들이 식자재 납품이나 스쿨버스 운영에 비해 훨씬 복잡하지만 뚜렷하게 위임사항을 명시할 수 있는 회계서비스, 교사 훈련, 도서관 관리, 특수 교육 또는 다른 기능들에 대해서도 용역 계약을 하고 있다. 민간부문이 교육에 참여하는 일부(실제로 비교적 작은 일부) 사례만이 협력적 거버넌스라고 정의하는 공유 재량을 그 특징으로 한다.

표 1.1은 공적 임무에 민간 부문이 참여하는 경우, 재량이 갖는 넓은 스펙트럼 내에서 각 사례의 협력적 방식이 어디에 위치하는지 보여준다. 본 책의 주요 관심사는 두 번째 줄에 해당하는 '재량 공유' 부분이다.

	공원	학교	항만보안
대부분 공공부문에 재량	유지보수, 잔디 관리를 위한 계약	식료품 납품, 통학 버스 등을 위 한 계약	경비 서비스, 보안감시 시설을 위한 계약
재량 공유	밀레니엄 파크	차터스쿨	연안경비대 주도 보안 체제
대부분 민간부문에 재량	상업 목적 공원 자원봉사	사립학교, 교육재단	선주와 항만 관리자 주도의 보안 체제

| 표1.1 | 공적 임무를 수행하는 민간의 재량 범위

| 협력의 대가 |

협력적 거버넌스의 특징인 재량 공유는 정부의 공공 목적 달성 능력을 증대시키고, 달성 방법의 유연성을 증가시킬 수 있다. 그러나 재량 공유에는 대가가 있다. 권위가 모호해지고, 전략적 복잡성이 증가하며, 책임성의 붕괴가 가중된다. 정책을 위한 중요한 질문은 재량을 공유함으로써 어느 상황에서 그 대가가 크고, 또 어느 상황에서 상대적인 이익이 큰가에 대한 것이다. 그 대가가 작을 때는 재량을 공유해야 하고, 반대로 대가가 크다면 재량을 붙들고 있어야 한다.

이 책에서 다루는 종류의 방식들은 긴 시간 동안 공공 가치 창출을 위해 사용되어 왔으며, 앞으로도 광범위한 정부 목표를 위해 사용될 것이다. 그러나 협력적 거버넌스는 종종 독창적인 실무자들에 의해 시행착오를 해 본다는 차원에서 즉흥적이고 특별하게 만들어진 것이기도 했다. 성공적인 협력 사례에서 과거 사례에서 가져오거나, 일반 선례에 무언가를 부가하여 만들어낸 경우는 거의 없다. 또한 협력의 결과물들은 일률적이지가 않다. 종종 대단히 잘 작동할 때도 있지만, 때때로 전혀 그렇지 못할 때도 있다. 그것이 성공했을 때는 이 책의 예시들이 보여주듯 상당한 공공 이익을 창출한다. 그러나 협력하지 않아야 하는 상황에서 하거나, 협력해야 할 때는 정작 무시하는 경우도 있다. 또한 적절한 상황에서 협력 방식을 채택했더라도 절차가 부적절하게 설계되어 공공 이익을 창출하는 데 실패할 수도 있다. 게다가 부적절하게 사용하거나 실행을 잘못했을 경우에는 오히려 심각한 손해를 끼칠 수 있다.

최근 있었던 경제 이슈-스스로의 과욕이나 판단 미숙으로 인해 벼랑 끝에 내몰린 민간 기업에 대해 정부가 막대한 구제 조치를 취한 사례를 포함-들을 고려할 때, 일부 독자들은 정부의 민간 협력자들에게 재량을 부여한다는 것에 대해 본능적으로 질겁할 수도 있다고 본다. 또 다른 독자들은 협력을 위한 참여를 면책특권을 누리기 위한 것, 내지는 더 많은 정부보조금과 지원을 받기 위한 것이라고 인식할 수 있다. 그러나 전혀 그렇지 않다. 실망스런 최근의 금융 구제 사건을 보며 대부분은 과거 거버넌스의 치명적인 실패를 드러내는 일생일대의 사건이라고 생각한다. 사실 금융 붕괴에는 많은 원인이 있었지만, 그중 중요한 요인은 금융 시스템에서 공공과 민간 행위자들 간 연결고리의 실체를 둘러싼 혼란이었다. 이 책에서 다루는 기준에 의하면 그 관계는 상당히 협력적이었다. 그러나 협력적으로 인식되지 못했고, 이해 부족은 관리 부실을 낳았다. 정부는 재량이 어떻게 사용되어야 하는지, 어떻게 하면 남용되는지에 대한 관리적 고려보다 관례, 편의, 이념에 근거하여 민간 행위자들에게 재량을 나누어 주었다. 예를 들어, 대중들에게 잠재적 투자의 성공 전망과 위험도를 이해시키는 것은 중요한 공공 임무다. 그러나 정부는 금융회사의 재정 건전성을 대중에게 알리는 임무를 무디스(Moody's)나 스탠더드 앤 푸어스(Standard and Poor's)와 같은 민간 평가 기관에 근본적으로 넘겨 주었다. 정부는 당연히 이 기관들이 중요한 금융 사항들을 찾아내고 알릴 수 있는 능력이 있다고 믿었지만, 그들이 재량을 활용할 때, 그들의 동기에 대해서는 거의 주의를 기울이지 않았다.

감시되지 않는 재량은 남용될 수밖에 없는데, 바로 여기에서 그 일이 벌어졌다. 평가 기관에서 평가에 소요되는 비용을 평가받는 기관에서 지원했다. 역시나 평가는 후했고, 일관성이 없었다. 유사하게 리먼 브라더스(Lehman Brothers)나 골드만 삭스(Goldman Sachs)와 같은 금융 기관 역시, 각 기관이 재정 상태를 조사하고, 채무자 또는 보증인의 지불 능력을 자체적으로 확인할 수 있을 거라고 정부는 믿었다. 그러나 각 기관은 수십 개의 다른 금융회사와 거래하고 있었기 때문에 거래 상대방을 치밀하게 감독하거나, 극단적이거나 시스템적인 위험이 발생했을 때 경고할 충분한 동기가 없었다. 정부는 그냥 보고만 있었다. 어떤 경우에는 정부 규제가 민간 행위자를 효과적으로 통제하고 있을 것이라고 실제로 착각했고, 또 다른 경우에는 민간 행위자가 당연히 올바른 행위를 할 것이라고 믿기도 했다. 아무도 평가자를 평가하지 않았고, 감독자를 감독하지 않았다. 간단히 말해, 거버넌스로 여겨졌던 제도에 실제로 거버넌스는 없었고, 어느 누구도 금융 부문이 부실해졌는지 인식하지 못했다.

이 같은 경제 위기는 정부로 하여금 때 묻은 민간부문과의 변질된 관계를 청산하고, 정부 스스로 임무를 수행해야 한다는 주장을 발생시킬 수도 있다. 실제로 금융 위기의 여파로 미국인들은 모든(일부는 극적으로) 민간 산업에 대한 신뢰를 잃었고,[14] 반면 전통적인 정부 정책에 대한 지지는 잠시였지만 급등했다.[15] 이해할 수 있는 일이기는 하나, 민간부문의 공적 임무 수행 참여를 반대하는 것은 진부한 의견일뿐더러 널리 공유된 가치와도 상충된다.

올바른 재량의 위임은 금융위기 이전보다 어찌됐든 더 바람직할 것이다.

향후 몇 년간 공공 긴축 재정이 거의 확실한 상황에서 그렇게 많은 국가 재산이 사라진다는 것은 공공 가치를 더 효율적으로 창출할 수 있는 어떤 기회도 그냥 지나쳐서는 안 된다는 것을 의미한다. 만약 우리가 현명하고, 운이 좋다면, 잘못된 협력의 폐허 속에서 새롭고 올바른 협력을 만들어 낼 수 있을 것이다.

| 협력 지향 |

분명한 사실은 모든 공공 목표가 협력을 필요로 하거나 협력의 이점을 갖지 않는다는 사실이다. 일부 공공 기능(세금 부과, 외교 활동, 군사 활동 등)은 정부의 독점적인 활동으로 남겨 두는 것이 최선이다. 민간 재량은 도움이 안 되거나 오히려 해가 될 수도 있다. 그 외 일상적인 업무(도로 포장, 군대 식당 운영 등)는 계약을 허용해도 무방하다. 어떤 공공 목표는 정부의 관여가 거의 없거나 전혀 없는 기업이나 자선단체에 남겨두는 것이 최선일 수 있다. 이와 같이 전적인 정부 통제와 순수한 민간 주도 사이에 커다란 중간 지대가 남는데, 이 중간 지대를 제대로 이해하고 능숙하게 관리하면 협력이 득이 될 수 있고, 때로는 장점이 매우 클 수 있다. 이를 위한 과제 중 첫째는 협력을 받아들이는 것, 둘째는 공공임무를 바른 협력 모델에 신중하게 맞추는 것이다. 간단히 말해, 우리의 목표는 협력의 효과가 가장 클 것으로 예상되는 공적 임무에 협력 방식을 채택하고, 협력 실무자들은 협력적 조치들을 통찰력과 창의성을 가지고 조심스럽게 실행하는 것이다.

협력은 상당히 유용한 도구가 될 수 있다. 그러나 매번 그 잠재력에 크게 미치지 못했다. 한 가지 공통된 이유는 협력을 형성하고 조정하는 데 주도권을 쥔 정부가 어떻게 할지 결정해야 할 시점에 상상력 부족과 정부 특유의 보수주의에 시달리기 때문이다. 이념적인 측면에서도 공공부문이 민간 협력자에게 재량을 주는 것을 반대할 수 있다. 그러나 협력적 거버넌스가 제대로 기능하지 못하고, 실력발휘를 못 하는 가장 큰 이유는 아마도 담당자들이 어떻게 해야 할지 모르기 때문일 것이다. 주어진 임무와 협력 모델을 잘 맞추고, 그 임무 수행을 위한 재량 공유를 적절한 형태로 보정하는 것이 얼마나 중요한지 이해하는 사람이 많지 않다. 또한 견고한 협력을 기획하고 시행할 수 있는 관리적, 분석적 조건들을 제대로 인식하는 사람은 더 드물다. 그 결과로 용역을 주어야 할 때 협력하고, 협력해야 할 때 자선활동에 의지하고, 민간부문이 참여해야 할 때 오히려 꺼려하고, 정부가 독자로 행동해야 할 때 민간부문을 참여하게 하는 잘못을 낳았다. 또한 협력할 때조차도 실질적인 이익에 접근하기 위한 세부사항을 조정하는 데 실패하기도 한다.

협력을 위한 최적의 상황에서도 특별한 문제는 늘 발생한다. 조지 거슈윈(George Gershwin)과 아이라 거슈윈(Ira Gershwin)은 놀랍게도 상호보완적인 재능-조지는 음악가로, 아이라는 작사가로-을 가진 멋진 형제였고 둘 다 어느 모로 보나 점잖고 상냥하였다. 그럼에도 불구하고 그들은 'Fascinating Rhythm'의 코러스 부분에서 운율과 음보의 세 사항을 두고 며칠 동안 논쟁을 벌였다고 한다.[16] 협력자 간 관련성이 약하고, 역사가 짧고, 예측하기 어렵고, 이해관계가 쉽게 조정이 되지 않는 등, 최적의 상황이 아니라면 문제는 당연히 더 많아진다. 특히 민간 행위자가 정부의 공적 임무 수행을 위해 참여할 때도 마찬가지다. 권한은 모호해지고, 복잡성은 커지고, 공공 봉사의 목적보다 자기 이익을 추구하려는 유혹이 커지고, 정치적 비위를 맞추거나 당파적 이익을 위해 그 실적이 왜곡될 수도 있다. 기대했던 협력의 결과는 종종 예상하거나 바랐던 것에 비해 빗나가기도 한다. 공공부문과 민간부문 간의 협력이 어떻게 작동하는지 또는 작동해야 하는지에 대한 많은 질문의 대답은 대개

"그것은…에 달렸다"로 시작할 것이다. 이 책은 그 대답을 완성하기 위한 몇 가지 지침을 제공할 것이고, 그 답을 체계적으로 이해할 수 있도록 도와줄 것이다.

| 정부 관점에서의 협력 |

협력은 필연적으로 최소한 두 당사자를 갖는다. 따라서 협력적 거버넌스에 관한 연구도 최소 두 개의 관점을 취하며 이는 정부의 관점과 민간 당사자의 관점이다. 협력을 어떻게 인식하는지 각 관점을 오가면서 간단하게 설명할 수 있지만, 우리는 실황중계 같은 설명을 넘어 협력이 잘 작동되도록 하는 현실적인 지침을 제공하기를 희망한다. 그 희망은 협력을 정부 관점으로 보도록 인도한다. 그 한 가지 이유는 의외이면서 비교적 소소한 것인데, 우리가 행정대학원에서 가르치는 자리에 있다는 것과 우리에게 익숙한 관점이기 때문이다. 우리 중 한 명의 전문 분야인 경제 분야에서도 공공-민간 상호작용을 평가할 때, 이 관점을 흔히 사용한다. 하지만 가장 중요한 이유가 따로 있다. 일반적으로 미국과 같이 부유한 국가의 민간부문은 그 업무를 구조화하는 확고하고, 견고하고, 유연하고, 효율적인 모든 종류의 방법을 -극적인 실패 사례가 있기도 하지만 그럼에도 불구하고- 가지고 있다. 그러나 이 점에서 정부는 매우 뒤처져 있다.

그럼에도 정부 관점으로 보는 것이 가장 중요한 이유가 되는 까닭은 우리는 정부를 특별한 종류의 행위자로 보기 때문이다. 정부는 민간 조직이 할 수 없는 방식으로 최선을 다해 폭넓은 공유 이익을 정의하고 추구할 권한이 있다. 물론 정부가 최선을 다하지 않는 경우가 너무 많고, 심지어 노력하지도 않는 경우도 있다. 현실 세계의 정부는 중학교 교과서에 그려지는 이상적인 정부나, 심지어 대학 세미나의 정부에도 훨씬 못 미치는 경향이 있다. 고장 난 민주주의 메커니즘은 시민의 목소리를 억누를 수도 있고, 타락한 메커니즘의 선거 민주주의는 시민의 가치에 대해 나약하고 삐뚤어진 관점을 가져다줄 수도 있다. 유권자의 판단 실수나, 후보자의 기만은 다수의 진정한 이익과 배치되는 목표를 가진 선출직 지도자를 만들어 낼 수 있다. 그리고 공무원과 관료들은 공공 책임으로부터 스스로를 차단하고, 자기 편의를 위해 자신의 지위를 이용할 수 있다.

우리는 위와 같은 일들이 발생하는 것에 대해 논쟁하지 않는다. 우리는 사실 학자로서, 때때로 실무자로서 정부의 흠결에 대해 평균 이상으로 잘 알고 있다. 공동저자인 우리는 이념 스펙트럼에서 다소 다른 입장을 취하고 있기에 선거의 결과가 어떻든지 적어도 우리 중 한 명, 혹은 둘 모두를 놀라게 할 무언가가 정부 내 어디에선가 진행되고 있다는 사실을 알고 있다. 그러나 오래전에 공공부문에 대한 낭만적인 환상을 떨쳐내기는 했지만, 정부를 그저 자원과 합리성을 위해 경쟁하는 또 다른 이익단체로 규정하는 사람들과는 함께할 수 없다. 때론 신발 회사나 원예 동호회가 공공가치를 정의하고 만들어 내는 데 있어 공공부문을 실제로 능가할 수 있지만, 정부가 고유한 범주의 행위자가 될 수 있는 잠재력을 가진다는 관념을 버릴 만큼 충분하지는 않다. 투표는 정부가 다른 조직들 간에 이따금씩 잘 들어맞지 않는 이해관계를 종합할 수 있도록 만들어 준다. 그러나 정부가 없거나, 약하거나, 비민주적인 곳–정당한 기준에 미치지 못할 경우–에서는 이런 일반화는 무력하다. 그러므로 우리는 협력적 거버넌스라는 개념을 필연적으로 결점을 가지고 있으나 상대적으로 건전한 행정절차에 적용해 보고자 한다.

우리는 정부에 대해서는 직접적으로 의견을 표출할 수 있지만, 민간부문에 대해서는 조심스럽게 제안할 수밖에 없다. 경영 분야와 비영리단체 분야의 독자들은 이 논의에 적극 동참해 주기를 원하고, 우리의 협력적 거버넌스에 대한 탐색이 적절하고 유용하다는 것을 발견했으면 한다. 무엇보다 공공가치 창출을 돕기 위한 목표를 가진 민간부문의 협력자들은, 영리하고 전략적인 공무원들이 협력적인 접근법을 어떻게 보는지를 이해해야 착오 없이 자신의 협력적 역할을 규정할 수 있을 것이다. 게다가 우리 경험상 대다수 민간부문의 좋은 행위자는 정부가 협력하고자 할 때, 영리하고 전략적인지, 그리고 좋지 않은 행위자를 배제할 능력이 있는지 확인하는 데 큰 관심이 있다. 정부가 제대로 된 민간 협력자를 더 잘 뽑을수록 재량을 공유하는 것이 더 안전해진다. 또한 책임성을 위태롭게 하지 않을 범위 내에서 더 많은 재량이 공유될수록 협력적 거버넌스를 더 좋은 것으로 만들 수 있는 유연성과 혁신의 범위가 확대된다. 그러므로 여기에 숨은 교훈은 민간부문의 선의의 독자들에게 매우 값질 것이며, 정부 당사자에 대한 이해를 돕고, 자신만의 협력 부문을 보다 쉽게 찾아내고 개척할 수 있도록 도울 것이다. 반면에 당신이 공공 가치를 창출하는 시늉만 한 채, 정부 시책을 가로채려는 민간 행위자이거나, 선량한 이상을 지닌 민간 행위자를 이용할 책략을 꾸미는 부정한 공무원이라면 가서 다른 사람의 책을 구매하는 것이 좋다. 우리는 그런 의도를 사주할 목적이 없다.

| 이 책의 목표 |

이 책 『변혁시대의 협력적 거버넌스』는 협력적 거버넌스를 이해하기 위한 개념적 틀을 제공하고, 협력 사업의 설계와 실행을 위한 실용안내서 역할을 하고자 한다. 또한 이 책의 교훈을 통해 더 성공적이고 가시적인 협력에 기여하기를 원하고, 이 책에서 제시하는 모범사례들이 전염성이 있기를 희망한다.

이 책에서 전달하고 싶은 가장 중요한 교훈 중의 하나는 정부 공무원들의 책임성에 대해 다르게 생각해 볼 필요가 있다는 것이다. 공공 사업에서 민간의 역할이 더 중요해지고 미묘해진다는 것은, 부서를 관리하는 것보다 협력을 세심히 구성하는 것이 공공 관리자의 핵심 역량이 된다는 것을 의미한다. 한때 좋은 정부는 단지 관료 체제를 효율적이고 책임 있게 운영하는 것을 의미했을지 모른다. 그러나 지금은 민간 능력을 어떻게 활용해야 하는지 잘 아는 것에 평가가 달려 있다. 효율성과 책임성은 공공 임무를 위한 확고한 기준으로 여전히 남아 있지만, 그 목표에 이르기 위해 필요한 기술은 직접 수행하는 방법에서 협력하는 방법으로 변화해야 한다.

앞으로 이 책에서 도시 공원의 재건, 학교 운영, 병원 허가, 빈곤국 구호, 미숙련 노동자 훈련, 사회기반시설 보호 등의 광범위한 공공 임무 수행을 위해 협력적인 방식을 시도하는 다양한 수준의 정부를 만나게 될 것이다. 이 협력 사례들의 대다수는 대단히 잘 작동한다. 상당수 협력사례는 장점과 단점이 섞여 있고, 판단하기 애매모호하기도 하다. 그리고 어떤 협력 사례는 정말 형편없다. 우리는 그 많은 사례 연구가 흥미롭고, 이해를 돕고, 심지어 재미있기도 하다는 것을 독자가 발견하기를 바란다. 우리는 협력적 거버넌스를 칭송하기 위한, 또는 비판에 치중하기 위한 어떤 시도도 하지 않을 것이다. 또한 공공 목표를 위해 민간 역량을 이용하려고 할 때, 실무자가 해야 할 일을 알려주는 단조로운 방안만을 추구하지 않을 것이다. 대신에 우리는 서로 전혀 다른 사례들에 걸쳐져 있고, 협력적 거버넌스에 대한 분명한 이해를 위해 유용한 지침이 될 수 있는 일반적인 원칙을 찾아내는 것을 목표로 할 것이다. 만일 시카고의 밀레니엄 파크에 대한 설명이 샌프란시스코의 공원뿐만 아니라, 서울의 공원 또는 소말리아의 보건 서비스, 스페인의 도시 교통 체계에 약간의 통찰력을 제공할 수 있다면 성공이라고 생각한다. 정치와 전문 분야의 경계를 뛰어넘는 교훈이야말로 가장 소중한 교훈이기 때문이다.

이 책 제1장에서는 협력적 거버넌스를 소개하고, 공공 임무를 수행하는 다른 방법과 구별하는 기준에 대해서 설명했다. 제2장에서는 협력을 언제, 어떻게 해야 하는지에 대한 방법뿐만 아니라 더 나은 결과, 더 많은 자원, 혹은 둘 모두를 얻기 위해 협력해야 하는 근본적인 이유를 제공한다. 제3장 '위임자의 딜레마'에서는 재량의 세 가지 형태를 구분하여 살펴보고 완전한 협력이 그 특징으로 정의되는 공유 재량(shared discretion)의 역할에 대해 상세히 논의한다. 생산재량(production discretion)은 성공적인 협력의 핵심인 반면, 수익재량(payoff discretion)과 선호재량(preference discretion)은 모두 협력의 유익을 약화시키는 이기적인 행위를 추구한다.

제2부를 구성하는 4개의 장에서는 협력이 거버넌스의 효과적인 형태가 될 수 있는 이유에 대해서 더 깊이 알아본다. 제4장에서는 협력이 어떻게 생산성을 높일 수 있는지, 제5장에서는 협력을 불러일으킬 수 있는 정보의 중요성(누가 그 정보를 가지고 있는지, 그들이 정보를 공유할 수 있고, 할 의지가 있는지, 그 정보가 얼마나 중요한지)을 살펴본다. 제6장에서는 정당성을 가지는 공공 가치를 창출하기 위해 민간부문을 활용할 수 있는 방법에 대해 조사한다. 그 정당성은 사업 수행의 가치에 대해 대중을 납득시키는 목표이기도 하면서, 민간 조직으로부터 나오는 전문 지식과 동력 자원에 상당히 의존하는 정부 프로그램을 만들 수 있도록 하는 조력자이기도 하다. 제7장에서는 정부가 민간 당사자와 협력을 하려는 주요 동기가 공공을 위해 더 많은 자원을 확보하고자 하는 기대에서 나오는 것임을 나타내는 세 가지 사례를 설명한다.

제3부는 협력적 거버넌스를 실무적인 관점에서 접근한다. 제8장 '임무와 도구'에서는 개인과 그룹이, 협력이 가능한지 여부와 그 방법을 결정하는 데 필요한 기술과 효과적인 협력을 설계하고, 실행하고, 모니터링하는 데 필요

한 기술을 간략히 설명한다. 제9장에서는 협력이 필요할 때 협력이 되지 않는 이유, 협력이 시도되었을 때라도 때때로 제대로 작동되지 않는 이유에 대해 살펴본다. 마지막 장에서는 두 개의 협력 사례를 살펴보는데, 그중 하나(의료보장시스템에 대한 미국의 접근법)는 형편없이 실패했던 데 반해, 다른 하나(시카고의 밀레니엄 파크)는 괄목할 만한 성공을 거두었다.

우리는 독자 여러분의 고유한 경험을 이용하여 본인에게 중요한 임무와의 연결고리를 만들었으면 하는 바람이다. 협력적 거버넌스가 우리에게 다가오는 거센 파도라면 그 파도를 익숙하고, 품위 있게, 어려움 없이 타는 법을 함께 배워 보기를 희망한다.

제2장

협력의 이유

정부는 수행할 많은 임무가 산재해 있고, 그 임무를 수행하기 위해 협력 방식을 포함한 많은 방법을 가지고 있다. 각각의 공공임무에 적합한 모델을 선택하는 것은 효과적인 실행을 위한 결정적인 요건이다. 우리가 체계적으로 적합한 실행 모델을 짜 맞추고 있다고 장담할 수 있는 이유는 거의 없다. 예를 들어 미국의 공공부문은 초중등 교육 서비스와 의료 서비스를 위해 막대한 예산을 사용한다. 예산을 투입하는 교육 서비스의 경우는 정부가 대부분 직접 전달하지만, 의료 서비스의 경우는 극히 일부만을 직접 전달한다. 이런 상당한 차이는 치밀한 분석에 의한 결과라고 생각할 수도 있지만, 우리는 의심할 수밖에 없다. 산업화가 시작될 때, 이념의 조류가 변동되는 시점에 갑자기 맞이한 여러 역사적 사건들은 공공임무에 대한 책임이 분배되는 과정에 결정적이면서 상당히 중요한 역할을 했다. 그러나 정책이 일단 실행이 되고, 이해당사자가 자리 잡으면, 현 상황이 논리적이든 아니든 치열하게 고수되고 바꾸기가 어렵다.

협력적 거버넌스에 대한 실무적 접근은 다음의 세 가지 순차적인 질문으로 시작한다. 첫째, 정부는 이 임무를 완수하는 데 책임이 있는가? 둘째, 정부가 직접 수행해야 하는 임무인가? 아니면 민간부문에 위임해야 하는가? 셋째,

민간부문에 위임할 경우, 어떻게 위임해야 하는가? 즉, 정부는 변경 불가한 계약과 민간 참여자를 독려할 간단한 재정적 인센티브만을 사용해야 하는가? 또는 개인과 기관이 스스로 행동하도록 허용하고, 민간 자선단체가 스스로 나서는 것에 의존해야 하는가? 아니면 정부는 우리가 협력적 거버넌스라고 칭하는 재량을 공유하는 방식을 사용해야 하는가?

종종 위의 질문들은 서로 복잡하게 얽혀 버리기도 하는데, 우리는 정부가 추구하는 다양한 공공 목표를 위한 전달 모델을 선택하고 잘 활용하는 가이드라인을 개발함으로써 얽혀버린 실타래를 풀 수 있기를 희망한다.

우리는 정부가 떠안고 있는 많은 종류의 임무가 존재한다는 것으로 이번 장을 시작했고, 협력적 거버넌스는 이 임무를 위한 실행 모델로서 중요한 역할을 할 수 있다고 제안했다. 이 지점에서 혼동이 발생할 수 있는 사항을 지적해야 한다. 정부가 생산하는 재화나 서비스에 대한 명칭이 경제학이 규정하는 것과 현실 세계에서의 것과는 다소 불일치하여 오해를 불러일으킬 수 있으므로 이를 먼저 다루기로 한다.

협력적인 방식에 의한 것인지 아닌지 여부를 떠나, 어느 종류의 집단행동으로 인해 발생하는 것은 바로 '공공재(public goods)'다. 공공재는 일단 생산되면 지역사회 전체에 이익이 되는 재화와 서비스를 일컫는다.[1] 공공재의 대표적인 예는 과학 지식, 국방 또는 선원들에게 위험한 모래톱에 대해 경고해 주는 등대 등이 있다. 공공재에는 두 가지의 본질적인 특징이 있다. 공공재는 한 사람이 공공재로부터 얻게 되는 이익이 다른 사람의 이익을 감소시키지 않으며, 비용을 지불한 사람에게만 혜택을 제한하는 것이 불가능하다. 이러한 특징을 고려하면, 소비자(가능한 적은 비용을 지불하는 것을 선호하는)와 생산자(대가를 받은 것만 제공하려는) 간의 자율 교환은 공공재의 과소공급을 유발한다. 가장 완고한 자유시장주의자조차도 '순수한(pure)' 공공재에 대해 정부가 책임져야 한다고 인정한다.

그러나 공공재라는 고상한 개념은 정부가 실제로(유권자에 의해 부추겨져) 실행하려는 것을 제대로 반영하지 못한다. 실제 정부의 지출 경향은 순수한 공익 원칙과는 관련이 별로 없다. 혜택을 공평하게 배분하는 공공재는 거의 없다. 네브래스카의 한 거주자는 선원보다 등대의 혜택을 훨씬 덜 받지만, 등대를 밝히는 데 쓰이는 세금을 내야 한다. 시민들이 상품을 공평하게 소비하는 경우라도, 개인 욕구는 다를 수 있고, 실제로 다르기 때문에 소비로부터 얻는 혜택도 불가피하게 같을 수 없다. 만일 나는 외부로부터의 위협에 불안해하지만 당신은 그렇지 않다면, 나는 국가 안보 지출로부터 훨씬 더 많은 혜택을 입는다. 나는 별로 관심이 없는 우주의 신비에 대해 당신이 감탄한다면, 우리는 우주 탐사에 대한 가치를 동등하게 생각하지 않는 것이다.

따라서 정부 지출을 통해 전달하는 재화나 서비스의 두 가지 범주, 즉 반민간재(semiprivate goods)와 직접재(directed goods)를 고려하는 것이 도움이 된다. 반민간재는 일부 개인이나 단체에 상당히 불균형한 편익을 제공하는 표면적인 공공재다. 예를 들어 도심에서 멀리 떨어진 한적한 곳의 공공 놀이터의 경우, 미끄럼틀이 원칙적으로 모두에게 개방되어 있다 하더라도 그 동네에 거주하는 사람에게만 특별한 편익을 제공한다. 직접재는 공적으로 지급되지만, 보편적으로 편익을 공유하지 않고 특정한 개인에게 전달된다. 공공재가 이론상 주목할 만한 대상이지만, 교육, 의료, 사회보장지원금 등의 직접재는 실제 공공지출의 상당한 부분을 차지한다.

정부가 제공하는 재화를 스펙트럼 위에 놓는다고 가정하면, 한쪽 끝에서 모든 시민들이 동일한 수준으로 함께 편익을 공유하는 재화를 찾을 수 있고, 다른 한쪽 끝에서는 특정 개인만 편익을 누리는 재화를 찾을 수 있다. 100점 만점의 척도에서 보면, 토네이도가 잦은 오클라호마 지역의 경보 사이렌과 같은 진정한 공공재는 100점에 근접할 수 있다. 근린공원과 같은 반민간재는 50점, 제니 존스(Jenny Jones)에게 지급되는 대학 학자금 지원과 같은 직접재는 10점 이하가 될 것이다.

공공재와 마찬가지로 특별한 범주인 반민간재와 직접재도 순수한 형태로 나타나는 경우는 드물고, 거의 무한한 종류의 혼합 형태로 나타난다. 정부가 주립대학을 통해 고등교육을 제공하거나, 연방정부 장학금(Pell Grant)을 통해 그 비용을 지불하는 경우, 그 명분의 일부는 교육을 받는 시민이 광범위한 사회 편익을 발생시킨다는 것이다. 제니의 대학 졸업장이 그녀뿐 아니라, 그녀의 가족에게도 상당한 편익을 가져다준다는 것을 어느 누구도 부인할 수 없을 것이다. 스프링필드에서 오크데일을 잇는 새로운 주립 고속도로는 국내 운전자들에게 정말 큰 혜택일 수 있지만, 스프링필드, 오크데일, 그리고 그 사이에 사는 사람들에게는 특히나 큰 혜택이다. 종종 하나의 공공 서비스가 직접재의 측면과 반민간재의 측면을 모두 갖기도 한다. 하계 일자리 프로그램은 저소득층 장년에게 취업 기회(직접재)를 주는 것이고, 그들은 도시 일부의 도로 정화 작업(반민간재)을 담당한다. 어느 하원 의원은 정치적 난민에게 주어지는 정착 지원(assimilation assistance)의 중요성에 동의하지만, 캘리포니아 출신 의원은 베이 에어리어(Bay Area)에 모여 사는 아프간인들을 위한 프로그램을 선호할 수 있고, 미시건 출신 의원은 디트로이트 인근에 집중된 이라크인들을 위한 지원에 초점을 맞출 수도 있다.

공공재, 반민간재, 직접재 등의 전달을 위한 정부의 역할은 어려운 것부터 쉬운 것까지 다양(표.2.1 참조)하다. 그러나 사실상 직접재와 반민간재로 분류되는 재화는 협력적 거버넌스와 상당한 관련이 있다. 좋은 소식은 정부가 직접재와 반민간재를 세심하게 식별하고 신중하게 관리하여 민간 행위자를 모집하고 유인할 수 있다는 것이다. 나쁜 소식은 민간 행위자가 종종 감시하기 어러운 방법을 동원하여 재원 조달의 근거가 되는 공공재의 광범위한 공공 편익 제공은 없애 버리고, 직접재와 반민간재를 극대화하는 방법으로 공공 서비스를 조작할 수도 있다는 것이다. 결국 직접재와 반민간재는 재화 전달에 관여하는 민간 행위자의 행동을 형성하기도 하고, 민간 행위자의 행동에 의해 형성되기도 한다.

| 대리 관계(Agency Relationship) |

협력적 거버넌스는 사실 학자들이 '대리 관계'라고 일컫는 방식의 특수한 형태다. 단순화해서 설명하면, 이 관계는 두 명의 행위자가 있는데, 이익을 제공받기 원하는 '주인'과 이익을 제공하는 임무를 맡은 '대리인'이다. 문명화된 삶은 이런 관계들의 복잡한 네트워크를 특징으로 한다. 따라서 택시운전사와 승객, 변호사와 의뢰인, 의사와 환자, 상원의원과 유권자, 비영리단체의 대표와 이사회, 기업 CEO와 주주 등 이들은 모두 주인과 대리인 관계의 당사자이다.

대리 관계에서는 주인의 이익이 우선시된다. 그러나 주인의 이익과 대리인의 이익이 미묘하게, 때로는 격렬하게 갈리는 때가 있다. 당신은 신중하고 여유 있게 의사와 이야기를 나누기 원하지만, 의사는 얼른 다음 환자와 만나기를 원한다. CEO는 주주가치가 극대화되기를 원하지만, 한편으로 주주의 재산이 증가하거나 말거나 매년 거액의 인센티브를 받기를 좋아한다. 탑승객은 호텔과 공항 간의 가장 빠르고 저렴한 길을 통해 가기를 희망하지만, 택시 운전사는 외곽으로 돌아가면서 미터 올리기를 좋아한다.

이해가 갈리더라도, 주인이 대리인의 행동을 감시하고, 통제할 수 있다면 대리 관계는 아무런 문제가 없다. 주인은 택시 기사의 자리에서 무슨 일이 일어나는지 훤히 내다보며, 자신의 목표 달성을 대리인에게 요구할 수 있다. 그러나 이 같은 통제는 보통 불가능하다. 주인은 대리인이 아는 것을 모르고, 대리인이 보는 것을 보지 못하기 때문이다. 낯선 도시를 여행하는 사람은 공항으로 가는 택시 기사의 노선이 정말 가장 짧은지 알 수가 없다. 의사가 고수익이 나는 수술을 권하는 경우, 환자는 상대적 위험성과 이익을 알 수가 없다. 대리인이 실제로 무엇을 하고 있는지 정확히 알고 있다 해도, 주인의 이익을 증진시키기 위한 최선의 행위인지의 여부를 항상 결정해 줄 수는 없다. 검사 결과를 보고 있는 심장병 환자 중에 관상동맥우회로이식술이 필요한지 아닌지 알 수 있는 사람은 없을 것이다.

협력적 거버넌스는 주인으로서의 정부, 대리인으로서의 민간 행위자 간의 대리 관계의 형태를 지닌다.[2] 단순 위탁 계약과 마찬가지 형태이지만, 위탁 계약에서는 주인인 정부가 확실한 통제를 목표로 하는 반면 협력적 거버넌스에서는 주인으로서의 정부가 대리인에게 어느 정도의 재량을 기꺼이 부여한다. 이는 대리인에게 호의를 베풀기 위한 목적이 아니라, 재량을 공유하는 것이 성과 측면에서 어느 정도 효과가 있으리라는 합리적 판단에 의한 것이다. 물론 재량을 부여함으로써 파생되는 잠재적 손실도 있다. 이에 대해서는 책 전반에 걸쳐 이론과 함께 실제 사례를 들어 설명할 것이다. 여러 이유로 대리인은 맡겨진 임무에서 이탈할 수도 있다. 주인이 이러한 이탈이 일어났거나, 이러한 이탈을 방지하기 위한 노력을 해야 할 때 비용이 발생한다. 당연히 이탈로 인한 손실을 방지하기 위한 효과적인 방법을 찾는 것이 양 당사자에게 좋을 것이다. 둘의 관계에서, 주인의 요구와 그에 걸맞는 결과 간의 연결 고리가 단단할수록, 주인은 대리인을 제한하는 끈을 더 느슨하게 할 수 있다. 요컨대 주인과 대리인은 한 가지 중요한 문제에 대해서는 목적이 일치하는데, 그것은 '서로의 목적을 일치시키는 것'이다.

다시 말해, 공공사업에 민간 당사자를 참여시키는 근거는 공공임무를 달성하기 위한 정부의 능력을 증폭시키기 위함이다. 정부가 사업을 진행하기 위해 언제, 그리고 왜 민간 역량을 끌어들여야 하는지, 또는 끌어들이면 안 되는지, 조건적인 측면에서는 위탁계약인지, 자선사업인지, 협력인지의 여부 등은 모두 상충되는 논쟁의 결과물이다. 민간의 주된 역할은 뛰어난 생산 효율성을 제공하는 것이다. 그러나 민간 제공자는 광범위한 공공의 이익보다는 제공자 본인의 이익에 맞추어 공공임무를 왜곡하거나, 공공 비용으로 발생한 편익을 유용할 수도 있다. 이 같은 일반적인 장단점을 충분히 이해하고, 세부적인 공공임무를 검토해 보면, 어떤 종류의 민간 참여가 가능한지, 그리고 어느 정도의 민간 참여가 정당화되는지를 결정하는 것이 가능하다.

우리의 특별한 관심사는 협력, 즉 정부가 동기를 부여하고, 영향을 미치며, 제한할 수는 있으나 완전히 통제하지는 않으면서 민간 행위자에게 의존하는 방식의 협력이다. 더욱이 이 불완전한 통제는 의도적이며, 잘 알려진 것이며, 높은 성과의 전제 조건(그 이유에 대해 곧 설명할 예정이다)이 된다. 그러나 민간 행위자가 자신의 목적을 달성하기 위해 자신에게 허락된 통제권을 이용할 수 있기 때문에, 완전한 통제권의 결여는 때로 공공 의무를 위임하는 것에 대해 의구심을 불러일으킨다. 요컨대 협력적 거버넌스는 실제 이익을 제공하지만 공짜는 아니다. 민간부문이 공공부문을 대신할 때는 항상 가치와 목적의 근본적인 절충이 수반된다.

오랜 기간 여러 행위자들이 했거나, 하지 않았던 다양한 결정들로 인해 현재의 민간 참여 형태가 형성되었고, 오늘에 이르렀다. 어느 이론적인 이상향을 추구한다는 미명 아래 이전 것들을 모두 되돌리기에는 상당한 비용이 발생한다. 반대로 이론적 장점과는 전혀 별개로, 오래된 방식을 흔들어 바꿔보는 것이 때로는 큰 이점이 있을 수 있다. '고장 나지 않았으면 고치지 마!(If it ain't broke, don't fix it)'(옮긴이, 현상을 적절히 유지하자는 온건적 태도를 표현함)와 '악당을 몰아내자!(Throw the rascals out)'(옮긴이, 현상을 대대적으로 격변시키자는 급진적 태도를 표현함) 중에 어떤 표어가 더 효과적인지의 여부는 비용과 편익에 대한 세심한 평가에 달려 있다. 그러나 그 목적을 반드시 이루었을 때의 비용과 편익이 아니라, 그 과정에서 발생하는 비용과 편익에 대한 평가가 필요하다.

| 협력의 적정 수준 |

진보와 보수 간의 광범위한 정책 논쟁은 정부의 크기가 어떠해야 하는가라는 틀에 잡혀 있다. 그러나 그 논쟁은 다소 무익해 보인다. 형편없이 비효율적으로 정부를 운영한다는 비판과 정부가 저비용으로 잘할 수 있는 일을 민간기업에 맡겨 고비용으로 낭비하고 있다는 비판으로 양측은 서로의 가장 약한 부분을 찔러댄다. 사고방식은 여간해서는 바뀌지 않는다.

미국 전체 경제에서 미국 정부가 GNP의 약 30% 정도를 차지하고 있으며, 이 비율은 몇 십년간 유지되어 왔고 앞으로도 크게 벗어나지 않을 것이다.[3] 이 사실을 깨달으면 정부 운영을 통해 조금이라도 더 나은 결과를 얻기 위한 노력을 시도할 수 있고, 정부가 직접 역할을 해야 할 영역과 유보하거나 위임하는 영역을 파악하는 일에도 착수할 수 있다. 정부의 크기로부터 초점을 옮겨 정부가 어떻게 임무를 완수하는가로 초점을 옮기면 이념적인 논쟁보다는 분석적인 논의가 가능할 것이다.

시간이 흐르면서 정부의 지출은 공공재, 직접재, 반민간재 등의 광범위한 영역에 걸쳐 협력 방식의 큰 변화를 보여주었다. 표2.1은 지출의 단일 영역 내에서 전달 방식이 어떻게 극적으로 변화할 수 있는지를 보여준다.

다시 말하지만, 정책 도입 시기의 정치 상황, 그리고 이어지는 정부의 타성은 특정 임무는 특정 모델을 통해 전달해야 한다는 것을 어떤 객관적인 적절성 평가보다도 더 잘 설명해 준다. 의료보장제도의 처방약보험(Medicare Part D)은 2005년 상원과 하원 모두를 장악한 보수당의 조지 W. 부시(George W. Bush) 정권하에서 제정되었다. 당연히 민간부문의 공급자는 보험을 제공하는 사람들이다. 반면 사회보장제도는 1935년 민주당 집권 시기의 프랭클린 루즈벨트(Franklin Delano Roosevelt) 정부에서 통과되었다. 사회보장제도는 민간부문의 두드러진 역할이 없는 것이 특징이다. 향후 미국의 정치의 지형이 믿지 못할 정도로 움직이는 경우가 아니라면, 당분간 이 두 제도에는 중대한 변화는 없을 것으로 보인다.

	약한 민간 참여	강한 민간 참여
공공재	방위 물류, 1970	방위 물류, 현재
반민간재	뉴욕시 공원, 1950	뉴욕시 공원, 현재
직접재	12학년제 기본교육 사회보장제	고등교육 의료보장제

| 표2.1 | 민간부문에 대한 의존

그래도 다른 영역에서는 재고의 여지가 있어 보인다. 예를 들면, 방위 물류 예산은 역사에 따라 흥망성쇠를 되풀이하는데, 이는 현상을 고정시킬 만한 강력한 국내 지지자가 없기 때문이다. 이 경우 향후 새로운 국면을 맞거나 다른 주장이 제기되어 재고될 가능성이 높다. 제7장에서 자세히 다루어지는 뉴욕시 공원의 극적인 변화는 기존 모델을 따를 수 없게 만들었던 자금난의 결과물이었다. 또한 인구통계학적인 흐름에 따라 실적이 저조한 학교에 학생, 학

부모가 신규 유입이 되면서 개혁의 요구도 더 커지고 있다.

우리는 초기 협력 방식들이 이제는 접근하기 어려운 정책이 되어가는 상황을 안타깝게 생각한다. 장차 혁신을 원하는 사람들에게 협력의 장점을 기반으로 전달 모델에 대해 적극적인 고려를 하도록 격려하고자 한다. 새로운 관점뿐 아니라 회의적인 시선 또한 정부가 하는 사업의 전달 모델이 조금 더 타당한 방식이 되도록, 균형감 있으면서도 협력의 역할이 좀 더 커지도록 이끌어 준다.

| 협력의 이유 |

정부의 임무 수행을 위해 협력 방식을 추구해야 하는 많은 이유들이 있지만, 그 이유들의 대부분은 이렇게 요약할 수 있다. 더 나은 결과(Better Outcomes)를 얻기 위해, 더 많은 자원(More Resources)을 확보하기 위해, 혹은 두 가지 모두를 위해.

● 더 나은 결과(Better Outcomes)

이 명분은 정부가 같은 자원을 투입했을 때, 공공부문이 직접 수행하는 것보다 민간 협력자를 참여시키는 것이 더 많은 공공가치를 창출할 것이라는 충분한 근거가 있을 때 적용된다. 이 같은 설명은 생산 효율성 측면에서 가장 중요한 이점이며, 종래의 관점대로 대부분 민간 조직이 갖는 이점이다. 경제학 원론에서 알려주는 생산 효율성 외에, 두 가지 추가 요인이 있다. 하나는 민간 조직은 동일한 자원으로 더 많은 산출물을 생산할 수 있는데, 이들은 무엇을 어떻게 생산해야 하는지에 대한 더 나은 정보를 가지고 있기 때문이다. 예를 들어, 사기업은 어떤 공공기관보다 취업이 힘든 사람들을 위한 잘 설계된 직업 훈련 프로그램을 제공할 준비를 갖추었을 수 있다. 또 다른 요인은 민간부문을 통한 생산은 정당성(legitimacy)의 이점을 가진다. 어떤 이유든 시민이 정부가 직접 전달하는 것보다 민간 전달을 더 선호한다면, 이렇게 부여된 정당성은 생산성과는 별개로 정부에 의해 생산된 것보다 협력을 통한다면 더 좋은 결과를 만들어낼 수 있다.

위 세 가지는 정부가 민간부문과 협력한다면 더 나은 결과를 얻을 수 있는 이유다. 이 세 가지 이유, 즉 생산성, 정보, 정당성은 각각 4, 5, 6장의 주제다. 그림2.1의 의사결정 도식은 협력을 통해 더 나은 결과를 추구하는 논리를 표현해 준다.

확실하게 알려진 결과를 바탕으로 선택 사항을 간단하게 표현했지만, 실제 협력의 결과는 부분적으로나 혹은 심각하게 항상 불확실하다.(제8장에서 이 같은 불확실성에 대처하기 위한 몇 가지 아이디어를 소개한다.) 그러나 기본 개념은 상당히 명확하다. 더 나은 결과를 낳을 것이라는 전망은 협력의 합리적인 이유가 된다.[4)]

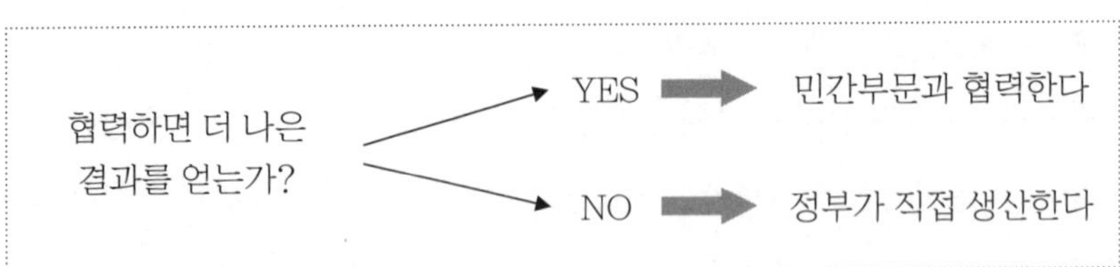

| 그림2.1 | 협력의 이유 : 결과

● 더 많은 자원(More Resources)

제한된 자원으로부터 더 많은 공공가치를 창출할 수 있다는 잠재력을 넘어, 협력 방식이 필요한 두 번째 명분은 바로 민간 협력자를 참여시키는 것이 공공 목적을 위한 더 많은 자원을 확보할 수 있다는 이유다. 이는 공공 목적을 위해 그들이 원하는지 여부와 관계없이 민간으로부터 자원을 징발하는 과세가 아니다. 오히려 잘 구조화된 협력은 민간 참여자로 하여금 공동의 노력에 자발적으로 기여하도록 유도하여, 자신과 일반 국민 모두에게 편익을 제공할 수 있다.

적절한 상황에서 민간 조직(시민, 기업 또는 비영리 단체)은 공공가치를 창출하는 재화를 위해 자신의 지출을 증대해서라도 자신의 자원을 기꺼이 기부할 것이다. 보스턴의 그린웨이(Greenway)가 매우 적절한 사례다. 보스턴의 도시 중앙의 중심도로를 지하 터널화하는 15년 기간의, 150억 달러 규모의 프로젝트인 빅 딕(Big Dig)이 드디어 완성되었을 때, 고속도로와 진입로가 자리했던 넓은 구역의 땅을 새롭게 사용할 수 있게 되었다. 시민과 공무원 모두 그 공간은 도시 공원으로 환원해야 한다는 데에 이견이 거의 없었다. 그러나 시정부와 주정부 모두 새로운 그린웨이를 건설하고 조성하는 데 필요한 자원을 투입할 수 있는 입장이 아니었다. 그린웨이를 구체화화는 과정에서 세부 내용을 결정할 수 있는 어느 정도의 권한을 주는 것을 조건으로 민간 조직이 참여하게 된다면 상당한 기부가 이루어질 것이라는 기대로 거버넌스 모델을 시험해 보기로 했다. 제6장에서 자세히 설명하는 것과 같이, 이 사례의 결과는 실패였다. 기대했던 민간 자원이나 창의력을 얻지 못했다.

공공 목표를 위한 사업에 필요한 자원을 보충해 주고자 하는 이타심을 가진 기부자들도 때로는 상당한 이기심을 드러내기도 한다. 또는 공공 목표에서 발생하는 편익의 불균형한 몫을 취하기도 하고, 본인들의 몫을 불균형적으로 높게 평가하기도 한다. 앞으로 나올 페이지에서 각 사례를 살펴볼 것인데, 기부자들은 본인들이 점점 많은 비용을 지출하는 것을 정당화하기 위해서 충분한 이익을 회수하려고 한다.

그런데 정부가 세금을 통해 조달할 수 있는 것보다 더 많은 자원이 필요하다면, 왜 굳이 협력해야 할까? 정부는 복잡한 협력적인 관계를 맺기보다는 프로젝트에 알맞은 민간 기부자를 찾는 것이 낫지 않을까? 정답은 두 부분으로 나뉜다. 첫째로, 기부자는 역할과 책임을 명확히 하는 어떤 체계가 없는 경우에 자신이 자발적 기여를 하면 정부가 지출을 줄일 것이라는 염려를 할 것이다. 둘째로, 기부자들은 영향력을 행사할 수 있거나, 기부자의 흔적을 남길 수 있다면 그 프로젝트를 지원하는 데 훨씬 더 관대할 것이다. 물론 기부자들에게 역할이나 권한이 거의 주어지지 않거나, 또는 전혀 없는 정부 주도의 사업일지라도 기부자들이 자발적으로 기여하는 사례들이 있다. 그러나 대게 민간 기부자들이 공공임무 수행에 영향을 미칠 수 있는 능력에 비례하여 민간 기금은 늘어난다.[5)] 협력을 위한 첫 번째 '더 나은 결과'를 위한 동기가 없다 해도, 그림2.2가 설명하는 것처럼 '더 많은 자원'을 위한 동기가 있을 수 있다. (그림2.1과 마찬가지로, 상당한 불확실성이 존재하는데, 이 경우는 민간 협력자가 제공하게 될 자원의 총량에 대한 불확실성이다.)

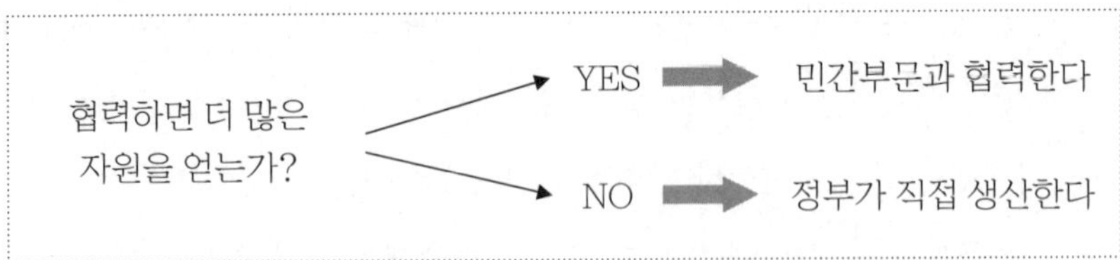

| 그림2.2 | 협력의 이유 : 자원

간단하기도 하고, 꽤 복잡할 수 있는 다양한 메커니즘을 통해 공공부문과 민간부문은 책임과 권한을 공유할 수 있다. 제7장은 민간의 자원을 얻기 위한 협력 사례를 살펴보고, 정부가 자원을 지원받는 대신 권한을 공유함으로써 유

익을 얻는 메커니즘의 범위를 설명한다.[6)]

| 협력 사례 |

앞으로 이어지는 장에서는 정부가 공공임무를 수행하며, 다양한 방법으로 민간 행위자를 참여시킴으로써 다양한 효과를 얻는 구체사례를 소개할 예정이다. 대부분 상세하게 설명할 예정이지만, 현 시점에서는 논리를 조금 구체화할 수 있도록 간단히 몇 가지 협력 사례만을 살펴보기로 한다.

● 뉴욕시 공원여가시설관리부

1980년대 초까지 뉴욕 시는 공원 관리에 애를 먹고 있었다. 뉴욕 시의 공원관리부(Department of Parks & Recreation)는 특별히 기능상 문제가 있지 않았지만, 단순한 공원 관리 업무에 어쩔 줄 몰라 했다. 1970년대 중반 뉴욕의 재정위기로 인해 부서 재원이 줄어들면서, 지저분하고 때로는 위험하기까지 한 공원은 쇠락하는 도시의 상징이 되었다.

결국 민간부문에 도움을 청하는 전략을 급조하여, 공원에 투자하고, 유지보수와 관리를 도울 수 있도록 했다. 이 민간부문의 참여는 매우 다양한 형태로 이루어졌는데, 전통적인 자원봉사('공원의 친구들(Friends of the Park)' 단체의 쓰레기를 치우거나, 공원 운동장 관리 등의 활동) 형태로부터 전통적인 위탁방식(차량 정비, 건설 등 규정화된 업무의 위탁)의 형태에 이르렀다. 또한 의사결정 권한을 어느 정도 공유하는 것을 특징으로 하는 협력적 거버넌스와 같은 복잡한 방식도 등장했다.

뉴욕의 가장 유명한 공원에서는 관련 부서 공무원들의 적극적인 격려에 힘입어 시민들로 구성된 비공식적인 단체들이 센트럴파크관리위원회(Central Park

Conservancy)에 모여들었다. 추후 비영리 민간단체의 참여가 수년간 확대되어 결국 공원을 관리하는 공식적인 책임까지 부여받게 되었다. 뉴욕 다운타운 내의 브라이언트 공원(Bryant Park)은 업무개선지구(business improvement district)에 도시재생과 관리를 위임했다. 마이클 블룸버그(Michael Bloomberg) 시장 휘하의 아드리안 베네페(Adrian Benepe)공원위원장은 자신의 경영전략의 핵심은 바로 '파트너십(Partnership)'이라고 천명했다. 아드리안과 관리자들은 부서 공무원들을 관리하는 것보다 다양한 비정부 행위자들의 기여를 조정하는 데 더 많은 시간을 할애했다. 뉴욕 시는 공원 소유권을 양도한 적이 없지만, 운영 책임의 상당 부분을 민간부문에 위임했다.[7)]

협력 방식의 도입은 우리가 이미 논의한 두 가지 주요한 이유로 인해 촉발되었다. 민간 참여자들의 역할을 구조화하면 더 많은 자원을 얻을 수 있을 뿐만 아니라 더 나은 결과를 가능하게 한다. 공공임무 수행을 위한 공원 관리부서의 노력도 증폭되면서, 협력이 훌륭하게 작동하게 되었다.

● 응급구조대원을 위한 천연두 예방접종

2001년 9월 테러에 이어 생물학적 테러에 대한 망령은 미국인들의 불안을 최고조에 이르게 했고, 천연두 바이러스의 고의적인 유출은 발생 가능성이 있는 암울한 시나리오였다. 천연두는 알려진 대로 두 개의 바이러스 샘플이 정부 연구소에 남겨진 것을 제외하고 20년 전에 전 세계적으로 박멸되었다. 그러나 은닉되었을 가능성은 배제할 수는 없다. 일상적인 백신예방접종은 중단되었고, 그 결과 대부분의 미국인들은 이 파괴적이고 전염성이 높은 질병에 취약해졌다. 2002년 말 부시 행정부는 천연두 공격이 일어날 경우를 대비했다. 그 엄청난 파괴력에 대응하기 위해 선별된 집단에게 예방접종을 실시하겠다는 계획을 발표했다. 천연두 예방접종을 하게 되면 약간의 불편함은 접종자 대부분에게 나타나고, 가능성은 낮지만 간혹 심각한 합병증이 발생할 가능성이 있다. 이런 이유로, 일반적인 백신예방접종은 거부되었다. 대신에 행정부는 해외 분쟁에 대비한 군 병력과 국내의 약 천만 명 정도의 응급구조대원에 대한 예방접종 계획을 세웠다. 이들 응급구조대원은 의사, 간호사, 소방관, 경찰관 등으로 생물학적 테러 공격에 우선 노출될 가능성이 높은 사람들이며, 천연두 확산을 억제하는 데 상당히 중요한 역할을 하게 될 사람들이다. 단기적 목표는 2003년 여름 말까지, 백만 명의 중요한 미국인들에게 백신 예방접종을 하는 것이었다.

연방정부는 군 병력의 예방접종을 위해 간단한 접근방식을 택했는데, 접종 종사자를 정하고, 예방접종 결과를 신고하도록 했다. 정부가 외부 도움 없이 목표를 달성할 수 있는 이러한 직접적인 방식은 부인할 수 없는 장점이었다. 그러나 민간인에 대한 예방접종은 상당히 복잡한 것으로 드러났다. 부시 행정부는 공공보건국(Public Health Service), 질병관리센터(Centers for Disease Control), 또는 다른 연방 기관을 통한 예방접종보다 민간 병원과 의료 기관에 의존하기로 했다. 이들에게 두 가지 임무를 위임했는데, 한 가지는 먼저 의사, 간호사, 응급의료인들 중에 백신을 우선 접종할 50만 명의 응급구조대원을 정하는 것이었고, 나머지 한 가지는 선정 후에 백신을 투여하는 것이었다. 첫째 임무를 위임할 때, 정부는 정보(information)가 필요하다는 점을 협력의 근거로 삼았다. 위기 상황에서 어느 인력이 가장 긴급하게 필요할 것인지를 연방정부보다 병원이 더 잘 알았다. 둘째 임무를 위임할 때는 생산성(productivity)과 정당성(legitimacy)을 근거로 삼았다. 의료기관은 백신접종에 대해서는 우선 기술적인 면에서 전문가였고, 게다가 국민들도 그 임무에 대해서 가장 적합한 기관으로 인식했다.

예방접종 계획이 시행된 지 몇 주 만에 50만 명의 군인들은 백신을 접종받기 위해 팔을 걷어 올렸다. 반면 민간에서의 움직임은 느리게 시작했다가 빠르게 중단되었다. 병원 책임자와 의료전문가들은 실제 공격이 발생할 경우 예방접종으로 인해 대응할 준비가 되어 있는 경우의 종합적이면서 추상적인 장점과, 예방접종으로 인한 세부적이고 구체적인 위험성을 놓고 저울질했다. 이 접종 위험은 전혀 추상적이 아니었으며, 의료진, 환자 및 가족들이 과도하게 감당해야 했다. 백신을 접종받는 의사와 간호사는 어느 정도의 불편함과 불쾌감을 겪게 되며, 며칠 동안 일을 할 수 없을 가능성이 크고, 예상할 수 없지만 심각한 건강상의 합병증을 얻게 될 위험성도 있었다. 그리고 백신을 접종받은 보건 종사자들이 백시니아 바이러스(면역을 갖게 해주는 데 사용되는 천연두와 유사종이며, 약하지만 무해하지는 않은 바이러스)를 그들의 가족이나 취약한 환자에게 전달하게 되면, 심각하고 치명적인 감염 증상을 겪게 할 수도 있는 무시할 수 없는 가능성도 존재했다. 백신접종으로 인해 자신과, 가족 그리고 환자에게 발생하는 비용과 테러에 맞서 대비하는 공공의 이익을 견주어 본 후에, 다수가 백신 접종을 반대했다. 몇몇 병원은 명시적이고 공공연하게 정부 캠페인에 참여하지 않겠다고 선언했다. 더 많은 민간기관과 개인들은 조용히 손을 뗐다. 최종 목표가 천만 명, 단기 목표가 50만 명이었으나, 2003년 여름 중반까지 4만 명도 안 되는 인원만이 백신을 접종받았다. 그리고 몇 달 지나지 않아, 접종 캠페인은 조용히 중단되었다.

민간 응급구조대원을 대상으로 한 예방접종 프로젝트는 함께 진행했던 군 병력을 대상으로 한 프로젝트에 비해 목표에 크게 미치지 못했다. 그 이유는 프로젝트를 수행하는 이들의 이익, 우려, 충성도가 정책 입안자들이 기대했던 것에서 상당히 벗어났기 때문이다. 이들 민간부문의 기관들은 정부 공무원들이 예상한 것과는 전혀 다른 결과를 도출하기 위해 재량을 행사했다. 결국 이 사례에서는 협력자들이 주저했고, 프로젝트는 실패했다.

● 직업훈련을 위한 프로그램

근로자투자법(Workforce Investment Act)은 기술 변화나 외국과의 경쟁으로 내몰린 근로자, 취업을 앞둔 청년, 그리고 선진 기술 습득을 원하는 근로자를 위한 프로그램을 포함한 다양한 직업훈련을 위한 연방 기금 사용을 규정하고 있다.[8] 이 법을 통해 미국인들이 노동력 개발에 민간이 참여하는 것을 선호할 수 있도록 해주었고, 이전에 제정된 법률보다 훨씬 더 인적 자본 투자에 협력 방식을 확대했다. 이는 일반 국민 대다수가 근로자 교육에 관심이 큰 것에 반해, 정부가 직접 그 교육을 실시할 입장에 있지 못하다는 가정에 근거했다.

직업훈련에 있어 민간부문을 참여시키는 것은 '더 나은 결과(better outcomes)'를 위한 동기가 여러 방법으로 강력하게 적용된다. 민간 조직이 훈련 프로그램을 구성하고 운영하는 데 평균적으로 더 생산적일 것이라는 가정이 자리 잡고 있다. 정부 기관이 최고 품질과 저렴한 비용의 조직화된 교육을 제공하고 싶어도, 필요한 정보의 부재로 인하여 민간 행위자들에 비해 불리할 수밖에 없다. 효과적인 인력 개발은 현재와 미래의 기술 요건에 대한 세밀한 지식, 특정 근로자의 잠재력에 대한 지식 등 정부가 일반적으로 갖추지 못하는 지식들을 필요로 한다. 이러한 점을 감안하여, 이 법은 영리 목적이든 비영리 목적이든 민간기관의 폭넓은 참여를 의무화한다. 각 주와 지역별로 연방 기금이 사용되는 훈련 활동을 감독하기 위해 기업 대표들과 함께 관리 기구를 설립해야 한다.[9] 민간부문은 관리 기구로서의 참여만이 아니라, 실제 임무를 수행하는 역할을 한다. 지역 전문대학과 비영리 교육 기관이 훈련을 제공할 수 있고, 물론 영리 목적 기관도 훈련을 제공할 수 있다. 민간 기업은 정부 지원 현장실습교육을 적격 근로자에게 제공하는 것이 명시적으로 허용된다.[10]

민간부문을 참여하게 하는 이 조치는 미국 내 여러 주, 도시에 걸쳐 다양한 방법으로 폭넓게 실행되었고, 다양한 결과를 낳았다. 어떤 경우는 공공 자금과 민간 재량이 어우러져 희망했던 대로, 적격의 근로자가 필요한 기술을 통해 필요한 훈련을 받았다. 다른 경우는 훈련이 전혀 효과가 없었거나, 훈련이 필요하지 않은 근로자에게 초점을 맞춘 경우도 있었고, 근로자보다 회사에 이익이 전달되기도 했으며, 이도저도 아닌 결과를 낳기도 했다. 정부가 협력을 잘 작동시킬 줄 아는 곳에서는, 기술이 부족한 근로자들을 새로운 수익능력을 가진 근로자로 끌어올리는 결과를 낳았고. 그렇지 못한 곳에서는 협력의 효과가 고르지 못하거나, 아예 실패했다(이 부분에 대해서는 제5장에서 자세히 다룬다).[11)]

| 검토 순서 |

간단히 살펴본 세 가지의 협력 사례는 매우 많은 사례에서 추출한 작은 샘플에 불과하다. 우리는 훨씬 더 오랜 기간 동안 발전되어 온 많은 사례들의 맥락 속에서 앞으로 이들 사례가 보여주는 성과와 도전들을 만나게 될 것이다. 일단 목표는 이 책의 제1부에서 일련의 개념들과 간단한 실제 사례를 살펴본 후에 제2부를 통해 상세한 사례 연구를 진행하고자 한다.

이번 장에서는 정부가 업무 수행 전략으로서 협력에 의존하고자 하는 동기(때로는 명시적인, 대개는 암묵적인)를 소개했다. 물론 동기를 가졌다고 해서 원하는 결과가 만들어지는 것은 아니다. 우리는 아직 협력이 가진 잠재적 위험성에 대해 상세한 논의를 하지 않았다. 민간 행위자가 공공임무에 참여하여, 공공자원과 공공 목표에 대한 상당한 영향력을 갖게 될 경우, 그들은 공공의 목표가 아닌 자신의 목표를 추구하고자 재량을 사용할 수도 있다. 우리는 이제 민간부문과 재량을 공유함으로써 발생하는 비용과 편익의 균형을 맞춰야 하는 복잡한 도전을 만난다.

제3장

위임자의 딜레마

재량을 공유하는 것은 협력적 거버넌스를 규정짓는 특징이다. 공공부문과 민간부문의 관계에서 어느 한쪽이 일방적으로 모든 결정을 하는 관계라면 이는 계약 관계이지 협력 관계라 할 수 없다. 그렇다면 '재량이 어떤 방식으로 공유되는가'라는 질문이 매우 중요하다. 이 질문에 어떻게 대답하느냐가 협력적 노력을 불러일으키고 유지하는 것의 효과성, 정당성, 그리고 관리상의 어려움까지 결정한다. 민간 역량을 활용하여 공공가치를 창출하고자 한다면 재량 허용에 수반되는 비용과 편익에 대한 세심한 균형이 필요하다. 이는 정부가 자력으로 달성할 수 있는 것과 비교하여 협력의 장점을 극대화하기 위해 고려해야 할 사항이다. 이 균형에 대한 이론 설명도, 실제 적용도 모두 쉽지 않다. 재량을 다루는 것은 외발자전거를 타는 것과 유사해서, 넘어질 위험성이 큰 데다, 앞으로, 뒤로, 또는 어느 쪽으로든 넘어질 수 있다. 그러나 보이지 않는 균형점을 찾아내는 데 성공하면, 보는 것만으로도 놀랍고, 성취에 대한 만족감이 대단할 것이다.

재량의 총량(amount of discretion)은 어느 상황에서도 정해져 있지 않다. 민간부문에 재량을 허용했어도 공공부문에서 완전히 사라진 것이 아니다. 협력의 전형은 '오병이어'라는 성경 속 이야기를 떠올리게 하는데, 재량이 많이 공유될수록, 공유 가능한 재량은 더 많아지기 때문이다. 재량의 바른 배분은 정보력이, 전문성이, 이해관계가 더 큰 당사자에게 권한을 부여하는 것이다. 재량을 더 민첩하게 공유할수록, 협력이 창출하는 가치는 더 커지고, 각 당사자의 편익 또한 더 커진다.

| 재량의 구분 |

재량은 '생산재량(Production Discretion)', '수익재량(Payoff Discretion)', '선호재량(Preference Discretion)'이라는 세 가지 개별 영역으로 나타난다. 생산재량은 협력 방식의 중심에 자리 잡고 있다. 민간 행위자에게 역할 수행을 위한 나름의 방법을 선택할 자유를 주지 않을 것이라면, 공공임무 수행을 위해 용역계약이나 조달계약과 같은 단순한 방법을 선택하지 굳이 협력 방식을 선택할 이유가 없다. 그런데 '수익재량', '선호재량'의 경우 협력의 장점을 저해하는 기회주의를 야기할 가능성이 있다.

● 생산재량(Production Discretion)

협력 방식을 택하는 근본적인 동기 중 하나는 공공부문이 본연의 임무를 직접 수행하는 것보다 민간 행위자를 참여시킴으로 그 임무를 더 효과적으로 달성할 수 있으리라는 믿음이다. 그러나 이 동기 하나만으로는 협력을 불러일으킬 수는 없다. 협력은 정부가 재량 공유로 인해 발생하는 복잡한 많은 일들을 겪지 않고서도 민간 효율성의 장점을 이용할 수 있을 때(그리고 정부가 그것을 선호할 때) 가능하다. 단순한 정부 조달 계약이 친숙한 예다.

공공부문이 트럭을 이용해야 하거나, 쓰레기 수거를 해야 하거나, 소프트웨어 프로그램을 만들어야 한다고 가정해 보자. 정부의 요구사항은 아주 명확하다. 담당 공무원들은 재화나 서비스를 직접 생산하는 것보다 민간부문으로부터 획득하는 것이 더 저렴하거나, 더 양질이거나 또는 둘 다일거라 믿을 만한 충분한 이유가 있다. 이 경우 합리적인 방법은 필요한 요구사항을 명시하여 공고하고, 경쟁 입찰에 부치고, 가장 좋은 조건을 제시하는 입찰자를 선택하는 것이다.[1] 요구사항을 얼마만큼 정교하게 명시하였느냐에 따라, 낙찰자는 계약 사항을 충족할 방법에 대한 상당한 자유를 가질 수도 있다. 그러나 목표를 설정하고, 우선순위를 결정하고, 성과를 평가하고, 수정 사항을 승인하고, 그 외 지휘 감독에 관한 기능은 여전히 정부의 독점적 특권으로 남아 있다.[2]

그러나 정부가 민간 대리인이 향후 어떻게 행동할지까지 예측하여 입찰 조건에 명시하는 것은 불가능하고, 비현실적이기도 하거니와 현명하지도 않다. 국토안보부(Department of Homeland Security)는 인디애나(Indiana)에 위치한 먼시(Muncie)에서의 천연두 발병을 막기 위한 조치로서, 구급차 운전사, 간호사, 응급실 기술자 중 어떤 직종이 더 중요한지 쉽게 판단할 방법이 없기 때문에, 볼메모리얼병원(Ball Memorial Hospital)의 관리자들로 하여금 응급구조대원에 대한 예방접종의 우선순위를 정하게 할 수 있다. 직업안전보건국(Occupational Safety and Health Administration)은 식료품점 내에서 폐기물 압축기를 가장 위험 요소로 꼽지만, 지역 소재의 식료품점 근로자는 적재작업자가 흘린 농산물에 미끄러질 위험을 줄이면 같은 비용으로 안전을 더 담보할 수 있다는 것을 알고 있다. 낮은 비용으로 더 긴 주행거리를 가진 차세대 자동차를 만들기 위해 자동차의 연료, 엔진, 디자인 그리고 소재 등의 수많은 변수들에 대한 판단이 자동차 회사의 판단과 일치할 수 있는 정부 기관은 아마 없을 것이다. 또한 입법자나 정부 관계자는 테러 공격에 대한 항구 시설의 취약함을 보완하기 위한 방법에 대해서 항만 시설 운영자보다 더 많이 알 수도 없다. 따라서 이렇게 더 복잡하고 구체화하기 어려운 공공 목표의 경우, 목표 달성을 위한 상당한 재량이 민간 행위자에게 주어진다면, 그 목표에 훨씬 더 효율적으로 다가갈 수 있다. 정부가 그런 재량을 허용한다면 계약이라는 영역에서 협력의 영역으로 옮겨가는 것이다.

복잡한 임무 수행을 위해 민간 협력자를 참여하게 하는 것은 가치 창출을 위한 잠재력을 향상시킨다.[3] 민간 참여자가 행사할 수 있는 유일한 재량이 생산재량이라면, 전설적인 낙관주의자 팡글로스(Pangloss)와 폴리애나(Pollyanna)(옮긴이. 팡글로스는 1759년 볼테르가 쓴 우화극 '캉디드(Candide)'에 나오는 청년 캉디드를 교육하는 가정교사로 한없는 낙관주의자로 묘사된다. 폴리애나는 미국 여성 작가의 소설 제목이며 낙천적인 작품의 내용으로 독자의 호응을 얻었고, 지나친 낙천주의자라는 의미의 보통명사가 되었다)의 기대처럼 민간 효율성은 최선의 방법을 다해 공공의 이익을 증진시킬 것이다. 그러나 안타깝게도 생산재량은 종종 수익재량(Payoff Discretion), 선호재량(Preference Discretion)을 동반하는데, 이 둘 모두 공공 목표 달성을 위한 협력의 능력을 저해한다. 재량의 어두운 면인 이들 재량은 우리의 다음 주제가 된다.

● 수익재량(Payoff Discretion)

일부 공공임무는 정부가 직접 수행하거나, 민간 기업에게 매우 상세하게 규정된 계약 내용으로 발주하는 것보다 민간 협력자가 자체적으로 수행하게 하는 것이 더 큰 가치를 창출할 수 있음이 확실하다고 가정해 보자. 그러면 그다음 문제는 '잉여 가치를 어떻게 배분해야 하는가?'에 대한 것이다. 생산에 대한 재량을 가진 민간 당사자는 잉여 가치의 분배에 대해서도 어느 정도 통제권을 획득하게 된다. 대신 잉여 가치를 잘 빼돌릴 수 있어야, '사자의 몫(Lion's share)'(옮긴이. 이솝우화에서 유래한 표현으로 가장 중요한 몫을 가리킨다)을 손에 쥘

수 있다.[4)]

루이스 브랜다이스(Louis Brandeis) 대법관은 '햇빛은 최고의 살균제'라는 유명한 말을 남겼다. 우리는 협력에 관해, 이 의미를 지지하고, 더 적극적인 조치는 그 효과를 강화시킨다고 덧붙이고 싶다. 만일 협력을 통해 발생되는 편익의 특성과 규모를 쉽게 알 수 있고, 또한 측정할 수 있다면 수익재량은 문제가 되지 않을 것이다. 전체 잉여 가치는 정부와 민간 협력자 간에 투명한 방식에 의해 분배될 것이기 때문이다.

그러나 이러한 이상적인 상황은 경제학 교과서 속 외에는 존재하지 않는다. 일부 수익재량은 불가피하고, 협력의 정상적인 부산물이며, 이익을 위한 비용으로 간주되어야 한다. 그런데 수익재량은 미묘해서 협력의 비용을 부득이 초과하게 만드는 위험성을 높일 수 있다. 그리고 정확한 수익 배분 금액뿐 아니라 누가 가져가야 하는지에 대해서도 파악하기 힘들 수 있다. 민간 협력자는 임무를 수행하며 발생하는 향상된 경쟁적 지위, 유리한 합법적 관례, 미래의 정치적 영향력 등 다양한 형태의 이익 일부를 취할 수 있다. 물론 정부의 경우 통제는 고사하고, 이런 내용을 파악하기조차 힘들 수 있다. 이 같은 이익이 은밀하게 민간 협력자에게 흘러들어갈 때, 그 비용이 어떤 형태로, 언제, 어디에서 발생하는지 종종 명확하지 않음에도 불구하고, 누군가는 그 비용을 부담하게 된다. 그 희생자는 높은 가격을 마주하는 소비자일 수 있고, 더 적은 이윤을 얻게 되는 민간 협력자의 경쟁자일 수 있다.[5)] 그리고 '정부'라는 개념 자체가 다양한 수준의 다수의 각기 다른 기관들을 포괄하는 추상적 개념이기 때문에, 협력 당사자인 정부가 그 소요 비용에 대해 완벽하게 인지하고 있다고 하더라도, 관할 영역 바깥에서 일어나는 국민의 비용 부담에 대해서는 별로 개의치 않을 수 있다.

비용은 그저 방정식의 한 부분일 뿐이다. 정부는 정부가 얻게 되는 편익 또한 집계하는 데 어려움을 겪을 수도 있다. 공원의 친구들(Friends of the Parks) 단체가 만들어 준 보트하우스는 얼마나 오래 유지될 수 있을까? 직업훈련을 위한 비영리 프로그램에 참여한 결과, 훈련생들의 수익 창출 능력이 얼마나 많이 올라갔을까? 보안 조치 강화로 인해 어느 화학공장에 대한 테러나 공격 위험이 높은 수준에서 상당히 낮은 수준으로 줄었을까, 아니면 위험성은 거의 그대로 유지되었을까?

정부는 중요한 제품이나 서비스를 만드는 데 필요한 기술적인 전문성이 부족하다. 어떤 능력을 가졌고, 필요한지조차 모를 수 있다. 그래서 간단한 조달 계약인 경우라도 어느 정도의 재량을 부여해야 하는 경우가 있다. 1986년 미국 해군은 난파 선원이 구명보트에서 며칠 동안 생존할 수 있도록 신선한 물을 공급하는 휴대용 담수화 기기가 필요했다. 해군은 시제품 제작을 위한 연구개발 계약을 경쟁 입찰에 부쳤다. 모든 응찰자는 시제품 제작을 위해 응찰하면서도, 향후 이어질 완제품 생산을 위한 계약 또한 기대했다.

미네아폴리스(Minneapolis)에 위치한 스타트업 기업인 리커버리 엔지니어링(Recovery Engineering) 회사는 손익분기점을 겨우 넘길 수 있는 가격으로 연구개발 계약을 따냈다.[6] 진짜 수익은 나중에 발생할 것으로 기대한 것이다. 회사는 개발된 기술을 해군에게 제공했고, 결과적으로는 완제품 생산 계약을 위한 입찰을 위해 다른 모든 입찰자에게도 그 기술이 제공되었다. 그러나 회사는 생산 비용, 기술적 노하우, 제조 공정에 대한 독점적 지식을 이미 확보했었기에 규모가 상당한 완제품 생산을 위한 계약 입찰에 대단히 유리한 입지를 갖게 되었다.[7] 당연히 회사는 상당한 이윤을 창출하는 가격으로 생산 계약을 따냈다. 결국 이 장기적인 이익을 통해 유사 제품의 시장 개척을 위한 투자를 가능하게 하는 재정적 기반을 마련했고, 동시에 추가적인 연구개발 프로젝트에 자금을 투입할 수 있었다.[8]

이 사례에서 얻게 되는 교훈은 무엇일까? 어떤 이는 미 해군이 애초에 직접 연구개발을 스스로 수행했거나, 기술 개발 업체를 제품 생산 입찰에서 아예 배제했더라면 납세자들에게 오히려 유리했을 것이라고 주장할 수도 있다. 그러나 저급하게 설계되거나, 가장 효율적인 생산자를 배제하는 등 어느 쪽이든 문제가 발생했을 것이고, 분명 만족도가 떨어지는 제품이 생산되었을 것이다. 이 같은 문제는 정부가 대량 생산에 앞서 신중한 설계가 필요하고, 혁신적인 제품을 조달받으려 할 때마다 흔히 발생하는 문제다.

이 사례에서 얻는 중요한 교훈은 협력을 기반으로 생산재량을 허용한다면 정부는 어느 정도의 수익재량 또한 받아들여야 한다는 점이다. 또한 이런 상호 절충에 민감해야 하고, 유리한 균형을 잡기 위해 노력해야 하지만, 수익재량의 기미가 조금 보인다는 이유로 협력을 포기해서는 안 된다. 수익재량으로 인해 추가로 발생되는 비용이 생산재량으로 인해 얻게 된 이익에 비해 돌이킬 수 없을 만큼 비싸다면, 확실히 그 협력은 잘못된 모델일 뿐이다. (상대적으로 경미한 경우라도) 허나 수익재량에 대한 두려움 때문에, 그리고 정보 부족을 겪고 있다는 점을 인정하기를 꺼려하는 이유로 인해, 명백한 장점이 있음에도 불구하고 정부는 민간부문과 협력하는 데 너무 소극적이다.

심각했던 사례는 2010년 봄 영국 석유회사(British Petroleum(BP))의 시추 플랫폼에서 발생한 화재로 인해 기름이 유출되어 멕시코 만으로 흘러들어가게 된 사건에서 출발한다. 시간이 지날수록 환경, 정치, 경제 등의 비용이 늘어가자, 오바마 행정부는 국민에게 '우리가 통제하고 있다'는 것을 확인시켜 주고자 했다. 비록 BP가 기름 유출과 그 이후의 결과에 대해 책임지겠다는 확고한 의지를 보여주었지만, 연방 정부와의 관계에서는 협력자에서 변절자로 바뀌었다. 결국 퇴역한 해경 장군을 이 재난을 담당하는 책임자로 임명했다. 재량을 움켜쥐고 활용하려는 본능은 이해할 수 있지만, 이 경우는 불행히 작용하였다. 이해할 수 있는 이유는 애당초 BP가 일처리를 제대로 할 것이라고 단순하게 믿는 것이 정치적으로는 불가능했을 뿐더러, 정부의 전형적인 입찰 계약으로 해저 1마일 깊이에서 보수 작업을 할 수 있는 회사를 찾는 것 또한 불가능했기 때문이다. 또한 불행한 이유는 연방정부가 이 상황에서 필요한 전문지식이 전무했기 때문이다. 해양경찰은 보트를 구조하거나, (이 책에서 다루어질 내용이기도 한) 항만 보안을 지휘하는 등 여러 가지 부문에서 전문적이다. 그리고 필요하다면, 무장 세력의 공격에 맞설 수도 있지만, 해저의 정교한 석유 생산 시설에서 발생한 문제에 대처하는 것은 그 전문 분야에 속하지 않았다.[9]

돌이켜 보면, 쉽게 생각할 수 있는 접근법은 관련 전문 지식이 있는 민간 부문으로부터 전문가들을 모집하여, BP의 시도(기름 유출을 멈추는 시도들 중에 가장 성공 가능성 있는 방법들의 우선순위를 만드는 데 도움을 주는 것도 포함한다)를 지도, 감독해서 최선의 방법을 찾아낼 수 있도록 재량을 부여하는 것이다. 그 전문가들은 하나의 회사 출신일 수도 있지만, 시추, 심해 작업, 원격 감지, 기름 제거, 대규모 작업을 위한 물류 등의 전문화된 회사들로부터 태스크포스를 구성했을 가능성이 높다. 사건 초기 미국 내에서 대응하려고 했던 것에 대조적으로 그들은 많은 국가에서 왔을 수 있다. 이런 전례 없는 상황에서 연방 정부는 낯선 전문가들을 통해 예상하지 못했던 방법으로 유출을 막고, 걸프 만을 정화하기 위한 협력을 해야 했을 것이다. 그러나 의심할 여지없이 민간 협력자는 그 과정에서 발생한 잉여 이익을 흡수할 방법을 발견했을 것이고, 그들 중 일부는 정부 관계자들을 난처하게 만들었을 것도 분명하다. 그러나 조금이나마 빨리 궁극적인 해결을 위해 속도를 높이거나, 개선시킴으로 얻는 이점은 이러한 협력의 비용을 상쇄하고도 남았을 것이다.

공공 기관은 기관 스스로 수행하는 임무와 똑같은 일을 위탁하기 위해(조금 더 효과적이거나, 조금 더 저렴하도록) 민간 협력자를 참여시키는 경우는 거의 없다.

협력의 위험성과 복잡성, 수익재량이 야기하는 잠재적 손실, 협력이 야기하는 내부 직원의 불안감을 정당화하기 위해서는 민간 협력자가 차별적이거나, 일반적으로 우위에 있는 생산 능력을 가졌다는 확고한 믿음을 정부가 가지고 있어야 한다. 그러나 차별적인 우위의 생산 모델을 갖는다는 것은 가치의 총량을 형성할 뿐 아니라 가치의 배분도 형성한다.

차세대 자동차 생산을 위한 협력 방식과 그로 인해 야기되는 광범위한 수익을 한번 생각해 보자. 클린턴 행정부는 그 프로그램을 고안했고, 석유 가격과 탄소 배출에 대한 오늘날의 상당한 우려를 감안할 때, 자동차 기술의 진보를 위한 협력적 접근은 과거가 아니라 미래에도 가능하다. 정부는 스스로 결정할 수 있을 만큼 기업의 세부사항을 온전히 이해할 수 없다. 불행히도 이 점은 협력자의 특정 방식에 대한 제안이 본인들의 이익이 아닌 전문 지식에 의한 것이라는 확신을 갖는 것을 어렵게 한다. 한 자동차 회사는 새로운 엔진을 설계하기보다는 석유 산업에 비용이 더 투입되는 개량 연료에 의존하는 차세대 자동차 캠페인을 선호할 수 있다. 새로운 종류의 엔진이 개발되어야 한다면, 그 회사는 필요한 연구개발비 투자에 대한 정부의 역할을 최대화하기를 원할 것이다. 마찬가지로, 디젤전기자동차 단계까지 진전된 회사는 경쟁사의 강점인 대안을 좇기보다는 본인들의 기술을 안착시키는 것을 선호할 것이다.

협력자들은 할 수 있을 때마다 발생된 수익을 본인들이 취하려고 할 수 있다. 영리적이든 비영리적이든 어느 민간 조직이라도 그 조직만의 특별한 이해관계 당사자들이 존재한다. 정부는 민간 협력자들이 정부의 우선순위를 희생하면서까지 할 수 있는 한 자신들의 이익을 좇을 것이라고 예상할 수밖에 없다. 그 수익을 감지해 내기 어렵거나, 그 협력이 일회적, 단기적일 때 특히 가능성이 높다.

일반적으로 정부는 이 같은 사익 추구 경향을 예상할 수 있고, 다음의 두 가지 방법 중 하나로 수익재량의 위험을 줄일 수 있다. 첫 번째는 협력 관계에서 재량을 걷어내어, 협력 관계를 단순한 아웃소싱 관계로 바꾸어 버리는 방법이다. 이 방법은 정부가 불리함을 견디기보다, 민간 협력자에게 재량을 부여함으로써 파생되는 이익을 임의로 포기하는 것이다. 두 번째 다른 대안은 민간에게 부여한 재량으로 인해 국민에게 이익과 손실이 모두 발생한다는 점을 인정하고, 이익을 극대화하고 손실을 최소화하는 안목을 가지고 그 관계를 관리하는 것이다.

이 두 번째 접근법은 협력 관계의 조건을 공들여 만드는 정교한 기술이 필요하다. 예를 들어, 어느 지역 학군을 담당하는 공무원이 문제가 되는 한 학교를 개선시키기 위해 영리 목적의 교육 관리업체를 고용한다고 가정해 보자. 담당자는 학교를 개선시키기 위해 회사가 무엇을 어떻게 해야 하는지에 관한 세부사항을 상세히 담은 방대한 계약서를 작성하는 것조차 꺼려할 것이다. 왜냐하면, 이것은 비용이 많이 들 뿐만 아니라, 까다로운 일이기도 할뿐더러, 담당자의 능력에 상당한 부담을 준다. 더 중요한 사실은 외부 업체를 참여시키기 위한 중요한 명분을 약화시킬 수도 있기 때문이다. 그래서 담당자는 그 지역 학군의 학습력 향상이라는 주된 목적 아래, 민간 재량을 더 생산적이고, 덜 위험하게 만드는 방법을 찾으려고 노력한다(제4장의 차터스쿨에 대한 논의는 이 내용을 좀 더 자세히 다룬다).

민간 협력자는 정부의 이익을 보호하면서도 본인들의 특별한 능력을 최대한 자유롭게 활용하는 것을 아주 간단히 할 수도 있다. 결과물의 규모와 가치가 모두 명확하고 모호함 없이 가시적이라면 민간부문에 생산재량을 얼마든지 부여할 수 있다. 지역 학군 담당자가 어느 학생의 지식과 능력을 정확하게 측정할 수 있는 표준화된 테스트 도구를 가지고 있다고 상상해 보자. 이 엄청난 테스트 도구는 학생들의 읽기, 쓰기, 연산 등의 진척 과정뿐만 아니라 담당자가 중요시하는 학생들의 습관, 시민 의식, 성향 등 공적 가치도 포함하고 있어서 다목적 지표로 활용되는 모든 속성까지도 측정할 수 있다. 문제 학교의 각 학생들은 해당 학년의 시작과 끝 시점에 이 테스트에 응시할 수 있다(이 멋진 상상에 더해, 학생과 교사에게도 부담을 주지 않고 테스트가 30분 정도밖에 걸리지 않는다고 상상해 보라). 담당 공무원은 교육 가치에 근거하여 관리 회사에 비용을 지불할 수 있으며, 그 가치의 산출 방법 결정도 회사의 전문적 판단에 맡길 수 있을 것이다. 예를 들어, 모든 학생들이 다양한 과목에서 최소한의 수준에 도달하는 것을 요구한다든지, 특정 그룹의 개선이 뛰어나면 추가 비용을 지급하는 등, 비용 지급 일정도 우선순위를 고려하여 미세 조정할 수 있을 것이다. 생산량을 정확하게 측정하고 평가할 수 있을 때, 담당 공무원은 대리인으로 활동하는 관리 회사에게 거의 완전한 생산재량을 허용할 수 있다. 이 경우 수익재량에 대한 우려는 제거된다. 한편 이런 방식은 민간 협력자에게 완전한 자유를 주는 동시에 다른 한편으로는 정부가 원하는 대로 하는 것 외에 다른 선택이 없다. 용어를 달리하면, 이런 멋진(그러나 있을 수 없는) 방식은 어떠한 수익재량이 발생할 여지가 없고, 완전한 생산재량을 특징으로 한다. 협력 상대방인 정부 관계자가 모든 것을 인지할 수 있기 때문에, 민간 협력자는 공공 목적에 초점을 맞출 수밖에 없다.

그러나 이 완벽한 측정 방식은 존재한다고 알려져 있지만 거의 사라진 실러캔스와(옮긴이, 공룡과 함께 멸종된 것으로 알려져 있다가, 20세기 초 남아프리카 연안에서 발견되어 살아있는 화석이라 불리는 어류) 환상의 판타지 동물인 유니콘과 비슷하다. 꽤 좋은 측정 도구라는 것은 교육 분야 외의 다른 많은 공공 분야에서조차도 찾아보기 힘들다. 테스트는 어떤 항목(기초 연산, 맞춤법 능력 등)은 상당히 잘 측정할 수 있고, 어떤 항목(독해 능력, 수학 문제해결 능력 등)은 합리적 정확성을 가질 수 있고, 어떤 항목(작문 능력)은 다소 측정하기 어렵고, 어떤 항목(인성 발달)은 거의 측정하지 못한다. 대부분의 테스트는 한 시점에 한 가지 항목에 대한 특징을 포착할 뿐이어서 특정한 가치에 대해 합리적 추론을 가능하게 하는 전후 상황의 맥락을 포착하지 못한다. 학생들은 시험 날 이사를 가거나, 중퇴하거나, 아플 수도 있다. 그리고 테스트 결과는 분명하지 못할 수 있다. 학생은 테스트에 진지하게 임할 수도 있고, 아닐 수도 있다. 그리고 학생들이 짐작하여 답하는 것은 통계적 난수를 만들어 낸다.[10] 최적의 상황에서도 테스트는 어느 특정한 영역의 가치를 측정할 수 있지만, 대개의 경우 어느 정도의 왜곡과 일정치의 난수 오류를 지닌다. 측정이 정확하지 않을수록 협력자는 본인의 목적을 위해 생산재량을 남용할 여지가 커진다.

가치 측정이 단순한 오류, 누락에 대한 걱정이 아니라 조작의 가능성이 있다면 문제는 더 심각해진다. 학교와 계약한 관리업체는 성과를 측정하는 테스트를 직접 선택하거나 선택에 영향을 줄 수도 있다. 관리업체는 힘들지만 가치 있는 방법(학생의 기본 지식 향상, 학습 능력 강화 등) 대신에, 일시적인 이득을 위하여 쉬운 방법(테스트에 출제될 것으로 예상되는 자료로 학생들을 훈련시키는 등)을 사용하여 좋은 점수를 얻을 수도 있다. 또한 평균을 낮출 것 같은 학생들을 시험 시간에 결석하도록 주선하는 등 응시자에게 영향을 줄 수도 있다. 만일 교육 담당자가 이런 부조리를 예상하거나 의심하는 상황에서는, 관리업체는 응시자, 테스트, 테스트 시기 등에 대한 엄격한 통제를 주장하는 방법으로 대응할 수 있다. 결국 가치 측정이 정확해질수록 민간의 생산재량이 가진 위험도 줄어든다.

대안으로 정부가 장기간(long-term)의 성과에 기반을 둔 보상 체계를 운영하면 이 같은 단기(short-term)적인 시도를 배제할 수 있다. 회사에게 지불하는 보상의 일부 또는 상당 부분을 10년, 20년 혹은 40년 후의 학생들의 교육적, 경제적 성공에 따라 지급할 수 있다. 원칙적으로 이렇게 해야 결과 기반의 책임 시스템(result-based accountability system)의 가장 큰 장애를 극복하는 것이 가능하다. 그러나 아래의 두 가지 이유로 인해 실무적으로는 어려움이 있다. 첫째로 이상적인 모니터링과 보상 시스템은 너무 고비용이라 작동되기 힘들다. 어느 민간 계약자도 인센티브가 고액이라 할지라도 20년 동안 묶여 있는 것을 원하지 않을 것이다. 둘째는 공공가치를 보호하기 위한 이 시스템을 실무적으로 충분하고 정밀하게 완성해 내는 것은 거의 불가능하다.

수익재량에 취약하다는 단점 하나가 모든 장점을 상쇄하지는 않는다. 협력은 유실되는 공공가치보다 더 많은 공공가치를 창출해 낼 수 있다. 그러나 최악의 경우는 협력에 있어 잘못된 정보 또는 제대로 구축되지 않은 시도들로 인해, 국민의 관점에서 볼 때, 정부가 직접 생산했거나 엄격한 스펙을 통한 계약에 의해 얻을 수 있는 것보다 열악한 결과를 내는 경우다.

신중한 교육 담당자는 생산재량으로부터 얻는 이익이 수익재량으로 인해 발생하는 손실보다 크다고 판단되면 민간 생산에 따른 공익 유출을 수용할 수 있다. 그렇지 않다면 관리업체의 재량 범위를 좁혀야 한다. 재량이 작아지면 회사의 운영 여력도 약화시키기 때문에, 교육 담당자의 과제는 다른 방향으로 향할 수 있는 재량을 억제하는 동시에, 가치 창출을 위해 필요한 재량을 보호해 주어야 한다. 좋은 성과를 낼 것으로 기대되는 교육법을 선택하도록 요구하거나, 결과에 따른 보상 제도를 통해 그 교육법으로 유인할 수도 있다. 예를 들어, 하루에 몇 시간, 일 년 중 며칠 등의 안정적인 최소 교육일 한도를 설정하거나, 학급당 학생 수의 최대한도를 정해 놓거나, 특정한 교육적 자질을 갖춘 교사를 의무화하거나, 이러한 기준들이 충족될 경우, 추가적인 보상을 제공할 수도 있다.

재량을 선택적으로 잘라내는 것은 남용을 막을 수는 있지만, 종종 생산성의 희생을 수반하기도 한다. 재량에 대한 제약은 관리업체의 행위를 불필요한 방법으로 왜곡시킬 수도 있다. 예를 들어, 고급 학위를 지녀야 한다는 교사 채용 조건은, 학위는 없으나 재능이 있는 교사를 해고하고, 고학력 고연봉이지만 교육적 재능이 부족한 교사를 채용하도록 유도할 수 있다(엘리트 사립학교 중에는 인근 공립학교에서 요구하는 자격을 충족하지 못했던 훌륭한 교사를 채용하여 성공하는 경우가 있다). 늘 그렇듯이, 중요한 것은 재량을 부여하는 과정에서 각 상황에서 얻는 것과 잃는 것의 균형을 맞추는 일이다. 제2부에서 여러 사례들이 보여주겠지만, '이러이러한 상황에서의 수익재량은 회피하라!'와 같은 단순화된 원칙은 있을 수 없다.

대안으로 상당히 다른 전략을 채택할 수도 있다. 교육당국의 이해와 본인의 이해가 합리적으로 조율된 파트너를 찾는 방법이다. 즉 모니터링 하거나 강제하지 않아도 공익 목적으로만 자신의 재량을 사용할 협력자를 모집하는 것이다(저자 중 한 명의 배우자가 하버드대학의 부지를 관리했었다. 그녀는 대학 운동부 학생을 여름 조경 사업을 위해 고용하는 것이 좋겠다고 생각했다. 학생들은 작업장의 여건상 근무태만을 감시하기가 어려웠음에도 불구하고 스스로 최상의 컨디션을 유지하기 위해 열심히 일했다).

대리인의 수익재량을 제약하기 불가능하거나, 수익재량이 문제가 있다고 판단될 경우 전통적이면서도 합리적인 처방은 가급적 영리 목적의 협력자보다는 비영리 협력자를 선택하는 것이다. 이에 대한 근거는 두 가지다. 첫째, 비영리 조직은 물질적인 보상을 요구하는 동기가 약하다. 비영리 기관은 (용어의 정의상 정도의 차이는 있으나) 이익을 창출하기 위한 주인이 없는 조직인 까닭에 재정을 모으고 재정을 흑자로 만들기 위한 동기부여가 약하기 때문이다. 물론 어느 조직이든 여유 자금은 있으면 좋은 것으로 여겨지는 경향이 있다. 이에 반해 영리 조직은 비영리 조직보다 재정 수익을 더 추구하도록 설계된다. 둘째, 비영리 조직은 때때로 정부 사업의 일부 또는 대부분을 공유하며, (즐겁게 도랑을 파는 운동부 학생처럼) 조직 본연의 존재 목적을 달성하기 위해 노력한다. 따라서 비영리 조직은 다른 목표를 도출할 수 있는 강한 재정적 욕구가 부족할 뿐 아니라, 정부의 임무와 유사하고 중복되는 목적으로 설립되는 경향이 있다.

불행히도 비영리 조직과 협력하는 장점은 두 가지의 단점과 비교되어야 한다. 첫째, 엄밀히 말해 비영리 조직은 영리 조직에 비해 생산성이 떨어지는 경향이 있다. 영리조직의 경우 순이익에 대한 열망과 손실에 대한 기피가 생산성 향상과 비용 절감에 집중하게 만들기 때문이다. 둘째, 비록 비영리 조직에 의존하는 것은 수익재량에 의한 위험성을 감소시키지만, 비영리 조직은 오히려 협력자들의 핵심적인 활동 내용에 관한 갈등을 증폭시키는 경향이 있다. 이 갈등을 우리는 선호재량이라고 이름 붙였다.

● 선호재량(Preference Discretion)

선호재량은 수익재량과 근원이 같다. 수익재량은 정부와 이해관계가 다른 협력자의 지배 아래 있다. 수익재량은 단지 금전적 수익과 관련되지만, 선호재량은 훨씬 더 넓은 개념이다.

민간 협력자의 선호가 정부의 선호와 잘 맞아 떨어지는 경우는 드물다. 선호가 갈리는 지점은 항상 존재한다. 좋은 결혼생활 중이라도, 당신은 오늘 저녁 멕시코 식당을 가고 싶은데, 배우자는 스시를 먹고 싶어 할 수 있다. 마찬가지로, 공저자인 우리는 근본적인 내용에는 확고한 합의를 이루었지만 세부사항에 대해서는 다른 방향을 선호할 수 있다. 실제로 우리 중 한 저자는 동료들이 자신의 이전 저술에서 제안한 참신한 아이디어를 높이 평가하고, 이번 저술에서도 많은 개념적 혁신을 포함하기를 기대한다는 것을 알고 있다. 그러나 다른 한 저자는 이해하기 쉬운 기술과 핵심 내용의 적용가능성에 중점을 두고 있다. 우리 모두 참신함과 유용성을 소중하게 생각하지만, 서로 조금씩 다르게 평가하고 있다.[11]

선호의 차이는 공공 목표 달성을 위한 협력 방식을 복잡하게 만든다. 수익에서만 이해관계가 나뉜다면 선호의 다양성은 별로 중요하지 않다. 그러나 공익을 바라보는 다양한 견해는 대부분 건전한 것이기도 하거니와 어떤 경우에는 필수불가결하기 때문에, 선호의 차이가 핵심 부분에 있을 수 있다. 선호재량이 명백히 드러나는 몇 가지 사례를 생각해 보자.

대상을 특정한 봉사활동. 지역사회복지조직(Community Organization)은 필요로 하는 사람에게 효과적이고 저렴한 교육 훈련을 제공하는 데 열심이다. 하지만 지역 주민이거나 설립자의 의도에 맞게 특정 인종집단에 한해서만 제공하기도 한다. 어느 지역의 공원 봉사자는 미취학 아동을 대상으로 한 자연체험 프로그램에 기꺼이 많은 시간을 할애할 수 있지만, 청소년을 위한 체육 프로그램에는 냉담할 수 있다. 봉사자들의 목표가 무엇이든 간에, 봉사자들은 개인의 명예로운 봉사정신은 투철할 수 있지만, 일반 대중에는 별 관심이 없다.

반민간재와 직접재. 제2장에서 살펴본 것처럼, 공공재의 편익이 일부 개인이나 집단에게 불균형적으로 흘러갈 때, 우리는 그것을 반민간재 또는 직접재라고 부른다. 조직 형태가 공공 조직이든 민간 조직이든지간에, 공공재를 생산하는 관리자는 불균형적으로 그 조직이 속한 지역이나 관리자가 선호하는 지역에 혜택이 돌아가도록 생산하게 된다. 따라서 오염물질을 절감해야 하는 공장 관리자는 전 지구적인 기후 변화에 눈에 보이지 않게 영향을 미치는 탄소 배출을 저감시키려고 노력하기보다는 그의 마을과 회사의 이미지를 훼손시키는 그을음을 없애는 데 더 많은 노력을 기울일 것이다. 센트럴 파크 후원자는 공원 조경 관리에 만족하지만, 본인의 테라스에서 보이는 쪽의 화단을

최고로 평가할 것이고, 그 지역에서 생산되는 화훼를 우선 제공하도록 제한을 둘 수도 있다. 기후 변화가 현재의 노인들보다 유치원생들을 더 괴롭힐 것이라는 것을 감안할 때, 손주가 있는 노인층은 손주가 없는 노인층보다 탄소 배출을 통제하는 조치를 더 선호할 가능성이 있다.

가치의 차이. 정부에 자금을 지원하는 측에서는 정치와 종교를 분리해야 한다고 주장하더라도, 훈련생들에게 직업훈련과 함께 종교 교리를 전파하는 것은 훈련 제공자에게 있어 선택을 위한 가장 중요한 사항일 수 있다. 그리고 천연두 예방접종을 받은 사람은 HIV 환자, 장기 이식 수여자와 같이 면역 체계가 약화된 환자에게는 매우 위험하거나 치명적인 질병을 옮길 위험이 있기 때문에, 많은 의료진은 천연두 바이러스 테러에 대비하기 위한 백신 의무 접종이 취약한 환자를 보호해야 하는 핵심 가치와 직접적으로 충돌한다고 판단했다.

형태는 다르지만, 선호재량은 영리 목적의 협력자보다 비영리 목적의 협력자에게 더 흔하게 발생한다. 비영리 협력자는 수입 또는 이익 극대화와는 별개로 특정한 목표 또는 명분에 더 관심을 갖는 경향이 있다. 그러나 선호재량은 비영리 협력자에게만 나타나는 독특한 특징은 아니다. 영리 기관도 더러 이익 극대화를 넘어서는 목적을 가질 수 있다. 수익재량과 마찬가지로, 선호재량은 효율적이고 책임감 있는 협력에 숙제를 던져 준다. 정부는 협력을 통해 결과물을 만들어 내는 것이 목적이지, 그 결과물이 전문성에 의한 것인지 이익을 쫓기 위한 것인지 확신할 수 없다. 수익재량과 마찬가지로, 선호재량의 존재는 게임을 끝내 버리는 반칙이 아니다. 그것은 단순히 실무자들이 협력 방식을 선택할지 여부를 결정하는 과정에서 다른 요소–특히 생산재량의 긍정적인 특징–와 함께 비교해야 하는 고려 사항이다.

| 결론 |

협력의 결과는 극적인 것에서부터 최악의 실패 상황까지 범위가 다양할 수 있지만, 일반적인 그 범위는 합리적으로 유익한 정도에서 약간의 왜곡 정도의 수준이다. 협력 결과의 우수성은 협력이 낳을 수 있는 실익을 극대화하기 위해 협력의 조건을 미세하게 조정하는 정부의 능력에 달려 있다(이후의 장, 특히 제8장과 제9장에서 이 주제를 상세하게 다룬다). 생산재량은 대체로 국민에게 상당히 요긴한 것일 수 있다. 그러나 순익을 제대로 집계하기 위해서는 수익재량과 선호재량에서 발생하는 불가피한 손실을 감해야 한다. 이번 장에서의 주된 교훈(사실 이 책의 주된 교훈은 '협력에 공짜는 없다'이지만)은 협력 방식이 전통적인 방식(정부의 직접적인 임무 수행, 단순 용역 계약 또는 자선봉사활동 등)에 비해 종종 기대 이상의 것들을 만들어 내기도 한다는 것이다. 효과적인 협력을 위한 필수 조건을 설명하기는 쉽지만 달성하기는 매우 어렵다. 제2부에서 그 예시들을 확인할 수 있으며, 다양한 영역에 걸쳐 공공과 민간 협력자들이 이러한 과제들을 잘 풀어냈는지, 간혹 망쳐 놓았는지를 볼 수 있다.

제2부

협력의 목적

제4장

생산성을 위한 협력

민간 조직은 운영 효율성 면에서 공공 조직을 압도한다. 이런 판단은 공공부문에 대한 비하나 민간부문에 대한 동경을 의미하지 않는다. 각 부문은 단지 서로 다른 강점을 가지고 있을 뿐이다. 대부분의 민간 조직은, 수익을 추구하는 영리 조직이든 사회 공헌을 추구하는 비영리 조직이든지 간에 살아남기 위해 경쟁해야 한다. 그 경쟁의 핵심은 투입되는 자원을 산출물로 바꾸는 능력이다. 경쟁이 치열한 시장에서 비효율적인 조직은 자연스럽게 도태된다. 민간 조직이 효율성의 압력을 받는다면, 정부 기관도 나름대로의 압력을 받는데, 투명성, 적법성, 공정성 등의 압력이다. 이 때문에 종종 생산성이 희생되기도 한다.[1] 때로는 생산성의 효율을 낮추는 것이 정부의 2차 목표가 되기도 한다. 생산성이 상당히 중요할 때는 간단한 계약을 통해서 민간부문의 강점을 이용할 수 있다. 그리고 때로는, 이번 장의 주제이자, 이 책의 주제이기도 한, 민간부문과의 협력이야말로 정부의 공공 임무를 가장 생산성 높게 수행하는 좋은 방법이다.

생산성의 관점에서 우리는 이번 장을 연방정부 차원에서의 협력적 거버넌스와 관련된 비교적 짧은 4개의 사례로 시작한다. 그중 2개는 성공 사례이고, 다른 2개는 실패 사례다. 그 후에 주(州)와 지방 차원으로 이동하여, 민간 행위자와의 협력을 통해 공공 목표를 좀 더 생산적으로 추구하려는 크고 야심차지만 아직까지는 결론나지 않은 새로운 시도에 대해 자세히 살펴볼 예정이다.

| 생산성 기반의 협력 성공 사례 |

● 항만 보호

2001년 9월의 테러 공격 직후, 공무원과 시민의 관심은 그전까지는 큰 관심사가 아니었던 높은 빌딩이나 연료를 가득 실은 비행기와 같은 취약 시설로 옮겨갔다. 그러나 보안에 대해 지식이 있는 사람에게 우려가 큰 취약 시설은 바로 해양 항만이었다. 미국의 광활한 해안 지역에 산재된 360개 이상의 항구가 국제 상거래를 위해 개방되어 있다. 항구는 지역 상거래에 맞춰진 작은 항구부터 거대한 항만 단지에 이르기까지 규모가 다양하다. 거대한 항만 단지의 경우, 선박과 화물의 적하, 하역, 유지, 보수를 위한 시설뿐만 아니라 공장, 정유시설, 화물차 및 철도 허브, 심지어 공항에 이르기까지 다양한 시설을 포함하고 있다. 미국 수입품의 약 95%가 항구를 통해 들어온다.[2] 매일같이 석유, 운동화, 오렌지, TV, 장난감 등의 수입품이 밀려들어 오는데, 여기에 둘러싸여 은밀한 갖은 위험요소가 함께 흘러들어올 수 있다는 가능성을 예측하기란 그리 어렵지 않다.

의회는 2001년 테러 후에, 협상 중이던 국제 선박 및 항만 시설 보안 규칙(International Ship and Port Facility Security Code)을 포함한 해상교통안전법(Marine Transportation Security Act)을 기록적인 시간으로 재빠르게 제정했다. 교통부에서 최근 신설된 국토안전부로 이관된 미 해양경찰청(U.S. Coast Guard)은 새로 제정된 법의 시행을 담당하게 되었다.

이 임무를 수행하기 위한 가장 쉬운 방법은 해안 경찰 전문가들이 다른 보안 전문가들과 함께 모여 선주, 운용사 및 항구 이용자들이 따라야 할 새로운 보안 규칙을 만들어 내는 것이었다. 그러나 이 방법은 보안 임무의 본질과 해경의 조직 문화 모두를 간과한 것이다. 획일적이고 상의하달 방식의 항만 안전 체제는 항구 운영을 옭죄고, 무역을 억제하고, 연쇄 도산을 고려하지 않고서는 실제로 작동할 수가 없다. 미국의 항만은 크기, 구성, 기능 그리고 이에 따른 보안 고려사항들이 매우 다양해서, 단일 접근법으로는 극소수의 부분을 제외하고는 제대로 효과를 발휘하기 어렵다. 항만 운영자, 해운 회사, 선박 소유주, 보험회사, 트럭 회사, 환적 회사를 비롯한 많은 틈새 시장을 차지하고 있는 수만 개의 민간 당사자들이 항구의 기능에 관여하고 의존하고 있었다. 이들 민간 당사자들은 본인들이 스스로 보안 시스템에 참여하지 않으면 해경이 항구 안전 계획에 포함할 수 없는 전문성과 이해관계, 그리고 취약점을 모두 가지고 있었다.

다행인 것은, 일률적인 안전 계획은 해경의 조직 문화와도 배치된다는 것이다. 다양한 이유들로 인해 해경은 오랫동안 유연성, 혁신성 그리고 협력적 사고방식을 가진 것으로 잘 알려져 있었다. 이러한 독특한 특징은 미국의 360개가 넘는 다양한 항구에 적합한 보안 시스템을 신속하게 구축해야 하는 시급한 도전과 완벽하게 조화를 이룰 것이다.

대륙횡단마라톤과 같았던 일련의 회의들은 수잔나 잉글버트(Suzanne Englebert) 의장이 진두지휘했다. 그 회의-일부는 행정절차법에서 요구하는 표준적인 검토와 논평 회의이고, 일부는 규칙 제정 협상이고, 일부는 가끔 그냥 만나는 회의이고, 나머지는 모두가 섞여 있는 밤샘 파티와 같았다-는 수천 건의 제안, 경고, 불만, 묘안들을 양산해 냈다. 이해관계자와의 회의, 내부 심의를 거쳐 최종 계획이 나왔을 때, 드러난 것은 해경이 항구 보안 정책, 즉 충족해야 할 보안 수준에 대해서는 매우 강경한 입장을 취하면서도 그 방법에 대해서는 민간 협력자에게 상당한 재량을 넘겨주는 보안 체제였다. 컨테이너 항구와 연결된 운영 회사, 항구 주변 공장, 화물 운송 창고는 선별된 인원만 출입이 가능하도록 시설에 대한 접근을 통제하는 제고의 여지없는 강화된 조치를 맞이하게 되었다. 반면 민간 협력자들은 접근 통제 방식을 자체 개발할 수 있는 거의 제한 없는 재량을 가지게 되었다. 그러나 이 재량을 갖기 위해서는 자신들이 그 통제 방법을 잘 개발하고, 충실하게 이행할 것이라는 확신을 해경에게 심어주어야 했다.

한 국가에 단 하나의 항구 보안 체계는 있을 수 없다. 다시 말해, 각 항만, 계절별, 시간대별, 선박의 종류에 따라 항구와 당사자들에 맞춰진 상호 연관된 계획들의 거대한 집합체가 바로 항구 보안 체계다. 그런 복잡한 시스템이 과연 잘 작동할 수 있을까? 지금까지는 순조로웠으며, 미국 항구에서 주목할 만한 테러는 일어나지 않았다. 물론 테러는 다행히도 드문 사건일 뿐더러, 몇 년 혹은 몇 십 년 동안 재난이 없다는 것이 보안 체계의 건실함을 확실하게 증명하지는 못한다. 우리가 알기로는, 해경은 공항에서 정부 조사관들이 검열대를 속이고 지나가는 것처럼 가짜 총포류와 폭탄을 이용하여 보안 체계의 유효성 진단을 목적으로 한 반응 테스트를 하지 않는다. 그러나 까다로운 회계감사원을 포함한 중립적 관찰자들은 민간 당사자에게 부여된 재량이 그 사업을 불가피하게 고도로 복잡하게 만든다는 사실에 주목하면서도 해안경비대와 그 협력자들과의 네트워크에 좋은 점수를 준다.[3)]

● 록키 플랫츠(Rocky Flats) 정화

해안경비대가 잘 알려지지 않은 새로운 테러 위협에 대비한 준비를 갖출 때, 다른 정부 기관들은 여전히 냉전의 잔재를 치우고 있었다. 그중에는 쓸

모없게 된 다수의 핵무기 공장들이 있었다. 폭탄을 만들었거나 폭탄의 부품을 만들던 80개가 넘는 시설들은 해체되어야만 했다. 대부분의 시설들은 유해 화학물질과 방사선으로 오염되어 있었다. 연방 조직-주로 국방부, 에너지국, 환경보호청-은 그 시설들이 반드시 안전하게 해체되도록 하는 데 책임이 있었지만, 오염된 장비, 건물 그리고 토양을 정화하는 데 필요한 내부 자원은 한계가 있었다. 현장마다 여건이 천차만별이었지만, 대부분의 정화 작업은 민간 기업에 위탁되었다.

모든 현장은 나름의 복잡성을 지니고 있었고 예측이 어려운 기술적 요구사항을 가지고 있었다. 이 점은 정부 기관이 발생할 수 있는 구체적인 상황을 미리 예측하고, 정화 작업의 계약사항에 이 내용을 미리 포함하는 것을 어렵게 만들었다. 정부와의 계약사항에 따른 해야 할 일과 실제 작업 환경에 따른 효율적인 작업 사이에는 간극이 존재했다. 때로는 상황이 바뀌었어도 계약된 계획대로 진행하기도 했는데, 그 결과 비효율성이 발생했다. 그 비효율은 적당한 수준에서 끔찍한 수준까지 범위가 다양했다. 때로는 계약 내용과 현장 상황의 요구조건이 너무 명백하게 차이가 많아 재협상을 해야 했는데, 이 과정에 비용이 많이 소요되었다. 특히 정부가 작업 수행 내용을 수정해야 할 때면 계약자는 모든 협상 카드를 쥐고 있었고, 그 상황에서 작업의 속도를 올릴 수 있는 다른 대체 제공자가 없었기 때문에 재협상 과정에서 작업은 지연되었고 비용은 늘어났다. 2008년 진행 중인 10개의 대형 핵시설 정화사업 중, 9개는 예정된 일정을 지킬 수 없었고 비용이 초과하는 등의 사유로 상당한 진통을 겪었다. 한 회사는 예정보다 15년이나 지연되었고, 다른 한 회사는 당초 예산보다 90억 달러를 초과했다.[4] 전통적인 계약 방식은 이런 복잡하고 예측 불가능한 상황을 다루는 데 적합하지 않은 방식임이 증명되고 있었다.

하지만 암울한 상황에서도 예외가 있게 마련이다. 록키 플랫츠(Rocky Flats) 구역은 덴버에서 멀지 않은 거리에 있다. 주된 생산품이 핵폭발물이었던 공장에서 바라보면 덴버의 스카이라인이 명확히 보일 정도였다.[5] 록키 플랫츠는 냉전 기간 동안 인류종말도 가능한 다양한 기기들을 생산했다. 특히 수소폭탄에서 핵융합 반응을 촉발시키는 히로시마 원자폭탄급 핵분열 장치인 플루토늄 '피츠(pits)'가 주 생산품이었다. 20세기가 끝나가는 시점에는 군사적 우위보다 환경과 안전에 대한 우려가 점차적으로 중요해졌다. 베를린 장벽이 무너지기 몇 달 전인 1989년, 법무부, 환경보호국 그리고 FBI가 합동으로 록키 플랫츠 현장을 급습하여 환경 범죄의 충분한 혐의가 있는 것으로 확인된 사항을 조사했다. 당시 에너지부와 계약을 맺고 록키 플랫츠를 운영하던 록웰인터내셔널(Rockwell International)은 계약 해지와 함께 벌금을 부과받았다.

경쟁업체 EG&G가 투입되었고, 이는 생산을 재개하기 위한 것이 아니라 록키 플랫츠를 폐쇄하고 현장을 정화하기 위함이었다.[6] 에너지부는 전통적인 방식을 따라 EG&G의 배치를 구성했다. 계약자 EG&G는 기본적으로 에너지부의 지시에 따른 이행 대가를 합당하게 지급받았다. 두 당사자는 이 작업을 위해 자리를 잡았고, 이 작업은 향후 약 70년 정도 소요될 것으로 예상되었다. 한 정부 관리자가 말했듯이 "에너지부는 무엇을 해야 할지, 어떻게 해야 할지에 대한 포괄적인 지시사항을 전달했고, 에너지부가 말하는 내용이 곧 EG&G가 해야 하는 일이었다. … 그들은 지시받은 일에 대한 대가를 받았던 것이지, 어떤 업무를 성취한 대가를 받은 것이 아니었다."[7] 이는 록키 플랫츠나 다른 핵시설 정화 계약에서도 일반적이었다.

정례적인 5년 계약 갱신 일자가 다가오던 1995년, 에너지부는 민간 대리인과 좀더 정교한 관계를 실험해 보기로 결정했다. 계약자 카이저힐(Kaisr-Hill)이라는 회사는 참여할 준비가 되었음을 증명했고, 능력을 보여줄 기회를 얻었다. EG&G가 카이저힐에게 이 현장의 열쇠를 넘겼을 때, 록키 플랫츠는

200개의 오염된 건물과 저장 탱크, 거대한 방사능 장비 보관소, 수백 톤의 오염된 토양이 산재해 있는 385에이커 규모의 황무지였다.[8] 농축 우라늄과 독성 화학물질과 함께, 록키 플랫츠는 치명적인 플루토늄 투성이었다. 오염된 많은 토양뿐만 아니라, 사람 손길이 닿은 모든 물건을 조심스럽게 밀봉하여 내보내야 했다. 이는 '미션 임파서블(mission impossible)' 수준은 아니었지만, 핵발전소 폐기와 비슷한 수준이라는 것을 감안하면 소요 기간이 길었을 뿐만 아니라 비용 또한 많이 드는 과정임에 분명해 보였다.

그러나 불과 10년이 지나, 계약 기간이 1년이나 남았음에도 이 현장은 정화되어 깨끗하게 비워졌고, 화학물질과 방사능 오염이 제거되고, 야생동물 보호구역으로 탈바꿈할 준비를 마쳤다. 게다가 예상했던 예산보다 5억 달러나 적은 비용으로 완료되었다.

어떻게 예상을 뛰어넘어 이런 놀라운 결과를 얻을 수 있었을까? 단순한 행운도 도움이 되었다. 사업이 진행됨에 따라 명확해진 지질 성분과 지역의 세부 특성은 오염이 대부분 공장 지역과 인근 지역에만 국한되었다는 것을 설명해 주었다. 공공부문 당사자와 민간부문 당사자 중에서 몇몇 관리자들은 유별나게 창의적이고 단호한 리더였다고 전해진다.[9] 그러나 더 중요한 것은 연방정부 관리자와 카이저힐 관리자들 모두 대규모 방사능 현장을 정화하는 것은 매우 복잡하고 전통적인 계약방식으로 처리하기에는 불확실성이 큰 작업이라고 공히 인식했던 것이 핵심이었다. 그들은 이 용어를 사용하지는 않았지만, 이들이 채택한 모델은 협력적 거버넌스의 전형적인 예였다(록키 플랫츠 사례는 우리가 협력이라고 부르는 것을 포함하여 매우 다양한 방식들이 '계약'이라는 용어 안에 포함되어 있다는 것을 보여주는 또 하나의 예다). 정부는 생산적인 잠재력을 발휘할 수 있도록 카이저힐에게 광범위한 재량을 부여했다. 그리고 그 과정에서 수익재량으로 초래되는 손해를 최소화하도록 세심하게 조정했다.

록키 플랫츠를 폐쇄하고, 안전하게 사용할 수 있는 넓은 땅으로 되돌려 놓아야 하는 결과를 만들기 위해 많은 권한이 카이저힐에게 주어졌고, 최소한의 절차 요건만 요구하고 시간과 비용을 절약할 수 있는 강력한 인센티브를 제공했다. 분명한 목표와 더불어 최선의 방법을 찾기 위한 재량을 행사할 수 있는 권리, 그리고 성공에 따른 보상에 대한 기대가 카이저힐 전체에 확산되어 일선 노동자들에게도 혁신할 수 있는 힘과 동기를 부여했다.[10)]

록키 플랫츠에는 다른 핵 시설과 마찬가지로 방사성 물질 작업을 위해 사용하는 상당한 크기의 글로브 박스가 밀폐된 채로 수백 개나 있었다. 일반적인 정화 작업 방법은 (매우 조심스럽고, 매우 천천히 그리고 매우 비싼 비용으로) 글로브 박스를 작은 단위로 해체하여 유해 폐기물 용기에 넣은 후 운송하는 방법이었다. 그러나 카이저힐 근로자들은 화학 정화제를 사용하여 글로브 박스 전체를 통째로 반출할 수 있을 정도로 방사선 수치를 낮추어 많은 세월과 막대한 예산을 절감하는 참신한 방법을 고안해 냈다.[11)] 시간과 비용을 낮추기 위한 방법과 그렇게 하기 위한 최선의 방법을 선택할 수 있는 재량은 현장에 있는 규모는 크지만 오염되지 않은 건물 몇 채를 간단하게 폭파하는 것도 가능하게 했다. 방사능 유무와 상관없이 모든 구조물을 해체하던 기존의 관행은 과감히 배제되었다.

생산성 향상을 위한 협력 노력은 두 갈래로 진행되었다. 방사성 폐기물을 운송하는 데 요구되는 특수한 안전컨테이너는 전국적으로 공급이 부족했다. 에너지부는 작업 일정에 따라 카이저힐에게 제공하기로 한 약속을 이행하지 못할 수도 있었고, 실제 지연되는 상황에 이르렀다. 그러나 에너지부 관리자는 다른 정화 현장에서 종종 필요 없게 된 컨테이너를 비축하고 있을 수 있다고 생각했다. 카이저힐은 가용한 컨테이너가 확보될 때까지 기다리면서 작업 속도를 늦추기보다 정부가 어떻게 해서라도 컨테이너를 다른 현장에서 확보하여 공급해 주면 그 컨테이너를 사용하는 것을 택했다.[12] 에너지부 관리자들과는 현장에서 즉각 상의하여 결정할 수 있었다. 그 결과 법적 승인이 필요할 것 같은 정화 계획의 수백 가지의 조정 사항들은 작업의 지연이나 정지 없는 사소한 형식 절차가 되었다.[13]

카이저힐의 성공적인 정화 노력에는 대가 없는 활동이 일체 없었다. 회사는 5억 달러 이상의 인센티브를 포함하여 작업 대가로 80억 달러를 받았다. 그리고 의심의 여지없이 약간의 수익재량이 스며들었다. 엄격한 회계감사원(Government Accountability Office(GAO))을 포함한 대부분의 조사관들은 록키 플랫츠 사례를 통해 깊은 인상을 받았다. 에너지부가 록키 플랫츠에는 더 이상 방사능이 없다는 카이저힐의 발표를 받아들였을 때, GAO는 이미 스며든 수익재량으로 인한 손실 가능성에 대해서는 아쉬움을 표출하면서도 별도의 자체 감사는 실시하지 않았다.[14] 전반적으로 GAO는 에너지부와 카이저힐이 복잡한 계약을 잘 처리하는 모습을 보여 준 것에 대해 인정했다. 우리도 이 사례가 협력이라는 표시가 붙은 전통적인 계약과 충분히 다르다는 것에 기꺼이 동의한다.

| 생산성 기반의 협력 실패 사례 |

● 우주왕복선 운영(Space Shuttle Flight Operations)

우주왕복선(Space Shuttle)은 1970년대에 1회만 사용하는 로켓의 대체품으로 개발되었고, 우주여행을 상품화하려는 의도가 있었다. 가장 비용이 많이 드는 부품인 우주선 본체와 고체 추진 로켓은 연이어서 재사용될 수 있었다. 제일 부피가 크지만, 상대적으로 비용이 저렴한 연료 탱크만이 대기 중에서 연소되어 없어지게 된다. 미항공우주국(National Aeronautics and Space Administration(NASA))은 궤도 발사가 저렴하고 일상적인 일이 될 것이며, 결국에는 민간 부문이 정부와 기업의 화물을 우주로 이송하는 일상화된 업무를 떠맡게 될 것이라고 예상했다.

최첨단의 실험 단계에서 시작하여 일상화되기까지 우주왕복선 개발 여정은 예상보다 느리고 순탄치 않은 것으로 드러났다. 화염 기둥으로 사람과 장비를 하늘로 쏘아 올린 후에, 하늘에서 다시 재진입할 때의 강렬한 열기를 뚫고 안전하게 돌아오는 데는 수천가지의 기술적 도전이 가로막고 있었다. 그 도전을 하나씩 극복할 때마다 또 새로운 도전이 생겨났다. 1986년 챌린저호 폭발은 우주비행의 일상화가 얼마나 어려운 일인지 드라마틱하게 알려주었다. 그 사건 이후 안전에 대한 요구가 한층 거세지면서 비용은 점차 감소할 것이라는 기대는 좌절되었다. 이 같은 변화로 공군과 상업 발사 고객들은 우주왕복선을 버리고 소모성 로켓으로 회귀했고, 우주왕복선 전략의 기저에 자리 잡은 규모의 경제에 대한 희망을 무참히 깨뜨렸다.

1990년대 중반까지 우주왕복선 프로그램은 심각한 어려움에 빠졌다. 비용은 의회의 인내심이 한계에 도달하게 했고, 운영을 위한 계속되는 자원과 인력 투입으로 인해 NASA의 다른 임무에 영향을 주었다. 클린턴 행정부의 NASA 책임자는 우주왕복선을 운영하는 데 발생하는 비용과 관리 부담을 줄이기 위해 용기 있게 위임 전략을 선택했다. 엉킨 실타래처럼 세분화된 우주왕복선 계약들과 이 프로젝트에 참여하는 대부분의 NASA 인력을 모두 하나의 우주 비행 계약(Space Flight Operation)으로 엮었다. 유나이티드 스페이스 얼라이언스(United Space Alliance(USA))라는 회사가 거의 100억 달러에 달하는 8년 계약을 수주했다. 이 계약으로 USA는 우주 비행사 훈련에서부터 발사를 위한 시스템 조립, 그리고 재진입 관리에 이르기까지 사실상 모든 우주왕복선 임무를 수행하게 되었다. 10여 개의 주요 계약은 USA 계약으로 통합되었고, USA는 독립적이었던 하청업체들에 대한 감독 책임도 수용했다. 대부분의 NASA 기술자들과 왕복선 업무를 담당하는 근로자들까지 그 소속을 USA로 바꿨다. 그리고 소수만이 이 계약을 감독하기 위해 NASA에 남았다.

왕복선 운영의 모든 요소들을 명문화하려는 각고의 노력에도 불구하고, 모든 요소를 계약 세부사항으로 완벽하게 적시하지 못했다. 왕복선 시스템은 그야말로 너무 복잡하고 변동성이 컸다. 주기적인 업그레이드, 변경되는 임무, 프로세스 개선, 계속되는 기술 조정은 모든 발사를 개별적으로 고려하도록 만들었다. 계약 사항에 인센티브 사항을 정교하게 추가했음에도 불구하고, NASA는 USA의 성과를 명쾌하게 평가할 수 없었다. 계약 이후 우주왕복선 운영 프로그램은 지속적으로 진화했다. 그리고 NASA에 남아 있는 인원은 너무 적었고, 점차적으로 전체를 감독하기에는 USA가 진행하는 세부사항에 대해 잘 알지 못하는 상황에 이르렀다.[15)]

경쟁 부족은 계약을 통한 정부의 비용 절감의 기대를 약화시켰는데 왕복선 운영 계약 입찰을 두고 경쟁할 수 있는 규모, 경험, 기술적 노하우를 가진 민간 기업은 극히 드물었다. 대상은 두 기업, 즉 록히드마틴(Lockheed-Martin)사와 보잉(Boeing)사로 제한되었다. USA는 계약을 수주하기 위해 록히드마틴사와 보잉사가 합작한 회사였으며, USA 기업 내규에는 이 두 기업 중 어느 기업도 USA와 경쟁하지 못하도록 명시되어 있었다.

민간 생산성의 이점을 활용하려고 했던 NASA의 시도를 비난해서는 안 된다. 이 실패는 위임 전략의 특징을 제대로 인식하지 못해 자주 발견되는 결과다. 광범위한 기능과 긴 소요기간을 가진 USA의 임무를 계약으로 구체화할 수 있다는 착각은 NASA가 공공의 이익과 사익을 조정할 수 있는 대체 전략을 찾는 데 소홀하게 만들었다. 가장 심각한 것은 NASA가 상황이 변화하고, 새로운 정보가 드러남에 따라 그 관계를 지속적으로 수정해야 했다는 것을 제대로 인식하지 못했다는 점이다. 협력 모델이 아웃소싱계약으로 잘못 이해되었고, 제대로 관리되지 못했다.

● 농축 우라늄 보호(Safeguarding Enriched Uranium)

그 자체가 지니는 중요성에 비해 원자폭탄을 제작하는 것은 그리 어렵지 않다. 히로시마를 폭파시킨 기초 단계의 핵분열 무기 종류는 기본적으로 농축 우라늄 두 개가 서로 충돌하여 임계 질량에 도달하게 되면 연쇄 반응이 일어나는 장치다. ('농축된(enriched)' 우라늄에서 불안정한 동위원소 U-235의 비율은 인위적으로 그리고 급격하게 증가해 왔다.) 이런 장치를 만드는 것은 적절한 기술력과 장비만 구할 수 있다면 쉽게 가능하다. 대략 1리터 음료수병 6개 부피인 고농축 우라늄 50kg만으로도 도심지에서 폭발할 경우 수십만 명이 사망하고, 수천억 달러의 경제 손실을 입힐 수 있다.[16] 그 연료가 되는 우라늄은 임계 질량에 미치지 않는 상태라면 관리하기도 쉽고 비교적 안전하다. 도시를 파괴하려는 야심을 품은 테러리스트에게 가장 중요한 것은 농축 우라늄 50kg을 손에 넣는 것이다. 농축 기술은 오직 소수의 국가만이 가지고 있는 고비용이 소요되는 정교한 기술이고, 이 기술을 가진 테러 조직은 현재 없다. 그래서 범죄자에게 가장 합리적인 전략은 방어가 허술한 창고에서 그 연료를 훔치거나 또 다른 범죄 단체로부터 구입하는 방법이다.

따라서 핵 테러의 표적이 될 수 있는 미국과 다른 모든 국가에게 최우선 정책 목표는 고농축 우라늄을 도난당하지 않게 하고 은밀한 거래로부터 안전을 확보하는 일이다. 이 목표는 냉전 종식 이래로 -유일한 것은 아니지만 매우 중요하게- 러시아에 대한 우려를 자아냈다. 러시아는 무기급 우라늄 비축량을 엄청나게 가지고 있다. 어느 전문가는 천 톤, 또 다른 전문가는 천 오백 톤으로 그 양을 추산하지만, 어느 누구도 확신하지 못한다. 그러나 이는 확실히 수천 개의 폭탄을 만들 수 있는 양으로 충분하다.[17] 투박하게 대충 만들어도 우라늄 1톤으로 도시 여러 개를 파괴할 수 있다.

러시아를 염려한 미국은 1990년대부터 러시아의 연료 저장소를 줄이거나, 보호하기 위한 조치를 취하기 시작했다. 그 계획 중 하나는 무기 저장소의 보안 조치를 위한 지원과 기술적 조언 제공이 포함되었다. 그러나 가장 중요한 목표는 미사일 탄두 제거였다. 이 조치는 경제적으로도 품격 있는 방법이었다.

1993년 초, 러시아와 미국은 핵탄두를 발전소 연료로 재활용하는 협약을 체결했다. '메가톤을 메가와트로(Megatons to Megawatts(MTM))'라 불리는 이 협약은 러시아—보다 구체적으로는 핵심 과학자, 기술자 그리고 군인—가 암시장 판매나 부주의한 관리, 이 두 가지 위험에 맞서기 위한 강하고 지속적인 재정적 안정을 가질 수 있도록 설계되었다. 핵무기 종사자들은 핵폭탄 제조가 아니라 핵탄두를 해체하는 과정에 채용되어 고농축 우라늄 탄도를 핵 발전이 가능한 혼합물로 변형했다. 그리고 이 우라늄은 전력생산 시설에 판매하기 위해 미국으로 보내졌다. 이 협정은 2013년까지 지속될 것으로 예상되었고, 이를 통해 러시아는 120억 달러의 순익을 얻고, 500톤(또는 20개의 탄두) 상당의 고농축 우라늄을 제거할 수 있을 것으로 예상했다.[18] 한 저명한 국방 전문가는 이 협약을 "미 역사상 가장 지능적인 국가 안보 계획 중의 하나"라고 칭했다.[19]

러시아 우라늄을 취득하고, 그 대가로 현금을 지급하는 이 협정의 실행을 맡은 조직은 미국농축공사(United States Enrichment Corporation(USEC))였다. USEC의 역사는 제2차 세계대전의 무기 프로그램으로 거슬러 올라간다. 그 후 정부는 발전하는 핵무기 연료를 공급하기 위해 원료 가공을 위한 공장 네트워크를 구축했다. 1960년대에 개정된 원자력법(Atomic Energy Act)은 폭탄 제조의 부수 업무로 전력 시설에 상업적 판매가 가능한 낮은 강도의 연료 혼합물 생산을 허가했다. 상업적 업무를 담당하는 조직인, 미국우라늄농축회사(United States Uranium Enrichment Enterprise)는 1977년에 에너지부로 통합된 여러 기관들 중 하나였다. 1992년 에너지정책법은 그 운영을 연방정부 소유의 USEC로 전환했다.[20)]

USEC의 전신 조직이 상업용 우라늄 가공 사업에 진출하는 순간부터 반대 의견이 일었다. 비판론자들은 상업용 핵연료의 효율적인 생산과 마케팅은 공공 기관의 역할과 모순된다며 비판했다. 1969년 초 닉슨 대통령은 "다양한 국익이 확보되는 시점에" 정부가 농축 우라늄 사업에서 손을 뗄 것임을 약속했다.[21)]

외국 공급자들이 미국으로의 핵연료 수출을 대체하기 시작하고, 국내 시장까지 진출하기 시작했을 때, 공공 소유의 생산 공장에 대한 부담은 더욱 구체화되었다. 1990년대 중반 전 세계 원자로 연료 공급 시장에서 독점 수준이었던 미국의 점유율은 거의 1/3 수준까지 떨어졌다.[22)] 다수의 의회 의원들은 미국의 우라늄 농축 능력이 민간부문으로 이양되지 않으면, 경쟁력이 떨어져서 해외 경쟁국들에게 밀려 설 자리를 잃을 것이라고 우려했다. 의원들은 민간 USEC가 자본 시장으로 옮겨가면 정부의 규정보다 기술을 업그레이드하고, 능률적인 운영과 합리적인 인력 관리를 통해 효율성을 향상시킬 수 있을 것이라고 생각했다. 연방 예산 적자를 우려한 많은 사람들은 USEC의 매각으로 자본 확충이 가능할 것이라는 기대를 높이 평가하기도 했다.

결국 1990년 중반 USEC의 관리자는 매각을 위한 조직 정비에 들어갔다. MTM 프로그램이 아직 존재하지 않았던 1992년 에너지정책법은 정부의 수익 극대화, USEC의 미국 지배 유지, 국내 핵연료 보호 등의 기준을 제시하며 USEC의 완전한 민영화를 명시했다.[23] 1995년 USEC 관리자는 클린턴 행정부와 의회에 민영화를 위한 두 가지 다른 경로를 보여주는 보고서를 제출했다. 한 가지 방법은 사업 다변화를 위해 다른 기업과 합병을 추진하는 것이었고, 다른 한 가지 방법은 기업공개(IPO)를 통해 USEC를 독립된 단일 기업으로 만드는 것이었다. 1996년 USEC 민영화에 관한 법은 두 방식 모두를 가능하게 했다.

논평인들은 많은 자본과 위험 요소 분산을 특징으로 하는 대기업에 편입될 수 있으므로 합병이 더 논리적인 방식이라고 생각했다. 그러나 IPO 방식이 USEC 관리자와 8개의 투자은행에게 더 큰 이익이었다.[24] 수익재량을 포기하고, USEC는 IPO의 길을 걷게 되었다. 1998년 주식 매각으로 USEC는 공공소유에서 개인 소유로 전환되었다. MTM은 이제 공공 임무의 대상이 아니었으며, 고유한 목적과 규제와 고객을 가진 독립적인 민간 기관과의 복잡한 협력 사업이 되었다.

주식 매각 당시, 대다수는 MTM 프로그램에서 독립적인 영리 기관으로서의 중심적인 역할을 수월하게 잘할 것으로 기대했다. 한 투자가는 이렇게 말했다. "이 회사는 정부와 중요한 연결고리를 가지고 있었고, 이 점은 확실히 가격 하락 리스크를 방지할 것이다."[25] 테러리스트 폭탄의 연료로 쓰일 수도 있는 러시아 우라늄을 처리하기 위한 서비스를 독점하는 것은 USEC의 지속적인 업종 유지와 안정적인 현금 흐름을 보장하고, 높은 주가는 당연한 것처럼 보였다. 그러나 주식 매각 결과는 클린턴 행정부가 신중하게 예상한 20억 달러보다 적었고, 민영화가 처음 제안되었을 당시 GAO가 USEC의 가치를 평가했던 것보다 훨씬 적었다.[26]

그 이후 일어난 사건들은 시장의 예견을 증명했다. 독립한 USEC는 사업분야가 단일했고, 노후한 장비, 운영자본이 거의 없는 취약한 재무구조를 가지고 있었다. 다급하게 처리해야 할 일들과 회사 고유의 임무 사이에서 갈등이 생겼다. 민영화 이후 긴급하게 필요한 현금을 조달하기 위해 USEC는 에너지부로부터 인계받은 비축된 우라늄을 매각하기 시작했다. 그러나 USEC는 시장에서 지배적인 기업이었기 때문에 긴급한 우라늄 매각은 오히려 우라늄 가격을 떨어뜨렸고, 이 새로운 가격 수준에서는 MTM의 수익성이 없다는 사실을 알아챘다.[27]

독립된 영리 기업인 USEC는 공급자와의 거래 개선 협상에 노력을 기울였다. 이 노력은 거래 조건을 변경하고, 러시아로의 현금 유입을 줄이도록 했다. 한편 러시아는 가격 조정으로 인한 충격 완화 목적의 3억 2,500만 달러의 보조금을 미국 재무부로부터 받기 전까지 이 프로그램에서 손을 떼겠다고 위협했다.[28]

러시아를 압박하는 1차 시도는 수입 경쟁 증가로 인한 이유와 함께 USEC의 수익을 담보하는 데 실패했다. 2000년 주식은 폭락했고 회사는 인력의 상당 부분을 해고했다. 의회에서 몇몇은 민영화 타당성에 대한 재고를 표명하기도 하고, 다시 정부 기관으로 전환하자는 산발적인 제안도 있었지만 호응을 얻지 못했다. 대신에 USEC는 보호 무역을 통해 부분적으로 수익성을 회복하기 위해 노력했고, 다른 한편으로 러시아와 다시 한번 공격적 협상 자세를 취했다.

USEC가 민영화 이전의 MTM의 협약사항을 개선하기 위한 압력을 가함에 따라 구매는 둔화되었고 때로는 전면 중단되기도 했다. 그러나 양측은 2002년 초까지 가격 결정 협의를 재개하는 데 원칙적으로 동의하고, 그해 중반까지 공식 계약과 조약 개정을 통해 USEC가 러시아에 우라늄 비용으로 지불하는 금액을 1/4로 낮추었고, 시장 상황을 반영하여 조정할 수 있도록 장기 계약을 완료했다.[29] 이 개정으로 인해 러시아 우라늄으로 얻는 이윤은 국내의 농축 사업에서 발생하는 손실과 균형을 이루면서 USEC의 재정 전망을 상당히 개선시켰다. MTM의 중단 위협이 사라진 것처럼, 정리해고도 중단되었다. 물론 USEC에게 유리한 조항은 상대측인 러시아의 희생에서 비롯되었지만, 조지 W. 부시 대통령이 USEC의 독점을 재확인하자 러시아는 이의를 제기할 수 있는 명분이 거의 없었다.[30)]

니체(Nietzsche)는 "우리가 이루려고 노력하던 것을 잊어버리는 것이 어리석음의 가장 일반적인 형태"라고 했다.[31)] 조직이 영리 조직으로 바뀌고 나니 USEC에게 유리하도록 거래가 바뀌는 일련의 사건들은 어느 정도 예측 가능했다. 그러나 MTM의 원래 목적은 미국의 상업용 원자로에 연료 공급을 담보하는 것도, USEC의 재정을 확고히 하는 것도 아니었다. 그것의 원래 목적은 러시아에게 매력적인 재정적 대안을 제공함으로써 농축된 우라늄의 불법 밀매 가능성을 낮추기 위함이었다.

● 차터스쿨 운동(The Charter-School Movement)

차터스쿨(Charter School)은 생산성이 동기가 되는 협력적 거버넌스의 모범 사례이면서 미국 교육 개선을 위한 중요한 전략이다. 차터스쿨은 정부로부터 예산을 지원받지만, 사립학교처럼 운영된다.[32)] 차터스쿨 명칭의 정의대로 학교의 헌장(Charter)은 다소 불명확한 계약서로 광범위한 교육 임무를 명시하고 있으며, 교사, 관리자, 이사진이 적합하다고 판단한 대로 운영할 수 있는 자유를 허락하고 있다.

교육은 적어도 두 가지 이유 때문에 거버넌스 분야에서 혁신이 활발히 일어날 수 있는 영역이다. 첫째, 교육 정책에 대한 권한은 오랜 기간 동안 분산되어 왔으며, 50개의 주와 수만 개의 지방정부가 실험할 수 있는 자격을 갖추고 있다. 둘째, 수십 년 동안 초등, 중등 교육 등 공교육은 만성적인 성과 저조로 인해 고통당하고 있었다. 공교육이 무너졌다는 공감대는 새로운 접근법을 찾는 노력의 바탕이 되었다. 그러나 이 공감대는 다소 과장된 것인데, 미국 공립학교의 수준은 상당히 끔찍한 수준에서부터 최상의 수준 범위에 이르기까지 다양하다. 또한 1970년대 이래 그 성과는 평균적으로 다소 긍정적이었으며, 가난한 도시 지역 학교는 부유한 교외 지역의 학교보다 뒤쳐진다는 전통적인 통설은 대체로 옳은 편이다.[33)]

공립학교 개혁은 대략 세 가지 범주로 나눌 수 있다. 첫째 방식은 근본적인 형태 변경 없이 전통적인 학교의 성과를 개선시키는 활동이다. 둘째 방식은 민간 단체를 참여시켜 종래의 계약방식으로 특정한 기능(특수교육, 튜터링 또는 도서관 관리 등)을 수행하도록 하거나, 전체 학교 내지는 특정구역을 관리하도록 하는 방법이다. 차터 스쿨이 해당되는 셋째 방식은 광범위한 개혁 방식으로 공공 임무에 민간 역량을 적용시키는 사뭇 다른-우리의 용어를 빌리면 협력적인-모델이다(성과 저조에 대한 또 다른 대응 방안으로서의 '학교 선택 운동(School-choice movement)'은 공립학교를 대체하는 것보다 개선시키는 것을 목표로 한다).

먼저 우리는 성공적인 모델에 중점을 두어 몇몇 특정한 차터스쿨을 살펴보되, 단지 성과뿐만 아니라 각각의 교육 과정의 특성도 함께 검토하기로 한다. 그다음 전반적인 차터 스쿨 운동에 대한 더 체계적인 자료가 가르쳐 주는 내용을 살펴볼 예정이다. 이 내용은 다소 복합적이지만, 공공부문과 민간부문의 협력은 역설적이게도 정부 자체의 역량에 달려 있다는 우리의 주제를 확고하게 뒷받침할 것이다.

- 차터스쿨 예시

버팔로(Buffalo)에서 시작해 보자. 북쪽 가장자리에 위치한 오래된 공업도시에는 한때는 웅장했으나 이제는 심하게 퇴색된 번화가 주변으로 문을 닫은 공장들이 흩어져 자리 잡고 있다. 황야 한가운데의 농장처럼 여기저기 재개발 사업들이 고군분투하고 있다. 버팔로에 희망을 가졌던 사람들의 상당수는 오래 전에 떠났다. 남아 있는 사람들-주로 생산 공장이 한창 잘 돌아가던 때 공장으로 모여든 슬라브계, 이탈리아계, 아프리카계 미국인들-은 경제적으로 소박하게 살아가거나 때로는 위태로울 정도로 근근이 살아가고 있다.

버팔로의 공립학교는 대부분의 쇠퇴하는 도시에서 흔히 볼 수 있는 그런 종류의 학교다. 도시 내 대부분의 사람들 스스로 이웃을 구분-백인은 이쪽, 흑인은 저쪽-했고, 인근 학교들 또한 엄격하게 분리되었다. 대부분의 유능한 교사들은 다른 도시로 떠났고, 남아있는 좋은 교사들도 빈민 지역의 문제 학교는 기피했다. 정부로부터 지원받는 예산은 학교를 제대로 운영하기에는 절대 충분하지 않았다. 버팔로의 공립학교가 미국 내에서 최악의 학교는 아니었지만, 최고의 학교와는 아주 거리가 멀었다.

이런 상황에서도 예외가 있다. 버팔로의 부유한 지역 학교를 예상하겠지만, 전혀 예상과는 다른 곳에 위치한 학교다. 다운타운의 동쪽, Erie 호수 변에서 떨어진 곳에 전당포, 환전소, 빗장을 쳐 놓은 술집이 늘어선 황량한 큰 길가에 한 학교가 있다. 학교 외벽은 백 년도 더 되어 보이는 빛바랜 붉은 벽돌로 되어 있다. 반면 내부는 컬러풀하고, 질서 정연하며, 에너지가 넘치는 곳이다. 학생들의 미술 작품이 모든 벽면을 덮고 있고, 오래된 바닥재도 마치 어제 공사한 것처럼 윤이 난다. 너른 복도에 줄지어 선 문을 하나 열면, 아이들이 있다. 어떤 방에서는 조용히 책을 읽고 있고, 어떤 방에서는 선생님의 이야기에 귀를 기울이고 있고, 또 다른 어떤 방에서는 디자인 스케치를 하거나, 컴퓨터 작업을 하고 있다. 이 아이들은 유치원생부터 8학년생까지 다양하다.

모든 아이들은 깔끔한 교복을 입는데, 여학생은 스커트, 남학생은 검은색

바지, 그리고 모두 흰색 티셔츠를 입는다. 모든 학생은 아프리카계 미국인이다. 방문자가 교장선생님과 함께 들어서면, 인사와 더불어 모두 함께 벌떡 일어선다. 교장은 학생들을 앉히고, 아이 이름을 한 명 한 명 부르며 그날의 수업에 대해 설명한다. 아이들은 그날 배운 대헌장이나, 광합성, 수학 공식 등을 조잘거린다. 엄격한 교복 착용, 시간표, 조회 시간 등에도 불구하고 아이들의 천진스러움은 감출 수가 없다. 학생들은 여느 아이들처럼 행복하고, 밝고, 장난꾸러기처럼 보인다. 아이들은 학교에서 어떻게 행동하고 공부해야 하는지를 배우고 있다. 여기는 그저 학교다운 학교다.

이 학교의 전신이었던 68번 공립학교는 1995년에 웨스트민스터 커뮤니티 차터 스쿨(Westminster Community Charter School)로 이름을 바꿨다. 그래도 여전히 공립학교였으며, 지역의 거주하는 학생-학교가 감당할 수 있는 것보다 웨스트민스터 교육에 대한 요구가 훨씬 더 많아서 추첨을 통해 입학생을 선발했다-들이 진학했다. 웨스트민스터는 가난한 임시 거주자들이 모여 사는 다소 험한 지역의 학교다. 대부분의 인근 학교들은 표준 학력 시험에서 예상대로 낮은 성적을 거둔다. 그러나 웨스트민스터 성적은 버팔로 지역 40여 개의 모든 학교 중에서 세 곳의 학교를 제외한 모든 학교보다 우수하다.

동쪽으로 약 500마일 거리에 예전에 육군 기지였다가 민간 용도로 전환되는 장소에도 또 다른 차터 스쿨이 운영되고 있다. 프랜시스 W. 파커 에센셜 차터스쿨(Francis W. Parker Essential Charter School)의 학생들은 웨스트민스터 학생들보다는 평균적으로 학령이 더 높고, 중학교와 고등학교 단계이며, 사회경제적 규모로도 한두 단계 높다. 학생들은 보스턴 서쪽 외곽에서 우스터에 이르는 50마일 범위의 도시와 마을에서 통학한다. 제1장에서 먼저 만나 본 것처럼 파커는 콩코드, 서드베리와 같은 부유한 마을보다는 레오민스터, 피치버그와 같이 가난한 마을에서 더 많은 학생들이 다니지만, 빈곤층의 학생들은 아니다. 파커가 없었더라도 그 지역의 학교는 보통의 학교에서 우수한 학교까지 다양했을 것이다.

파커 학생들은 그저 평범하다. 그러나 특별한 학생들에게나 어울리는 특별한 교육을 받고 있다. 파커는 자신만의 특색을 가진 영재들을 만들어 내고 있다. 기타 대신에 류트(옮긴이, 고전 현악기)를 배우고, 축구 대신 펜싱을 좋아하는 이 학생들은 과학 시험 점수가 낮아도, 첨단 기술 회사에서 특허 계약을 문의해 올 수준의 로봇까지 만들 수 있는 학생들이다. 아마도 자기 동네의 학교를 다녔더라면 낙제 수준은 아니었을지라도, 파커에서처럼 성장하지는 못했을 것이다.

파커의 커리큘럼은 전형적인 진보 교육의 업그레이드 버전이다. 학생들은 스스로 학습하고, 교사는 코치의 역할을 한다. 대부분의 학교처럼 세분화된 과목이 산재되어 있지 않고, 넓은 두 개의 영역(인문/예술 분야, 수학/과학/기술 분야)이 커리큘럼의 대부분을 차지한다. 미켈란젤로 조각 작품의 미학에서 당시의 경제, 문화적 배경으로, 또는 미적분 공식에서 로켓 궤도 프로그래밍으로 수업 내용은 자연스럽게 연결된다. 학생들은 지도 교사를 월별로, 연례행사로 가끔 만나는 것이 아니라, 매일 아침 소그룹으로 모여 당일 학습할 내용에 대해 토론하고, 학습했던 것과 학습할 내용을 서로 연결하는 작업을 진행한다. 파커의 문화는 표준화된 시험을 신경 쓰지도 않고, 시험 준비라고 여겨지는 것들을 기피함에도 불구하고, 그 점수는 주(州)에서 최고 수준이다.

버팔로의 68번 공립학교가 웨스트민스터로 바뀌는 해에 파커도 출범했다. 이는 차터스쿨 운동의 초기 사례였다. 파커는 지역 학교에 불만(객관적 지표상으로는 나쁘지 않은 편이었다)인 학부모와 인근에 거주하던 교육 개혁자인 테드(Theodore)와 사이저(Nancy Faust Sizer)의 합작품이었다. 테드가 하버드교육대학원 학장과 유명한 사립학교의 교장으로 근무하던 때에, 사이저는 '필수교육(essential education)'이라 불리는 모델을 수십 년 동안 개발했다. 사이저는 이 모델이 충분한 자금력과 학생 선발 능력을 가진 엘리트 사립학교에서 상당히 효과적으로 작동할 수 있음을 알고 있었다. 그러나 사이저와 학부모가 진정 알고 싶었던 것은 과연 사립학교처럼 예산이 넉넉하지 않은, 학생당 대략 만 달러의 정부지원금과 평준화 방식의 학생 선발 방식을 가진 공립학교에서 이 모델이 작동할 것인지의 여부였다. 매사추세츠의 차터스쿨법이 통과되면서 드디어 그 작동 여부를 알아낼 수 있는 기회를 얻었다.

"부족함이 풍족함이다(Less is more)"는 사이저의 모토였다. 설립자들은 우수한 교사들을 많이 채용하기 위해 가능한 한 모든 것을 인정사정없이 절약했다. 파커의 첫 건물은 창문이 없어 음산해 보이기까지 하는 피폭에도 견딜 수 있도록 만들어진 오래된 육군정보본부였다. 그러나 저렴했다. 대부분의 낡은 가구들은 벼룩시장을 통해서 마련했다. 학부모 자원봉사를 통해 학교 행정 업무의 대부분이 돌아갔다. 절약된 예산들은 교사의 급여와 제대로 된 교육 건물을 마련하기 위한 예비비로 사용되었다(경쟁 대상인 다른 공립학교는 시설을 무상으로 제공받는 것에 반해, 다른 주들과 마찬가지로 매사추세츠 주 역시 차터스쿨은 스스로 학교 시설을 마련해야 했다).

10년이 되지 않아 사이저의 실험은 설득력 있는 결과를 보여주었다. 파커는 만 달러의 '필수교육'으로 최고의 교육 결과를 낼 수 있었다. 졸업자들은 명문대학에 진학하기 시작했고, 성공적인 커리어를 쌓아가고 있다. 파커는 보스턴에서 우스터에 이르는 모든 지역의 학생들이 입학하기 원하는 학교로 유명해졌고, 파커에 입학하기 위한 추첨은 많은 이들이 기다리는 행사가 되었다.

퍼시픽림아카데미(Academy of the Pacific Rim(APR))가 아시아 지역의 학교라거나, 만다린어(옮긴이, 중국어 방언 중 하나로 중국 북방을 중심으로 광범위하게 상용된다)를 의무적으로 공부해야 한다거나, 교직원과 학생 대부분이 아시아인으로 구성된 캘리포니아의 학교일거라 추측한다면 틀렸다. 이 학교는 보스턴 인근의 하이드 파크(Hyde Park) 안에 소재한 웨스팅하우스(Westinghouse) 회사의 오래된 창고 건물에 있다. 그리고 아프리카계 미국인이 학생의 60%를 차지하는 학교다. 5학년에서 12학년까지 등록된 475명의 학생들 중에 아시아인은 겨우 3%에 불과하다. 또한 학생의 절반은 빈곤층 가정 출신이다.

APR은 '동양과 서양의 만남'이라는 원칙을 토대로 1997년에 설립되었다. 이 학교는 서구 사회 가치인 개인주의, 창의성, 다양성과 더불어 아시아 사회의 가치인 규범, 훈육, 인성 교육을 강조한다. APR의 교육학적 접근 방식은 일본에서 유래한 부단한 개선을 의미하는 카이젠(kaizen)과 지속성을 의미하는 감바타(gambatta), 그리고 '기본 덕목(목적성(purpose), 책임성(responsibility), 정직함(integrity), 담대함(daring), 탁월함(excellence))'을 통한 인성 발달에 치우쳐 있다. 이들 초성을 따서 학교의 인성발달프로그램을 KG-PRIDE라고 부른다. 학생들이 직접 음식을 준비해야 하는 식사 공간의 청결 관리, 교실 정리정돈, 숙제 제출의 일관성, 바른 언어 사용 등과 같은 지표들을 바탕으로 교사들은 KG-PRIDE 준수 여부를 주기적으로 평가한다(좋은 교사 채용을 위해 예산을 많이 사용하게 되어 학교는 시설 관리 직원이 별도로 없다).

인성발달프로그램은 주의 깊게 구성된 교육을 보완하는 기능을 한다. 낮은 수준의 수학, 과학, 예술 및 인문의 균형 잡힌 접근 방식에서 시작해 점차 높은 수준의 학생 주도의 자유로운 탐구로 변모해 나간다. 그러나 침범할 수 없는 원칙이 있는데, '단체 진급이 없다'는 점이다. 대신에 어느 한 과목이 취약한 학생에게는 튜터링, 개별 지도, 부족한 부분을 보완할 수 있는 여름 강좌를 제공한다. 이러한 노력에도 불구하고 학생의 지식과 능력이 기준에 부합하지 못할 경우에는 다음 학년으로 진급하지 않고, 유급하게 된다. 단호한 유급

정책에도 불구하고 유급 학생 학부모의 대다수는 이 학교를 버리지 않는다. 유급생의 약 85%는 여전히 APR을 다니고 있다.

APR이 추구하는 엄격한 학습 지도와 인성발달프로그램은 학생들로 하여금 대학진학과 취업에 대비하도록 돕는다. 학생들의 교복은 평범하지만, 매달 첫째 주 수요일은 넥타이를 하거나 단정한 옷을 입고 점심 세미나에 참석할 수 있다. 이 세미나는 전문 직업을 설명하고 채용 조건을 설명하는 회사나 전문인과 함께 한다. 또한 퍼시픽 림 강화 프로그램(Pacific Rim Enrichment Program)을 통해 고등학교 학생들은 세 번의 여름방학 기간 동안 지역의 로펌, 병원, 회사에서 200시간이 넘는 인턴십을 하거나, 하버드 대학 또는 보스턴 대학에서 제공하는 여름 프로그램에 참여한다.

APR 이사회는 교직원에 대한 기준을 높게 설정해 놓았다. 교사는 다양한 교육학적 접근 방식을 사용한 수업부터 그룹 토론, 개인지도까지 해야 한다. 각 교사는 자신만의 커리큘럼을 개발하고, 수업을 위해 밤 시간과 주말까지 할애한다. 개인지도와 튜터링까지 합해 공립학교의 학생들보다 APR의 중학교 과정 학생은 24~64일, 고등학교 과정 학생은 10~50일의 더 많은 교육일수를 이수한다. 교장과 학장은 수시로 수업을 모니터하고, 교사는 정기적인 동료 평가를 받는다. 각 학년별 커리큘럼 편성뿐만 아니라, 개별 학생의 학습 진척도, 문제점 개선에 관한 정보 교류 등 교직원의 효율적인 팀워크는 2년마다 진행되는 정규 평가의 기준이 된다.

이 같은 독특한 교육 접근법의 결과는 부분적 통계로 드러나고 있는데, 상당히 인상적이다. 2007년 처음으로 응시한, 매사추세츠 교육청의 종합평가(Massachusetts Comprehensive Assessment System)를 모든 10학년 학생들이 통과했고, 졸업생의 92%가 대학에 입학했다. 인성 발달 부분에 대한 통계나 조사 결과는 별도로 없지만, 교육 연구자나 APR을 보내고 싶어 하는 학부모를 포함한 외부 관찰자의 판단이 옳다면, APR은 KG-PRIDE 원칙을 학생들에게 심어주기 위한 노력을 성공적으로 수행하고 있다.

차터스쿨 운동은 어떤 면에서 가장 규모가 크고 당대에 가장 중요한 실험적인 협력적 거버넌스다. 그 결과, 이번 장에서도 가장 중심 내용을 차지한다. 이 운동은 자원을 교육적인 가치로 변화시키는 데 있어 민간 행위자들이 정부보다 더 생산적일 수 있지 않을까 하는 시도에서 출발했다. 1991년 미네소타(Minnesota)는 차터스쿨을 인가해 준 첫 번째 주가 되었다. 그 이후, 이 운동은 40개 주의 학교와 컬럼비아 지구, 그리고 푸에르토리코까지 확산되며 성장했다. 2009년 가을 현재 5,000개의 차터스쿨에 약 150만 명의 학생들이 재학 중이다. 차터스쿨은 기존의 공립학교 대신 차터를 선택한 학생의 수에 따라 정부로부터 자금을 지원받지만, 많은 학생들은 개인 기부나 다양한 공공 기금, 민간 보조금을 통한 혜택을 받는다.[34)]

차터스쿨의 교육 방식은 정치적 스펙트럼의 극좌, 극우를 제외한 모든 영역에서 지지를 얻었다. 빌 클린턴, 조지 W. 부시, 버락 오바마 대통령은 차터스쿨 홍보를 위해 공격적이고 세간의 이목을 끄는 노력을 주도해 왔다. 또한 차터스쿨 운동은 박애정신이 강한 엘리트, 연예인, 유명 인사들로부터도 지지를 얻었다. 예를 들어, 안드레 애거시 대학 준비 학교(Andre Agassi College Preparatory Academy)는 9학년을 중퇴했던 테니스 스타 안드레 애거시(Andre Agassi)가 그의 고향인 라스베이거스에 소외 계층의 학생들을 교육하기 위해 설립한 학교다. 이 학교의 목표는 추첨에 의해 선발된 학생 전원을 대학에 보내는 것이다. 이 학교는 성과가 뛰어난 학교이기도 하고, 정부로부터 받는 지원금을 보충하고자 엄청난 금액의 개인 기금을 모으는 것에서도 유명한 학교다.[35)] 웨스트민스터, 파커, APR 모두 차터스쿨 운동에서 성공한 학교의 속한다. 2010년 현재 80개의 학교로 구성된 KIPP(Knowledge Is Power Program(KIPP)), 17개

학교로 구성된 Achievement First와 같이 학교 네트워크(networks of schools)를 포함하여 더 많은 성공 사례가 있다. 물론 실망스런 차터스쿨도 있으며, 더러는 끔찍한 수준의 학교들도 있다.

● 협력 사례로서의 차터스쿨

바람직한 차터스쿨 운동을 위해 성공한 모델을 따르고, 실패한 모델은 배척해야 한다. 이는 세 가지의 조합으로 가능한데, 공급 결정, 수요 결정, 차터를 감독하는 정부의 효과적인 조정이다. 공급 측면에서는, 새로운 차터를 만들거나 기존 차터를 확장할 때 가장 잘 작동하는 사례를 모방하는 것이다. 이는 사적 재화를 위한 시장에서 잘 찾아볼 수 있다. 수요 측면에서는, 학부모가 효과적인 차터에 자녀를 입학시키고, 저조한 차터에는 학생을 보내지 않으면 된다. 정부에 의한 조정은 다양한 학교들의 성과와 관련된 정보를 학부모에게 제공하는 것부터 차터스쿨을 승인하고 재심사하는 과정까지 포함된다.

시장(market)의 마법을 통해 늘 최고는 살아남고, 최악은 사라진다. 그러나 차터의 경우 많은 사례들이 보여주듯이, 시장의 마법이 자동적으로 작동하지 않는다. 조금 저조한 모델을 잘 골라내고, 더 나은 모델을 모방하는 데 성공적인 지역도 있다.[36] 하지만 모든 지역이 성공적이지 않기에 정책, 규정, 제도의 세부 사항이 중요하다는 것을 보여준다. 차터 설립을 위한 승인 기관이 어디인지, 학교를 운영할 수 있는 조직은 어떠해야 하는지, 차터의 승인 기간과 인원 제한 등 차터와 관련된 법률은 많은 부분이 주(州)별로 상이하다. 대부분의 주에서는 단체교섭, 교원검정자격, 그 밖의 전통적인 공립학교에서 필수적인 사항들을 대부분 면제해 주고 있다. 그러나 정작 학교 입장에서 가장 중요하다고 생각하는 부분을 포함한 여러 부분에서 차터의 재량은 상당히 통제되고 있다. 대부분의 경우, 차터는 어느 학생을 입학시킬 것인지 선택할 수 없고, 지원자들 중에서 추첨으로 학생을 뽑아야 한다. 또한 학생들에 대한 평가, 예산 관리, 몇몇 필수 커리큘럼 등은 주(州) 규정을 따라야 하며, 이는 차터 내부 규정에도 명시된다.

차터스쿨은 초등 및 중등과정의 공교육을 개선하기 위해 만들어졌다. 이 목적을 위해, 개인에게 할당된 교육비용은 축소하여 효율성을 높이면서, 대신 다양한 학습 형태를 지원하여 모두의 교육적 가치를 증대하는 방식으로 효과성을 높인다. 또한 부모에게는 자녀가 받게 될 교육 형태에 대해 선택권을 부여하고, 형편이 어려운 학생들에게도 보통 사립학교에서만 볼 수 있었던 혁신적인 교육법을 이용할 수 있는 기회를 준다. 현재 학생들에게 교육 혜택을 주는 것을 넘어서서 모든 교육자가 많은 교육방법론을 확장하고 새로운 교육학적 아이디어를 실험해 볼 수 있는 기회를 제공받는다.

비교적 복잡한 협력 형태를 띠는 차터스쿨 운동이 왜 교육 개혁 방안 중에서 상당히 두드러지는지 처음에는 명확히 알기 어렵다. 협력적 거버넌스의 위험성, 관리상의 부담과 더불어 기존 학교에 쏟아부은 막대한 투자금 등을 감안하면, 교육개혁을 원하는 사람들은 기존의 전통적인 공립학교를 정상화하는 데 집중해야 한다고 생각할지 모른다. 물론 일부 학자나 전문가의 의견도 이와 유사하다. 그러나 다수는 정부 주도의 공립학교에 다시 희망을 갖는 것 자체를 이념적으로 꺼려하거나, 이미 과거의 실패한 노력이 보여주는 결과물에 낙담한 상태다. 이들은 공립학교의 기본적인 구조가 오늘날의 교육 수요를 따라가기에 너무 융통성이 없다고 주장한다. 이에 반해 차터는 민간부문이 더 큰 유연성을 가지고 더 큰 효율성을 제공할 수 있다는 가정으로부터 출발한다. 차터스쿨 운동 지지자는 민간 조직이 태생적으로 더 좋은 성과를 거두기 쉽다고 본다. 이는 대응력이 뛰어나고, 더 효율적이고, 비용과 기회 제공에 보다 적극적이기 때문인데, 기존 학교는 규칙, 규정, 운영 시스템 등에 너무 의존적으로 경직되어 버렸다.

그렇다면, 민간부문이 신뢰할 만한 상당한 효율성 우위를 지녔다고 확신한다면 왜 계약이라는 간단한 접근 방법으로 이점을 활용하지 않는 것일까? 그리고 왜 교육 개혁가들은 학교 기능을 위탁하는 계약을 이용하거나, 더 야심차게는 학교 전체 관리를 위한 서비스 계약으로 확대하지 않고 차터에 그 많은 에너지를 할애하는 것일까?

사실 많은 이유가 있다. 차터 운영자는 비영리적인 반면, 계약 운영자는 대게 영리적이다. 교육에 영리적 동기를 섞는 것에 상당한 주의를 기울이는 충분히 합리적인 이유와 문화적 관습도 존재한다. 또한 차터는 교육 부문에서 정부의 역할을 배제하는 것이 무엇보다 중요하다고 생각하는 사람들과 기존의 공립학교를 조금이라도 개선하는 것이 중요한 사람들 모두가 용인하는 수준의 위치에 있다.

단순 계약 방식의 접근을 교육 기능에 적용하는 것에는 회의적 시각이 많다. 학교 운영과 관련된 많은 업무-수송, 급식, 유지보수 등-는 단순 계약에 훨씬 적합하다.[37] 그러나 공교육의 많은 부분은 계약 방식의 접근에 어울리지 않을뿐더러 실패할 가능성이 크다. 계약의 상세 내용을 사전에 특정하기 쉽지 않다. 또한 계약을 통해 책임을 물을 수 있을 만큼 신속하고 정확하게 그 교육 결과를 평가하기는 더욱 어렵다. 이미 언급했듯이, 아웃 소싱 계약을 통해 교육을 개선하기 힘든 근본적인 장벽은 교육적 가치가 측정하기 힘들다는 것이다. 그리고 의미 있는 경쟁을 만들어내기 힘들뿐더러, 책임을 지울 수 있는 계약의 핵심 기준을 실제 적용하기도 힘들다. 그래서 차터스쿨을 지지하는 사람들은 암묵적으로 또는 명시적으로 다음 두 가지 점에 대해 동의한다. 첫째는 민간부문이 교육 분야에서도 우수한 생산성을 가질 것이다. 둘째는 전통적인 계약 방식은 민간부문의 이점을 활용하기에는 부적절한 수단이다.

● 차터스쿨의 특징, 생산 재량

차터스쿨 운동은 협력적 거버넌스의 본질적인 특징을 강조한다. 공공부문(차터 인가자)이 공공임무를 민간부문에게 재량 공유의 특징을 띠는 명시적으로 문서화된 관계(헌장)를 통해 위임한다. 항상 강조하듯이, 핵심 쟁점은 민간 협력자에게 생산재량을 부여함으로써 발생하는 공공가치는 수익재량과 선호재량으로 손실된 부분을 제외한 공공가치라는 점이다.

공공부문에서 차터 인가 절차를 수립한다. 공공부문은 각 학교의 신청을 수락할 수도 있고, 거절할 수도 있으며, 신청한 안의 변경을 요청할 수도 있다. 또한 입학하는 학생들을 선정하기 위한 절차로 추첨제를 도입하게 하거나, 최소 수업 일수를 정해주거나, 필수 커리큘럼 요건을 제시하거나 하는 등의 학교의 선택권을 제한하는 규정을 강제할 수도 있다. 재학생에 대한 지원을 어느 수준으로 할지를 결정할 수도 있으며, 학생 부담금이나 기부금 여부를 통해 공적 자금을 어느 정도 보완할 수 있는지도 규제할 수 있다. 또한 인가를 갱신 거절함으로써 학교에 불이익을 줄 수도 있으며, 극단적인 경우에는 기간 만료 전에 인가를 취소할 수도 있다.

학교 관리자는 차터스쿨 인가 신청 시에 자신의 교육 철학을 반영한 교육법을 적용할 수 있는 있는 폭넓은 여지를 가진다. 인가 신청서에는 전형적으로 학교가 제안하는 관리방식, 조직구조, 교육 철학, 교육 목표, 그리고 성과를 보여줄 수단들이 포함되어 있다. 일단 차터가 승인된 후에는 재량을 발휘할 수 있는 차원은 급격히 줄어드는데, 관리자들은 인가서에 명시된 조건들을 반드시 이행해야 하는 반면, 그 조건을 이행하는 방식에 대해서는 여전히 상당한 재량을 가진다.[38]

차터스쿨은 생산재량을 행사하면서, 다양한 방식으로 공공가치를 창출할 수 있다. 먼저 조직 운영의 효율성 측면에서 간단한 개선 효과를 얻을 수 있다. 기존의 공립학교를 얽매고 있는 복잡한 인사 규정 체계로부터 벗어나게 되면서 차터는 연공서열보다는 성과를 기반으로 교사를 선발하고 보상해 줄 수 있다. 학교 교육위원회나 교육청이 하달하는 요구사항보다 교사의 판단에 따라 커리큘럼과 교재를 선택하거나 변경할 수 있다. 기존 전통적인 방식에서 벗어난 시간표, 팀 티칭, 수학과 과학, 역사와 언어를 통합 운영하는 수업, 통합 수업, 세분화된 수업, 신기술을 반영한 수업 등을 시도해 볼 수 있다. 기존의 공립학교와 비교하면 많은 차터스쿨의 수업일수는 더 길고, 수업 년 수가 길기도 하다. 많은 차터가 교사에게 급여를 많이 주지는 않는다. 꽤 적은 수의 차터만 교사에게 많은 급여를 준다. 차터의 긍정적인 결과는 적은 비용으로 같은 성과를 내거나, 같은 비용으로 높은 성과를 내는 것–대부분의 차터는 이 결과에 우선순위를 둘 것이다–일 수 있다.

차터스쿨은 같은 임무를 더 잘 수행하는 것으로 공공가치를 창출할 수 있을 뿐 아니라, 공립학교에서는 등한시하지만 학생의 성장에 중요한 역할을 하는 교육을 제공하는 등 다른 임무를 수행하여 공공가치를 창출할 수도 있다. 목표를 조정할 수 있는 이 능력이 바로 차터스쿨 운동에 열광하는 사람들의 동기가 된다. 차터스쿨은 새로운 목표를 수용하고, 새로운 기회를 더 빨리 붙잡음으로써 공교육의 정형화된 틀의 개선을 촉진시킬 수 있다. 그리고 더 중요한 것은, 다양한 교육적 접근을 제공할 수 있다는 점이다. "차터는 다원화된 사회의 다양한 요구들이 충족될 수 있도록 학교들이 서로서로 달라져야 한다는 데 생각을 함께한다. 이를 통해, Back to Basics 학교, Progressive 학교, Virtual 학교, Montessori 학교, Waldorf 학교, Comer 학교, Core Knowledge 학교, Advantage 학교, Hope Academies학교 등 모든 형태의 공공–민간 하이브리드 학교가 가능하게 된다." 체스터 핀(Chester Finn)이 설명하듯 차터스쿨 지지자들은 교육학적 동질성은 피하고, 다양성을 추구한다.[39]

누구나 모든 아이들은 각자 다른 학습 스타일을 가지고 있다는 것에 동의할 것이다. 기존 공교육 시스템은 단일화된 접근법을 가지고 있으며, '특수 교육' 또는 '영재 교육' 등과 같이 단순히 구분되는 특별 교육을 제공한다. 그러나 교육 시스템은 다양한 학생 집단에 적합한 다양한 교육 접근법을 가져야 한다. 차터 지지자들은 단순한 효율성에 관심을 가지고, 기존 학교보다 잘하기를 바라면서도, 교육적인 다양성에 더 관심을 갖기도 한다. 차터가 학생과 학부모에게 다양한 교육에 대한 선택권을 부여함으로써 교육적 가치를 창출한다는 개념은 이 협력적 접근법의 매력적인 부분이면서도 치명적인 위험 원인이 되기도 한다.

● 수익재량과 선호재량

수익재량은 민간 협력자가 가치의 총량을 확대하기 위하여, 혹은 그 총량에서 더 많은 부분을 차지하기 위하여 발휘할 수 있는 유연성을 의미한다. 수익재량의 어두운 측면은 민간 협력자가 영리를 추구할 경우에는 좀 더 심각한 위험이 된다는 점이다. 따라서 비영리의 차터스쿨의 경우 그 문제의 중요성은 비교적 낮다. 그럼에도 불구하고, 몇몇 주에서는 영리 사업자가 차터스쿨을 신청할 수 있으며, 거의 모든 주에서는 차터 소유자가 학교의 일상적인 운영 업무를 영리 사업자에게 위임할 수 있도록 허용하고 있다.[40] 재량이 운영 회사로 넘어갈 경우, 공공의 이익보다는 사적 이익이 커지는 방향으로 미묘하게 조정되기 때문에 수익재량으로 인해 발생하는 전통적인 긴장이 조성된다.

물론 비영리 조직도 수익재량을 행사할 수 있다. 차터 소유자가 이윤에 목매지 않더라도, 일반적으로 비영리 조직 또한 운영비용을 자체 충당해야 하고, 재정보유고를 확대하려는 경향이 있다. 조직을 위한 이익이 아닌, 조직 내 개인의 이익을 위해 수익재량을 행사하기도 하는데, 관리자나 소속 직원들은 공공가치를 극대화하기보다는 본인들에게 돌아오는 이익이 더 커지도록 만들 수 있다.

그러나 민간 협력자가 운영하는 방식을 선택할 수 있는 능력인 선호재량이 차터스쿨에서는 더 큰 긴장감의 원인이 될 수 있다. 이 긴장감은 민간 협력자의 특성과 담당하는 임무의 특성으로부터 발생한다. 차터를 운영하려는 비영리 단체는 재정적 이익에는 관심이 없겠지만, 독특하면서도 강렬한 교육적 신념을 중심으로 조직될 수 있다. 자신들의 선호에 강하게 집착할 가능성이 높기에 공공부문와 민간부문 사이에 갈등의 토대가 마련된다.

동시에 차터 소유자가 적용하고자 하는 교육학적 다양성이 적절한지 적절하지 않은지 구분하기는 무척 어렵다. 이 어려움은 교육에 대한 공공의 이해관계가 다소 모호한 특성이 있기 때문이다. 가장 좁은 해석은, 교육은 지역사회가 제공하는 서비스 중에서 자신에게 할당된 몫으로 선택하는 서비스 중의 하나라는 입장이다.[41)]

좀 더 넓은 해석은, 교육을 지극히 개인 이익을 창출하기 위한 투자로 보는 것이다. 그러나 이 경우 개인의 선호는 결함이 있을 수 있다. 각 가정은 자녀가 받아야 할 교육의 양뿐만 아니라 교육의 종류에 대해서도 근시안적일 수 있다. 어떤 가정은 미래를 위해 수학과 기술을 공부하는 것보다 언어와 사회과학(혹은 그 반대)을 공부하는 것이 좋다고 판단할 수 있고, 또 어떤 가정은 아이들이 미래 고소득을 위한 공부보다 바른 사고방식을 갖게 하는 기초 교육(혹은 그 반대)이 중요하다고 판단할 수 있다. 이런 교육 내용에 대해서 바른 판단을 했더라도 각 가정은 그 교육의 제공자들이 적절한지 여부를 구별하는 데 어려움을 겪을 수 있다.

이 같은 해석은 결국 각 가정이 현명한 소비자가 되도록 돕는 것이 정부의 중요한 역할 중의 하나라는 것을 의미한다. 정부는 각기 다른 학교들의 시험

성적에 대한 정보, 개설된 과목의 장단점, 졸업생들의 성과나 진로 등에 대한 정보를 제공해 줄 수 있다. 더 나아가 적극적으로 교육적인 선택을 제한하는 조치를 취할 수도 있다. 주 정부는 차터스쿨이 민주주의나 자본주의를 무시하도록 가르치거나, 스페인어나 에보닉어(옮긴이, 흑인 영어 또는 흑인의 방언식 영어)로만 하는 수업을 금지할 수도 있다. 이는 일부 사람들이 LSD(옮긴이, 환각제) 소비를 원하지만 주 정부가 금지하는 것처럼, 교육 내용이 일부 학부모에게 흥미를 끌 수 있지만 어린 아이들에게는 교육적으로 바람직하지 않다고 판단하는 이유에서 비롯된다.

공공 재정을 보다 더 적극적으로 해석하는 입장에서는 교육을 개인과 집단 모두에게 수익을 가져다주는 복합 재화(hybrid goods)로 이해한다. 이 시각으로 볼 때, 지역 사회는 개인의 학교 교육에 대해 이해관계를 갖는다. 왜냐하면 지역 사회 구성원이 누리게 될 미래의 복지는 구성원이 받게 되는 교육의 총량과 교육의 성격, 그리고 학생과 그 가정의 우선순위와 분리되거나 충돌할 수 있는 이익에 영향을 받기 때문이다. 예를 들어 한 부부는 자녀가 미래에 돈을 잘 벌 수 있는 교육을 받기를 희망하는 반면, 다른 사람들은 그 자녀가 성실한 부하 직원, 신뢰할 수 있을만한 동료, 혹은 훌륭한 상사가 되는 교육을 시키는 것이 중요하다고 생각할 수 있다. 또한 부모들은 자신의 자녀가 복잡한 현실을 넘어 관조적인 문화를 추구하도록 자라나기를 원하는 반면, 다른 사람들은 감당해야 할 국가 부채와 노동자 비율을 감안하여 자녀가 강한 직업윤리의식과 현실적인 태도를 받아들이는 것이 중요하다고 생각할 수도 있다.

이 해석에 못지않게 중요한 사실로서, 교육을 위한 공공 지출은 능숙한 생산자와 소비자를 만드는 것뿐만 아니라, 책임감 있고 견문이 넓고 양식 있는 시민을 배출하고자 하는 공동의 이해를 바탕으로 한다. 특정 민족의 유산만을 치켜세우거나, 역사와 윤리는 등한시한 채 기술과 마케팅 커리큘럼 과목만 가르치려는 차터 운영자는 특정 학부모 집단의 기호를 맞출 수는 있겠지만, 한 시민에게 세금을 부과하여 다른 시민의 자녀교육에 필요한 자금을 지원하는 것을 정당화하는 필수적인 원칙과 충돌할 수 있다. 우리가 교육 가치를 실현하기 위한 방법을 고민하면 할수록 차터스쿨의 운영 목표와 실현을 위한 복잡성은 더 커진다.

● 차터스쿨 운동의 거버넌스 과제

전통적인 교육 현장에서 관리가 어려운 부분은 주로 기술적인 부분(직원 관리, 공간 배치, 학사 일정, 학년별로 구분된 촘촘한 커리큘럼, 정확한 버스 운영 등)과 정치적인 부분(학교운영위원회 대응, 민원성 학부모 대처, 교육 관료에 대한 대응 등)이 차지한다. 차터스쿨은 상당히 다른 성격의 지배구조를 도입한다. 독특한 운영 동기를 지니고 더불어 상당한 재량을 가지는 차터스쿨을 감독하고 때로는 지도해야 하기 때문에 그 관리는 전략적이야 한다. 관리자의 임무는 수익재량과 선호재량에서 발생하는 손실을 최소화하면서 생산재량에서 얻는 이익을 극대화하도록 정보의 흐름, 규제 및 보상으로 구성되는 구조를 잘 짜는 것이다.

차터스쿨을 감독하는 공무원의 경우 여러 문제를 한꺼번에 직면해야 한다. 그 시작은 적합한 개인이나 조직이 차터스쿨을 만들고 운영하도록 만드는 것에서 시작한다. 적절한 목표와 능력을 갖춘 조직이 차터스쿨 인가를 신청하도록 유도하고, 잠재력을 판단하여 부족한 지원자는 배제하면서 우수한 신청자에게 차터스쿨을 인가해 주어야 한다. 차터스쿨을 만들어야 하는 공무원은 차터 운영 조건에 대해 협상하고, 성과를 모니터하고, 공공가치 증진을 목적으로 차터스쿨 인가를 갱신하거나 철회하는 결정을 해야 한다.

대부분의 차터스쿨 지지자들은 차터스쿨이 균일한 교육적 가치를 창출하는 우수한 조직력을 갖출 뿐 아니라, 다양한 요구와 우선순위에 대응하는 다각적인 교육방식을 갖출 수 있기를 기대한다. 그러나 차터스쿨이 기존 공립학교와 비교해 같은 부분을 더 잘하고, 더 나은 방식으로 할 것으로 기대하면서, 동시에 교육에 있어서도 다각적인 방식으로 접근하기를 원한다면, 차터스쿨을 관리하는 것은 훨씬 더 어려워진다. 적합한 지원자를 유인하여, 차터스쿨을 인가하고, 시험 점수 목표치를 설정해 주고, 학생들의 성과에 따라 차터스쿨에게 인센티브를 제공하거나 제재를 가하는 것만으로는 부족하다. 공공 관리자는 각 차터 인가 신청서에 구체화된 교육적 비전이 품는 가치를 측정하고, 신청자의 동기와 그 비전을 실현할 능력을 판단하고, 각기 다른 방식으로 교육적 가치를 전달하고자 하는 지원자들의 순위를 정해야 하고, 각 차터스쿨이 실제로 그들이 제안한 특별한 약속들을 얼마나 성실히 이행하고 있는지를 모니터링해야 한다.[42]

물론 학생과 그 가족도 재량을 행사할 수 있다. 이들의 선호는 차터스쿨 운영자의 선호와 상호작용하게 되어, 선호재량 남용을 최소화하려는 정부의 노력을 용이하게 할 수도 있고, 더 복잡하게 만들 수도 있다. 두 가지 중요한 이슈가 여기에 적용된다. 첫째는 학부모의 선호와 바람직한 교육의 공공가치 사이의 균형이며, 둘째는 효과적으로 차터스쿨을 운영하는 경우와 그렇지 못한 경우를 구분할 수 있는 학부모의 능력이다. 아주 간단한 사례는, 학부모가 자녀에게 해주고 싶은 교육을 바람직한 공교육이라고 정의하고, 학부모가 여러 교육 기관들 중에서 가장 뛰어난 어느 학교를 식별해 낼 수 있다고 확신하는 경우다. 이 사례에서는 한 차터스쿨이 학부모가 원하는 교육 모델을 제공하며, 학부모의 호감을 받는다면 이 차터스쿨은 적합한 공공가치 생산자인 것으로 해석할 수 있다. 우리가 학부모들이 유일하게 총명한 교육 소비자이며, 교육 가치를 스스로 결정할 수 있는 권한이 있다고 믿는다면, 차터스쿨이 가지는 선호재량에 대해서는 전혀 걱정할 필요가 없을 것이다. 학부모의 선택만 있으면 되기 때문이다.

학부모가 중요한 역할을 하지만, 교육 가치의 유일한 결정권자가 아니라는 것과 학교가 국가 예산을 지원받기 위해서는 공공 목표의 핵심 부분을 반드시 포함해야 한다는 점에 동의해야 한다. 이 핵심 부분은, 정치적 상황에 따라, 제도적인 절차에 따라, 지역사회, 교육수준, 시간의 흐름에 따라 달라진다. 그러나 학부모의 호감을 얻거나 얻지 못한 경우라도 교육은 공공 예산을 지원받을 자격이 있다. 이렇게 까다로운 기준에 의해 세금 지원을 받는 차터스쿨을 관리하는 공무원들은 그 선호를 이해하고, 평가하고, 관리할 수 있어야만 할 뿐만 아니라, 세금을 지불하는 지역사회의 시각에서 무엇이 교육을 '공공'의 것으로 만드는지 철저하고 구체적인 이해를 지녀야 하며, 교육적 다양성을 위해 무엇이 적합하고 적합하지 않는지 구별할 수 있는 능력도 함께 지녀야 한다.

| 차터스쿨의 잠재력 |

차터스쿨과 관련된 수십 가지 연구 결과들이 존재한다. 온라인 이용을 위해 광범위한 실증적 자료를 부록을 통해 수록해 놓았다(http://press.princeton.edu/titles/9401.html). 각 연구는 퍼즐의 각기 다른 조각들처럼, 별개의 목표, 기준, 방법론을 사용하고 있다. 연구 수행자들 또한 각기 다른 능력과 객관성, 의도를 가지고 연구를 수행했다. 그래서 독자 중 누구나 차터의 장점에 대해 주장하려고 한다면 뒷받침할 수 있는 근거를 이들 연구 중에서 충분히 찾을 수 있다. 다수의 연구는 상당히 치밀하고 객관적이며, 연구 결과도 명확하다. 상당수의 차터스쿨은 시험 점수로 측정했을 때, 상당히 우수한 결과를 보여준다. 물론 저소득층과 소수민족 학생들의 측정치도 포함된 결과이다. 상위

권 학교를 따라가는 방법을 찾고자 한다면, 차터스쿨 운동은 미국 교육을 개선시킬 수 있는 큰 잠재력을 가지고 있다.

성과 평가와 관련된 한 가지 중요한 쟁점이 있는데, 공정한 비교를 어렵게 하는 근본적인 장벽, 즉 차터에 다니는 학생과 일반 학교를 다니는 학생의 차이점을 어떻게 극복할 것인지에 있다. 본인들이 선택했거나, 학부모가 자녀를 위해 선택해서 차터에 입학한 학생과 지역 소재의 공립학교에 진학한 학생들과는 분명히 차이점이 존재한다. 문제는 인종, 소득, 지역을 넘어서 그들이 어떻게 다른가, 혹은 서로 다른 학생들의 상대적 비중이다. 일부 가정은 아이가 이전 학교에서 상당히 어려움을 겪은 후 자포자기 심정으로 차터를 선택했다. 또 다른 가정은 차터스쿨이 학부모의 적극적인 참여를 요구하고 권장하기에 의욕적으로 차터를 선택했다. 전자의 경우라면, 취약한 학생들이 다수를 차지하여 교육 가치를 창출하는 차터의 능력은 과소평가될 것이며, 후자의 경우라면, 학생들은 평균적인 학생들보다 성과가 더 좋아서 과대평가될 소지가 있다.

충분한 데이터가 있다면 이 장벽은 극복될 수 있다. 만일 근로자의 수입을 추적하는 시스템과 같이 우리가 모든 학생의 시험 성적을 시간의 경과에 따라 추적할 수 있는 국가시스템을 갖추고 있다면 가능하다. 학생이 한 학교에서 다른 학교로 전학하여 성적이 향상되거나 하락하는 것은 '학생 효과'로부터 '학교 효과'를 구분해 내는 데 많은 영향을 줄 것이다. 또는 차터스쿨이나 일반 학교의 학생들을 무작위로 선정하되 많은 학생들을 조사 대상으로 한다면, 학생 모집단에 숨겨진 차이점들에 의해 오염되지 않은 차터스쿨의 성과를 확인할 수 있다. 그러나 두 가지 방법 모두 실현되기 어려워, 연구자들은 다소 정밀하지 않고, 불완전한 방식으로 학생들의 특성을 측정하는 방법을 마련해야 한다. 다행히도 가끔 거의 무작위와 같은 수준으로 통제되는 실험들이 있다. 많은 지역에서, 차터스쿨에 지원한 모든 학생들 중에서 추첨에 의해 입학생이 선발되는데, 선발된 학생과 선발되지 못한 학생들의 성적을 비교함으로써 의미 있는 연구 결과를 얻을 수 있다.[43)]

이 시점에 한 가지 자신 있게 말할 수 있는 사실이 있다. 교육적 결과 측면에서 보았을 때, 차터스쿨과 일반학교 사이에 '평균'적으로는 큰 차이점이 없다는 사실이다. 차터스쿨이 집단적으로 다른 일반학교들에 비해 실력으로 상당한 우위를 점하고 있거나, 성과가 심히 저조하여 어려움을 겪고 있다면 우리는 지금쯤 충분히 알게 되었을 것이다. 이미 우리는 차터스쿨에 대한 많은 경험 사례를 가지고 있는 데다, 극성 지지자들은 아직 드러나지 않은 극적인 차이점이 있다는 것을 증명하고 싶어 한다는 사실도 알고 있다.

바로 전 문단에서 중요한 단어는 '평균'이다. 원칙적으로 평균의 작은 차이는 차터스쿨이 일반학교보다 조금 더 잘하거나, 못한다는 차이를 의미할 수 있다. 또는 이 평균의 작은 차이는 너무 잘하고, 못하는 사례들이 합해져서 전체적으로 서로 상쇄되는 것처럼 어떤 차터는 너무 잘하지만, 어떤 차터는 너무 못하는 차이가 공립학교보다 더 크다는 것을 의미할 수도 있다.

축적된 많은 경험적 연구 결과와 상식에 따라 두 번째 해석이 훨씬 타당할 것으로 보인다. 일부 차터는 교육 과정을 새로 구성할 수 있는 허락된 자유를 이용하여 높은 시험 성적 결과를 낳을 뿐 아니라, 표준화된 시험이 만들어 낼 수 없는 더 많은 공공가치를 창출하기도 한다. 어떤 차터는 공공가치를 희생해 가면서 사적 이익을 취하거나, 그들의 재량을 기회주의적으로 활용하기도 한다. 그리고 상당히 많은 차터들은 높은 교육성과를 내려고 열심을 내지만 도리어 더 망치고 있다.

● 선별–확대–재생산

어느 차터는 훌륭하고, 어느 차터는 형편없고, 결국 평균적으로 엇비슷한 상황이지만, 그나마 좋은 소식은 파커, 웨스트민스터, APR과 같은 훌륭한 차터들이 존재한다는 사실이며, 이들이 차터스쿨을 훌륭하게 만드는 강력한 전략을 제시한다는 사실이다. 그 전략은 바로 선별(winnow), 확장(expand), 그리고 재생산(replicate)이다. 논리는 간단하다. 수십, 수백 개의 다른 종류의 차터들을 통해 실험하고, 정직한 시각으로 그 결과를 평가해야 한다. 제대로 운영되지 못하는 학교는 종료시켜야 한다. 제대로 운영되는 학교는 확대하고, 재생산시켜야 한다. 그리고 이 과정은 반복되어야 한다.

이 방법이 가장 이상적이다. 그러나 오늘날의 현실은 차터스쿨 중 매우 뛰어난 학교와 수준 이하의 학교가 혼합된 미국 교육 상황을 감안하면 실익이 거의 없다고 봐야 한다. 이는 재량을 행사할 수 있는 민간부문과의 협력이 교육 분야에서 공공가치를 창출할 수 있다는 주장에 대한 반박이 아니다. 더더구나 민간부문의 약점을 지적하는 것도 아니다. 오히려 이는 거버넌스의 취약함을 반영하는 것이다.

이 협력적 거버넌스의 공공 측면을 책임지는 공무원들이 본인에게 주어진 거버넌스 임무–올바른 차터를 인가하고, 적절한 자극을 주는 것–를 훌륭하게 해냈었다면, 차터가 보여줄 수 있는 성과는 더 높고 면밀했을 것이다. 차터스쿨을 인가하는 공무원이 일관된 자세로 취약하거나, 수상한 신청자를 선별해 냄과 동시에 기초는 탄탄하지만, 마케팅 능력은 다소 떨어지는 숨은 보석과 같은 차터 신청자를 찾아낼 수 있었다고 가정해 보자. 또한 차터스쿨을 감독하는 공무원이 차터의 성과에 따라 뒤처진 학교는 개선할 기회를 주고, 잘하는 학교는 방해받지 않고 더 정진해 나아가도록, 그 재량 부여의 고삐를 적절히 조이거나 늦출 수 있었다고 가정해 보자. 이러한 가정하에서는 차터

신청자가 신청서에 스스로 제안했던 약속들을 성실히 이행하고 있다는 명확하고, 더 긍정적인 증거를 현실성 있게 기대할 수 있었을 것이다.

차터스쿨을 협력의 공공 측면에서 보면, 수준 이하의 거버넌스가 나타나는 것은 그리 놀라운 일은 아니다. 대부분의 주에서는 차터스쿨이 감당해야 할 공공부문의 과제를 제대로 인식하지 못했으며, 거버넌스를 위해 필요한 자금을 충분히 공급받지도 못했다. 미국회계감사원(Government Accountability Office(GAO))은 2005년에 11개 주만이 예산을 제대로 지원했다는 사실을 발견했다.[44] 2004년 주 정부가 차터스쿨을 감독하는 전담 인력에 대해 조사했을 때, 가장 일반적인 답변은 주정부 내에 정규직에 준하는 직원 한 명이 담당하고 있다는 답변이었다. 실례로 애리조나 주의 경우 2명의 직원이 거의 150개에 달하는 차터스쿨을 감독하고 있다.[45] 관련 위원회, 대학, 지방 정부를 포함하여 차터스쿨을 인가해 줄 수 있는 모든 공공 기관 중에서 단지 1/3만이 차터스쿨을 감독할 수 있는 전담 직원을 가지고 있었다.[46]

차터스쿨 운동은 공공가치를 창출해야 하는 책임이 있는 정부의 짐을 민간부문에게 돌리는 것으로 오해되어 왔다. 하지만, 이는 정부 역할을 축소하려는 시도 이상의 변화를 나타낸다. 정부는 기존의 공립학교들이 차터스쿨로 전환하게 되면, 그에 따른 부수적인 임무를 수행하게 되는데 이는 매우 중요한 일들이다. 민간에게 부여된 재량이 공공가치 증진을 위해 최대한 사용될 수 있도록 정부는 협력자를 선택하고, 자격을 부여하고, 동기를 부여할 뿐 아니라 감독해야 한다. 만일 차터스쿨 전체가 우리가 기대하는 명확한 성과를 보여주지 못한다면, 이는 민간부문의 혁신 능력을 과대평가했기 때문이 아니라, 우리가 차터스쿨을 제대로 관리하지 못했기 때문일 가능성이 크다.

● 성공적인 거버넌스를 위한 능력

차터스쿨 운동이 잠재력을 충분히 발휘할 수 있으려면, 협력을 담당하는 공공부문의 관료는 다음과 같은 능력과 권한이 필요하다.

· 차터 담당 관료는 자격이 충분한 지원자를 고무시킬 수 있는 구비 요건과 지원 절차를 마련해야 한다. 아울러 능력이 부족하거나 교육적으로 부적합한 지원자를 모두 배제해야 한다.
· 차터 인가 신청이 접수되었을 때, 정부는 과실(공공가치를 실현할 수 없거나 실현하고자 하지 않는 신청자에게 허가하는 경우)과 태만(잠재력이 충분한 신청자를 허가하지 않는 경우)의 오류를 범하지 않도록 부단히 노력해야 한다.
· 각 차터는 신청서에 실패와 성공을 명확하게 판단할 수 있도록, 목표와 기대효과를 기술하고, 성과 판단 기준을 마련해야 한다.
· 차터 인가의 필수 요건이 완벽하게 정의되었을 경우, 각 사항들이 실제로 잘 이행되는지를 감독해야 한다.
· 차터 인가의 필수 요건이 불완전하게 정의되었을 경우, 생산재량, 수익재량 및 선호재량 간의 균형을 조정하기 위하여 감독해야 한다.
· 차터 인가를 갱신하거나, 취소하는 경우에는 명확한 기준, 객관적 증거, 투명한 절차를 기반으로 결정해야 한다. 명확성이 떨어질 경우, 정치가 개입하여 판단을 흐리게 한다.
· 정부는 학교에 대한 평가결과를 공개해야 한다. 이는 학부모의 학교 선택을 용이하게 하며, 다른 학교들로 하여금 좋은 사례를 따르도록 돕는다.
· 마지막으로 정부는 위 경험들이 축적됨에 따라 각 부분의 정책과 절차들을 수정, 보완해야 한다.

물론 차터를 관리하는 모든 관할 기관이 이 같은 능력을 갖추기를 기대하는 것은 비현실적이고 부당할 수 있다. 공립학교를 차터로 만들기 위해 필요한 조건들이 완벽하게 충족된 채 시작하지 못하더라도, 추후에 보완되는 경향이 있다. 그럼에도 불구하고, 이 협력이 합리적으로 잘 운영된다면, 해당 지역에 새로운 차터를 추가하는 것은 광범위한 긍정적 협력을 낳을 것이다. 반대로 잘못 운영되거나 방치해 버릴 경우, 수익재량과 더불어 선호재량은 난무할 것이고, 생산재량 또한 관리자가 좋은 차터를 선정하고, 바르게 감독했을 때보다 그 유익이 낮을 것이다. 결국 차터는 그 잠재력에 비해 기대에 미치지 못할 것이다.

대조적으로 바람직하게 통제되는 차터의 경우, 민간의 생산성과 다양성이 신중한 공공 관리 능력과 결합하여, 현재 처참할 정도로 낮은 성과를 보이는 낙후된 지역을 포함하여 미국 공교육의 질을 획기적으로 향상시킬 수 있는 잠재력을 갖게 된다. 만일 파커, 웨스트민스터와 APR이 미래 교육의 모델임이 증명된다면, 차터스쿨 운동은 협력을 통해 공공가치 창출을 위한 생산성을 신장시키는 상징이 될 것이다.

제5장

정보를 위한 협력

'잘 아는 사람과 일해야 한다!' 이 같은 주장은 정보를 위한 협력에 적합한 일반적인 주장이 될 수 있다. 정부에게는 공공 임무를 완수하기 위해 필요한 정보가 부족하고, 민간 행위자는 충분히 가지고 있을 때, 협력은 선택이 아니라 필수가 된다. 그럼에도 정부 혼자서 일하겠다고 하는 것은 눈을 가리고 가는 것과 같다. 물론 정부가 필요한 정보를 쉽게 얻을 수 있다면 상관없다. 그러나 정말 중요한 정보는 꼭 필요한 시점에, 적절한 비용으로, 또는 신빙성을 높은 상태로 얻을 수 없는 때가 있다. 반면 민간부문은 좋든 싫든 알고 있는 모든 것을 알려주기를 꺼려하기도 한다. 또는 정보가 민간 조직 내부에 깊게 내재된 나머지 조직외부로 제공할 수 없거나, 제대로 설명하기 어려워서, 협조적인 민간 행위자라도 완전히 또는 효과적으로 정부와 공유하기 어려울 수 있다.[1)]

연방정부의 직업훈련정책은 이 같은 경우에 해당하는 것으로, 공공임무를 수행하는 방법에 대해 정부보다 민간 산업 분야의 이해가 우월하다는 데 동의하고 있다. 미국은 직업능력개발 분야에 대해서만큼은 민간 협력자에 오랜 기간 의존하고 있는데, 생산성(productivity), 정보(information), 정당성(legitimacy), 자원(resources) 등 네 가지 근거에 뿌리를 두고 있다. 그러나 이 분야에서 가장 변함없이 강력한 근거는 바로 민간부문이 특징적으로 가지는 정보의 장점이다. 구직자로 하여금 최저임금 노동자에서 출발하여 중산층 근로자에 이를 수 있는 능력을 갖추도록 인도하는 것은 모든 정치 영역으로부터 지지받는 공공임무에 해당한다. 그러나 이 목표를 효율적으로 추진하기 위해서는 미래 노동시장, 개별 노동자에 대한 지식, 실제 취업으로의 연계 가능성 등 상세한 정보가 필요하다.

베티(Betty)라는 이름의 미숙련 노동자 한 명을 가정해 보자. 그녀는 직업훈련을 신청하기 위해 사무실을 방문한다. 그녀는 이제까지 장래성이라고는 전혀 없는 밑바닥 직업만 배회하고 있었다. 그녀는 자신의 소득을 향상시킬 수 있는 정부보조의 직업훈련을 신청할 수 있는 자격을 갖췄다. 어떻게 하면 정부는 그녀에게 필요한 교육을 적절히 제공할 수 있을까? 인적자본 분야에서는 노동자의 관심과 정보가 상호작용한다는 점과 어떤 완전무결한 해결책은 없다는 점을 감안하고 다음 세 가지 선택지를 가정해 보자.

첫 번째는 정부기관이 직접 훈련시키는 방법이다. 직업훈련은 공공부문의 전통적인 임무에 속하는 초등, 중등교육과 어느 정도 유사하다. 정부가 직접 진행하는 직업훈련은 오랜 기간 동안 정부의 몫이었으며, 지금도 여전히 지배적인 모델로 남아있다. 그래서 베티를 직접 훈련시키기로 선택한다면, 정부는 방대하게 축적된 통계치를 바탕으로 먼저 진단부터 시작할 것이다. 축적된 데이터는 제조업의 경우 급여는 높은 편이지만, 아웃소싱과 자동화 추세로 인해 관련 일자리가 감소 추세에 있음을 보여준다. 표준화된 직무능력 테스트를 통해 베티는 프로세스 제어기술자로서 성공할 수 있는 지적 능력을 가졌음을 알 수 있다. 그녀의 현재 회사는 그 같은 제어기술자를 많이 고용하고 있으며, 베티가 현재 미숙련자로서 받는 급여의 3배를 받고 있다. 그녀가 필요한 기술을 습득할 수만 있다면, 밝은 미래가 기다리고 있다. 곧 교육을 담당하는 부서에서 예정된 프로세스 제어 교육 일정을 확인하고 베티를 해당 교육 참가자로 배정한다.

두 번째는 베티에게 바우처를 지급하고, 그녀가 훈련프로그램을 직접 찾아서 이용하도록 하는 방법이다. 그녀는 자신에게 필요한 교육을 받으려는 명확한 동기를 지녔고, 어느 누구보다도 강한 의욕과 필요한 능력에 대한 자세한 정보를 가지고 있다. 이 바우처 모델은 대학생에게도 적용되고 있는 모델인데, 정부 보조금이나 정부 지원 학자금 대출을 받는 학생들은 원하는 대로 대학 교과과정을 선호에 따라 수강할 수가 있다. 의료보험 역시 수혜자가 공급자를 선택할 수 있으며, 인가받은 병원이라면 어느 병원이라도 가능하다. 그러나 바우처 지급 방식은 성인 대상 직업훈련을 위해 일반적으로 사용하는 방식은 아니다. 자신의 이익을 증진시키기 위해 필요한 정보를 정확히 확보하고 적절한 교육기관을 찾아내기가 쉽지 않을 것이라는 정부의 우려가 반영된 이유에서다. 직업훈련을 담당하는 공무원이 만일 베티가 시장성 높은 기술을 취득하기 위해 유능한 교육훈련 제공자를 정확히 선택할 수 있다고 확신할 수 있다면, 바우처 지급 방식은 마법의 특효약이 될 수 있다.

세 번째는 다소 순수한 형태로서, 베티의 고용주처럼 이미 가까이 있는 민간부문의 행위자에게 그녀의 능력 향상에 대한 책임을 부여하고, 대신 공공자금을 지원하는 방법이다. 이 접근법은 강력한 정보 이점을 가진다. 그녀의 고용주는 노동시장에서 특별한 기술을 보유한 근로자의 가치뿐만 아니라, 베티의 장점과 단점에 대해서도 정부보다 훨씬 잘 알고 있을 것이다. 예를 들어 고용주는 베티가 계산에는 약하지만, 대민 업무에 강하다는 것을 알고 있다. 더 중요한 사실은 (정부는 전혀 모르겠지만) 고용주는 조립라인을 말레이시아로 이전할 계획을 가지고 있어서, 현재 사무소도 이전 후에 국내 유통에만 전념할 예정이라는 것이다. 정부가 접근할 수 없는 정보로 인해 고용주는 베티를 프로세스 제어기술자가 아닌 마케팅을 위한 커뮤니케이션 담당자로 고려할 것이다.

이렇게 극단적인 경우가 아니더라도 베티의 고용주는 본인이 가진 정보를 활용할 것이다. 조립라인을 옮기지 않더라도 곧 신기술이 도입되면 프로세스의 특성이 아예 바뀌고 이를 제어할 수 있는 능력을 갖춘 인력이 필요하게 된다. 고용주는 이 정보가 경쟁사에게 누출될 것을 염려하여 정부에게 공개하기를 꺼려하겠지만, 그 자리를 위해 베티를 1년 내에 수월하게 훈련시킬 수 있을 것이다.

이와 같은 이유들로 인해 미국의 직업훈련정책은 단순히 교육을 제공하는 것에 멈추지 않고, 특정 근로자에게 가장 적합한 기술능력이 무엇인지 결정할 수 있는 재량까지 부여하면서 민간부문의 고용주에게 크게 의존하고 있다. 동시에 정보와 관련된 재량 부여는 갈등을 조장할 가능성도 있다. 베티에게뿐만 아니라 사회적으로 볼 때, 그녀가 높은 급여를 받는 직업을 가질 수 있도록 보다 광범위한 훈련을 받는 것은 도움이 된다. 그러나 베티가 새로운 기술을 취득한 후에 경쟁 업체에 취업할 수 있다는 이유를 들어 이 같은 접근법에 의문을 제기할 수도 있다. 회사는 재량을 행사하여, 베티를 훈련시키는 과정의 비용을 최소화하고, 회사가 그 남은 이익을 취할 수 있다. 예를 들어, 회사 운영을 위한 실제 업무를 정부가 보조하는 '훈련'으로 분류하거나, 훈련자의 이직이나 급여인상 요구를 차단하기 위해 회사 내에서만 유용한 기술만을 전수하는 방법을 사용할 수 있다.

민간부문의 협력자에게 의존하는 직업훈련 시스템은 수익재량으로 인한 손실을 감안하고도 생산재량을 극대화하기 위해 공들인 관리가 필요하고, 신중하게 균형을 잡는 접근이 필요하다. 한 가지 일반적인 방법은 개별 기업에게 재량을 부여하지 않는 대신, 직업훈련 예산 배분을 총괄할 수 있도록 기업인으로 구성된 협의체에 재량을 부여하는 것이다. 이 같은 협의체는 정보의 흐름을 세분화하고 의사결정을 복잡하게 만들기도 하지만, 공공가치를 훼손할 수 있는 수익재량의 발생 가능성을 약화시키는 장점이 있다. 또 다른 방법은 교육이 종료되는 시점에, 교육이수자의 고용 여부와 소득에 대한 결과를 보고하도록 하는 방법이다. 정보 이점을 활용하는 민간부문을 배려하면서도, 책임성을 부여하기 위함이다.[2)]

| 작업장 안전 |

'관리기반규제(Management-based regulation)'는 캐리 코글리아네스(Cary Coglianes)와 데이비드 레이저(David Lazer)가 정보를 기반으로 한 광범위한 협력에 적용되도록 제안한 용어다.[3)] 규제를 해야 하는 상황에서, 공공부문의 정보 부족으로 인해 정부가 공공의 이익을 충분히 보호하지 못하는 규제를 만들거나, 민간 기업에 부담을 가중시키는 규제를 만들어 버릴 위험이 있는데, 규제 대상 기업에게 자신들이 가진 기밀 정보를 반영하여 규제를 설정할 수 있는 기회를 주어 위험성과 비용을 모두 낮출 수 있도록 하는 방법이다. 그러나 기업이 가지는 정보 이점으로 인해 규제를 해야 하는 기업에게 오히려 적극적인 역할을 부여하는 것은 본질적으로 상당한 범위의 재량을 부여하는 것을 의미한다. 결국 민간에게 재량을 부여할 때 고려해야 하는 장단점이 여기에서도 발생한다.

산업안전보건청(Federal Occupational Safety and Health Administration(OSHA))은 협력 방식에 대해 다양한 실험을 시행했다. 1970년대 OSHA 설립 이래 초기 십수 년 동안의 기본 업무는 사업장에 대한 불시 점검, 사고 또는 민원이 발생한 사업장 점검, 보건안전법 위반이 확인되는 경우 고용주를 처벌하는 것 등이었다. 그러나 OSHA의 감독관 인원은 점검 대상 기업의 수에 비해 항상 턱없이 부족했다. 어느 사업장은 십 년이 넘도록 점검이 한 번도 없었고, 보건안전법을 어렵게 준수하더라도 보상은 미미했다. 설사 잦은 점검이 가능한 수준으로 감독관 인원을 늘리고 예산을 확보한다고 하더라도 또 다른 문제가 있었다. 사업장의 실제 위험과 OSHA가 구체적으로 열거해 놓은 규정상의 위험이 완벽하게 들어맞지 않는다는 사실이었다. 또한 OSHA가 제시하는 준수사항과 금지사항을 반영하려면 일부 사업장에서는 불필요하게 비용이 많이 소요되었다(현재 대법관인 스티븐 브레이어(Stephen Breyer)는 카우보이가 OSHA의 규정으로 인해 변기를 챙겨 다녀야 한다고 비판한 적도 있다).[4] 반면 대다수 사업장은 규정에 언급되지 않았지만 실제로 심각하고, 특이한 위험 요소를 가지고 있거나, 사업장 전체에 적용하기에는 한편으로는 과잉 규제이고, 다른 한편으로는 과소 규제인 독특한 위험 종류에 노출되기도 했다.

1990년대 중반, OSHA는 이 같은 정보 부족으로 인한 문제를 해소하고자 사업장 안전 규정에 협력 방식의 도입을 시도했다. 먼저 한 지역에 국한하여 시범 운영한 뒤, 전면 시행하는 것을 목표로 한 OSHA는 사업장 안전의 우선순위를 설정하되, 사업장 관리자의 판단에 주로 의존하고 연방 의무규정을 강조하지 않는 규제 모델을 실험했다.

이 전략적 변화를 먼저 메인(Maine) 주에서 시작했는데, OSHA는 각 개별 사업장에 최적화된 안전 체계를 세울 수 있도록 그들만이 가진 정보(정부는 가지고 있지 않은)를 사용하도록 설득하고 권한을 부여했다. 규제준수협력프로그램(Cooperative Compliance Program)은 기업이 각 사무실, 공장 또는 건설 현장에 만연되어 있는 위험 요소의 목록을 작성하고 보건 및 안전 프로그램을 개발하도록 장려했다. 각 기업은 광범위한 인력 투입으로 세부 계획을 마련했고, 어떤 경우는 정부 요구사항을 훨씬 뛰어넘는 수준의 것도 있었다. OSHA 직원은 기업이 자체 계획을 추진할 때 컨설턴트로 활동하다가, 계획 수립 후 시행이 되면 각 항목들의 점검을 위한 감독자로 활동했다. 만일 규정에 명시되어 있지만, 기업에게 있어 실제 중요한 위험 요소가 아닌 까닭에 이를 기술적으로 위반한 경우, OSHA 직원은 문제 삼지 않을 수 있었다. 다만, 법률이 그 규정의 엄격한 준수를 요구하는 경우에는 OSHA는 가능한 가벼운 제재만을 가했다. 그러나 기업 스스로 수립한 안전 계획을 위반한 경우에는 심각한 결과를 맞을 공산이 컸다.

기업이 가진 전문 지식에 의존하여 기업이 고유의 위험을 발견하고 경감시키려는 이 전략의 초기 지표들은 안전과 비용 면에서 모두 이점이 있음이 드러났다. 제지산업 분야의 한 대기업 관리자는 "OSHA 감독관이라면 그냥 지나쳤을 많은 부분을 우리 스스로 보완했다."라고 설명했다.[5] 그러나 일부 산업단체는 OSHA가 이 규제준수프로그램에 협조하기를 거부하는 기업에 대해서 전통적 방식의 감독관을 파견하겠다는 암묵적인 위협을 가하며 보이지 않는 의무를 부과하고 있다며 반대했다. 미국상공회의소를 필두로 한 연합체는 OSHA에 절차상의 사유를 들어 소송을 제기했고, 연방항소법원은 규제준수협력프로그램을 1999년에 중단시켰다.[6] 협력적인 규정 제정을 막아버린 상공회의소의 승리가 과연, 대다수 기업들의 장기적인 이익 면에서, 하물며 전반적인 경제 전반의 미래에도 유익이 될 것인지 의심스럽다. 사업장 안전을 위한 OSHA의 재량 공유 실험의 결말은 비록 갑작스럽고 실망스럽지만, 그 내용적인 부분은 상당히 견실했다. 전통적인 OSHA의 방식과는 대조적으로 그 실험은 규제 대상 기업의 다양성을 인식했고, 가장 효율적인 방식으로 사업장의 위험을 감소시키는 데 있어 기업과 실질적인 관심사가 동일한 영역이 있음을 확인했다. 우리는 민간 기업의 정보 이점을 활용하는 방식의 규제 접근법이 보건, 안전 분야의 사업장에서 혹은 그 너머에서 더욱 보편화되기를 바라고 기대한다.

이 협력적 거버넌스 시도는 '기업에게는 규제보다 보호가 더 필요하지 않는가?'라는 전통적인 논쟁에 의해 좌절되었다. 그 논쟁은 기업과 정부가 규제를 '어떻게' 만들 것인가라는 면에서 의견 일치를 이루어가고 있음에도 계속되었고, 결국 상공회의소는 값진 해결책을 희생하면서 보호 제도를 더 얻어내는 데에 성공했다. 상공회의소는 좌우 이념 투쟁가 사이에서 흔히 발견할 수 있는 근시안의 행태를 보여주었는데, 규제 수준에 대한 싸움에 매몰되어 어리석게도 전도유망한 규제 혁신을 묵살해 버린 결과를 낳았다.

| 기반시설 보안 |

미국에게 가장 중요한 문제 중 하나는, 앞으로 닥칠지 모르는 테러리스트로부터 자국을 보호하는 일이다. 이 분야에서는 협력 방식을 불러일으킬 수 있는 분명한 정보의 강점이 민간부문에게 있다. 화학공장, 전기발전소, 중요 본부 건물과 같이 민간의 기반시설 자산을 보호해야 하는 상황이라고 가정해 보자. 이렇게 중요한 물리적 자산은 공격받을 경우에 수반되는 광범위한 공공 파괴를 방지하기 위해서라도 반드시 보호해야 한다. 하지만, 어느 테러에 대응할 것인가? 어떤 방법의 테러일 것인가? 누구의 비용을 사용해야 하는가? 이 같은 질문들에 대해서는 답하기가 쉽지 않다.

보안서비스는 공공부문과 민간부문, 혹은 이 둘이 함께 제공할 수 있다.[7] 예산과 서비스를 분리할 수 있다면 그 선택지는 더 많아진다. 예를 들어, 보안은 공공부문이 제공하지만 예산은 민간부문이 부담하는 방법(혜택을 보는 관련 업계에 특별 세금을 징수하는 방법), 또는 민간부문이 제공하고 예산은 공공부문이 부담하는 방법(보안 요원, 보안 장비를 보조금 혹은 세금 보조를 통해 활용하는 방법),

혹은 예산과 서비스의 규모에 따라 다양한 방식으로 복잡하게 섞는 방법도 가능하다.

이 같은 서비스 전달 모델의 다양화는 실질적인 문제다. 주택 소유자는 화재경보기, 소화기, 스프링클러, 내화재 사용 등의 개인적인 노력을 통해 부분적으로 화재 위험에 대비하고, 화재가 발생하는 경우에는 정부 소방서를 통해 위험에 방어한다. 정부 소속 경찰과 사설 보안서비스는 공존하고 있으며, 잘 알려지지 않았지만, 미국 내 사설 경비업체 인원은 상당히 많다. 비번(非番)인 경찰이 근무시간 외에 민간인을 위해 지시받은 특별한 임무를 수행하는 경우가 있듯, 그 구분은 더 모호할 수 있다. 특히 최근의 항공 보안 방식은 보안서비스 전달 모델의 다양화를 보여준다. 공항이 고용하고 항공사가 비용을 지불하는 보안업무 영리계약자부터 특별세를 통해 자금을 지원하는 연방 기관에 이르기까지, 공공부문과 민간부문이 모두 참여하는 혼합된 형태로 점차 나아가고 있다(더 자세한 내용은 곧 다룰 예정이다).

기반시설 보안을 위한 협력은 불가피하다. 공공과 민간, 두 부문 모두 필요한 정보, 자원, 유인(誘因)을 자체적으로 모두 보유할 수 없기 때문이다. 완벽한 위험 감소를 위한 최고의 접근법이나, 공정한 부담 배분은 애초에 가능하지 않다. 위험에 취약한 자산을 가진 민간인들은 ('테러와의 전쟁'을 포함한) 전쟁은 국가의 책임이라고 생각하고, 공공부문이 그 힘든 일을 감당할 것이라고 기대한다. 반면 정부는 확률은 낮지만 큰 손실을 끼칠 수 있는 위험 앞에서 기업이 자신의 자산을 보호하기 위해 충분한 투자를 할 것이라고 생각한다. 효율적인 협력은 당연히 나오는 결과가 아니라, 예리한 분석과 신중한 거래 구조, 그리고 공들인 관리의 결과물이다.

물리적인 위험 방지에 대한 논쟁은 원칙적인 면에서 정부의 책임이라는 의견과 실제로는 공공과 민간의 책임이 혼재되어 있다는 의견으로 오래 지속되어 왔다. 막스 베버(Max Weber)는 정부를 '물리적 힘의 합법적 사용에 대한 독점권을 성공적으로 주장하는 인간 공동체'라고 정의했다.[8] 또한 홉스(Hobbes)는 '만인의 만인에 대한 투쟁'에 대한 처방으로 리바이어던(Leviathan)을 제시했다.[9] 공동의 적에 대한 보호 조치는 필수적인 공익으로 여겨지기도 한다. 그러나 근대 국가의 청사진으로 여겨지는 미국 헌법은 부분적으로는 정부가 아닌 세력이 참여한 전쟁의 결과물이기도 하다. 영국 측의 헤시안 용병(Hessian mercenary)은 역사책에 흥미롭게 잘 묘사되어 있지만, 훨씬 덜 알려진 '펜실베이니아협회(Pennsylvania Associators)'는 퀘이커 펜실베이니아(Quaker Pennsylvania)가 공공의 권한으로 징집하기 꺼려했던 주방위군을 대체하기 위해 벤자민 프랭클린(Benjamin Franklin)이 조직한 민간부대였다.[10] 거침없이 혁명에 참가한 미 해군 병력 중 민병대의 규모는 정확히 알 수 없고, 참가 동기가 애국심에 의한 것인지, 영국 함선에 대한 성공적인 습격에 따른 보상을 얻기 위한 것인지도 정확히 알 수 없다.[11] 민병대는 여전히 정부가 무너진 국가나, 취약한 국가에서 흔히 조직되고 있으며, 아프가니스탄, 북아일랜드, 니카라과의 민주화 전환 과정, 혹은 과도기 중에서 이 민병대를 해체하거나 정규 부대로 동화시키는 것이 중요한 과제이기도 했다. 또한 이 문제는 레바논, 이라크, 팔레스타인 그리고 많은 아프리카와 일부 남미 국가들에서도 반복될 것이다. 심지어 세계에서 가장 강력한 병력을 가진 미국도 이라크와 다른 몇 곳에서 민병대에 의존해 왔는데, 기껏해야 고전적인 전투 작전과 약간 구별할 수 있는 정도의 수준이다.[12]

정부 책임이 큰 임무에 민간부문과의 협력을 고려할 때, 민간부문이 오히려 그 역할을 톡톡히 해내는 것은 놀라운 일이 아니다. 예를 들어 대부분의 큰 종합대학은 캠퍼스의 질서를 유지하고, 저명한 인사를 보호하기 위한 자체 경찰대를 가지고 있다. 암살자나 테러리스트의 잠재적 표적이 되는 공인이 대학을 방문하는 경우, 공공의 경찰력과 자체 경찰력이 협력하여 공인을 보호하게 된다. 연방 고위 관료가 연설을 하는 동안 비밀경호대와 하버드경찰의 경호를 받을 수 있으며, 대학의 예산 지원을 받아 비번(非番)인 지역 경찰들이 출입구를 통제하고, 연방경찰은 공항도로를 맡아 호위할 수 있다.

많은 정책 영역에서, 공공부문과 민간부문 간의 협력은 다양한 선택지 중의 하나이며, 그 협력은 공공서비스의 직접 제공, 허가와 단속, 용역 계약 또는 자율적인 봉사 등의 형태보다 나을 수도 있고 못할 수도 있다. 이와는 대조적으로 기반시설 보안 같은 임무는 본질적으로 어느 정도의 조직 간 또는 부문 간의 협력을 필요로 한다. 미국의 경우 모든 화학공장, 항공사, 대부분의 전기발전소와 송전시설 그리고 항만 운영사와 핵 운영시설까지 대부분이 민간 소유다. 따라서 성격과 조건은 광범위하게 다양할 수 있으나, 협력은 선택이 아닌 필수다.[13]

기반시설 보안을 위해서 민간부문의 상당한 역할은 불가피하다. 그러나 협력의 형태와 규모는 늘 고민이 필요한 사항이다. 대규모 국내 테러 위협이 제한적이면서도 최근 사건이라는 점도 있지만, 보안 분야에서의 협력은 매우 독특하기 때문에 다른 분야의 협력 사례를 수정 없이 바로 적용하기에는 어려움이 있다. 2001년 말 공항 보안 심사에 대한 논쟁에서 보더라도, 민간부문이 효율 우위에 있다는 미국인들의 일반적인 상식을 벗어나, 보안 분야에서는 정부를 더 의지한다는 것을 볼 수 있다.

2001년 9월 11일의 사건은 공공과 민간 보안서비스의 상대적인 효율성에 대한 열띤 논쟁을 불러일으켰다. 기존의 일반승객에 대한 검색 시스템은 별안간, 그리고 거의 만장일치로 부적절한 것으로 비난받게 되었다. 테러리스트가 여객기에 절대 탑승하지 못하도록 해야 한다는 공공임무를 모두가 정말 중요하게 공감했지만, 당시 이 임무는 저렴하고, 부실한 손에 맡겨져 있었다.

만성적인 부실 위험에 처해 있는 항공사라도 승객에 대한 보안검색을 해야 했기 때문에 검색 업무를 경쟁이 치열한 민간 보안회사에 입찰을 통해 넘겼다는 사실이 정부조사단을 통해 밝혀졌다. 이들 보안회사는 타산이 맞지 않는 계약이지만, 어찌됐든 이윤을 남기기 위해 부족한 노동력을 짜내었다. 보안검색 요원의 임금은 너무 낮았으며, 혜택 또한 보잘것없었다. 당연히 이직률도 높았으며, 보안검색 기준도 낮았다. 2001년 9월 12일부터는 보안이 철통같이 이루어지지 않는다는 것이 이제 더 이상 용납되지 않았다. 그렇다면, 이 현재 상황을 어떻게 바꾸어야 했을까? 한 가지 방법은 승객에 대한 보안검색 업무를 공공부문이 직접 수행하는 보안 임무에서 분리했던 것이 잘못이었음을 인정하고 원래대로 되돌리는 방법이다. 또 다른 방법은 현재처럼 보안검색 업무를 전문화된 민간 보안회사에게 위탁하되, 예산을 더 지원하고, 기준을 더 높이며, 정부의 직접적인 감독 아래 놓는 방법이다. 결국 최상의 시스템에 대한 냉철한 평가가 아닌, 정치(politic)와 심리(psychology)로 인해 교통안전청(Transportation Security Authority(TSA))이 탄생했고, 모든 공항의 보안검색 업무를 담당하게 되었다. 이 같은 책임 배분이 최선의 선택이었는지 판단하는 것은 쉽지 않다.[14) TSA의 감시 아래 비행기 납치 사건이 발생했거나 발생할 뻔한 경우는 현재까지 없었다. 하지만, 미래에 비행기 납치 사건이 혹여라도 발생하게 된다면 그때는 보안검색 임무가 다시 민간부문으로 이양될 수도 있다.

기반시설 보호라는 광범위한 이슈에 대해, 엇갈린 몇몇 의견들이 있지만, 민간부문과의 협력을 불러오는 네 가지 일반적 근거(옮긴이, 저자는 협력의 이유를 생산성(productivity), 정보(information), 정당성(legitimacy), 자원(resources)으로 설명하고 있다)는 모두 지녔다. 생산성 측면에서는 민간부문에 위임하는 것은 일방적으로 불리하다. 정부 스스로 기반시설 보호와 관련된 많은 기능을 상당히 효율적으로 처리할 수 있다.[15) 자원 측면에서도 유사하게 민간부문이 참여한다고 해서 기반시설 보호를 위한 재원을 현저하게 증가시킬 수 있을지 확실하지 않다. 제7장 '자원을 위한 협력'에서 명확하게 다룰 예정인데, 보안을 위한 재원의 증가(정부가 배타적 책임을 지닌다는 점을 기준으로)는 공공부문과 민간 협력자 간 관계의 세부사항에 달려있으며, 매우 클 수도 있고, 아예 없을 수도 있다. 정당성 측면을 고려하면 두 부문을 서로 떼어 놓을 수가 없다. 공공부문이 기반시설 보호제도에서 완전히 배제된다는 것을 상상하기 힘들다. 정부와 연결되지 않는 민간의 보안제도가 실제로 작동할 수 있을까? 민간부문의 적절한 역할을 지지하는 시민들의 입장에서도 불편할 것이다. 반면에, 순전히 정부 단독으로 마련된 제도는 국가 권위의 불필요한 확장에 대한 의문을 제기할 수도 있다. 또한, 보안의 편익이 민간 자산에 집중되는 데 반해, 비용은 정부가 부담하므로 결국 납세자인 국민에게 부담이 된다는 점에서도 문제가 제기될 수 있다.

그러나 기반시설 보안에 대한 가장 일관성 있는 근거는 바로 정보를 기반으로 한다. 정부는 특정 시설에 대한 세밀한 이해가 부족하며, 더욱이 그 시설이 생산과 유통의 복잡한 경제 사슬에서 어떤 역할을 하는지에 대해서도 잘 알지 못한다. 하지만 이에 대한 이해가 없다면 적절한 보호 수준을 결정하거나, 가장 강력하면서도 비용 효율적인 보호체계를 구축하기가 어렵다. 물리적 자산을 보유, 운영하면서 또한 그 자산에 의존하는 민간 조직은 그 자산의 보호가 얼마나 중요하고 어떻게 보호해야 하는지에 대해서 정부보다 훨씬 더 많은 정보를 보유하고 있을 것이다. 예를 들어, 정부가 보호를 위한 자원을 효율적으로 배분하기 위해 보호할 대상의 경제적 가치를 묻는다면, 민간부문은 당연히 자신들이 보유한 시설의 가치를 과장할 것이다. 정부의 정보 부족은 결국 보호 자체에도 문제를 일으키지만, 복구 과정에서도 마찬가지다. 예를 들어, 공격 후에 생산을 재개하기 위한 우선순위는 전적으로 소유자의 고려사항–어떤 제품이 수익성이 낮은지, 어떤 물건이 대체재가 준비되었는지,

무엇이 가장 필수적인지, 어느 공장이 가장 노후화되어서 내버려둬야 하는지, 어느 공장이 가장 최신 상태인지-에 의존하게 되는데, 기업들은 비상 상황이라도 그 내용을 공개하기 싫어할 것이다.

● 기반시설 보안을 위한 협력 방식의 위험성

협력 방식의 위험은 수익재량과 선호재량을 모두 수반한다. 수익재량에 있어 가장 명백한 취약점은 비용의 배분(allocation of cost)과 관련되어 있다. 기반시설 보호를 위한 협력에 참여하는 민간 기업의 관리자-특히 주주들에게 믿음직한 경영인인 경우-는 일반 국민의 보호가 아닌 자신의 시설을 보호하기 위해 발생하는 비용임에도 불구하고 정부가 더 많은 비용을 부담하기를 원할 것이다. 이는 비용증가와 이윤감소를 모두 억제하고자 하는 기업 본연의 욕구이기도 하다. 예를 들어, 국가경비대가 순찰을 도는 3중의 보안울타리를 건설하게 되면 화학 공장에 대한 공격 위험을 90%까지 경감시킬 수 있지만, 그 비용은 1억 달러이다. 반면 보안을 위해 공장의 생산라인을 리모델링하거나, 모든 근로자에 대한 엄격한 보안검색을 실시하면 7천만 달러에 동일한 위험경감 효과가 있다. 만약 첫 번째 조치는 정부가 모든 비용을 지불해야 하고, 두 번째 조치는 기업이 비용 전액을 지불해야 한다면, 우리는 민간 협력자가 첫 번째 조치로 결정되도록 재량을 이용할 것으로 당연히 예상할 수 있다.[16]

이와 유사하게, 기업은 자신이 가진 재량을 활용하여 부수적인 이익이 발생하는 테러방지책을 지지할 것이다. 항구에 투광조명등을 설치하는 것은 테러를 예방해 주지만 일상적으로는 도둑과 기물파손 예방에 더 효과적이다. 국토안보부(Department of Homeland Security)의 감찰관실(Office of Inspector General)의 보고서에 따르면 이 같은 수익재량이 항만보안을 위한 예산 배분에 작용했음을 보여준다. 어떤 항구에서는 실제 테러 위협을 대응하는 장비가 아닌 정상적인 업무 수행을 위한 장비를 구입하면서 감시 장비 지원비를 수령했다.[17] 각 기업은 보안시스템을 구축할 때, 자신의 기업 전략에 적합하게 구축되기를 원한다. 20년 동안 발전소 부지 내에 사용 후 핵연료 봉을 축적하면서 운영된 원자력발전소의 경우, 핵폐기물 처리에 초점을 맞추어 보호 정책을 추진할 것이다. 반면 신설되는 발전소는 원자로 자체에 대한 위협에 집중하는 정책에 더 큰 관심이 있을 것이다. 위험 화물을 취급하는 항구는 항구 주변에 0.5마일의 완충 구역이 있어야 한다는 필수조건-인접 토지를 매입하기 위한 제한된 지원금을 동반한-이 도입된다면, 대도시 밀집 지역에 소재한 항구에게는 치명적인 조건이겠지만, 외딴 지역의 항구에게는 수용할 만한 조건이면서 동시에 다른 항구에 비해 경쟁 우위를 점할 수 있는 기회를 갖게 된다.[18]

기반시설 보안 분야는 다른 분야보다 협력 당사자 간의 선호(preference)에서 명백한 충돌이 많지는 않다. 예를 들어, 사회복지사업 분야에서 어떤 이들은 약물남용 상담 과정에서 종교 메시지가 가미된다면 매우 좋은 일이라고 생각하지만, 또 다른 이들은 매우 나쁜 일이라고 생각한다. 기반시설 보호 분야에서는 핵심적인 선택을 둘러싼 이해관계는 합리적으로 일치한다. 그러나 여기에서도 선호가 갈릴 수 있으며, 이 경우 사적 재량은 공공 비용을 발생시킨다. 민간 기업은 실제 보안조치만큼이나, 보안조치를 바라보는 인식을 더 가치 있게 여길 수 있다. 고객과 투자자는 위험의 수준과 위험의 변화를 알아채기가 쉽지 않아서, 잘 보이지 않지만 효과적인 위험 방지 조치보다 눈에 잘 띄는 방지 조치에 반응이 더 좋을 수 있다. 게다가 민간 협력자는 공공 보안 자원에 직접 접근할 수 있는 특권이 포함된 조치를 선호할 것이다. 이 경우, 경계태세를 위한 비상계획을 수립하게 된다면, 더 많은 경찰과 경비대를 화학공장으로 보내고, 병원, 학교, 무기시설에는 덜 보낼 것이다.

공공과 민간 양측이 비용, 책임성, 신뢰성을 두고 씨름하고, 그들의 이해관계가 갈리는 경우, 결국 각자 자신이 직면하게 되는 위험과 자신이 제공하는 노력의 편익에 대해 스스로의 추정치를 제시해야 하는 상황이 닥친다. 상당한 불확실성으로 인해 어차피 테러 공격의 가능성이나 심각성을 측정하는 것은 어려우므로 자연스럽게 자신의 목적을 뒷받침하기 위해 추정치를 왜곡하는 경향이 커진다. 이 내재적 불확실성은 때때로 '보안 외부효과(security externality)'라고 부르는 맥락 속에서 공정하고 실현 가능한 합의를 이루는 것을 복잡하게 만든다. 이 용어는 하나의 자산에 대해 보호 조치를 취했는데, 다른 자산에 직면한 위험 또한 없어지는 경향을 의미한다. 그 효과는 긍정적일 수도 있고 부정적일 수도 있다. 집 주인이 도둑이 들지 못하도록 마당에 으르렁거리는 경비견을 들였는데, 긍정적인 외부효과로 인해 이웃들도 그 혜택을 볼 수 있다. 그러나 도둑이 개가 없는 이웃집을 골라 도둑질할 집으로 정하고 실행할 경우에는 경비견이 있는 집을 제외하고는 그 위험성이 증가된다.

비용과 편익의 균형을 맞추고, 발생하는 수익재량을 관리하는 것은 항상 기술적으로 어렵고, 정치적이고 심리적 혼란에 취약할 것이다. 정부가 항만 운영자와 함께 공공 자원과 민간 자원을 적절히 혼합하여 훌륭한 위험 관리 시스템을 구성할 수 있다고 가정해 보자. 항만 운영자는 보안 외부성을 인식할 수 있도록 유도하여 적절한 조건으로 혹은 더 충분히 보상받는다. 그런데 별다른 테러 공격이 없이 몇 년이 흘렀다고 다시 가정해 보자. 항만 운영자는 정부와 협의된 조건 내에서 위험 저감 목적이 아닌 이윤 증대를 위한 목적으로 보안 지출 예산을 사용하고 싶은 생각이 들 것이다. 예를 들면, 관광이 가능한 구역에 매력적인 조명을 설치하고, 그 외 지역은 조도를 조금 낮추는 방식으로 경관을 개선하는 목적이다. 이 같은 일이 발생하는 경우에, 협력을 통한 기반시설 보안 방식은 '기업지원정책(corporate welfare)'으로 간주되어, 정치적 정당성(political legitimacy)을 상실할 가능성이 높다.

향후 수십 년간 필수 기반기설 보호를 위한 노력은 거의 확실하게 정부와 기업 간의 광범위한 상호작용을 수반할 것이고, 이는 협력적 거버넌스의 특징인 재량 공유를 특징으로 할 것이다. 이 방식은 유연하고 효율적일 수도 있고, 융통성이 없고 변변찮을 수도 있다. 이 노력은 자원을 제한적으로 요구할 수도 있고, 공정하고 효율적인 방식으로 비용을 할당할 수도 있다. 또는 정부 부담이 가중되도록 왜곡하거나, 민간의 효율성을 약화시키거나, 안보 비용 지출에 대한 국민의 의지를 약화시키는 방법으로 비용을 부풀릴 수 있다. 이 같은 가능성 중에 어느 것이 현실이 될지는 테러 위험의 유형과 규모에 관한 정보를 포함한 많은 요인에 달려있다.

| 수익재량과 위험성 |

경제학자들은 우리가 사용하는 특정 용어 없이도 오랜 기간 재량의 배분을 연구해 왔다. 이들이 늘 고민하는 문제는 업무에 대한 지속적인 감독이 없는 경우 대리인이 태만해질 위험성이다.[19] 그러나 우리가 고민하는 문제는 다르며, 역시나 수익재량과 선호재량에 대한 것이다. 게다가 경제학자들은 개인 노동자를 기준으로 삼는 데 반해, 우리가 주목하는 대리인은 주로 조직인 경우가 많다. 전통적인 개념의 대리인이론과 우리가 고민하는 재량 문제는 그 원인이 같다. 민간 대리인은 보통 정보 우위에 있기 때문에 정부보다 임무를 더 잘 수행할 수 있다. 그리고 대리인의 지식과 행위는 완전히 통제할 수 없다.

이번 장에서 다뤘던 다양한 사례들은 민간부문이 정부보다 정보 이점을 가지고 있을 경우, 재량 공유를 통해 얻을 수 있는 잠재적 이익의 다양성과 규모를 깨닫게 해주었다. 그러나 정보의 이점은 양날의 칼이다. 민간 행위자는 이를 이용하여 자신의 이익을 취하는 데 이용할 수도 있고, 보이지 않게 공공자원을 빼돌릴 수도 있다.

정부는 무엇을, 어떻게 해야 하는지 잘 모르는데, 민간 행위자는 잘 알고 있다면 협력은 필수적이다. 사리사욕을 추구하는 민간 행위자가 가져오는 위험에 늘 경각심을 갖는 것이 손실을 최소화하는 최선의 방법이다.

제6장

정당성을 위한 협력

콜린 파월(Colin Powell)은 '전력증강자(force multiplier)' 개념에 깊은 이해가 있었다. 제1장에서 잠시 언급했던 이 군사 용어는 부대 전투력을 기술적이고 조직적으로 증가시켜 주는 방법을 의미한다. 미국 합동참모본부의장으로서 파월은 정밀타격유도무기(precision-guided munition), 야간투시기술(night-vision technology)과 같은 전력증강자의 열렬한 지지자였으며, 1991년 걸프전에서 이라크를 쿠웨이트에서 몰아내기 위해서 이들을 사용했다.

파월은 이 개념을 전쟁터 너머로 확장했다. 민간인으로서 국무장관직을 수행하게 된 파월은 대외 원조에 전력증강자로서 협력 방식을 채택했다. 2001년 5월, 파월은 의회 증인으로 출석한 자리에서 글로벌개발연대(Global Development Alliance(GDA))를 공개했다. 그가 제시한 목표는 미국국제개발처(U.S. Agency for International Development(USAID))로 하여금 민간기관과 협력할 수 있게 하는 것이었다. 이는 우리가 재량 공유라 불리는 특징을 지닌 방식이다. 정부는 공공가치를 창출할 수 있는 합리적인 제안을 하는 민간 조직을 발굴하여 예산을 지원하는, 마치 벤처투자가와 유사한 역할을 자처한 것이다. 그는 GDA를 통해 민간 협력자가 우리의 "개발원조의 목표와 목적을 위한 전력증강자"를 만드는 데 전력할 수 있도록 하겠다고 설명했다.[1]

왜 파월은 USAID에 이 협력 방식을 적용하기로 결정했을까?

협력 방식을 선택하게 되는 이유는 자원, 정보, 생산성의 장점 때문이다. 그가 이 장점에 대한 직관적인 이해를 가지고 있었다고 추측할 수 있다. 이미 논의한 대로, 협력에는 여러 이유가 작용하는데, 대외 원조 영역은 민간 참여를 통해 효과를 높일 수 있는 많은 기회가 있는 분야에 속한다. 그러나 GDA의 탄생은 정당성(legitimacy)을 긴급하게 확보해야 하는 상황에 따른 것이기도 했다. 외국 원조는 항상 국내의 정치적 지지가 부족했고, 파월의 재임 중에는 의회로부터의 비판이 점점 거세지고 있었다. 파월은 외국 원조에 협력 방식을 채택한다면, 원조와 관련된 사람들로부터 지지를 받을 수 있을 것으로 예상했다.

이번 장에서는 공공가치 창출을 목적으로 민간부문을 활용하는 것이 다양한 맥락에서 어떻게 정당성을 확보하는 데 도움이 되는지를 알아본다. 민간부문과 어느 수준까지의 협력과 협력의 목표를 사회가 인정하느냐에 따라 정당성 확보 여부가 달라진다. 어느 사회에서는 정부에게 주어진 임무를 정부가 직접 수행하는 것에 대해 의구심이 거의 없으며, 오히려 선호할 수 있다. 또 다른 사회에서는 공공부문과 민간부문을 공히 높게(혹은 낮게) 평가하며, 직접 수행이나 간접 수행에 대한 별다른 선호를 보이지 않을 수 있다. 그리고 특히 미국과 같은 사회는 특정 영역에서 정부가 차지하는 규모와 비중을 중요하게 여긴다.

또한 정당성에 대한 인식은 시간이 지남에 따라 달라질 수 있다. 발생하는 사건들이 시민들로 하여금 어떤 방식이 옳고 적정한지에 대한 감각을 형성해 주기 때문이다. 지난 세기 초에, 월가의 붕괴, 대공황, 뉴딜정책, 제2차 세계대전과 같은 일련의 사건들은 대다수의 시민들로 하여금 민간부문에 대한 신뢰를 심각하게 약화시켰고, 반면 정부의 위상을 높여주었다. 만일 경제가 그리 어렵지 않았던 시기였다면 프랭클린 루즈벨트(Franklin Delano Roosevelt)의 거대한 공공산업진흥국(Works Progress Administration(WPA))은 거센 비난을 받았겠지만, 그 당시에는 대중의 상당한 지지를 받았다. 그러나 그 이후 민간부문이 보여준 확실한 성과와 정부가 보여준 실패들—많은 비난을 받은 카터(Carter) 대통령의 공공고용프로그램(public employment program)부터 시작해 조지 부시(George W. Bush) 대통령의 카트리나 허리케인 사태에 대한 형편없이 무능한 대응까지—로 인해 정부의 입지는 상대적으로 위축되었다. 이 같은 상황에서는 WPA가 제안됐더라면 설 자리가 없었을 것이다. 최근 발생한 금융 트라우마는 다시 한번 민간부문이 갖는 정당성의 장점에 흠집을 내기는 했지만, 민간부문을 향한 미국의 문화적 호감도는 여전히 큰 편이다.

정치는 필연적으로 정당성에 대한 인식 형성에 지대한 영향을 끼친다. 정부가 수행하는 어느 공공임무라도 그 가치에 대한 국민의 판단이 만장일치가 되는 것은 있을 수 없으며, 판단이 일관적이지도 않다. 이념가, 정치가, 평론가들은 거창한 표현이나, 논란의 여지가 있는 비화, 발췌한 통계치를 사용하여 자신들이 선호하는 접근 방식을 칭송하거나 그 외의 방식을 깎아 내린다. 간단히 말해, 정당성은 이론(異論)의 여지가 있는 영원한 논쟁거리다.

정당성을 둘러싸고 때때로 발생하는 치열한 이념 투쟁에도 불구하고, 서로 다른 접근 방식 사이의 힘의 균형이 바뀌고, 공공–민간부문 간 협력의 양상이 바뀔지라도 둘 사이의 협력이 아예 사라지지는 않는다. 무엇이 정당한지에 대한 문화적 편견은 무엇을 해도 되는지, 혹은 안 되는지에 대한 실질적인 판단의 가늠자다. 미국은 저소득층 가정에 식량을 원조할 때, 민간 음식점을 이용할 수 있는 바우처로 지급한다. 이는 단지 정부가 운영하는 식당에 대한 문화적인 거부감이 있기 때문이기도 하지만, 민간 유통망이 합리적일 뿐 아니라 효과적이라는 명백한 증거들이 있기 때문이다. 유사하게 비록 문화적으로는 용인되더라도 민간을 통한 전달 방식이 너무 고비용이거나, 너무 위험하거나, 혹은 별로 효과가 없을 것 같다는 합리적인 판단에 의해 정당성이 확보될 수 있다. 어느 지역에 허리케인이 강타하여 지역 음식점들이 모두 피해를 입었을 때, 주방위군(National Guard) 같은 정부 기관이 생존자들에게 식량을 보급하는 것에 대해 반대할 사람은 없을 것이다. 정당성은 일반적으로 효율성을 따라가지만 주로 뒤따라가는 편이고, 가끔 길을 잃기도 한다. 공공의 역할을 키워야 하는지, 민간의 역할이 필요한지와 같은 논쟁을 줄이고, 각 실행 모델에 어떤 기능이 더 적합한지, 적합하지 않는지에 대한 비교 분석에 치중한다면, 정당성에 대한 논쟁은 사그라질 것이다(제9장에서 '비교우위(comparative advantage)'라는 주제에 대해 자세히 논의할 예정이다).

특정 분야에서는 민간부문이 갖는 정당성의 우위가 협력의 원인이 된다. 실제로는 항상 실용적인 고려와 철학적인 고려가 뒤섞여 있지만, 어떤 경우에는 정당성이 가장 중심적인 동기가 되기도 한다. 이번 장에서 살펴볼 가장 중요한 사례는 민간 조직인 의료기관인증합동위원회(Joint Commission on the Accreditation of Healthcare Organizations(JCAHO))와 관련된 사례다. 법에 명시된 이 조직의 역할이 메디케어(Medicare) (옮긴이. 미국 내 65세 이상을 대상으로 한 노인의료보험제도) 분야에서 정당성을 비롯한 생산성, 자원, 정보를 위한 협력을 어떻게 반영하고 있는지를 확인하고자 한다. 그러나 다른 요인들의 영향에 대해서는 가급적 다루지 않고, 공공임무를 달성하기 위한 방식을 선택하는 데 있어 정당성 요인이 크게 보이는 몇몇 특징만 다루고자 한다. 우리는 이번 장을 열어준 외국 원조 사례에서 시작하여 학자금 대출의 정당성에 대한 고려가 어떻게 정부 주도가 아니라 많은 비용이 드는데도 민간부문이 주도하게 되었는지의 내용으로 옮겨갈 예정이다. 두 대도시 지역에서 갑작스럽게 개발이 가능한 토지가 생겨난 상황에서 서로 다른 접근 방식을 택한 도시의 이야기가 우리의 세 번째 사례가 될 것이다. 그 다음 마지막으로 논의할 내용이 바로 어떻게 메디케어와 메디케이드 프로그램 운영이 JCAHO의 병원의 품질을 평가하는 협력활동에 좌우되게 되었는지에 대한 사례이다. 이 같은 순서는 최적의 성과가 무엇인지에 대한 분석보다는 정당성에 대한 설명을 좀 더 쉽게 이해하도록 도울 것이다.

| 해외 원조: 계약 방식에서 협력 방식으로 |

제시 헬름스(Jesse Helms)에게 기회가 왔다.

조지 W. 부시(George W. Bush)가 수일 내에 대통령이 될 예정이었기 때문에, 헬름스 상원의원은 5년 전에 위원회에서 부결되었던 안건을 부활시킬 수 있는 기회를 맞았다. 2001년 1월 11일 미국기업연구소(American Enterprise Institute)에서 연설 중에 헬름스는 오랜 기간 보수 지지자에게 골칫거리였던 국제개발처(U.S. Agency for International Development(USAID))를 폐기할 것을 제안했다. 헬름스는 정부의 한 기관이 스스로 판단하여 해외 원조 프로젝트를 결정하는 것은 본질적인 큰 결함이라고 생각했다. 그래서 USAID를 국무부(State Department)의 보조금을 지급하기 위한 통로로, 즉 민간 원조 단체에 자원을 분배하는 단순한 전달 기관으로 전환해야 한다고 주장했다.

"부시 대통령은 '우쭐대는 관료들의 실패한 동정심'이라는 딱지가 붙은 기관을 없애고, 대신에 민간단체나 도움이 필요한 사람을 보살피는 데 경험과 능력이 있는 종교단체에 힘을 실어주어야 한다."며 헬름스 상원의원은 소리쳤다. 에이즈로 고통 받는 케냐의 늄바니(Nyumbani) 고아원에 대한 원조를 거절한 USAID를 지적하며, '냉혈하며 비정한 관료적 사고'를 가진 기관이라고 비난했다. 또한 그는 USAID 지휘 아래 정부가 편성한 원조 예산은 '부패한 독재자들의 주머니만 채워주었으며, 점점 비대해지는 관료체제의 배만 불려주었을 뿐'이라고 빈번하게 비난했다.[2)]

이 같은 헬름스의 USAID에 대한 공격은 공세에 몰린 기관 소속 직원들에게 큰 실망감을 안겨 주었다. 1993년 이후 USAID의 예산은 141억 달러에서 76억 달러로 초라하게 줄어들었다. USAID 임무를 위해 대부분 해외에서 일하는 외국 국적의 직원은 같은 기간 동안 1만 명에서 7천 명으로 줄어들었고, 수행 임무도 110개 중에서 30개가 철회되었다.

오랜 기간 유지해 온 USAID의 의제, '저개발국가의 빈곤 개선과 발전 가속'은 미국 국민의 인도주의적 감정을 반영한 것이었다. 물론 이 임무는 부분적으로 전략적인 것이며, 냉전에 그 뿌리를 두고 있었다. 자본주의와 공산주의 간의 이념 갈등이 첨예할 때 타국으로부터 좋은 여론을 얻기 위하여, 그 국가를 위해 노력하는 우호적인 이미지는 필수로 여겨졌었기 때문이다. 그러나 한편 USAID는 민주적 자본주의 원칙을 구현하는 것을 의미했다. 미 행정부가 바뀔 때마다 수준과 강도는 다를지라도, USAID가 개발도상국에 자원이나 도움을 제공할 때 수혜 국가의 정권을 기반(state-centered)으로 한 원조보다는 시장을 기반(market-based)으로 할 것이 당연히 예상되었다. 그리고 가능한 최대 범위까지 민간 대리인을 통해 제공할 것으로 기대되었다. 아울러 수혜 국가들은 미국 의회에 전혀 정치적 영향력을 행사할 수 없기에 이를 대신하여 민간 대리인들이 USAID를 위해 든든한 지지층이 되어준다.

오랜 기간 단순 위임을 통해 업무를 수행하고 있던 USAID는 예산 규모에 비해 직원이 적었고 많은 계약자와 보조금 수혜 기관만으로 운영되고 있어서, 이 같은 운영 철학이 유기적으로 연계되었는지 알 수가 없었다. 헬름스가 다시 공격을 시작하기 전에 USAID는 이미 민간부문에 의존하는 개념 자체를 바꾸어야 한다는 압박에 직면해 있었다. USAID 관리자들은 계약을 통해 임무를 수행하는 것의 실질적인 단점을 점차 인식하던 차였다. 재화나 서비스를 제공하려고 할 때, 계약 담당자는 법적 구속력을 갖도록 모든 요건의 세부사항을 분명하게 정의하려고 했다. 그리고 비영리단체에 보조금을 교부할 때도 가능한 가장 정확하게 목표와 그 기대효과를 적시해 놓고자 했다. 간단히 말해, USAID는 거의 재량을 독점하고, 이를 유지하는 것에 익숙했다. 민간 대리인에게 상당한 재량을 준다는 것은 관리 실패로 여겨졌다.

이같이 통제권을 꼭 쥐고 있으려는 USAID의 태도를 함께 일하는 계약자와 보조금 수혜기관도 강하게 느끼고 있었다. USAID의 고위관리자인 홀리 와이즈(Holly Wise)는 기관과 관계를 맺고 있는 다수의 비정부단체(Non Governmental Organizations(NGO))를 조사했다. 그리고 NGO들이 USAID에 대해 이렇게 말하고 있다고 설명했다. '문제가 무엇인지 USAID가 결정한다. 그리고 해결책이 무엇인지도 결정한다. 일할 사람을 부르고, 우리를 통제하고, 주문받은 일을 수행하기 위한 돈을 준다. … 이는 주종관계(master-slave relationship)이지 파트너 관계가 아니다.'[3)]

민간부문에 의존하는 방식은 USAID 내에 자리를 잘 잡고 있었지만, 상호작용이 거의 없다는 단점은 이미 명백했다. 정부 기관과의 엄격하고 구체적 내용이 명시된 계약 관계는 고도의 불확실성을 갖는 개발도상국의 환경에 맞추어 일해야 하는 현실과는 잘 맞지 않았다. 계약자와 보조금 수혜기관은 원조 프로젝트가 가져올 기회나 직면하게 될 어려움에 대해 USAID보다 더 나은 정보를 가지고 있는 경우가 많았고, 전문성이 더 뛰어난 경우도 있었다. 이런 배경과 함께 국내의 정치적 압력이 증가하고 있을 때에, 일부 사려 깊은 USAID 직원들은 민간에게 재량을 더 부여하는 실험을 통해 상당한 장점을 보게 되었다.

아울러 정치적 압력뿐 아니라, 정당성에 관해 우려를 느낀 USAID 관리자들은 단순한 민간부문에의 의존을 넘어서 민간부문을 활용하는 간접 방식을 확대하는 방안을 추진했다. 운영적인 측면에서 기존의 단순한 조달방식에서 벗어나, 민간 주도의 장점을 최대한 활용할 수 있는 좀 더 전략적인 방식으로 변화하려고 했다. 간단히 말해, 재량의 스펙트럼으로 보면 USAID는 계약(contract)에서 협력(collaboration)으로 의도적으로 옮겨가고자 노력했다. 이 같은 방침에 따라 기존에 혁신의 상징으로 사용하던 '파트너십'이라는 용어는 US-AID 내에서 진부하고, 희망이 없는 공허한 용어가 되어 버렸다. 새로운 종류의 접근법을 만들면서도 그 명칭도 중요하다는 것을 잘 아는 관리자들은 새롭게 '연대(alliance)'라는 용어에 희망을 걸었다.

군인 출신 행정가인 앤드류 나시오스(Andrew Natsios)가 광범위한 협력을 통해 USAID의 효율성을 높이기 위한 임무를 맡게 되었다. 나시오스는 2001년 초 USAID의 관리자로 임명되었으며 파트너에서 연대로의 전환을 이끄는 적임자였다. 그는 경력 초기 단계부터 USAID의 고위 관리자로서 수년간의 경험을 가지고 있었다. 그는 연대가 선전 구호 이상의 것이 되도록 하는 원칙을 세울 진정한 지식인이었다. 그리고 그의 보수적 성향으로 인해 부시 행정부의 견제로부터 어느 정도 자유로울 수 있었다.

나시오스의 철학적 신념은 해외 원조 분야와 그 외의 분야, 특히 빅딕(Big Dig)이라 불리는 보스턴 지역의 고속도로를 지하화하는 대공사를 담당하며 단련되었다. USAID의 지휘봉을 잡았을 때, 나시오스에게 민간부문에 대한 낭만적인 환상은 없었다. 그는 민간 파트너가 정부 사업을 촉진시킬 수 있을 뿐 아니라, 방해할 수도 있다는 것을 잘 알고 있었다. 또한 사업의 성패가 프로젝트를 관리하는 공무원의 자질에 상당 부분 좌우된다는 사실도 알고 있었다. 앤드류 나시오스보다 이 일에 더 적격인 사람은 어디에도 없었다. 정부와 기업, 그리고 비영리 파트너 사이의 관계에서 보여준 그의 냉철하고 분석적인 판단력은 새로운 방식의 주도권을 확실히 쥐도록 도와주었다.

USAID의 관행과 문화를 바꾸고, 조직 구성원들로 하여금 새로운 방식으로 일하도록 만들기는 쉽지 않았다. 내부 직원들뿐만 아니라 기존 업무처리 방식에 익숙한 계약자와 보조금 수혜기관들의 의심과 불신을 이겨내야 했다. USAID가 정말로 변화할 수 있을 것이라는 데에 의회도 회의적이었다. 민간 부문이 가진 능력을 공공 목표와 꿰어 맞추는 것은 기존의 USAID의 강한 통제 아래에서 서로의 자원과 목표를 공유했던 파트너십에서 벗어나 새롭고 미묘한 구조를 필요로 했다. 분명히 다른 목표를 가진 별개의 조직들이 연합하여 임무를 함께 성취해 나가는 구조였다. GDA를 슬로건에서 실제로 돌아가는 체제로 만든 홀리 와이즈는 IBM과의 가상의 연대를 이렇게 설명했다. '당신은 같아지려고 노력해서는 안 된다. 당신의 목표는 마지막에는 같지 않을 것이다. … 우리는 이 한 가지 일을 함께 하기 위해 모인다. 우리는 서로를 지켜줄 혼인서약(즉, 공식적인 연대 협약)을 가진다. 우리는 공동 목표가 무엇인지를 함께 정의하고, 공동 목표를 위해 함께 일하고, 마지막에는 다시 IBM과 USAID로 돌아갈 것이다.'[4]

GDA의 설립자 앤드류 나시오스와 홀리 와이즈는 도움을 주었던 콜린 파월 국무장관처럼 새로운 도전을 실행해 옮겼다. 2010년 중반 현재 GDA는 계속 성황 중이다. 하드웨어 대기업 CISCO와의 공동 노력에 의해 47개 빈곤국가에서 수천 명의 정보통신기술 근로자를 훈련시켰다. 미국을 비롯한 해외의 여러 은행과 신용조합 연대는 해외 근로자의 가족 생계유지를 위한 송금이 수월하도록 만들어 주었다. 어린이 TV 쇼인 세서미 스트리트(Sesame Street)의 창의적 재능은 기업 후원자의 거액 기부와 교육부와의 협력을 주선한 USAID의 노력을 바탕으로 성공적인 유치원 교육방송 모델로 전 세계 저개발국에 확산되고 있다.[5] GDA 모델은 USAID의 DNA와 유기적으로 결합했으며, 연대의 논리는 USAID의 임무를 수행하기 위해 매우 유용한 방식임이 증명되었다.

| 정부보증 학자금대출 |

'리스크 없는 수익'은 모든 은행가의 꿈이다. 우리가 다룰 이번 사례는 대출 상품과 관련이 있다. 이 상품의 경우, 은행은 시중금리보다 더 높은 이자를 보장받을 뿐 아니라, 대출자는 대출금을 상환할 수 없거나, 상환하지 않을 경우, 정부가 대신 상환하는 것을 보장하는 상품이다. 바로 연방학자금대출(federally guaranteed student loan) 프로그램에 대한 설명이다. 이 프로그램은 학생들에게 상당히 도움이 되고 있지만, 납세자에게는 큰 부담이며, 은행에게는 손쉬운 돈벌이 수단이다.

고등교육이 누구나 받을 수 있는 권리(적어도 자격을 갖춘 엘리트라면)에 해당하고, 등록금도 상대적으로 저렴한 다른 국가에 비해 미국 대학은 학생들에게 상당한 액수의 학자금을 청구하고 있다. 반세기가 넘는 기간 동안 연방정부는 학생들이 그 비싼 등록금을 납부할 수 있도록 다양한 보조금이나 대출 프로그램을 제공하고 홍보해 왔다. 제대군인원호법(G.I. Bill)이라고 불리며, 군인재적응법이라고 하는 법안이 1944년 통과된 이후, 정부의 학생 지원 프로그램은 재정 요건, 학생과 기관의 적격 기준에 따라 매우 다양해졌다. 우리가 이번 장에서 논의하고 있는 내용과 관련해, 학생을 지원하기 위한 다양한 메커니즘의 정당성에 대한 열띤 논쟁이 있었으며, 한 전달 모델에서 다른 모델로의 급격한 변화도 있었다.

학자금대출 프로그램은 정당성에 대한 의문을 시험해 볼 수 있는 기회를 제공한다. 이 프로그램은 비교적 단순한 과정으로 진행된다. 대학 학비를 충당하도록 학생에게 돈을 주고, 학생이 졸업한 후 취업을 하게 되면 이윤을 더해 돌려받는 순서다. 원칙적인 면에서 공공부문에서 민간부문으로 자금이 흘러가고 되돌아오는 과정에서 별다른 장애물은 없다. 실제로 60년의 학자금대출 역사 속에서 실무적으로 잘 운영되었다. 이 사업의 가장 일반적인 방식은 정부가 은행에게 다양한 장려책과 지원책을 제공함과 동시에 대출 업무를 위임하고, 은행은 그 이익을 챙기면서 학생들에게 직접 대출을 실행하는 방식이었다. 정부가 직접 실행해야 하는 강력하고 실용적인 이유가 있지 않는 한, 민간부문의 역할이 정당성을 가졌다. 그러나 우리가 살펴보게 될 사례처럼, 민간부문의 재량이 공공부문의 관리 능력을 벗어날 때, 위임을 통한 방식에는 심각한 단점이 있을 수 있다.

대학교육을 받을 수 있도록 격려하고, 실제 교육을 지원하기 위한 정부의 광범위한 노력의 일환이었던 제대군인원호법은 상당한 성공을 거뒀다. 이 프로그램을 기꺼이 수용한 대학들은 제2차 세계대전 전보다 학생들을 세 배나 더 수용하게 되었다. 1958년에는 추가 프로그램으로 국방장학생대출(National Defense Student Loan)이 시행되어 참여 학교 학생들에게는 보조대출까지 제공되었다. 그 후 1965년, 의회는 중등교육 이후의 학비보조를 확대하기 위한 중요한 걸음을 내딛었다. 정부보증학자금대출(Guaranteed Student Loan) 프로그램은 포괄적인 고등교육법(Higher Education Act)의 일환으로 제정되었다. 은행을 통해 대출이 실행되며, 상환은 연방정부가 보장한다. 그 보장은 통상 각 주별로 설립된 민간 기업이나 단체가 그 보증기관이 되어 업무를 처리하도록 했다. 그런데 이 프로그램은 예상했던 것만큼 많은 은행을 유치하지 못했다. 1970년대에 이르러 의회는 은행들의 참여를 독려하기 위해 추가적인 혜택을 제공하기로 했다. 그 혜택은 대출금이 완전히 상환되기 이전, 어느 때라도 금리가 시중금리 이하로 떨어질 경우에는 그 차액 분을 연방정부가 메꾸어주기로 한 것이다. 수익과 대출상환 모두를 보장받는 이 혜택은 바라던 효과를 가져왔다. 1990년대 초까지, 수천 개의 민간 금융기관이 이 프로그램에 참여했고, 매년 수십억 달러의 대출이 실행되었다.

여느 큰 규모의 금융 프로그램과 마찬가지로 학자금 대출제도의 낭비와 남용이 지적되기 시작했다. 비평가들은 은행이 어떠한 실질적인 리스크도 없으면서 비교적 간단한 업무처리를 통해 과도한 이익을 챙긴다고 비판했다. 결국 모든 리스크는 소극적이었던 정부의 몫이었기 때문에, 학생, 은행, 보증기관 등 모든 관련자가 세심한 주의를 기울이지 않을 위험이 있다는 우려가 제기되었다. 실제 보증기관에 대한 교육부 조사 결과, 과다 청구와 기록 관리 미비 등의 여러 가지 결함이 발견되었다. 그 결과 클린턴 정부는 은행을 건너뛰는 학자금 대출로 전환할 것을 제안했다. 행정부, 회계감사원, 의회예산처 모두 단순한 집행 구조가 리스크 관리와 책임 소재 확인에 더 효율적이어서, 상당한 금액을 절약할 수 있을 것으로 전망했다.[6] 1993년 의회는 교육부가 직접 학자금 대출을 실행할 수 있도록 하는 법안을 통과시켰다. 법안에 따라 은행을 통해 실행되던 대출은 1990년대 말까지 단계적으로 폐지되고, 이제는 정부가 직접 대출을 실행해야 하는 점진적이지만, 완전히 새로운 변화를 맞이하게 되었다.

그러나 법안이 통과되고 얼마 지나지 않은 1994년, 정치적 상황이 급변했다. 공화당이 의회를 장악하여, 정당성의 새로운 조정자가 되었다. 정부가 직접 대출을 실행하는 법안에 대한 격렬한 저항이 불가피했고, 이 법안을 없애기 위한 새로운 법안이 상원과 하원에 발의되었다. 대표 발의자인 상원의원 댄 코츠(Dan Coats)는 클린턴의 계획이 변경되지 않는 한, '미국인들은 이제 대학 진학을 위한 학비가 필요할 때, 오로지 교육부의 관대한 조치만 기대해야 하는 상황을 맞이할 것'이라고 경고했다. 코츠는 '작은 정부를 지지하고, 신중한 재정 통제를 지지하는 동료 의원'들에게 이 법안, 즉 학자금 대출을 계

속해서 민간부문을 통해 실행될 수 있도록 하는 법안을 지지해 줄 것을 요청했다.[7)]

하원에서도 어니스트 이스툭(Ernest Istook) 의원이 평행 입법을 발의하면서, '연방정부는 민간부문이 감당할 수 없는 책임 있는 임무만을 수행해야 한다'는 정당성을 강조하며 그 발의 이유를 밝혔다.[8)] 결과적으로 도출된 타협안은 은행이 계속해서 학자금 대출을 할 수 있도록 하면서, 동시에 정부가 직접 대출을 실행할 수 있도록 하는 새로운 법안이었다. 결국 두 가지 방식 모두 가능하게 되었고, 10년 후 은행을 통해 실행된 대출 중에 상환되지 않은 학자금 대출 잔액은 총 이천 오백억 달러였다. 법안 시행 후, 대출 실행의 대부분을 차지할 것으로 예상했던 연방정부가 직접 실행하는 대출의 비중은 2007년까지 4분의 1이하에 머물렀다.[9)]

흥미로운 사실은 연방정부가 '직접(direct)' 대출을 실행하는 프로그램도 실은 민간 정보처리 회사(현재는 제록스(Xerox) 회사)에 의해서 관리되고 있다는 사실이다.[10)] 이 회사는 최소한의 재량만 가진 통상 용역이라고 불리는 계약 방식을 통했다. 실무자의 경우, 암묵적으로 '직접' 수행하는 방식과 '명확히 명시된 사항을 위임'하는 방식이 서로 유사하다는 것을 인식하고 있음을 시사한다. '직접' 수행하는 방식은 독립된 재량을 거의 행사하지 않는 정부 기관에서 일하는 사람들의 행위이고 '명확히 명시된 사항을 위임'하는 방식은 정부와 계약한 내용을 수행하되 독립된 재량을 거의 행사하지 않는 민간 계약자의 행위다. 이 두 가지 방식은 모두 재량 공유를 특징으로 하는 협력 모델과는 상당한 대조를 이룬다.

회계감사원은 정부보증학자금대출 프로그램을 운영하는 비용이 100달러당 평균 9.2달러, 연방정부가 직접 대출하는 프로그램의 경우는 100달러당 1.7달러로 5분의 1에도 못 미치는 것으로 추산했다. 그래서 이 사실을 인지한 은행과 은행협회는 직접 대출을 더 편리하고, 더 저렴하게 만들 수 있는 법 개정을 막기 위해 로비를 했고, 교육부의 업무 중에 은행이 실행하는 대출 업무에 위협이 된다고 판단하는 업무에 대해서는 소송을 제기하기 위해 변호사를 고용했다.[11] 이 같은 은행의 정치적 노력은 민간부문이 대출 업무를 잘 수행할 수 있으므로 정부가 대출 사업에서 손을 떼야 한다는 강력한 정서를 더욱 확산시켰다.

하지만 인플레이션이 발생하게 되면서 이율이 낮아졌다. 이제 놀란 은행들은 대출 프로그램에 불편함을 느끼게 되었다. 높은 인플레이션이 지속되면서 학자금 대출 수익에 대한 은행의 불만은 커져갔고 결국, 1980년 의회는 학자금 대출의 이율을 9.5% 이상으로 보증했다. 나중에 금리가 떨어지자 은행은 뜻밖의 횡재를 했고, 의회는 이 보증을 끝내기 위해 서둘러 움직였다. 1993년 10월 1일 이전에 실행되었던 대출을 제외하고 9.5% 보증은 폐지되었다. 그러나 9.5% 보증이 폐지되었는데도 이후 몇 년 동안 연방정부가 9.5%를 보증하는 오래된 대출이 오히려 늘어났다. 조사 결과, 은행들은 9.5% 보증에 해당하는 '1993년 이전'의 대출 기준에 부합하도록 다양한 방법으로 대출 신청 서류를 꾸몄다. 그 결과 의회가 사라질 것이라 예상했던 9.5% 보증 대출 금액은 1995년 회계연도 기준 110억 달러에서 2004년 회계연도 말에 170억 달러 이상으로 늘어났다. 그 비용으로 세금을 통해 정부 자금으로 지급해야 할 보조금만 해도 최소한 10억 달러로 추정됐다. 보조금이 있는 곳에는 늘 교활하게 이를 이용하려는 이들이 생기게 마련이다. 그러므로 협력 상대방을 위해 재정 장려책을 사용할 때는 늘 보조금을 추구하려는 현상을 미리 예상해야 한다.

그런데 더 나쁜 일이 터졌다. 조사 결과, 학생이 정부 직접 대출 대신에 은행 대출을 선택하도록 유도하기 위해 은행이 대학에 정례적으로 로비-많은 경우 법적 경계선을 넘나드는 금전적 유인책을 사용했다-를 하거나 압력을 가해왔다는 사실이 드러났다. 일부 경우에는 학생이 대출 종류를 선택하는 데 영향을 미칠 수 있는 대학 직원에게 여행을 지원하거나, 선물 제공 등의 보상을 제공하는 등 명백한 부정행위로 경계선을 넘었다. 또한 컬럼비아대학, 존스홉킨스대학, 서던캘리포니아대학, 텍사스대학의 장학금 담당자들은 학생들이 선택하도록 유도한 은행에 소유권 지분이 있거나, 수익을 위한 컨설팅을 제공받고 있는 것으로 밝혀졌다.[12] 나중에 드러났지만, 은행의 대출 업무를 감독하는 일을 맡았던 최소 한 명 이상의 교육부 고위 관리자도 연루된 것으로 밝혀졌다.[13] 그러나 교육부 장관 마거릿 스펠링스(Margaret Spellings)는 오히려 나쁜 법과 규정이 민간 대출 남용을 억제하는 데 심각한 장애물이라고 주장하며, 교육부는 법이 요구하는 것보다 더 많은 책임을 지고 있다고 주장했다. 스펠링스 말에 따르면, '이 시스템은 이제 필요 없다. 너무 복잡하고 망가져버렸다.'[14]

2007년 중반까지, 각종 소송과 규제항목의 개정, 주정부와 연방정부의 입법 개혁으로 인해 은행을 통한 대출의 재량은 축소되었고, 혼합 운영되었던 학자금 대출 시스템은 어느 정도 직접 대출 방향으로 돌아섰다. 오바마 행정부는 첫 번째 예산을 통해 정부가 보증하는 은행 학자금 대출을 폐기하고 더 저렴하고 단순한 직접 대출 방식을 선호하는 것으로 완전히 돌아섰다. 2009년 의회는 은행을 통한 대출을 단계적으로 폐지하는 법안을 통과시켰으며, 향후 10년 동안 절감될 것으로 예상되는 800억 달러를 저소득층 학생을 위한 장학금으로 배정했다.[15]

| 유휴지 활용을 위한 접근법 |

'땅을 사라. 땅은 더 이상 생기지 않는다.'

마크 트웨인(Mark Twain)의 이 같은 언급은 일견 타당해 보이지만, 한편으로는 다소 과장된 것이기도 하다. 1957년 봄, 끊임없이 내리는 비로 인해 투리아(Turia)강이 범람했고, 강물은 역사적인 도시 발렌시아(Valencia) 중심에 있는 다리 높이까지 차올랐다. 어느 거리에서는 물이 16피트 깊이로 흘렀고, 스페인에서 세 번째로 큰 도시의 대부분이 홍수 피해를 입었다. 치명적인 홍수가 반복되는 것을 막기 위해 발렌시아는 지방세를 대폭 인상하여 기존의 하천 경로를 우회시키기 위한 대규모 토목 공사 프로젝트에 착수했다. 이 프로젝트는 발렌시아 시민들을 더 안전하게 만들었지만, 또 다른 도전에 직면하게 만들었다. 바로 도시 한가운데에 강이 흘렀으나, 이제는 빈 땅이 되어버린 유휴지를 어떻게 할 것인가에 대한 문제였다.

카탈루냐정부(해당 지역의 자치 정부)는 전혀 동요하거나 주저함 없이 책임을 지고 새로운 사업을 떠맡았다. 큰 도로를 건설하자는 제안을 뒤로하고, 대신에 10km에 이르는 공원을 위한 마스터 플랜을 추진했다. 수십 년 동안 카탈루냐정부는 발렌시아 시정부, 스페인 정부, 유럽 연합에 이르는 다양한 계층의 정부를 아우르며 연대(alliance)를 구성했다. 정원, 산책길, 예술시설, 놀이시설을 포함하는 야심찬 도시재생 프로젝트의 재정과 물류 자원을 모으기 위해서였다. 그 결과 가장 최고의 성취물인, 바로 과학과 예술의 종합단지(City of the Arts and Sciences)가 탄생했다. 건축적으로 상당히 대담했으며, 빠르게 세계 명물이 된 복합 미술관이었다. 이 단지는 카탈루냐정부 소유의 공기업이 건축하고 직접 운영했다.[16)]

1980년대에 보스턴이 비슷한 도전을 맞이했다. 이번에는 강물이 아니라 교통체증이 문제였다. 중앙간선도로(Central Artery)는 1950년대에 지어진 6차선

고가도로였다. 다운타운을 가로지르는 탓에 늘 교통체증에 시달렸다. 중앙간선도로를 확장하고, 그 도로를 지하 터널로 만들려는 야심찬 계획인 빅딕(Big Dig)은 1980년대에 기획되었고 건설은 1991년에 시작했다. 고가도로의 마지막 구간이 철거되면, 식민지 시대부터 줄곧 혼잡했었던 도심 한 중앙에 거의 30에이커의 공터가 생기게 될 예정이었다. 보스턴은 2세기 만에 처음으로 갖게 되는 대규모 공터를 어떻게 사용해야 할까?

그 부지는 공식적으로 매사추세츠 주의 소유였지만, 적절한 경우 관리 권한을 위임할 수 있었다. 그린웨이(Greenway)라고 부르기로 한 그곳의 관리 방식을 어떻게 할지에 대한 고민이 생겼다. 가령 이곳을 주 정부나 시 정부의 한 부서에서 관리하도록 할 수도 있다. 어느 경우든 그린웨이를 관리하는 데 필요한 만큼의 특별한 권한을 갖게 된다. 또는 그 지역에 있는 많은 민간 비영리단체 중의 하나에 관리를 위임할 수도 있다. 그런데 실타래처럼 엉킨 다양한 종류와 계층의 공공 기관들이 의사결정 과정에 개입하여 어느 정도 영향력을 행사할 것은 확실했다. 연방차원에서는 교통부, 환경보호국, 육군공병대가 각자 나름의 견해가 있었고, 매사추세츠 주는 입법부, 주지사, 환경사무국, 유료도로관리국의 의견을 청취할 것이다. 또한 보스턴은 시장, 시의회, 지역위원회, 그리고 보스턴 재개발국을 통해 의견을 개진할 것이다. 그런데 열거한 기관들은 각각의 지위에서 가장 두드러진 기관의 예시일 뿐이다.

그러나 광범위한 경제적 이익과 문화적 이해관계에 관련된 의사결정을 정부 단독으로 한다는 것은 미국에서 상상할 수 없는 일이었다. 역사가 오랜 단체와 이 논의에 참여하기 위한 목적으로 신설된 단체를 포함하여 방대한 민간단체 네트워크가 이 새로운 부지를 어떻게 사용할지 결정하는 데 참여했다. 어떤 단체는 한때 고가도로가 지나던 지역의 건물, 토지 등 지리적 이유로 조직되었고, 어떤 단체는 본인들이 생각하는 우선순위가 반영되도록 주장하기 위해 모이기도 했다. 예를 들어, 보스턴 그린웨이 연합(Boston Greenspace Alliance)은 새로운 부지에 건물은 최소화하고, 개방된 공간을 최대화할 것을 요구하는 단체가 서로 연합한 조직이었다. 그중에 가장 강력한 민간 조직은 단연코 중앙간선도로비즈니스위원회(Artery Business Committee(ABC))였다. ABC는 빅딕 프로젝트를 위해 지반을 파헤치는 토목공사가 이루어지기 몇 년 전, 건설공사로 인해 10년 이상 다운타운으로 통행할 수 없을 것이라는 사실에 우려하는 사업가들이 모여 만든 단체이었다. 프로젝트가 끝나갈 무렵, ABC는 새로운 그린웨이가 어떻게 사용될지에 폭넓은 관심을 가진 조직으로 바뀌었다.[17)]

당시 주지사 밋 롬니(Mitt Romney)는 발렌시아 강바닥에 적용되었던 해결책을 뉴잉글랜드 모델로 제안했다. 즉 주정부가 직접 그린웨이를 관리하는 방식이었다.[18)] 하지만 이 모델은 주지사 외에 지지를 거의 받지 못했다. 막후 책략과 떠들썩한 공개 비난으로 점철된 지난했던 정치공방 끝에 해결책이 드디어 모습을 드러냈다. 기업가 10명의 이사진으로 구성되는 독립 민간단체, '관리단(conservancy)'이 그린웨이를 담당하게 되었다.[19)] 이렇게 민간 모델로 합의가 이루어질 수 있었던 한 가지 요인은, 자존심이 세기로 유명한 보스턴의 정치 지도자들 중 어느 누구도 정부 기관 하나가 그린웨이를 독차지하는 것을 참을 수가 없어 했기 때문이다. 그러나 더 중요한 이유는 민간 조직이 그린웨이의 잠재 후원자들에게 더 큰 신뢰를 줄 수 있는 잠재력을 지녔기 때문이었다. 그린웨이의 책임자라면 당연히 공공 자금이 갖는 불확실성을 극복하고 장기적으로 그린웨이를 유지할 수 있는 확실한 자원을 확보하는 것이 급선무일 것이다. 분석가들은 약 5천만 달러의 민간 기부가 필요할 것으로 추산했다. 발렌시아에서는 주정부 소유 공기업이 강이 흘렀던 부지에 복합단지를 짓기 위한 정부 자금의 부족함을 보충하고자 민간 자원을 유치하는 데 큰 어려움이 없었다. 그러나 보스턴에서는 그렇지 않았다. 보스턴 비즈니스 저널

(Boston Business Journal)의 한 사설에서 경고했듯이, 그린웨이를 운영하는 조직이 정부로부터 충분히 독립적인 것으로 보이는 경우에만 민간 기부를 받을 수 있을 것으로 예상했다.[20]

통일되지 않고 분열된 관리 방식은 오래 기다렸던 만큼 그린웨이의 실망스런 개장에도 영향을 미쳤다. 자금 조달과 투자는 불규칙했고 늘 일정보다 늦었다. 그린웨이는 어느 정도는 기능을 해주었다. 한때 교통체증이 심했던 곳에 보행자 전용 통행길이 생겼다. 그러나 문화적 자산으로의 평가는 낙제점을 받았다. 그저 보행자 전용 도로에 지나지 않았다. 조경을 포함하여 예술적인 면은 부족했고, 공간 구성에 대한 기획이 불충분했다. 계획했던 문화시설 상당수도 실현되지 못했다.[21] 이렇듯 정당성에는 치러야 할 대가가 있다.

| 의료서비스 품질 평가와 정당성 문제 |

이 경기는 매디슨스퀘어가든(Madison Square Garden)(옮긴이, 뉴욕에 위치한 실내 종합경기장)에서 열렸던 경기들 중 가장 이상한 경기 중 하나였다. 그 이유는 정당성이라는 타이틀을 얻기 위한 경기였기 때문이다.

케네디(Kennedy) 행정부의 선공으로 경기가 시작되었다. 메디케어(Medicare)라 불리는 미국 고령층의 의료보장을 위한 프로그램을 새롭게 제안하며 지지를 얻기 위해 노력했다. 1962년 봄, 정부는 메디케어를 홍보하는 대통령의 연설을 직접 볼 수 있도록 65세 이상의 고령층 지지자로 매디슨스퀘어가든을 채웠다. 이 연설은 세 개의 방송사를 통해 생중계되었으며, 45개의 다른 도시에서도 동시에 메디케어 홍보를 위한 집회가 진행되었다.

이틀 뒤 미국의학협회(American Medical Association(AMA))가 극적인 반격에 나섰다. AMA도 매디슨스퀘어가든을 대여했다. 하지만 희생자처럼 연출하기 위해 공간은 모두 비워두었다. 그리고 AMA회장인 에드워드 안니스(Edward Annis) 박사는 홀로 어두운 연단에 서서 연설을 했고, 방송사는 이를 중계했다. 안니스는 경고했다. '케네디의 메디케어 계획이 시행된다면 병원과 정면충돌하게 될 것이다! 의료서비스를 정의하고, 기준을 세우고, 위원회를 설립하고, 보고서를 요구하고, 누가 들어오고 나가는지, 무엇을 해도 되는지 안 되는지를 결정하고, … 연방이 필요한 재정 예산을 환자들이 병을 치료받고 휴식을 취하는 곳에 부과하고, … 이 모든 것들은 환자와 의사 사이를 갈라놓을 것이며, 부적합한 의료 시스템의 상징이 될 것이다!'[22)]

그런데 어둠 속 외로운 연단의 연설이 승리했다. 몇 주 후 상원 투표에서 52대 48로 부결되었고, 의회에서 메디케어가 통과될 것이라는 희망이 물거품처럼 사라졌다. 하지만 3년 뒤 달라진 정치 환경은 메디케어의 부활을 모색할 수 있는 길을 열어주었다. 케네디에 이은 린든 존슨(Lyndon Johnson)의 압도적인 승리와 더불어 암살된 대통령의 신화적인 지위는 케네디가 예전에 제안했던 사회적 의제에 추진력을 불러일으켰다. 그러나 이번에도 법제화는 확실치 않았다.

의료분야를 티끌만큼이라도 정부 통제 아래에 두려는 조그만 낌새가 보일라치면 치열한 정치적 투쟁에 직면한다는 것을 인식한 케네디와 존슨 집행부는 민간의 역할을 최대화하기 위해 메디케어 계획안을 끊임없이 조정하고, 그 내용을 홍보했다. 어느 학자가 논평한 것처럼, '메디케어 설계자들이 가장 중요하게 고민하는 것은 정부의 간섭에 대한 불안감을 키우지 않으면서 병원의료 자금 조달을 위한 정부 역할을 키우는 관리 방식(administrative arrangement)을 설계하는 것이었다. 정당성을 확보하고자 하는 이 시도의 핵심은 실제 의료서비스가 민간의 수중에 남아 있도록 하는 것이었다. 그러나 새로운 프로그램에 따라 의료서비스의 비용과 품질에 대한 계층제적 통제(hierarchical control)를 의

도적으로 피하고자 하는 의도도 숨어 있었다.'[23]

메디케어를 둘러싼 논쟁은 의료서비스 제공 방식의 정당성을 얻기 위한 중대한 투쟁을 의미했다. 가장 중요한 논쟁은 고령자들을 위한 의료서비스의 품질이 최소 기준을 충족하는지 여부를 누가 확인할 수 있는가에 대한 것이었다. 결국에는 정부가 엄청난 자원을 쓰게 될 것이 예상되었고, 의료서비스 품질은 일반 사람들이 평가하기가 매우 어려웠기 때문이다. 메디케어의 역사를 돌아보면 결국 이 같은 논쟁을 어떻게 해결했는지를 알 수 있다. 지난한 논쟁 끝에 민간 조직인 의료기관인증합동위원회(Joint Commission on the Accreditation of Healthcare Organizations(JCAHO))에게 의료서비스의 품질을 감독하는 책임을 부여했다. 거대한 연방 프로그램 내에서 JCAHO가 감당하는 복잡한 역할을 살펴보면, 정당성을 확보하기 위한 노력이 일을 얼마나 복잡하게 만들 수 있는지를 보여준다.

● 높은 비용, 빈약한 정보

2007년 한 해에만 미국 정부는 병원에 6,970억 달러를 지출했다. 이는 전 국민이 각종 의료 관련 비용으로 지출한 금액의 3분의 1에 해당하는 금액이다(의사 진료비, 요양원, 약 처방 비용도 큰 비중을 차지했다).[24] 미국의 초중등교육을 위해 쓰인 비용(6,240억 달러)보다 조금 더 많으며, 대학과 전문대학을 위해 쓰인 비용(3,830억 달러)보다는 훨씬 많은 금액이다. 정부는 전체 병원비의 55% 이상을 지불했다. 비교하자면, 민간보험이 약 40%를 지불했고, 개인이 약 3.5%를 지불했다. 병원 지출 중에서 메디케어가 1,960억 달러 이상을 차지했다. 그러나 정부는 병원의 의료서비스 품질을 감독할 수가 없다.

물론 막대한 금액을 지출한다고 해서 돈을 받는 기관들에 대해 면밀히 조사를 진행할 이유는 없다. 정부는 많은 종이를 구입하지만, 제지공장을 조사할 이유는 없는 것과 비슷한 맥락이다. 하지만 종이와 의료서비스는 전혀 다르다. 세 가지 큰 차이를 갖는데, 각각의 차이는 정부가 시장에 정보를 제공하는 역할을 해야 한다는 것을 암시한다. 첫째, 종이는 그 가치를 평가하기 쉽다. 반면 의료서비스는 그렇지 않다. 둘째, 종이의 품질 차이가 가져오는 결과는 상당히 다양하다. 병원과 환자에 있어서 그 품질의 차이는 다양함을 넘어 상당히 심각할 수 있다. 셋째, 정부는 종이를 직접 사용하고, 정부의 각 기관이 종이의 품질을 스스로 판단할 수 있다. 반면, 메디케어를 통한 의료서비스는 개별적으로 행동하는 수백만 명의 개인이 직접 선택하고, 판단한다.

품질을 꼼꼼히 따지는 스마트한 소비자가 될 수 있는 시장의 상품과 달리, 개인이 병원의 품질을 평가하기는 쉽지 않다. 의사와 보험회사의 안내는 때로는 개인의 이윤추구에 의한 것일 수 있다. 의사는 자신에게 특혜를 베풀지 않는 병원을 추천하지 않을 것이고, 보험회사는 본인들이 선택한 의료기관과의 관계를 우선시할 것이다. 입소문은 병원의 질을 판단하는 믿을 만한 근거가 될 수 없다. 대부분의 사람들, 그들의 친구나 친척들은 직접 병원을 접할 기회가 거의 없다. 병원에서의 좋은 결과나 나쁜 결과는 병원의 통제를 벗어난 여러 요인들, 즉 질병이나 부상의 심각성의 정도, 환자의 다른 조건들에 달린 경우가 많다. 그리고 품질의 차이가 결과의 차이를 확실하게 담보할 수 있는 것도 아니다. 단지 확률에만 영향을 주는데, 몇 번의 진료로 그 품질을 판단하기란 쉽지 않다. 엄격한 세균감염 통제를 할 경우, 수술 후에 감염 확률이 3%이고, 허술하게 통제할 경우 그 확률이 5%라면, 아무리 세심한 일반인이라도 자신의 경험, 친구나 가족의 경험에서 병원의 품질에 대해 많은 내용을 추론하기란 쉽지 않다.

오늘날의 주(州) 보건당국은 병원 운영의 몇 가지 측면에 한해서 감독 및 규제를 하고 있지만, 연방 정부는 한결같은 태도로 그 역할을 기피하고 있다.

병원과 가장 밀접하게 연결된 연방 정부 기관은 메디케어 및 메디케이드 서비스 센터(Centers for Medicare and Medicaid Services(CMMS))이지만, 비용청구서 작성 이상의 업무는 하지 않으며, 청구서 이면의 서비스 품질을 평가할 능력은 사실상 전무하다. 이 같은 제도적 무능력의 결합은 우연에 의한 것이 아니다. 법률에 의해 메디케어 지급금을 받는 병원에 대한 품질관리 책임을 CMMS에서 민간 조직인 JCAHO에 위임하도록 명시하고 있다. 일단 JCAHO에 의해 인가를 받은 병원은 메디케어 프로그램의 참여 조건을 충족한 것으로 간주된다. JCAHO를 통해 인가를 받는 것이 메디케어 참여를 위한 유일한 방법은 아니지만(병원은 주 보건당국으로부터 인증을 별도로 받을 수 있다. 2008년, 독점적인 인가제도를 조금 약화시킬 수 있는 가능성을 열어 주었다) 대다수의 병원이 이 방법을 따르고 있다. 게다가 병원 수입에서 메디케어가 차지하는 비중이 크기 때문에, 메디케어 환자를 받을 수 있도록 인가를 받는 것이 사실상 병원 운영 허가를 받는 것과 마찬가지였다.

● 정당성과 메디케어

메디케어를 설계하던 시기에, 케네디와 존슨 행정부는 의료서비스 분야에 있어 깊게 자리 잡은 정부 역할에 대한 우려를 극복하기 위해 애를 썼다. 케네디가 요청하여 실시한 여론조사에 의하면, 정부가 고령층을 위한 의료에 대해서 '조치를 취하기를 원한다.'라고 답변하면서도 의료비에 대해서는 '방법에 대해 의구심이 든다.'고 답변했다.[25] 40여 년이 지난 후, 오바마 행정부와 의원들도 보험 미가입자를 대상으로 보험혜택을 확대하기 위한 방안을 모색할 때 비슷한 여론에 맞닥뜨렸다.

의료시스템에서 정부의 역할이 커지는 것을 반대하는 사람들은 오늘날과 동일하게 그런 의구심을 불러일으키고, 부추기는 데 능숙했다. 반대하는 사람들은 다음 두 부류의 사람들이었으며, 서로 중복되기도 했다. 첫째는 의료 분야가 이미 시장에 최적화되어 있는 영역이라고 보았기 때문에 정부가 개입하는 것을 반대하는 정치인을 비롯한 사람들, 둘째는 의료서비스에 대한 정부의 참여가 커지면 본인들의 자율성과 수입이 위태로워질 것이라고 믿었던 이해관계를 가진 사람들(대개가 의사였다)이었다. 오늘날에서야 돌이켜보면, JCAHO의 등장은 정당성에 대한 우려가 아니라 실은 정부의 역량에 대한 의문이었다고 추측할 수 있다. 하지만 당시 1960년 초는 정부 역량에 대한 미국인들의 믿음이 최고조에 달했던 시절이었다. 결국 연방 정부가 메디케어를 직접 관리하는 것은 효과성을 이유로 거부된 것이 아니었다. 실제로, 관리예산국(Office of Management and Budget)의 전신인 예산국(Bureau of the Budget) 관계자들은 메디케어를 책임지기 위해서는 정교한 관리 인프라가 필수적이라고 주장했다. 당시 분석가들과 정치 관계자들은 정부에게 있어 그렇게 큰 재정적 중요성을 갖는 프로그램의 관리 권한을 민간 조직에 위임하는 것에 대한 위험성을 잘 알고 있었다.[26)]

그러나 고려해야 할 다른 계산이 존재했다. 사회보장국(Social Security Administration)의 책임자 로버트 볼(Robert Ball)은 메디케어 운영을 위해 민간 조직에 최대한 의존하게 되면, '직접 운영을 통해 얻는 신속하고, 유연한 통제라는 기본적인 장점을 뛰어넘는 홍보상의 이점이 있다'고 설명했다.[27)] 가장 효과적인 관리 방식이 무엇인지에 대한 기술적인 평가보다는, 정당성을 어떻게 인식하느냐에 따라 형성되는 정치적 계산이 메디케어 프로그램과 그 책임 구조를 만들었다.

결국 1965년 사회보장개정법(Social Security Amendments)에 의해 공식적으로 새로운 프로그램이 만들어졌을 때, 민간 조직에 상당히 의존하는 특징을 드러냈다. 법률에 의하면 메디케어는 보건교육복지부(Department of Health, Education and Welfare, 이는 보건사회복지부(Department of Health and Human Services)의 전신 기관) 장관의 책임 사항이었지만, '장관은 그 기능을 직접 수행할 수 있으며, … 장관이 필요하다고 판단될 경우에 계약을 통해 수행할 수 있다'고 규정하고 있다.[28] 엄밀히 말하면, 모든 기능을 직접 수행할 수 있는 가능성은 열려있었지만, 민간부문이 이 기능을 수행하는 것이 불가피하다는 것처럼 읽혀졌다.

그러나 이 법은 한 걸음 더 나아가 병원의 메디케어 참여자격을 결정하는 중요한 기능에 대해서도 규정했다. 법령 내용 중에는 병원이 연방정부에 고령자에 대한 의료비를 청구하기에 앞서 충족해야 할 요건을 세세하게 나열하고 있다.[29] 그러나 별도로 JCAHO에 의해 인가받은 기관은 '필요한 요건을 충족한 것으로 간주한다.'고 간단히 명시되어 있었다.[30] 나중에 어느 학자가 말했듯이, 정부의 권한이 확대되는 것에 회의적이거나 반대하는 사람들을 달래기 위한 방책으로, 의사와 병원이 연방정부를 상대하는 불편함을 피할 수 있도록 메디케어 관리방식이 설계되었다.[31]

● 의료기관인증합동위원회의 역할

정치적 편의를 위해 메디케어의 간접적인 관리방식을 도입한 케네디와 존슨 행정부의 판단은 과연 옳았을까? 이 거버넌스의 모델과 그 정당성에 대한 우리의 논의는 기본적으로 병원의 품질을 감독하는 기능을 담당하는 민간조직인 JCAHO가 시장의 효율성 향상을 위해 적절한 정보를 제공해야 하는 정부의 중심 기능을 잘 실행하고 있는가에 대한 관찰에서 시작한다. 게다가 JCAHO는 정부가 거대 참여자인 시장에서 그 기능을 실행해야 한다.

물론 정부가 직접 관리한다고 해서 효과적인 품질 관리가 보장되는 것은 아니다. 연방저축대부보험공사(Federal Savings and Loan Insurance Corporation)가 1980년대의 저축기관 파산 사태를 막지 못한 사례를 보면 알 수 있다. 동시에 민간 인증제도는 결코 드문 경우가 아니며, 공적인 결과를 가져오는 문제에 있어서도 마찬가지다. 민간의 회계법인은 기업의 재무 상태를 인증한다. 2008년 금융 붕괴를 앞두고도 주요한 평가 기관들이 제대로 평가하는 데 실패했음에도 불구하고, 여전히 채권평가기관은 현재도 기업, 지방정부 및 국가의 부채등급을 평가한다. 또한 약자 ISO로 널리 알려진 국제표준화기구(International Organization for Standardization)는 제조 기업이 확립된 규격에 부합하는지를 인증한다. 부채평가기관의 실패로 서브프라임 모기지 사태가 발생한 것처럼, 민간 평가와 규제 방식의 일부는 실패할 가능성이 있다. 하지만, 이 같은 실패가 정상적으로 잘 작동하는 민간 방식을 무색하게 해서는 안 된다. 또한 동일한 분야에서 공공 품질관리 모델과 민간 품질관리 모델이 동시에 혹은 각자 역할을 하는 경우도 많이 있다. 공공기관인 미국도로교통안전청(National High-way Traffic Safety Administration)과 민간기관인 고속도로안전보험협회(Insurance Institute for Highway Safety)는 각각 자동차 충돌테스트를 진행하고 그 결과를 공개하고 있다. 미국에서 가장 오래되고 친숙한 품질 인증은 UL(Underwriters' Laboratory) 로고가 대표적이다. 1800년대 후반에 설립된 민간기관이며, UL의 기준을 충족하는 다양한 제품에 이 로고가 부착된다. UL이 테스트한 거의 모든 제품은 연방 소비자제품안전위원회(Consumer Product Safety Commission)의 규제를 받으며, 때때로 양 기관의 표준이 상충되기도 한다.[32)]

그런데 JCAHO가 다른 평가 업무를 담당하는 민간기관과 구분되는 요인은 두 가지다. 첫째는 JCAHO는 막대한 공공 자원의 지출의 원인이 되는 인가 업무를 담당한다. 둘째는 그 조직원들, 특히 의사와 간호사들은 이 조직의 중요한 전문가들이지만, JCAHO가 승인하는 기관 출신의 조직원들이며, 대다수는 승인받은 기관에 고용되어 있다. 그렇다면 문제는 JCAHO와 메디케어에 궁극적인 책임을 지는 정부 당국 간의 관계에서 공공임무 수행을 위한 합리적인 책임 분배와 효율적인 실행이 가능한지의 여부다. 이 질문에 답하기 위해서는 민간 조직의 특성, 업무의 특성, 공공 및 민간 행위자 간의 관계, 그리고 실제 조직이 기능하는 방식을 살펴볼 필요가 있다. 특히 JCAHO가 누리고 있는 재량의 형태와 정도에 어느 정도 세심한 주의를 기울일 필요가 있다.

인가를 받기 위해서 병원은 JCAHO의 실사를 통과해야 한다. JCAHO 인가 수수료는 하찮은 금액은 아니지만 적은 금액도 아니다. 병원의 규모와 복잡성에 달려있으며 보통 수만 달러 수준이다. 어떤 병원은 때때로 수수료를 이유로 JCAHO 인증에서 주 보건당국 인증으로 전환하기도 한다.[33] 부담 경감을 위해, 연방 정부는 JCAHO 인가 수수료를 병원 운영을 위한 정당한 비용으로 간주하고 이를 상환받을 수 있는 지출에 포함할 수 있도록 허용하고 있다.

조사팀은 일반적으로 3일, 때로는 그 이상의 시간을 할애하여 시설을 조사하고, 구성원과 인터뷰를 하고, 각종 기록을 검토한다. 몇 달 후 JCAHO는 보고서를 발행한다. 대부분의 병원이 인가를 받는다. 인가를 받지 못하는 병원은 거의 없다. 결국 JCAHO는 점수기록원(scorekeeper)이 아니라 문지기(doorkeeper)에 지나지 않는다. 누가 들어오는지 누가 나가는지를 결정하지만, 누구의 점수가 더 높고 누가 더 낮은지에 대해서는 할 말이 없다.

● 협력 의무

객관적으로는 CMMS와 JCAHO가 메디케어 참여 병원을 공동으로 결정해야 하는 관계에 있다.[34] 그러나 이는 실무 관리자들에 의해 설계된 것이 아닌 입법자에 의해 강제된 이상한 형태의 협력 관계이다. 이 관계를 만들 때, 민간 협력자나 공공 협력자 어느 측과도 논의하지 않았다. 법률안이 작성되었을 때, CMMS나 그 전신 기관은 아예 존재하지 않았다. 그리고 메디케어 법안

이 제정된 후에야 의료서비스 품질 관리를 JCAHO가 담당한다는 것이 알려졌다.[35)]

JCAHO는 필수적인 공공임무를 수행하는 민간 협력자로서, 엄청난 양의 의료서비스에 대한 비용을 연방정부에 청구할 수 있는 권한을 병원에게 부여하고 있다. 메디케어에 의한 병원비는 대략 상무부, 에너지부, 국토보안부, 내무부, 법무부, 노동부, 및 주정부의 총지출액을 모두 합한 금액과 비슷하다.[36)] 그러나 JCAHO는 공공 협력자에 대해 어떤 유의미한 책임도 가지고 있지 않다. 비용을 지급하는 CMMS는 JCAHO가 적용하는 기준에 대해 어떤 권한도 가지고 있지 않다. 인가되지 않은 설비에 대한 청구를 거절하는 것 외에 인가 심사 자료를 직접 사용할 수 있는 권한이 없다. 보건사회복지부 감사관실은 JCAHO에 대한 CMMS의 입장을 '지시적이 아닌 순종적(more deferential than directive)'이라고 특징지었다.[37)] 우리가 이 책에서 계속 사용하는 재량 프레임에 대입해 보면, JCAHO는 극단적으로 대부분의 재량을 누리는 반면, 정부는 재량이 거의 없다.

또한 재량 배분이 이렇게 편중된 것은 공공 협력자인 CMMS의 특수한 특징을 반영한다. 보건사회복지부의 자문변호사는 CMMS의 조직의 기원이 사회보장국(Social Security Administration)이었다는 사실이 중요하다고 강조했다. 그 조직의 주된 임무는 사람들이 언제 어떤 일을 해서 돈을 받을 수 있는지를 결정하고, 그 일을 마치면 돈을 지급하는 것이었고, 현금 지급을 담당하는 기관처럼 임무를 수행해야 하는 것이 조직 문화였다. 조직 스스로도 자신을 규제기관으로 생각하지 않았고, 규제기관으로 바꾸려는 입법 노력에도 저항해 왔다.[38)]

이 같은 조직의 특성을 감안하면, CMMS는 입법 규제와 무관하게 품질 감독 임무의 위임을 강하게 선호할 것으로 예상할 수 있다. 관료제(bureaucracy)가

태생적으로 제국주의적이며, 자신만의 영역을 중시한다는 통념과는 대조적으로 CMMS는 품질 감독 임무를 직접 통제하려는 열의를 보인 적이 없었으며, 쉽게 진입하기 어려운 영역을 자신의 것으로 주장하는 것 자체를 두려워했을 수 있다. 실제로 재량의 편중으로 인해 불균형을 안고 있는 두 기관 중 JCAHO보다 CMMS가 훨씬 편안해 보인다. 2004년 JCAHO 회장 데니스 오리어리(Dennis O'Leary)는 정부로부터 지휘를 받을 수 있는 어떠한 메커니즘이 없는 사실에 대해 우려를 표명했다. '우리가 새로운 인가 절차를 소개하면서, CMMS 직원에게 몇 가지 사안에 대해 보고했다. … 우리가 듣고 싶었던 것은 바로 그들의 찬성과 승인이었다. 그러나 그들이 그렇게 할 수 있는 법적 권한이 아예 없었다.'[39]

● 불리한 정부

CMMS는 스스로가 병원의 품질을 평가하기 위한 준비가 되어 있지 않았을 것이다. 병원을 면밀하게 점검하는 것은 기술적으로 매우 어려운 작업이다. CMMS가 JCAHO를 세부사항까지 통제할 수 있을지 여부도 확실하지 않다. 병원의 품질을 평가하는 조직에 대해 감독을 진행하고, 필요하면 지휘까지 해야 하는 일은 적어도 그 대상 기관과 등등한 기술 및 관리 능력을 갖춘 인력이 있어야 하고, 결국 그 인력은 평가받는 기관의 구성원의 능력과 동일하거나 그 이상의 자질을 갖추어야 한다. CMMS가 지불할 수 있는 급여 수준을 고려하면, 최고 수준의 기술 및 관리 능력을 갖춘 인력을 고용하고 유지하는 것은 매우 비현실적이다. 2003년 기준으로 JCAHO 위원장은 CMMS 회장보다 6배 이상의 급여를 받았다.[40] 고위급 이하에서는 그 차이가 줄어들겠지만, 사실상 병원인가와 관련된 모든 전문 직종의 공공부문과 민간부문의 급여 차이는 상당하다.

더 중요한 점은 정부기관들이 품질이 고도로 차별화된 대상에 대해서는 품질 판단을 매우 꺼려한다는 점이다. 대신에 아주 기본적인 합격-불합격 수준의 판단을 선호하는 경향이 있다. 이는 부분적으로 행정절차법(Administrative Procedures Act)과 같은 규정 때문이기도 하다. 만일 정부 기관이 어느 개인이나 단체에 대해 조금이라도 차별적으로 대우하기 위해서는 규정에 따른 엄격한 근거가 있어야만 한다. 여기에 더해 관료주의적 행태도 한 몫을 한다. 충분한 보상이 기대되는 상황이 아니라면, 위험이나 갈등을 천성적으로 기피한다. 이 같은 경향은 정부기관에 광범위하게 퍼져 있다. 연방예금보험공사(Federal Deposit Insurance Corporation)는 은행을 문제가 있는 은행과 문제가 없는 은행으로 나누어 취급한다. 연금지급보증공사(Pension benefit Guarantee Corporation)는 지속적인 의회의 반대에도 불구하고 재원 위험이 명백한 고용주에 대해서는 차별화하고자 시도한다. 실업보험(unemployment insurance) 관련 기관들은 안정된 고용상태를 유지하여 보험 청구가 거의 없는 사업주와는 달리 노동자를 매우 괴롭게 하는 까닭에 보험청구율이 높은 사업주에 대해 고발하려고 하지도 않을뿐더러 할 능력도 없다. 소비자제품안전위원회(Consumer Product Safety Commission)는 제품을 안전한 제품(조치가 필요 없는 제품)과 안전하지 않은 제품(즉각적인 리콜이 필요한 제품)으로 구분하는데, 이는 소비자연맹(Consumers Union)과 같은 민간단체의 경우 제품을 매우 상세한 등급으로 평가하는 것과는 대조된다.

● 우려와 성과

메디케어로 인해 JCAHO는 운영 방식에 있어 폭넓은 자유가 주어졌다. 언뜻 보기에는 주의의무에 대한 우려가 커 보인다. 아마도 인가 수수료를 납부한 병원의 인가신청서에 아무렇지도 않게 인가도장을 찍어줄지도 모른다고 생각할 수 있다. 그러나 JCAHO가 호락호락한 상대가 아니라는 것을 여러 사례들이 명확히 보여준다. 마치 학생들이 평소 만반의 준비를 하도록 쪽지시험을 아무런 예고 없이 치르는 것처럼, JCAHO는 긴 기간을 두어서 진행하는 점검을 짧은 기간으로 끊어 진행하되 예정일에 방문하는 점검과 불시 방문하는 점검으로 나누어서 진행하는 것으로 최근 정책을 변경했다. 국민의 시각에서는 매우 바람직한 것이지만, 병원 입장에서는 그리 달가운 일이 아니다. 그리고 병원 인가가 거절되는 경우는 상대적으로 드물지만, 실은 알려지지 않았기 때문에 알 수가 없다.

대부분의 병원은 상당히 높은 품질 기준을 달성하기를 희망한다. 또한 병원은 인가가 자동적으로 이루어지거나 의미가 없다면 오히려 환자들이 비판할 것으로 예상되기에, JCAHO의 인가를 제대로 받기를 원한다. 비록 JCAHO가 환자의 이익을 희생시켜서 인가 수수료만 챙길 수도 있겠지만, 소속 직원들이 스스로 그런 나태함을 용인할 것이라고 믿을 근거가 없다. 만일 학계, 언론, 혹은 국민들이 인가 절차의 느슨함을 알게 된다면 확실히 부메랑이 되어 돌아올 것이다. 몇 만 달러의 수수료를 받고 형편없는 병원에 인가를 내주는 일로 인해 그 명성이 위태롭게 되는 것은 합리적 경제 주체가 받는 보상치고는 너무 적은 금액이다.

JCAHO 직원들이 오로지 이기적인 목표만 가지고 있어서, 좋은 수입과 높은 지위 그리고 안정되고 예측 가능한 전문 직업 생활을 영위하려 한다고 가정해 보자. 이 같은 목표에 가장 큰 위협은 메디케어의 중요한 문지기로서의 독점적 지위를 잃는 것이다. JCAHO가 인가 권한을 박탈당하는 것은 재앙과 같을 것이고, 인가 업무에서 지배적인 역할을 잃는 것도 큰 충격일 것이다. 이는 가상의 위험이 아니었다. 2007년 통과된 법률로 인해 선택 가능성을 부여하는 민간 인가제의 문이 열렸다. 지금까지는 소수의 경쟁 상대가 출현했지만, 추후 몇몇 엉성한 인가 사례가 환자들의 피해와 맞물려 알려지면 독점권한을 가진 JCAHO에 치명타를 안길 수도 있다. 그와 같은 실수는 수수료 납부자인 병원과 JCAHO가 영합했다는 불미스러운 비난으로 빠르게 부각되면서 공정한 인가자의 역할을 기대했던 JCAHO의 정당성을 단시간에 훼손할 것이다. 허술한 감독으로 인해 고통받은 환자들이 제기하는 잠재적인 소송들은 분명 상당한 어려움으로 닥칠 것이다. 따라서 JCAHO는 비록 엄격한 잣대를 적용함으로써 수수료를 납부하는 일부 기관을 괴롭게 할 수 있지만, 정당성과 명성을 유지할 수 있을 만큼의 엄격함을 가지고 임무를 수행하려는 강력한 동기를 갖게 된다.

게다가 JCAHO는 정부나, 병원이 제대로 할 수 없는 일을 스스로 수행할 수 있다는 것도 보여주었다. 예를 들어, JCAHO는 정신건강을 위한 시설 기준으로 '영적 평가(spiritual assessments)'를 하도록 권고하는데, 정신과 환자의 믿음이 회복과 신체건강에 도움이 될 수 있는지 여부와 그 방법을 결정해야 했다. 일반적으로 정부와 교회 간의 경계를 넘는 것에 대해 조심스러워하는 정부 기관이었다면 그 같은 권고를 하는데 소극적이었을 것이다.[41] 또한 괄목할 만한 성과 중에는, 단순한 용역 계약으로는 기대하기 어렵거나 불가능했던 성과도 있었다. 상당히 많은 병원들로부터 자료들을 종합한 결과, 발생 확률은 낮지만 발생할 경우 비용이 상당할 수 있는 사례로서, 의사가 국제단위(international units)의 약자인 IU를 부주의하게 쓰면 숫자 10으로 오인된다는 사실이 발견되었는데, 이 약어는 즉각 오류 발생 가능성이 큰 용어에 포함되어 JCAHO가 배포하는 '공식 사용 불가' 용어 목록에 삽입되었다. 많은 자료가 종합되고, 분석할 수 있는 기관만이 이 같은 용어를 발견할 수 있었을 것이다.

| 태만의 죄(Sins of Omission) |

그러나 JCAHO와 정부 간의 복잡한 협력 방식의 모든 측면에서 바람직한 결과만 나오는 것은 아니다. 먼저 이번 정당성을 위한 협력 모델의 단순하게 예측할 수 있는 그 대가를 살펴보자. JCAHO가 인가한 병원들의 실상에 대한 언론 보도는 늘 있어왔다.[42] 다방면의 비평가들은 주기적으로 이해상충 가능성에 대한 우려를 주기적으로 제기해 왔으며, 특히 JCAHO가 중대한 이해관계가 달려있는 인가심사를 진행하면서, 동시에 자회사를 통한 컨설팅 서비스를 해당 병원이 이용할 수 있는 기회를 제공했다고 비판했다. 그런데, 최초에 문제가 드러났을 때에 비하면 지금은 별로 대수롭지 않게 느껴진다. 인가받은 병원에서 그 같은 문제가 발견되었다는 사실이, JCAHO의 방만 운영을 증명하지는 않는다. 점검자들이 병원을 떠나면 상태가 바뀔 수 있다. 품질의 차이가 있을 수도 있고, 품질 수준과 실제 수준의 불일치 여지도 존재한다. 사람에 의해 운영되는 어떠한 점검 시스템도 때때로 실패할 가능성을 가지고 있다. 그리고 사람들은 JCAHO의 컨설팅 자회사의 마케팅 전략이 강요적이라고 생각할 수 있는 반면에, JCAHO는 인가 수수료를 자체적으로 정하고 있다는 점에 주목해야 한다. 점검하는 병원에서 최대한 많은 돈을 끌어내려면, 컨설팅 자회사를 통해 뇌물 명목으로 '돈세탁(laundering)' 할 것이 아니라, 단순하고 손쉽게 점검 수수료를 인상하면 되기 때문이다.

이번 협력에서 발견되는 가장 취약한 약점은 이 같은 위험과는 전혀 관계가 없다. 오히려 협력 방식에 불만족할 수밖에 없는 가장 주된 원인은 기존의 정부 주도의 품질 관리 시스템으로 달성할 수 있는 최선의 것보다 더 나은 결과를 만들어내지 못하기 때문이다. JCAHO의 방식은 다른 공공 평가기관과 동일한 방식을 따른다. 문제는 끔찍한 병원이 인가를 받거나 병원 자격을 유지하는 것이 아니라, 인가된 병원들 중에 의미 있는 차별성이 거의 없다는 사실이다. 합격–불합격 접근법은 미국 내 상당히 다양한 의료기관들 간의 중요한 차별성을 제거해 버렸다. 환자, 보험사, 의사 그리고 그 외 모든 사람은 그저 그런 병원이든 실제 최고의 병원이든 상관없이 JCAHO로부터 본질적으로 동일한 정보, 즉 인가된 병원인지 비인가 된 병원인지에 대한 정보를 받는다. 환자가 무난한 병원, 훌륭한 병원, 최고의 병원을 쉽게 구별할 수 있는 방법이 없기 때문에 최고의 병원이 되기 위한 동기도 사그라진다. 의료기간 간의 차이를 확인할 수 있는 미묘한 정보를 도출하기 위해서는 실제 환자보다도 더 큰 정교함과 끈질김이 필요하다. 그리고 누구나 이해하기 쉬운 차별적인 품질 등급을 만들기 위해서는 JCAHO가 보여준 것보다 훨씬 대담한 용기가 필요하다.

JCAHO의 평가 방식은 인가 여부의 경계선에 있는 경우를 제외하고는 병원이 스스로 더 나은 의료서비스를 제공하기 위한 자극을 주지 못한다(대학에서의 학점 인플레이션에 따른 문제의 심각성은 게으른 학생이 높은 성적을 받게 되는 것이 아니라, 상위 학생들에 줄 수 있는 우수성에 대한 대가가 없다는 것이라는 점과 유사하다). 그래서 정부의 평가시스템 그리고 인가시스템이 보여주는 고질적인 문제는 결국 문제가 필요 없는 곳에서 나타난다. 병원들 간의 더 정확한 차이는 매우 큰 편익을 창출할 수 있다. 의료기관들의 의료 품질은 매우 다양하며, 한계 비용으로 얻을 수 있는 건강 증진 효과도 다양하다. 제대로 갖춰지지 않은 성과기반 보상 시스템(performance-incentives system)이라 할지라도 많은 금액을 절약하거나, 전반적인 품질 수준을 개선할 수 있다. 이 같은 시스템은 '인가(accredited)' 범주를 5개 등급으로 나누고, 각 범주에 각 20%의 병원이 속하도록 배정하고, 각 등급에 따라 진료비 지불 비율을 다르게 정할 수 있다.[43)]

품질 등급이 존재하지 않는다는 사실은 메디케어 설계자들이 정당성을 위해 값비싼 대가를 치렀다는 것을 의미한다. 만일 당시 정치 상황이 정부 스스로 인가 능력을 가질 수 있도록 허용해 주었다면, 병원에 대한 정보의 양과 질에서 월등히 좋은 결과를 얻을 수 있었을 것이다. 병원 품질 평가 임무를 정부가 직접 수행해야 할지, 민간에 위임해야 할지, 어느 모델이 더 적합할지 판단하기 전에 반드시 상당한 분석과 실증 작업이 필요하다. 그러나 현재까지의 증거들은 의미 있는 평가 제도를 통한 잠재적 편익은 고사하고, 위임의 단점–추가 비용, 모호한 책임 소재, 재량 남용 조치 등–이 계속 드러나고 있는 상황이다. 물론 민간 조직인 JCAHO는 CMMS와 달리, 정교하게 차별화된 평가 정책을 확립해야 한다는 정치적 압력으로부터 충분히 보호받아야 한다. 그러나 민간 조직으로서, 정부 기관이 할 수 없는 방식으로 평가자로 하여금 타당한 차등 점수를 부여하는 추가적인 노력을 기울이도록 유도할 수 있었을 것이다.

민간 조직인 JCAHO는 중요한 공공임무를 수행한다는 정당성을 지녔으면서도 왜 다른 공공 기관들이 일하는 방식을 선호하는 것일까? 거의 모든 인가 신청자자 인가를 받게 되는 합격–불합격 체제를 유지하는 것이 JCAHO에게 있어서 논란과 압박을 최소화하면서 가장 편안하게 운영할 수 있는 방법으로 보인다. 인증 시스템을 아주 세밀하게 운영하면 그 편익은 결국 국민(더 나은 의료서비스를 제공받게 되는)과 최고 등급의 병원(더 많은 환자를 유치할 수 있게 되는)에게 돌아가는 것이지, JCAHO에게는 별다른 편익이 미치지 않을 것이다. 기껏해야 JCAHO는 더 열심히 일하도록 독촉을 받을 것이다. 최악의 경우, 정부기관의 인가를 선택하거나, 다른 민간의 인가기관으로 인해 시장이 축소될 수도 있다. 그래서 JCAHO가 자발적으로 합격–불합격 체제 이상의 것을 생각하지 않는 것은 이상한 일이 아니다. 이 협력에 있어 취약한 공공 당사자인 CMMS는 정밀한 평가 시스템을 요구할 권한, 그런 시스템을 갖출 능력, 또는 JCAHO가 그런 능력을 갖추었는지를 판단하는 능력도 모두 없다. 따라서

JCAHO는 점수기록원(scorekeeper)이 아닌 문지기(doorkeeper)로 남아 국민의 보이지 않는 손실이 계속되도록 지키고 있다.

| 정당성의 발전 |

새로운 프로그램이 신설될 때에 그 정당성은 경험(experience)보다는 기대(expectation)로부터 기인한다. 그러나 그 기대는 또다시 과거에 보여준 성과로부터 기인한다. 따라서 우리가 다룬 성공적인 차터스쿨과 공원조성 사례가 정부로 하여금 다른 분야에도 민간부문과의 협력을 기꺼이 도입하도록 만들어준다. 마찬가지로, 2008년 금융 붕괴 이전의 민간의 금융평가기관의 실패사례는 국민으로 하여금 민간부문에 대해 회의적인 시각을 심어준다. 우리는 한 분야에서의 평판이 다른 분야로 옮겨가는 것을 '평판의 외부효과(reputational externality)'라 부른다. 이는 일반적인 현상이지만, 공공부문과 민간부문 사이의 상대적인 정당성에 특별한 영향을 미친다.

냉철한 이성보다는, 과거 사례와 고정관념으로 인해 정당성을 갖게 되어 협력적 모델이 선택될 수 있다. 하지만 이는 이성의 역할을 깎아내리는 것이 아니라, 단지 재조정하는 것이다. 이성은 다시금 정당성을 고려하여 어떻게 구성하는 모델이 최고의 모델인지 고민하게 해 줄 것이다. 실현 가능성과 정치 상황으로 인해 보스턴 그린웨이에 대해 정부의 직접 관리 모델을 배제했을 때, 공공 협력자와 민간 협력자는 결국 상당히 많은 다른 선택들이 있었음에도 불구하고, 수준 이하의 방식을 정략적이고 즉흥적으로 선택해 버렸다. JCAHO는 우려했던 것보다는 작동이 잘되고 있다. 비록 정당성을 고려하여 어쩔 수 없이 선택하게 된 모델이지만, 창의성을 더하고 다양한 규정들을 더 도입한다면 더욱 나아질 것이다. 미국인들은 해외원조가 관료체제를 통하지 않고 민간 기업을 통해 진행되기를 원했다. 이 같은 선호를 반영하면 무책임하고, 부패가능성의 위험성이 잠재적으로 따라오지만 앤드류 나시오스와 그의 팀이 찾은 명쾌한 해결책은 주목할 만한 것이었다. 협력 방식의 기원이 무엇이든지, 명확한 사고는 항상 더 좋은 결과를 만들어낸다. 확보된 증거나 자료에 세심하게 주의를 기울이고, 빈틈없이 분석하면 이념적인 선호와 실질적인 성과 사이의 절충을 부드럽게 할 수 있다. 정당성과 효과성은 함께 발전할 수 있다.

제7장

자원을 위한 협력

한때는 쓰레기가 뒤덮고, 범죄 소굴의 황무지였던 센트럴 파크(Central Park)는 놀라운 르네상스를 겪은 후 모두가 좋아하는 휴식처가 되었다. 유명한 문학의 길(Literary Walk)은 자연과 예술이 우아하고 조화롭게 어우러진 공원의 전형을 보여준다. 오늘날 날씨가 어떠하든, 어느 시간이든, 느릅나무 터널 아래 자리 잡은 문학 거장의 동상들 사이를 거니는 뉴욕 시민과 관광객을 볼 수 있다. 그러나 얼마 전까지 로버트 번스(Robert Burns)(옮긴이, 18세기 영국 스코틀랜드 출신의 시인)와 월터 스콧 경(Sir Walter Scott)(옮긴이, 19세기 초 영국 문학가)을 비롯한 문학 거장들은 난잡한 그라피티와 바람에 날려 와 쌓인 쓰레기로 덮인 받침대 위에 앉아 있었다. 이렇게 최근 수십 년 동안 센트럴 파크 상황은 아주 많이 변화해 왔으며, 그 중심에 협력적 거버넌스가 있다.

이 변화의 전환점을 꼽아야 한다면, 아마도 1980년이 될 것이다. 그해는 뉴욕의 공원관리부(Parks department)가 센트럴 파크 운영을 위해 엘리자베스 바로우 로저스(Elizabeth Barlow Rogers)를 고용한 해였다. 시장과 공원감독관의 요구는 명확했다. 망가져버린 뉴욕의 상징을 복원시키는 것이었다. 늘 하던 방식들은 대부분 실패했기에, 로저스는 새로운 접근을 시도해 보기로 했다. 하지만, 필요한 공공 자원의 충분한 지원은 있지도 않았고 바라기도 어려웠다.

뉴욕의 예산 상황은 나아지고 있었지만, 여전히 너무 힘든 수준이었다. 공원과 운동장은 불필요한 군더더기로 여겨졌고, 경찰, 소방관, 앰뷸런스가 우선순위를 차지했다. 공원관리부의 예산은 1974년 이후 인플레이션 영향이 가중되어 거의 3분의 1 수준으로 떨어졌다. 지난 6년 동안 절반이 넘는 인력이 해고되거나 퇴직했고, 대체 인력 채용은 없었다. 예전 방식대로 일한다면 로저스도 실패할 것이 거의 확실했다. 이에 로저스는 사면초가의 공원을 되살리기 위해 민간 자원을 투입할 수 있는 문화적, 제도적 구조를 구축하고자 했다.

로저스는 다방면에서 문제와 맞닥뜨렸다. 부족한 자원은 현 정부의 단면을 보여주었다. 정부가 해주었으면 하는 일의 비용을 추산해 보면 필요한 총비용은 시민들이 낼 수 있는 세금의 총합계를 훨씬 초과할 정도였다. 결국 정부가 실행하려는 공공임무에 이해관계가 있는 민간 협력자의 자원을 합하여 정부가 투입할 수 있는 전체 자원을 확대하기 위한 목적이 협력을 하게 된 기본적인 원인이 되었다.

물론 정부가 임무를 수행하기 위해 동원할 수 있는 자원의 수준은 임무의 목표, 임무를 다루는 효율성, 그리고 비용과 편익을 공유하는 공정성에 대한 대중의 인식에 달려있다. 또한 각 요인은 좋든 싫든, 정부가 그 목표를 위해 독자적으로 임무를 수행하느냐, 민간 역량을 활용하느냐 여부에 따라 영향을 받게 된다. 이번 장은 민간부문과의 협력을 위한 동기가 드러나는 세 가지 상황을 살펴볼 예정이며, 각 상황이 민간 자원 확보만이 유일한 희망이었다는 것을 확인하게 된다. 그 내용은 뉴욕의 공원들, 클린턴 정부의 연비 향상을 위한 차세대 자동차 개발을 위한 파트너십, 미국 식품의약청의 신약 안전성 검사에 대한 내용이다.

| 뉴욕의 공원 |

협력을 통해 변화된 사례로서 뉴욕의 어느 공원을 살펴보기 전에 먼저 그 배경을 볼 필요가 있다. 이 배경은 '거대 건축 콤플렉스(edifice complex)'라는 용어를 만든 인물, 로버트 모지즈(Robert Moses)를 빼놓고 이야기할 수 없다.[1] 유명 건축가이자 유력 인사였던 그는 1924년부터 1968년까지의 기간 동안 재직했던 뉴욕 공원감독관 중 한 명이었다. 뉴욕이라는 관료주의 텃밭에서 그는 가공할 만한 정치적 기반을 끌어 모았고, 도시의 면모를 바꾸어 놓았다. 기피 부서였던 공원관리부는 그의 진두지휘 아래 실세 부서로 바뀌었다. 대공황이 절정에 달했을 때에도, 공원관리부는 디자이너와 엔지니어 1,800명을 포함한 총 75,000명의(주로 연방 자금으로 운영하는) 인력을 자랑했다.[2] 모지즈는 1939년과 1964년 세계박람회를 개최하기 위해 광활한 퀸즈(Queens)(옮긴이, 뉴욕 동부 지역)의 한 구역을 완전히 바꾸었다. 새로운 공원을 만들고, 오래된 공원을 재개장했으며, 도시 곳곳을 놀이터, 해변, 수영장, 분수, 유원지로 꾸몄다. 그는 뉴욕의 공원 면적을 두 배로 늘렸고, 장비, 편의시설, 유지보수의 등급을 크게 향상시켰다. 그러나 공원, 해변, 동물원으로는 그의 열망을 잠재우기에 충분하지 않았으며, 도시 전역의 도로, 다리, 링컨센터, 유엔 빌딩, 주택 사업 등으로 그 영역을 확장했다.

모지즈는 그의 제국을 건설하고 먹여 살리기 위해 필요한 자원을 모으는 데 창의적이었고, 끈질겼으며, 때로는 인정사정없기까지 했다. 그는 시 정부와 늘 예산 줄다리기를 했고, 그 결과는 꽤 좋았으며, 도시 수입에서 터무니없는 몫을 요구하기도 했다. 또한 정당하게 주 정부와 연방 정부의 자원을 활용하기 위한 방법을 궁리했다. 그의 가장 대담한 조치는 공원이용료와 임대료를 받음으로써 그의 제국이 자급자족할 수 있도록 한 일이었다.

몇몇 분석가나 역사가들은 모지즈의 추진력과 비전을 칭송했다. 또 어떤 이들은 그의 권력의 민낯을 비난하기도 했다. 두 평가 모두 취할 점이 있지만, 그의 행동이 타의 추종을 불허하는 것이었음은 모두가 동의한다. 뉴욕 시의 다른 공원감독관들–야심도 덜하고, 뻔뻔함도 덜했던–은 예산이 자신의 손아귀에서 모지즈에게 흘러가는 것을 보고 있어야만 했다. 그렇게 방대한 자원이 없었다면 모지즈와 같은 구상을 성공시키기는 불가능했다. 그래서 그를 모방하고자 했던 대부분의 사람들은 실패했다.

모지즈는 유지관리비가 많이 드는 유산을 남겼다. 1970년대 다른 도시와 마찬가지로 뉴욕은 침체와 혼란기에 접어들었다. 모지즈가 수년간 구축해 놓은 엄청난 투자를 유지하기가 정말 어려워졌다. 중산층 가정이 교외지역으로 이주하면서 도시의 재정 기반은 약화되었고, 범죄도 급증했다. 무분별한 대출이 가져온 재정 파탄은 결국 뉴욕을 1975년에 전면적인 금융위기로 이끌었다. 더구나 1977년 발생한 정전 사태가 가져온 도시 혼란은 뉴욕이 쇠퇴해 가는 어둡고, 무질서하고, 위험한 도시의 상징이라는 이미지를 각인시켰다.

이 같은 상황에서 공원 관리의 질적 하락은 불가피했다. 정부가 해야 할 많은 일들 중에 공원 관리는 부차적인 기능으로 보였고, 공원관리부는 부서의 임무가 굳이 해야 하는 일인가라는 인식에 시달렸다. 예산과 인원은 1960년대 중반부터 계속해서 삭감되었다. 공원관리 책임자를 비롯한 모든 직원들은 이제까지 자랑스럽게 해왔던 일들과 오늘날의 초라한 처지 사이에서 좌절감을 느꼈다.

공원관리부가 감당해야 했던 임무의 범위는 당시 뉴욕의 재정 능력을 웃돌 정도였다. 1980년 공원관리부는 900개의 놀이터, 709개의 경기장, 104개의 수영장, 535개의 테니스코트, 15마일의 해변, 14개의 골프장, 3개의 동물원을 담당했다. 또한 572개의 개별 공원을 보유하고 있었고, 총면적이 맨해튼 전체의 50%를 웃돌았다. 공원관리부의 예산은 1974년 1억 3천 9백만 달러에서 1980년 9천 6백만 달러로 급감했다. 그리고 1965년과 1980년 사이에 인력은 50% 이상 감소했다.

● 파트너십 전략의 구체화

1978년 에드 코흐(ED Koch)가 뉴욕 시장이던 시절 고든 데이비스(Gordon Davis)가 첫 흑인 공원감독관으로 임명되었다. 그리고 그는 궁지에 몰린 제국을 물려받았다. 점차 뉴욕 재정이 회복세로 돌아서면서 코흐 집행부는 공원관리부 예산을 조금씩 늘려 줄 수 있었다. 하지만, 데이비스는 인력과 예산이 많이 늘어난다고 해도 모지즈가 남긴 이 엄청난 유산을 공원관리부가 예전처럼 유지 보수할 수 없을 것이라는 판단을 했다. 대신 데이비스는 관리가 가능한 핵심 임무(core mission)를 수행하기 위해 전략적 후퇴(tactical retreat)를 시작했다. 나중에 '부하차단(load-shedding)'(옮긴이, 전기 관련 용어로서, 과도한 부하 상황을 대비하기 위해 전기 공급을 강제로 차단하는 조치)이라 불리게 된 이 정책으로, 데이비스는 공원관리부서의 일부 기능을 떼어 내어 기업, 비영리조직 그리고 다른 정부의 부서로 이관했다. 골프장과 매점은 민간 기업에 넘겼다. 이 같은 고육지책은 상당한 효율성을 가져다주었지만, 여전히 남아있는 '많은 공원, 그리고 적은 예산'이라는 핵심 문제는 건드리지 못했다.

비용을 절감하는 것만으로 충분하지 않았다. 데이비스는 자원을 늘릴 수 있는 방안을 만들어 내야 한다는 것을 알고 있었다. 시민들은 공원에 더 많은 세금을 지불할 용의가 있을 거라 생각되었지만, 그것은 중요하지 않았다. 시민들이 선호한다고 해서 선택적으로 세금을 징수하는 것은 불가능했다. 많은 자원을 공원에 투입하기 위해, 데이비스는 '부하차단(load-shedding)'에서 '부하공유(load-sharing)'로 전략을 수정했다. 부하공유 전략으로 공원관리부는 부서의 임무와 수행 방식을 재구성했다. 이는 나중에 '파트너십(partnership)'이라는 이름표가 붙었다. 기업, 민간 조직, 일반시민과 협력할 수 있는 내용은 모두 데이비스의 주도하에 구체화되었다. 센트럴 파크, 퀸즈의 플러싱 메도우 파크(Flushing Meadows Park), 브루클린의 프로스펙트 파크(Prospect Park) 등 그 안에 있는 동물원 관리 책임은 브롱크스 동물원(Bronx Zoo)을 운영하고 있던 덕망 있는 민간 비영리조직인 뉴욕동물협회(New York Zoological Society)로 이관했다.

그러나 데이비스는 이런 특별한 노력이, 아무리 혁신적이고 잠재력 있다 하더라도, 전반적인 임무 수행 전략에 적용되기에는 무리라고 판단했다. 그는 10년 기간의 대담한 복원 계획 설계를 외부 컨설팅 업체에 의뢰했다. 업체는 데이비스에게 공원관리부를 넘어 개인과 단체에게 책임을 나누어 주는 기회를 개발하고, 그들이 그 기회를 이용하게끔 해야 한다고 충고했다. 이 아이디어는 데이비스에게 반향을 일으켰다. 그는 기자와의 인터뷰에서 '우리가 적극적으로 추진하고자 하는 방향'임을 설명하면서도, '뉴욕 재정 상황이 요구하는 만큼 이 방식을 빨리 실행할 수 있을지는 모르겠다.'고 말했다.[3]

파트너십은 데이비스와 후임자 헨리 스턴(Henry Stern)의 지휘 아래 공원관리부 운영 전략의 핵심이 되었다. 스턴의 초기 조치는 새삼 설명할 것도 없는 어답트 어 모뉴먼트(Adopt-A-Monument)와 히스토릭 하우스 트러스트(Historic House Trust)(옮긴이, Adopt a Monument는 지역사회의 유산으로서의 가치를 지닌 기념물을 지정하고 보존하기 위한 프로그램이며 Historic House Trust은 공원관리부의 파트너십으로 만들어진 신탁기관으로 역사적으로 의미 있는 주택들을 보존 관리하는 역할을 수행한다)였으며, 그 이후 스포츠, 예술, 문화, 환경교육, 체력증진을 위한 프로그램을 운영하기 위한 민간 자본을 모을 수 있도록 별도의 비영리단체인 시티파크재단(City Parks Foundation)을 설립했다. 부족한 자원을 보충하기 위한 목적으로 추진된 파트너십의 파생효과로 각종 봉사단체와 지원 단체의 설립이 용이해졌다. 결국 이들로 인해 선순환이 일어나 추가적인 자원도 끌어들였다.

1990년대 초까지 민간부문과의 파트너십-자본 투자, 자원 봉사, 용역 계약, 정치적 지원 등을 위한-은 독특한 실험 수준이었다가 추후에 공원관리부의 핵심 전략으로 발전했다. 저녁과 주말 시간에 봉사단체와의 만남은 공원관리부 공무원의 일상 업무가 되었다. 보조금 기회를 파악하고, 봉사 조직을 육성하고, 부유층과의 인맥을 확보하는 능력이 고위 관리자의 핵심 역량이 되었다. 그러나 1990년대 초반 이후 급격한 공공자원 감소에 발맞춰 재력 있는 민간파트너를 육성하는 것도 주춤해졌다. 뉴욕은 1970년대 중반의 위기보다는 덜하지만, 또 다른 심각한 재정난에 휩싸이고 있었다. 1990년 시에서 지원하는 예산은 총 1억 9천 5백만 달러였다. 향후 수년 내에 다시금 그 수준의 예산을 확보하는 것은 어려워 보였다. 다음해인 1991년 예산은 1억 8천 5백만 달러로 줄었고, 1992년에는 다시 1억 3천 3백만 달러로 줄었다. 1992년 어느 날, 800명이 넘는 공원 노동자는 해고 통지를 받았다. 1980년대 중반 5천 명 수준까지 회복되었던 정규직 인력은 지속적으로 줄어들어 2천 명 수준에 이르렀다.

파트너십 접근법은 뉴욕의 공원을 되살리기 위한 시스템 전반의 협력적 실험이었다. 이제 우리는 이 방식의 구체적인 세 가지 사례를 살펴볼 것이다. 이들은 파트너십의 다른 측면을 보여주며, 그 결과도 사뭇 다르다. 이 사례들은 민간 역량을 활용하여 공공가치를 창출하기 위한 가장 크고 노골적인 노력 중의 하나였다.

● 공원 사례 1: 센트럴 파크와 센트럴파크관리위원회

공원관리부가 가장 내세울 수 있는 파트너십의 시작은 미약했다. 1980년 벳시 로저스(Betsy Rogers)가 센트럴 파크 관리자로 부임했을 때, 뉴욕의 엘리트-이들은 굳이 공원이 아니더라도 녹지와 맑은 공기를 누릴 수 있는 다른 선택지가 많았다-들은 도시 내 공원에 별 관심이 없다는 통념에도 불구하고 그녀는 별로 개의치 않았다. 명문가 출신인 그녀는 상류층이 누리는 문화 기관에 익숙했다. 메트로폴리탄 미술관(Metropolitan Museum of Art), 뉴욕 공공 도서관(New York Public Library), 메트로폴리탄 오페라(Metropolitan Opera)와 같은 기관들은 유력인사들의 후원을 오랜 기간 받고 있었다. 이들은 자신들의 시간과 돈을 기꺼이 기부했으며, 자신의 네트워크와 지명도를 사용해 후원 활동에도 적극적이었다. 이들은 본질적으로 책, 음악, 예술에는 별로 신경 쓰지 않는다. 대신 자신들의 이름을 알리고 명예를 드높이는 동시에 사회적 네트워크를 확고히 할 수 있는 기회를 중시한다.

센트럴 파크에도 이것과 비슷한 무언가가 있으면 되지 않을까? 로저스에게 이 질문이 흥미롭게 다가왔다. 그녀는 조경디자이너였고, 센트럴 파크는 물론이고, 이 공원의 창시자 프레데릭 로 옴스테드(Frederick Law Olmsted)에 대해서 많은 글을 썼었다. 데이비스 감독관과 코흐 시장의 격려를 받으며, 로저스는 윌리엄 비네케(William Beinecke)에게 접근했다. 그는 예일대학교에 기여가 상당했던 유명한 자선활동가였다. 그녀는 비네케에게 센트럴파크관리위원회(Central Park Conservancy(CPC))로 불릴 단체의 창립회장직을 맡아달라고 부탁했다.[4] 비네케는 동의했다. 그리고 그는 다른 창립이사 모집과 초기자금 모금을 도왔다. CPC는 공공 자산인 센트럴 파크와는 분리된 별개 조직이지만, 민간 비영리기관으로서 센트럴 파크를 위해 설립되었다.

로저스는 센트럴 파크 내에 새로 단장한 건물에 방문자센터(visitor's center)를 설치하고, 자원봉사자를 모집했다. 그 시작은 지도를 나누어주고, 문의사항에 답변을 해주는 수준에서 시작했다. 그러나 센터에서 제공하는 서비스는 점차 미술 전시, 소규모 음악 공연, 어린이를 위한 교육 프로그램까지 발전했다. 한편 공원관리부는 기존의 시예산과 주 예산을 사용하여 공원 내 황폐

한 목초지 복원을 포함한 시급한 공원 재생 프로젝트를 완성해 가고 있었다. 공공 포럼을 개최하고, 조직의 목표와 방안을 담은 장서를 발행함과 동시에 센트럴 파크 재개발을 위한 3년짜리 종합계획 캠페인의 발판이 마련되었다.[5] 벳시 로저스는 이 같은 노력을 추진한 핵심 인물이었다. 그런데, 1980년 이후에 로저스는 공원관리부 관리자와 CPC 대표를 겸임하게 되면서부터 어느 조직의 활동이 더 역동적이었는지 판단하기 힘들게 되었다. 더군다나, 관리자로서의 월급을 민간 기금으로부터 받았다. 잠재적인 이해관계 충돌 요소가 많았지만, 결과물들이 모두 한 목소리로 그녀가 국민을 최우선으로 놓고 성실하게 봉사했다고 말해 주었다.

뉴욕에서는 시민단체의 능력을 가늠하는 가장 좋은 척도는 바로 자금 조달 능력이다. 1983년 개최된 센트럴파크관리위원회대상 시상식은 많은 기여자들의 명예로운 공헌이 있었음을 보여주는 행사자리였으며, CPC가 비중 있는 조직임을 알리는 자리였다. CPC가 단순히 열광적인 공원 지지자 모임이 아니라, 자금 조달의 최강자임을 스스로 보여주었다. 5년 후, CPC는 그린스워드 트러스트(Greensward Trust)–공원 유지보수 비용을 위한 자금 조달 프로젝트의 명칭–를 위해 2천 5백만 달러의 기부금을 모금했으며, 뉴욕의 기라성 같은 저명한 시민단체의 지위를 확고히 했다. 1990년대를 거치며, CPC는 상당히 야심찬 프로젝트를 진행하면서 더욱더 활기찬 비영리단체가 되었다. 자금 조달 노력은 폭발적으로 증가하여, 중요한 공원 시설물 투자, 리모델링 그리고 지속적인 유지보수에 필요한 자원이 충족되었다. 점차 CPC의 후원자가 되는 것만으로도 뉴욕 사회에서 그 명망이 인정받는 것과 같게 되었다.

CPC는 드디어 예전 로버트 모지즈 시대 이후에 조용히 무너져 내리던 센트럴 파크의 시설들을 재정비할 수 있게 되었다. 돈이나 시간을 기부하려는 뉴욕시민의 열망이 공원의 필요와 맞물려 관련 조직과 프로젝트들이 속속 생겨났다. 자원봉사자들은 매년 수만 시간을 기여했으며, 이들의 봉사는 CPC 소속 직원들에 의해 점점 더 완성도를 더해 갔다. 그러나 CPC도 엄밀하게 말하면 민간 자원봉사 조직이었다. 시 정부가 운영하는 공원을 재량적으로 지원하는 조직이었고, 전국적으로 특히나 뉴욕에서 점점 일반화되고 있던 '공원의 친구들(Friends of the Park)'의 대규모 버전이었다.

CPC로부터 유입되는 주요 자원을 감안하면, 공원관리부와의 협력 관계 구조는 균형이 맞지 않았다. 자원과 책임이 조화되지 않는 이유였다. 엄청난 공헌을 하고 있는 상황인데도, CPC의 재량은 너무 적었다. 많은 이들이 변화가 필요하다는 데에 인식을 함께 했다. 광범위하고도 원만한 협상을 거쳐 1998년 뉴욕 정부는 재량의 급격한 전환에 동의했고, 센트럴 파크에 대한 관리 권한을 CPC로 이관했다. 당시 시장 루돌프 줄리아니(Rudolph Giuliani), 공원감독관 헨리 스턴(Henry Stern), CPC 회장 아이라 밀스타인(Ira Millstein)은 CPC의 새로운 역할을 공식화하는 법정협약서에 서명했다.[6)]

표면적으로 이 협약은 뉴욕이나 다른 도시들이 건설, 컨설팅 또는 사회서비스 분야에서 일상적으로 체결하는 전통적인 용역 계약과 유사했다. 협약에는 '공원감독관이 요구하는 합리적 수준에 이를 때까지 센트럴 파크의 유지보수를 위해 지정된 서비스를 제공하거나 제공받도록 조치를 취해야 한다.'고 명시되어 있었다. CPC는 상세한 운영 예산안을 감독관에게 제출해야 했으며, 감독관의 승인에 따라 최종 확정되었다.[7)] 또한 협약서에는 공원관리부의 사무실 건물, 창고와 같이 어떤 시설이 시의 권한하에 있는지, 민간 판매업자의 인가 및 임대료 징수 등과 같이 어떤 권한이 시의 권한인지, 법무 집행, 공원을 관통하는 공공 도로의 통제 등과 같이 어떤 공원 기능이 시의 권한인지를 명시하고 있었다. 협약서 중 거의 10분의 1이 경쟁 입찰 조건, 이해관계자와의 금융 거래 제한 조치 등을 포함한 조달 계약에 대한 절차에 대한 내용이

었다.[8)]

그러나 이 협약서에서 가장 중요한 협력적인 요소는 바로 주어진 임무를 어떻게 수행할지를 CPC 스스로 결정할 수 있는 자유를 허락했다는 점이다. 이는 협약서에 엄격하게 절차적 사항을 규정하고 있는 것과 극명한 대조를 이룬다. 뉴욕 시 관계자는 CPC에게 자유를 허용했음에도 안심할 수 있었다. 왜냐하면 협력자인 CPC와 뉴욕의 공공 목표를 실질적으로 공유하고 있다고 확신했기 때문이다. 이 협약은 과거의 도시 관행, 그리고 일반적인 평범한 조달 계약과는 완전히 달랐다. 예를 들어, 완수해야 할 임무의 세부 내용은 몹시 모호했다. '필요할 경우' 쓰레기를 치우고, 잔디 정리를 해야 하고, '적절한 기간 내에' 눈과 얼음을 치우도록 했다. 조경수 또한 '적합한 수준'으로 관리하면 되었다. 전통적인 계약의 경우, 작업이 기술적 특수성을 갖게 되면, 훨씬 더 정밀하고 상세하게 기술하는 경향이 있다. 이는 공정한 경쟁 입찰이 가능하도록 하고, 계약자의 계약 의무가 충족되었는지 여부를 정확히 판단(필요할 경우 법정에서도)하기 위해서라도 확실하지 않고, 모호한 내용은 사용하지 않는 것이 보통이다. 만일 CPC의 활동으로 인해 법적 갈등이 발생한다면 뉴욕 시 법무팀은 이 모호한 표현들로 인해 좋은 성과는 거두지 못할 것이다. 이는 관리 방법에 대한 표현에 한정된 것이 아니라, 심지어 경기장을 '아름답고 넓은 정원'이라고 표현했을 정도였다. 그러나 표현은 그렇게 느슨해도 법적으로 공원관리부가 CPC의 업무에 관여할 수 있는 강제력은 부여되어 있었다. 이렇게 두 조직은 기술적으로는 계약에 의한 관계이지만, 통상적인 경쟁 계약과는 거리가 멀었다. 이 영역에서 CPC는 경쟁자가 없었다. 어떤 단체도 CPC와 같은 배경, 명성 그리고 재정적인 영향력을 가질 수가 없었다.

재정 운영에 대한 조항은 더 특이했다. 보통 계약이라면 시 정부가 지불해야 할 금액이 명시되어 있을 테지만, 이 협약서에는 시로부터 제공받는 예산보다 CPC가 확보해야 할 금액에 대한 내용이 더 많았다. 협약서에는 CPC가 '현존하는 시설들의 유지보수, 사용 계획 수정, 조경 관리, 리모델, 재단장 등을 수행하기 위해 연간 최소 500만 달러의 자금을 모금하여 사용'하도록 명시하고 있다.[9] 여기에 맞추어 공원관리부는 연간 1백만 달러를 CPC에 지급해야 했다. 덧붙여 만일 CPC가 5백만 달러를 초과 모금하여 지출하게 될 경우, 공원관리부가 1달러당 50센트를 추가 지급하기로 했다.[10] 모금하는 금액에 비해 적은 금액을 지급하는 계약 당사자 지위에도 불구하고, 공원관리부는 CPC의 재정보고서, 프로그램 운영 기록, 이사회 회의록 등 중요 문서들을 점검할 권한이 있었다.[11] 그리고 센트럴 파크와 관련된 모든 보도자료, 보고서 및 다른 통신매체 자료에 대해서 공원관리부의 기여 사항을 함께 표기되어야 하는 권리도 있었다.[12]

총 8년의 협약 기간 중 절반 정도의 시간이 지나자 센트럴 파크는 암울한 시기를 벗어나 활기를 되찾기 시작했다. 되찾은 정도가 아니라, 공공 예산이 넘쳐났던 로버스 모지즈 시대의 기준을 뛰어넘는 수준이었다. 이 같은 성과는 어느 누구도 예상하지 못했고, 10년 전만 해도 이런 일이 가능하리라 믿는 사람은 거의 없었다. 2002년 약 2,500만 명의 사람들이 이 공원을 방문했다. 방문자센터를 이용하는 사람들은 매년 백만 명에 이르렀고, 50만 명 이상의 사람들이 스포츠, 문화, 자연 프로그램을 이용했다. 최소 수백만 달러의 복구 프로젝트가 거의 매년 완료되었다. 그중 상당수가 건축이나 조경 부문에서 우수 디자인상을 받았다. 패션 사진작가와 영화 제작자들은 다시 센트럴 파크를 찾기 시작했다. 공원의 아름다운 풍경, 조각상, 건물을 배경으로 매년 2천 회 이상의 사진, 영화 촬영이 진행되었다.[13] 가장 주목할 만한 사실은 공원을 야간에도 이용할 수 있게 되었다는 사실이다.

초기부터 CPC는 공원관리부에 비해 상당히 공격적으로 공원을 관리했으며, 그 방식 또한 달랐다. 직원의 사기도 비중 있게 고려했다. 매년 CPC 성과 보고서에 150명의 직원 모두의 이름(벨린다 아데피오예(Belinda Adefioye)부터 조나단 젤킨트(Jonathan Zelkind)에 이르는)이 실렸다.[14] 직원은 인사 부서와 운영 부서의 심사 및 면접을 통해 엄격하게 선발되었다. 재계약 여부는 성과에 따라 결정되었다. 그라피티(Graffiti)(옮긴이, 공공장소 벽에 문자나 그림으로 해 놓은 낙서)는 발견 당일 확실하게 제거했고, 쓰레기통은 매일 비워졌고, 밤에 쌓인 쓰레기는 다음 날 아침 9시 이전에 없어졌다. 단정한 유니폼을 입은 직원들은 조용한 전기 카트를 타고 다니며, 산책길을 따라 버려진 커피 컵이나 과자봉지를 찾아 없앴다. 잔디 회복을 위해 임시로 설치해 놓은 붉은 깃발들이 방문객들이 조심하도록 주의를 끌었을 뿐, 그 외 공원의 시야를 방해하는 가림막은 거의 없었다.[15]

센트럴 파크를 이렇게 높은 수준으로 유지하는 것은 상당한 비용이 소요되었다. 다행히도 CPC에게 자금 모금은 가장 자신 있는 분야였다. 2002년 연례보고서에 '센트럴 파크에 대한 열정으로 충분하며, 수입 금액에 연연하지 않는다.'라고 명시되어 있지만, 연간 35달러 수준인 '준회원(Associate membership)'부터 연간 2만 5천 달러인 '체어멘서클(Chairman's Circle)'에 이르기까지 회원 자격의 범위는 다양했다.[16] 고급 회원은 다양한 편의(토트백, 방문 기념품, 축제 기간 VIP 초청권 등)를 제공받았다. 하지만 공원 자체에 대한 애정과 더불어 맨해튼 사교계에서 CPC의 명망에 어깨를 나란히 할 수 있다는 자부심이 더 중요했다. 이사회는 뉴욕의 금융 산업과 고액 기부가 일상적인 저명한 인사들로 채워졌다(억만장자 마이클 블룸버그(Michael Bloomberg)도 뉴욕 시장으로 선출되기 전에 CPC 이사였다).[17] 대부분의 이사들은 스스로 큰 금액을 기부했다. 이들의 사회적 영향력이 지렛대가 되어 더 많은 기부를 끌어들였다. CPC는 뉴욕 엘리트 그룹이 좋아하는 자선단체를 서로 지원함으로써 정교한 자선활동 호혜주의를 이용하기도 했다. 2002년 회계상으로 기부금은 1,860만 달러를 초과했고, 협약에 의해 280만 달러를 지급한 정부를 초라하게 만들었다.[18)]

CPC는 엄청난 현금 유입으로 센트럴 파크 843에이커를 복구하고 유지하는데, 1,580만 달러를 지출(에이커당 약 19,000달러)했다. 이는 공원관리부가 일반적으로 에이커당 지출했던 비용의 대략 3배 수준이었다. CPC가 센트럴 파크에 필요한 자원의 대부분을 제공하는 동안, 시 정부도 나름의 역할을 여전히 유지했다. 공원관리부의 23명의 직원은 CPC에 위임하지 않은 다양한 기능을 담당했다.

1998년 센트럴 파크의 유지보수를 위임하는 협약이 체결되었을 때, 공원을 민간 자선단체에 매도하는 행위라고 비판한 빌리지 보이스(Village Voice)(옮긴이, 뉴욕 지역의 신문사)를 포함하여 회의적이고 적대적인 시각이 있었다.[19)] 그러나 공원이 복원되기 시작하자, 협약이 보여준 결과물로 인해 모두가 그 내용을 인정하게 되었다. 때때로 건물이나 목초지를 사적으로 전용한다는 불평들이 들리기도 했다. 가장 심각했던 것은 민간 기부자가 목가적인 분위기를 선호하는 탓에 공원 내에서 프리스비(Frisbee)(옮긴이, 원반던지기)나 공 던지기를 엄격히 규제한다는 불만 정도였다. 이는 우리가 다루는 선호재량의 대표적인 예시가 된다. 그러나 최고의 공원 재생, 각종 수상 경력으로 보여준 리모델링, 세심한 유지보수 등 CPC가 보여준 결과들은 센트럴 파크 방문자로 하여금 뉴욕의 엘리트들이 많은 혜택을 자신들에게 할애해 주고 있다는 깊은 인상을 심어주기에 충분했다. 어느 누구도 센트럴 파크에서 CPC가 없어지는 것을 상상할 수가 없었다.

CPC가 뉴욕 최고의 녹지 공간을 담당하게 된 것은 자원을 위한 협력의 가장 성공적인 사례다. 기민한 공공 관리자들은 더 나은 센트럴 파크를 만들기 위해 방대한 잠재 지지층을 어떻게 불러일으킬 수 있을지를 정확히 알아냈다.

또한 민간 협력자들이 공원을 개선하기 위한 노력을 실행하고, 실제 그 결과들이 드러날 때, 정부는 한 걸음 뒤로 물러서는 법을 배웠다. 센트럴 파크가 개선됨에 따라 재산 가치가 오르내리는 공원 주변의 주택, 토지소유주의 경제적 이해관계, 공원 이용의 우선순위를 결정할 수 있는 권한, CPC가 뉴욕의 명망 있는 자선단체들 사이에서 틈새시장을 발견함으로써 얻게 된 사회적 영예, 그리고 부인할 수 없는 순수한 시민들의 봉사정신 등 다양한 동기가 기부자를 유인했고, 헌신을 유도했다. 민간 자원은 들이붓듯 유입되었고, 많은 경우 정부가 직접 공원을 관리했을 때와 비교해 훨씬 더 생산적으로 사용되었다. 그 결과, 눈에 잘 보이는 거대한 공공 자산은 불가능할 것만 같았던 부활을 경험했다.

우리가 '수익재량(payoff discretion)'이라 부르는 복잡한 요소, 즉 민간 협력자가 부정하게 자기 잇속을 챙기는 경향은 아예 없었거나, 사소한 문제 수준으로만 발생했다. 협약은 주로 이해상충을 방지하기 위해서 구성되었는데, 오히려 이 점이 CPC가 비영리 조직으로서 센트럴 파크에 대한 정부의 권한을 공유하는 데 도움이 되었다. 금융 스캔들이 발생해서 CPC의 노력에 오점을 남기는 경우도 없었다. 그러나 '선호재량(preference discretion)', 즉 민간 협력자가 무엇이 더 가치 있는지에 대한 자신만의 견해를 강요하는 경향이 더 큰 영향을 미쳤다. 기부자들의 선호하는 우선순위는 공원 시설에 확실히 영향을 미쳤다. 화단을 좀 더 많이 설치하되 놀이터는 줄이고, 셰익스피어를 더 강조하되 축구 경기는 줄이는 등, 기부자들의 선호에 맞도록 공원의 이미지, 편의시설 그리고 규정까지 손을 보았다. 그러나 아마도 매우 급진적인 포퓰리스트 정도만이 모두를 위한 공공 자산에 불합리한 조치라고 주장할 것이다.

요약하자면, 센트럴파크관리위원회(CPC)가 능숙하게 설계하고, 추진하여 확보된 공공가치는 선호재량에서 발생한 어떤 손실보다 몇 배나 더 중요하다.

그리고 이 성공 스토리에서 민간 협력자가 눈에 띄는 주인공이지만, 이 협력 작업이 계속 잘 작동할 수 있도록 헌신적이고 노고를 아끼지 않은 정부 공무원들은 보이지 않는 그늘에서 그 노력을 계속하고 있다. 모두가 칭찬받아 마땅하다!

● 공원 사례 2: 스윈들러 코브 파크와 보트하우스

베트 미들러(Bette Midler)는 미국에서 가장 오랜 기간 동안 인기를 누리고 있는 유명 연예인이다. 별난 가수면서도 배우인 다재다능한 그녀는 영화, 음반, 콘서트 투어에서 큰 성공을 누렸다. 그녀는 로스엔젤레스(Los Angeles)에서 10년 이상 인기를 누리다 1990년대 중반 뉴욕으로 돌아왔다. 굿하우스키핑(Good Housekeeping) 잡지와의 인터뷰에서 뉴욕으로의 귀향을 이렇게 회상했다. '나는 도시의 면면을 보고 너무 실망했다. 화가 나서 몇 주 동안 잠을 자지 못할 정도였다. 나는 뉴욕 시민을 정말 좋아하고, 그들처럼 나도 말하기를 좋아하고, 할 말은 하는 뉴요커다. 하지만, 내가 지금 보고 있는 쓰레기들과 사람들의 비양심에는 아직도 익숙하지 않다. 사람들은 창밖으로 쓰레기를 버리고, 자신들이 먹은 도시락을 바닥에 그냥 두고 떠난다. 결국 내 두 손으로 쓰레기를 줍더라도, 내가 직접 나서야겠다고 생각했다.'[20]

미들러는 실제로 행동에 나섰다. 1995년 그녀는 할렘 포트 워싱턴 파크(Harlem's Fort Washington Park)에서 공원에 쌓인 쓰레기를 치우기 위한 자원봉사단을 조직했다. 얼마 지나지 않아, 뉴욕복원프로젝트(New York Restoration Project(NYRP))라는 이름을 가진 비영리단체를 결성하여 기금을 모으기 시작했고, 방치된 공원을 위해 일할 자원봉사자를 모집했다. 그녀는 맨해튼의 번화한 중심부에서 거리가 떨어진 빈민가에 있는 공원에 집중했다. 뉴욕타임즈(New York Times)에서 스스로를 이렇게 설명했다. '공원을 살리고 싶어 하는, 돈은 충분하지만 똑똑하지 않은 백인 여성, 그게 바로 나였다.'[21] 할렘(Harlem River) 강변에 5에이커 규모의 부지가 그녀의 관심을 끌었다. 이 부지는 맨해튼 북쪽이었고, 브롱크스(Bronx)(옮긴이, 뉴욕 북부에 위치한 행정구(區))의 바로 맞은편이었다. 시유지였지만, 어느 누구도 신경을 쓰지 않았고, 인근 공공주택프로젝트에서 발생한 쓰레기가 몰래 버려지는 곳이었다. 해안에 떠밀려온 쓰레기가 더해져 가정에서 나온 쓰레기, 버려진 배관 설비, 그 외 모든 종류의 쓰레기가 온갖 곳에 흩어져 쌓여갔다. 1996년 미들러는 쓰레기 자루를 짊어지고, 바위투성이 해안가를 다니기 위해 수십 명의 친구들, 또 그들의 친구들까지 모았다. 뉴욕 주 공원감독원 버나네트 카스트로(Bernadette Castro)는 '정말 미들러와 친한 사람은 미들러와 함께 쓰레기를 줍는 사람이다'라고 말했다.[22]

이 부지 주변은 맨해튼의 중심부와는 전혀 딴판이었다. 중위가구소득은 약 2만 3천 달러였고, 가구의 1/4은 1만 달러에도 미치지 못했다. 한 부모 가정이 양 부모 가정보다 훨씬 많았고, 여성 가장의 절반이 빈곤층 이하의 삶을 살고 있었다. 지역 성인의 절반 정도만이 고등학교 졸업자였고, 40% 정도만 직업을 가지고 있었다. 인구조사 결과에 의하면, 지역 주민 4천 명 중, 주택 소유자는 고작 17명이었다.[23]

지저분했던 쓰레기가 없어지자, 미들러와 그 친구들은 이 부지가 좋은 공원이 되어야 한다고 생각했다. 이들은 시 관계자와 주립 공원 책임자에게 이 부지를 공원으로 만들어 달라고 설득했다. 결국 1천만 달러가 투입되어 공원이 되었고, 1997년 에이즈로 사망하는 순간까지 지역 공립학교 아이들을 위해 공터 정원 가꾸기 프로젝트를 진행했던 지역사회 운동가 빌리 스윈들러(Billy Swindler)의 이름을 따서 스윈들러 코브 파크(Swindler Cove Park)로 명명했다. 민간 기부금과 자원봉사자의 노동력이 공적 자금을 보충했으며, 이 공원은 곧 풍경이 좋은 연못, 작은 해변, 화려한 출입구와 울타리, 습지를 가로지르는 산책길, 지역 공립학교 5학년 학생들이 스스로 가꾸는 정원을 내세우는 공원이 되었다. 1998년 당시 공원감독원 헨리 스턴(Henry Stern)은 그녀의 스윈들러 코브 파크를 비롯한 맨해튼 북쪽 4개의 다른 공원에 대한 공로를 기리며 'Lifetime Friends of Parks'상을 수여했다.[24)]

미들러는 여기까지의 성과에 자부심을 느꼈지만, 이에 만족하지 못했다. 무언가 더 필요했다. 불현듯, 그녀는 필요한 것이 무엇인지 깨달았다. 바로 조정(漕艇)이었다. NYRP 대표인 조셉 푸펠로(Joseph Pupello)는 미들러와 함께 할렘강 하류에서 컬럼비아대학(Columbia University)의 조정 보트(rowing shell)를 보던 그날을 회상한다. '한 무리의 어린이들이 울타리 난간에 달라붙어 조정 선수가 노를 젓는 것을 뚫어져라 지켜보고 있었다.'[25)] 조정은 다른 스포츠 종목에 비해 잘 알려지지 않은 종목이었다. 대다수의 미국인들은 조정이라는 스포츠는 옥스퍼드(Oxford), 캠브리지(Cambridge)나 아이비리그(Ivy League) 엘리트에게나 어울린다고 생각했다. 그러나 20세기 초 조정은 일반 대중들에게 인기를 끌었고, 주말 조정 경기는 할렘강을 포함한 도시 강변에 집중되었다.

'나는 옛날 사진에서 많은 사람들이 할렘강에서 조정 경기를 하는 사진을 보았다. 그런데 지금은 다 사라져버리고 없다.' 미들러는 회상했다. '예전에 가능했다면, 다시 부활시킬 수 있지 않을까?'[26)]

NYRP는 할렘 지역 고등학생을 위한 조정 프로그램, 중학생을 위한 조정 체험 프로그램 기획에 착수했다. 미들러와 푸펠로는 조정이 청소년과 강을 연결시켜 줄 뿐만 아니라, 대학에 진학할 수 있는 기회도 줄 것이라고 생각했다. 대학 스포츠선수의 성평등 향상을 위해 제정된 '타이틀 나인(Title IX)' 법률은 여자 조정선수들의 성장에 도움이 되고 있었다. 타이틀 나인에 따른 선수 1인당 비율을 감안하면 대형 여자조정팀은 비교적 낮은 비용으로 미식축구나 다른 인기 있는 남자 스포츠를 대신할 수 있었다.[27)] 여자 조정이 전미대학경

기협회(National College Athletic Association(NCAA))의 공인 스포츠로 지정된 지 5년 만에 100여 개의 대학이 여자 조정선수단을 출범시켰고, 아이비리그는 자연스럽게 이 분야에서 우세를 점하기가 어려워졌다.[28] 원칙적으로 조정장학금(rowing scholarship)을 받으면 할렘 지역의 아이들도 쉽게 대학을 진학할 수 있게 되고, 자연스럽게 중산층으로 성장할 수 있었다. 그러나 실제적으로는 조정선수 학생들에게 안정적인 장학금을 주는 학교는 드물었고, NCAA에서 정한 장학금 한도에도 미치지 못했다. 남자들은 아예 조정장학금 자격이 되지 않았다.[29] 미들러는 이런 상황에도 굴하지 않았다.

조정 프로그램을 제대로 운영하기 위해서 미들러는 할렘에 보트하우스가 필요하다고 생각했다. 한 파티에서 건축가 로버트 스턴(Robert M. Stern)을 만난 미들러는 스윈들러 코브 파크에 건설할 보트하우스 설계를 위해 스턴의 세계적으로 유명한 회사가 설계 서비스를 기부해 주도록 설득했다. 그 후 그녀는 기금 모금을 시작했고, 결국 피터 제이 샤프 재단(Peter Jay Sharp Foundation)과 와나코기업(Warnaco Corporation)의 기부 약정을 받았고, 그녀와 지인들(폴 뉴먼(Paul Newman)과 오노요코(Yoko Ono)와 같은 슈퍼스타가 포함된)의 네트워크를 활용하여 부족분을 보충했다.[30] 뉴욕운수부(New York City Department of Transportation)는 보트하우스를 설치할 30만 달러 규모의 바지선에 대한 비용을 지불하기로 약속했다. 2003년 말 마무리 작업이 완료된 후, 3백만 달러가 투입된 엄청난 구조물이 완공되었다. 스윈들러 코브 파크 중심에 위치하게 된 이 구조물은 피터 제이 샤프 보트하우스(Peter Jay Sharp Boathouse)로 불리게 되었고, NYRP가 소유하고 운영하게 되었다. 홈페이지를 통해 다음과 같이 시설의 개장이 임박했음을 자랑스럽게 알렸다.

보트하우스는 소외된 지역 고등학교 학생들에게 다양한 조정프로그램을 통

하여 올림픽 스포츠를 직접 경험할 수 있도록 할 것이다. 아울러 이 조정프로그램은 도심의 청소년들이 체육특기자 장학금을 받고 대학에 진학할 수 있는 길을 열어 줄 것이다. 나아가 조정선수들의 연습이나 경기를 관람하기 원하는 뉴욕 시민들이 편안히 방문할 수 있는 장소가 되기를 기대한다.

미들러가 기자에게 말했다. '할렘 인근의 워싱턴 하이츠(Washington Heights)(옮긴이, 맨해튼 북부에 위치한 행정구(區))도 조정팀을 만들어야 한다. 우리는 열정이 있고, 용기도 있다. 우리가 못 할 이유가 없다!'[31)]

보트하우스는 그루치(Grucci) 회사의 불꽃놀이와 인기 연예인들이 출연하는 축제와 함께 개장했다. 보트하우스는 뉴욕에 어울리는 우아한 건물이었다. 또한 오픈한 날부터 상당히 북적거렸다. 이는 뉴욕이 백 년 만에 새로운 보트하우스를 갖게 되었기 때문이기도 하지만, 다른 도시들의 조정 애호가에게도 상당히 매력적이었기 때문이다. 1866년에 조직된 뉴욕조정협회(New York Rowing Association)는 청소년과 성인들을 위한 조정 프로그램을 운영하기 위해 보트하우스에 본부를 설치했다. 회원가입 비용이 1천 달러에서 시작하고, 조정 애호가 대부분이 엘리트 대학 출신인 까닭에, 대부분의 회원은 할렘 지역보다는 외지인이었다.[32)] 전통 있는 옥스퍼드와 캠브리지 조정경기에서 착안하여 보트하우스는 뉴욕 지역에 거주하는 옥스퍼드와 캠브리지 동문 경기를 주선했다. 또한 할렘조정본부(Head of the Harlem Regatt)를 발족하여 주변 지역의 조정 클럽으로부터 수십 척의 보트를 유치했을 뿐 아니라 사립학교의 조정팀과 대학 운동팀의 보트도 유치했다.

그러나 한 가지 안타까운 점이 있다. 보트하우스를 설치하고자 했던 본래 목적은 할렘 지역에 거주하는 청소년에게 초점이 맞춰져 있었다. 계획대로 보트하우스는 중고등학교 학생들에게 조정프로그램을 제공했다. 첫해 참가자가 겨우 100명 정도에 불과했다. 인원은 적었지만, 반응은 열광적이었다. 일부는 워싱턴 하이츠 출신이었고, 대부분이 다른 지역의 공립학교 학생들이었다.[33)]

미들러의 동기의 진정성이나 그녀가 공원에 쏟은 긍정적이고 거대한 영향력에 대해서는 한 치의 의심도 없다. 그러나 워싱턴 하이츠 청소년에게 고급 보트하우스가 최우선으로 필요하다고 판단했던 점에는 의문을 가질 필요가 있다. 이는 조정장학금을 통해 대학 진학을 장려하고자 했던 것이 주요 동기였다. 이 혜택의 범위는 다음 세 가지 요소에 영향을 받는다. 첫째, 조정프로그램에 참여할 수 있는 청소년의 인원. 특히 남학생은 장학금 대상이 아니므로 여학생 수. 둘째, 조정장학금 수혜 가능성이 있는 우수한 여학생의 비율. 셋째, 워싱턴 하이츠 출신의 대학생이 조정장학금을 받는 경우와 다른 보조금(펠 그랜트(Pell Grant) 또는 등록금 지원금 등)을 받는 경우의 차이 등이다. 하지만 이 세 가지 사항은 모두 과대평가됐다. 지역 학생들을 위한 열정이 전혀 다른 방향의 보트하우스로 향했다고 해도 틀린 말은 아닐 것이다.

쓰레기장에서 환골탈태한 스윈들러 코브 파크는 지역 사회에 훌륭한 편의시설을 제공한다. 그 안에 자리 잡은 보트하우스는 분명히 워싱턴 하이츠 청소년들에게 약간의 편익을 제공하는 것은 사실이다. 그러나 3백만 달러가 소요된 보트하우스가 청소년들에게는 가장 가치 있는 건물일까? 수혜자 관점에서 민간 자원은 공짜는 아니다. 가난한 아이들을 돕기 위한 자선가들의 유한한 자원, 3백만 달러가 보트하우스로 고갈된 것을 의미한다고 볼 수도 있는 것이다. 청소년들 대신에 애머스트(Amherst) 대학생, 예일(Yale) 대학생, 캠브리지 동문들이 보게 된 혜택은 정확히 측정할 수는 없지만, 혜택을 받지 못한 청소년들에게는 실질적인 손실이다. 그리고 보트하우스 프로젝트를 위한 바지선 설치를 위해 공공자원 30만 달러가 지출되었다. 참여했던 프로그램이

100명임을 감안하면 개인당 약 3,000달러의 정부 예산이 낭비되었다.[34] 이 경우, 모든 관계자들의 선의에도 불구하고, 더 많은 자원을 대가로 폭넓은 재량을 부여한 것이 결국 좋지 않은 거래로 판명되었다는 주장이 제기될 수도 있다.

그러나 보트하우스 건물 하나에 대한 이 같은 회의적인 평가가 공원의 파트너십 전략(partnership strategy)의 전반적인 우수성을 약화시키지는 않는다. 실제로 스윈들러 코브 파크는 지역사회 전반에 극적인 개선효과를 가져다주었다. 일부 사례에서는 민간에게 주어진 재량이 매우 클 수 있다. 그래서 공공의 통제와 민간의 통제가 잘 혼합되어야만 좋은 결과를 낳게 된다. 설사 결과가 때로 좋지 않더라도 이는 수익재량과 선호재량 때문이 아니라, 잘못된 판단을 내렸거나 운이 좋지 않아서일 것이다. 공원을 관리하는 정부 관계자들이 불편하더라도 최고급 보트하우스의 적절성에 대해 의문을 제기했다면 워싱턴 하이츠 지역에 거주하는 청소년을 포함하여 모든 관계자에게 더 좋은 결과를 낳았을 것이다. 아마도 불편함에 대해 침묵했던 것은 미들러의 명성 때문이었을 가능성이 있고, 가난한 지역의 공원을 위해 끊임없이 일하는 그녀에 대한 존경심 때문이었을 수도 있다. 또는 그들도 미들러와 그녀의 친구들이 했던 것과 동일하게 잘못된 판단을 했을 수 있다. 어떤 이유에서든지, 그들은 그녀의 판단이 건전하다고 생각할 수 없는데도 불구하고 판단을 유보했다. 좋은 마음과 좋은 의도가 늘 좋은 결과를 보장하는 것은 아니다.

● 공원 사례 3: 브라이언트 파크와 브라이언트파크복원회사

뉴욕공공도서관(New York Public Library)은 그 입구에 각각 인내(patience)와 불굴의 용기(fortitude)를 상징하는 두 개의 유명한 대리석 사자상이 지키고 있으며, 그 뒤편에는 아름다운 공원이 있다. 그 이름은 브라이언트 파크(Bryant Park)다.

도서관 둘레로 동서를 가로지르는 5번, 6번가, 남북을 지나는 40, 41번 도로로 둘러싸인 도심 속 작은 오아시스와 같은 공원이다. 값비싼 사무시설이 밀집된 맨해튼의 압도적인 상업시설의 연결을 조그만 공원의 잔디, 나무, 산책로, 정원 테라스가 끊으며 자리 잡고 있다. 광활한 콘크리트 대지 위의 유일한 녹지이면서, 뉴욕 전역에서 가장 공들여서 관리되고 있는 녹지 중 하나다.

1800년대 초까지, 이 지역은 도시 외곽 북쪽 변두리 지역이었으며, 빈민자들의 묘지이기도 했다. 뉴욕이 북쪽으로 점차 확장해 가면서, 다른 저수지가 묘지를 대체하게 되었다. 도서관은 1911년 5번가와 42번 도로가 만나는 모퉁이에 완공되었다. 그 즈음 윌리엄 쿨런 브라이언트(William Cullen Bryant) 시인을 기리기 위해 이 녹지를 브라이언트 파크로 명명했다. 이 공원은 로버트 모지즈가 1930년대에 대대적인 공원 정비 사업을 진행하며, 잔디밭, 정원 테라스, 울타리 등을 클래식한 분위기로 정비할 때까지 다소 어수선한 상태로 있었다.

모지즈 시대가 저물며 자본도 사라지고, 열의도 사그라지면서 브라이언트 파크도 역시 쇠퇴하기 시작했는데, 다른 공원들보다 그 정도가 더 심했다. 사무실은 밀집되어 있으나, 주택은 거의 없는 주변 환경으로 인해 시 예산을 투입하여 공원 유지보수나 경찰의 순찰을 요청할 명분이 부족했다. 직장인들이 집으로 돌아가고 밤이 되면, 뉴욕이 가진 어둠의 무법 요소들이 점점 드러났다. 브라이언트 파크는 낮에는 황량하고, 밤에는 위험한 곳이 되었다. 불법 마약 거래가 늘어가면서 달갑지 않게 '바늘공원(Needle Park)'이라는 오명도 얻었다. 강도사건과 심지어 살인사건까지 일어나면서 해가 지면 모든 이들이 이 공원을 기피했다.

1980년, 록펠러재단(Rockefeller Brothers Fund)(공원 인근에 본부가 위치해 있다)은 앤드류 하이스켈(Andrew Heiskell)을 대표로 하는 브라이언트파크복원회사(Bryant

Park Restoration Corporation(BPRC))를 설립했다. 하이스켈은 미디어 분야 대기업인 타임(Time Inc.)의 대표이면서 뉴욕공공도서관 이사회를 이끌었다.[35] 또한 도시 개발 컨설턴트로서의 명성을 쌓기 시작한 하버드 MBA 출신의 다니엘 비더만(Daniel A. Biederman)이 새로운 조직의 전무이사로 채용되었다. 공원관리부의 지원과 여러 재단에서 출연한 비용을 통해 BPRC는 공원 방치, 그리고 방치에 따른 위험의 악순환을 끊기 위한 여러 실험을 했다. 쓰레기를 치우고, 책이나 꽃, 극장 티켓을 구입할 수 있는 부스를 설치하고, 점심시간에는 무료 콘서트를 개최하기도 했다. 이 실험은 어느 정도 효과가 있었다. 1980년대 초까지 주변 직장인들은 점심시간에 브라이언트 파크로 즐겁게 모여들었다. 그러나 뉴욕타임즈(New York Times)는 여전히 공원을 '지킬 앤 하이드(Jekyll and Hyde)'로 평가했다. '낮 동안, 특히 좋은 날씨에 공원은 무척 활기차다. 그러나 밤이 되거나 날씨가 흐려지면, 사람들은 사라지면서 공원은 다시 음산한 모습으로 바뀐다.'[36] 부스 운영과 청소만으로는 충분하지 않았다. 브라이언트 파크를 회복시키기 위해서는 더 큰 '무언가'가 필요했다. 1980년대 중반에 이르러 이 거대한 '무언가'는 구체화되기 시작했다.

비더만은 입사 이후 줄곧 브라이언트 파크를 위한 '마스터 플랜(Master Plan)'을 개발했고, 1983년 말에 마스터 플랜의 기본 구조가 알려졌다. 이는 조경의 변화로부터 시작했다. 최고의 조경디자이너를 통해 마련된 대담한 청사진에 의하면, 무법행위의 은신처가 되어 주었던 클래식한 높은 생울타리를 없애는 것을 시작으로, 공원을 가로지르는 산책길, 어두움을 없애는 가로등, 방문객을 위한 편의시설 설치가 제안되었다. 편의시설에는 분수, 야외 테라스와 광장의 리모델, 야외 테이블과 수천 개의 의자, 그리고 고급 공중화장실이 포함되었다.

이 같은 조경의 변화는 시작에 불과했다. 비더만의 거대한 비전은 스틸 구조와 유리 외벽으로 만들어진 레스토랑이었다. 이 레스토랑은 천장이 22피트 높이로, 천 명 규모의 좌석과 야외 테라스를 가지고 있었다. 이 웅장한 프로젝트를 위해 초빙된 유명 레스토랑 운영자인 워너 리로이(Warner LeRoy)는 그의 구상을 이렇게 설명했다. '우리가 짓고 있는 이 건물은 저녁에도 밝은 빛을 비추는 아름다운 카페가 될 것이다. 이것은 공원을 훌륭하고, 멋지고, 사람들이 모일 수 있게 만들어 줄 것이며, 비아베네토(Via Veneto)나 피아자 산 마르코(Piazza San Marco)와 같이 위대한 장소가 되게 할 것이다.'[37] (리로이가 브라이언트 파크를 베니스의 웅장한 광장에 필적하는 곳으로 만들겠다는 구상을 발표할 때, 괴짜 같은 상상이라는 평가를 받기도 했다)

브라이언트 파크의 새로운 비전에 필요한 최소 1천 8백만 달러의 비용은 뉴욕 공원관리부가 작은 공원 하나에 투입할 수 있는 비용으로는 상상할 수 없을 만큼 큰 금액이었다. 그러나 비더만은 정부 예산만을 염두에 둔 것이 아니었다. 그가 기대한 재원의 대부분은 민간 자원이었다. 워너 리로이는 그 웅장한 유리 레스토랑을 자신의 비용으로 지을 것이며, 그는 투자 금액을 미래에 발생하는 이익을 통해 회수할 것이라고 했다. 게다가 그는 2백만 달러를 조경 계획에 기부하기로 했다. BPRC의 요청에 따라 수많은 재단과 개인 기부자가 수백만 달러를 기부하게 될 것이며, 뉴욕으로부터 지원받는 공공 자금은 전체 자본 투자 계획에서 겨우 5% 정도만을 차지할 것으로 예상했다.

비더만은 새로운 브라이언트 파크 공원이 조경 관리, 공원 청소와 유지보수, 공중화장실 관리, 민간 경비 요원 등의 운영을 위한 예산으로 매년 백만 달러 정도가 필요할 것으로 예상했다. 공원관리부는 25만 달러가 넘지 않는 비용을 지원할 수 있었다. 그래서 운영비용의 대부분을 민간 자원으로 충당해야 했다. 레스토랑은 매년 50만 달러를 임대료로 지불할 예정이었으며, 나머지 25만 달러는 BPRC가 자체 조달하기로 했다. 그러나 브라이언트 파크가 구상하는 대로 계속 유지되기 위해서는 매년 안정적인 현금이 필요했다. 비더만은 재정 퍼즐의 마지막 조각에 대한 방안을 가지고 있었다. 이 방안이 그의 마스터 플랜에서 가장 신기한 부분이었다.

뉴욕의 몇몇 상업지구에 자리 잡은 기업들은 '업무개선지구(Business Improvement District(BID))'라고 불리는 새로운 기관을 만드는 실험을 해왔다. 기본적인 개념은 뉴욕 내에 특별한 구역을 지정하고, 그 외 지역보다 높은 세율을 적용하여 부과하되, 그에 상응하는 높은 수준의 공공 서비스를 제공하는 것이었다.[38] 비더만은 BID 개념을 확장하여 브라이언트 파크에 적용해 줄 것을 제안했다. 그가 보기에, 훌륭한 공원은 인근 부동산 소유자와 기업가에게도 경제적인 편익을 실제로 가져다주었고, 이 편익에 대한 특별 세금을 납부하는 것은 당연했다.

비더만은 물론 회의적인 평가도 있겠지만 대다수의 폭넓은 환영을 기대하며, 그의 마스터 플랜을 발표했다. 여전히 수백만 달러를 모금해야 했고, 착공을 위해서는 여러 단계의 공식적인 검토가 진행되어야 했다.[39] BPRC와 뉴욕공공도서관 대표를 겸하고 있는 공원감독관 헨리 스턴은 '공원관리부에서 신중히 검토 중이다.'라고 말했다.[40]

마스터 플랜에 대한 환호는커녕 우려가 많았다. 뉴욕타임즈는 '가장 큰 걸림돌(sticking point)은 공공 공원의 관리를 민간단체에 맡긴다는 점'을 꼽으며 우려했다. 비영리단체인 공원위원회(Parks Council)를 포함한 공원 지지자들도 대개 난색을 표했으며, BID 자금에 의존하는 것은 결국 브라이언트 파크가 민간단체에 신세를 지는 형편이 될 뿐 아니라, 기업 이익에도 그렇게 도움이 되지 않을 것이라고 생각했다.[41] 이러한 우려는 우리가 협력 방식을 선택할 때마다 흔히 나타나는 양상이다. 협력이 이루어지기 전에는 지지자들이나 비판자들 모두 원칙적으로 공공 방식이냐 민간 방식이냐 하는 선호하는 방식에 대해서만 관심을 가질 뿐, 실용적인 분석이나 평가는 뒷전이다. 그 선호하는 방식 또한 대개는 이념적으로 다소 편협한 우려들이다. 협력이 작동할지 못할지, 무엇이 적합하고 적합하지 않을지에 대한 선입견은 실제 운영한 후에 나타나는 증거만으로 극복할 수 있다.

공원의 현재 상태가 정상과는 너무 거리가 멀었기에 비판은 서서히 누그러들었다. 뉴욕의 전반적인 호전에도 불구하고 브라이언트 파크는 맑은 평일 오후를 제외하고는 대부분 비어 있었지만, 호평을 받는 콘서트 개최 횟수는 그 달의 마약 단속 건수보다 훨씬 많아졌다. 공원을 민간이 관리하면 좋은 상태를 오히려 망칠 것이라는 비판은 다소 공허하게 보였다.

비더만의 마스터 플랜을 지지하는 논리가 결국 더 우세해졌고, 그가 선택한 방식을 통해 궁극적으로 공원은 변모했다. 최초의 계획에 비해 시기와 비용의 세부 내용이 상당히 달라졌지만, 새롭게 단장을 끝낸 브라이언트 파크는 비더만의 비전과 상당히 일치하는 것으로 드러났다. 1985년 중반, BPRC는 뉴욕과 '공원 운영과 관리에 관한 독점적 허가와 권리'를 확보하는 협약을 체결했다. 뉴욕시는 민간회사에게 공원의 법적 통제 권한을 부여하는 것에 대해 난색을 표했다. 결국 공원의 완전한 임대 방식은 허락되지 않았으며, 협약서에는 '시를 대신하여 공원을 상시 관리 및 운영하여야 한다.'라고 단순하게 표기되었다.[42] 다음해 입법을 통해 브라이언트 파크 주변이 BID로 선정되어 공원 관리 비용을 지원받게 되었다. 그러나 1988년에 이르러서야 공사를 위한 최종 승인을 받았고, 공원은 건축허가를 받기 위한 그 3년 동안은 폐쇄된 상태로 기다려야 했다.

브라이언트 파크는 1992년 봄에 성대하게 오픈했다. 각 입구는 청동 주물 가로등이 맞이했고, 건물들은 재단장했고, 산책로는 정비되었다. 거대한 중앙 잔디밭은 깔끔하게 손질되었다. 인접한 건물 옥상에 설치한 투광등과 40번, 41번도로의 가로등이 공원을 환하게 비췄다. 계획대로 생울타리는 제거되었고, 그 자리는 내부 난간으로 채워졌다. 공중화장실을 개조하는 데만 15만 달러가 넘게 소요되었다. BPRC에 따르면 이 화장실은 10년 뒤 온라인 여행 서비스 가입자들로부터 '미국 최고의 화장실'로 선정되었다. 8명의 보안 요원–이 중 절반은 뉴욕 경찰, 나머지 절반은 회사에서 고용한 민간 경비 요원이었다–이 공원을 순찰했고, 문을 닫는 밤에는 4명의 요원이 더 추가되었다. 비더만이 '미국에서 가장 멋진 매표소'라고 극찬한 부스에서는 각종 콘서트와 브로드웨이 쇼의 할인 티켓을 구입할 수 있었다.[43)]

조금 더 기간이 지난 후에 드디어 레스토랑이 문을 열었다. 이 레스토랑은 워너 리로이가 아닌 아크레스토랑(Ark Restaurant)이 운영을 맡았다. 그러나 광채 나는 유리 외벽과 높은 천정을 가진 모습은 원래 계획대로였다. 브라이언트 파크 그릴(Bryant Park Grill)로 명명된 이 레스토랑은 지중해풍의 식당과 파라솔이 설치된 테라스를 통해 천여 명의 사람들을 수용할 수 있었고, 맨해튼에 걸맞은 세련된 음식을 제공할 수 있었다. 아이스크림, 커피, 빵을 판매하는 매점과 3개의 식당이 몇 년 뒤 추가로 문을 열었다.

공원 안에 있는 야외 바는 퇴근 후 자연스럽게 들르는 곳으로 자리 잡았고, 점심시간에는 늘 4천 명의 사람들로 벤치와 잔디밭이 붐볐다. 여름 저녁 홈박스오피스(Home Box Office)는 한 번 상영에 만 명이 시청하는 무료 영화를 후원했다. 이전에 마약을 팔던 곳이 이제는 사람이 붐비는 맨해튼의 타운 스퀘어(Manhattan's town square)가 되었다.[44)] 예일대학교 도시계획학과 교수 알렉산더 가빈(Alexander Garvin)은 브라이언트 파크를 '우리 모두를 놀라게 한 성공'이라고 평가하며, 다음과 같이 말했다. '만일 2년 전에, 나에게 공원을 재설계하면 공원을 이용하는 사람이 과연 범죄자에서 시민들로 전부 바뀔 수 있을까라고 물었다면, 나는 면전에서 코웃음을 쳤을 것이다. 그런데 결과적으로는 내가 틀렸다. 틀려도 완전히 틀렸다.'[45] (뉴욕 도시 전역에서 범죄율이 감소하는 추세였지만, 브라이언트 파크의 범죄율은 아예 급감했다.) 재단장한 공원은 저명한 도시지역연구소(Urban Land Institute)로부터의 우수상, 시립예술협회(Municipal Arts Society)로부터의 표창을 포함하여 각종 디자인상을 받았다. 뉴욕타임즈의 건축평론가 허버트 머샴프(Herbert Muschamp)는 부활한 브라이언트 파크를 '근래에 뉴욕이 스스로 한 일 중에서 가장 잘한 일 중의 하나'라고 평했다.[46]

대규모 재건 계획은 당초 예상했던 규모보다 더 많은 공적 자금을 필요로 했다. 계획했던 대로 자기 자본을 사용하기로 했던 레스토랑을 제외하고, 재건 비용은 약 9백만 달러에 이르렀다. 이 중 3분의 2는 뉴욕시로부터, 나머지는 민간 재원에서 충당했다.[47] 그러나 매년 발생하는 대부분의 운영비를 민간 재원으로 충당해야 했으며, 공원관리부에서는 합의된 대로 25만 달러만 지원할 예정이었다. BID를 통해 1평방피트당 11센트의 세금이 징수되어, 첫 해 약 85만 달러가 확보되었다. 식당 임대료와 기타 수수료도 징수되어 운영비 예산으로 책정된 120만 달러의 부족분을 채울 것으로 예상되었다.

BPRC의 회사강령에는 '최고의 민간 사업기술을 사용하여 우리 사업을 운영한다.'라고 그 의지를 밝히고 있다.[48] 최종 소요예산이 에이커당 50만 달러에 육박해 가면서 다른 공원에 비해 집중적인 개발을 할 수 있었지만, 브라이언트 파크 관리자는 재정적인 힘을 보충하기 위해서라도 창의력을 보여주어야 했다. 비더만은 가족 방문객을 유인하기 위해 공원 남쪽 가장자리에 회전목마를 설치했다.[49] 또한 브라이언트 파크는 무선인터넷기술을 갖춘 미국 최초의 공원이 되었으며, 뉴욕 시민들은 넓은 잔디밭에서 휴식을 취하면서 웹서핑을 할 수 있게 되었다. 개최되는 행사도 전통적인 댄스 공연에서부터 기념일 행사, 결혼 축하 파티까지 다양해졌다. 모든 공원의 골칫거리인 비둘기와 전쟁을 벌이기 위한 혁신적인 전술도 구사했다. 조류를 위한 번식 제한 약물이 투입된 옥수수 알갱이를 분사하는 것으로 시작해서 보안 요원이 공원을 순찰할 때 맹금류와 동행하는 방법까지 사용했다.[50)]

비더만은 이번 성공에 안주하지 않았다. 그는 BPRC의 전무이사로서의 성공 경험을 바탕으로 미드타운(Midtown)에 있는 두 개의 BID 수장을 함께 맡게 되었다. 1992년에 설립된 34번가 파트너십(The 34th Street Partnership)은 브라이언트 파크에서 남쪽으로 몇 블록 떨어진 맨해튼 중부의 상업시설 확장에 초점을 두었다. 브라이언트 파크와 유사한 모델로 추진되었는데, 인근 기업을 대상으로 특별세를 징수하여 관광과 비즈니스를 활성화하도록 위생시설과 보안조치 등을 위한 재원으로 사용했다.[51)] 그랜드센트럴파트너십(Grand Central Partnership)도 뉴욕 최고의 교통 중심지를 둘러싼 넓은 지역에 유사한 사업을 진행했다.[52)]

비더만은 세 개의 조직을 함께 관리하면서 발생하는 영향력과 활용할 수 있는 자금을 지렛대 삼아 맨해튼 중부를 비즈니스 구역으로 리뉴얼하는 전략을 추진했다. 이 전략은 효과가 있어서, 그 지역을 방문한 사람이라면 눈으로 확인할 수 있을 정도였다. 이렇게 비더만은 승승장구했다. 어느 누구도 그의 추진력과 열정, 그가 보여준 결과를 부정할 수는 없었다. 다만, 30만 달러가 넘는 급여는 약간 눈살을 찌푸리게 했다. 1990년대 후반, 비더만은 뉴욕의 루디 줄리아니(Rudy Giuliani) 시장의 공개적인 반대에 직면했다. 줄리아니 시장도 자신만의 추진력과 열정을 가진 인물이었다. 줄리아니는 준(準)공권력이 한 명에게 너무 집중되는 것에 대해 불편해했다. 또한 그랜드센트럴파트너십이 노숙자에 대해 강압적인 방법을 사용한다는 내용이 보도되면서 더욱 우려했고, 언론에서 비더만을 '미드타운의 시장'이라고 빈번하게 언급하는 것에도 언짢아했다. 3년 후, 마이클 블룸버그(Michael Bloomberg) 시장의 행정부는 각기 다른 BID의 대표를 겸직하지 못하도록 하는 규정을 검토 중이었는데, 그 논쟁에 중심에 비더만이 있었다. BID를 담당하는 블룸버그 보좌관은 '이 일은 우리가 뉴욕시를 위해 분명히 고민할 가치가 있는 일이다'라면서도 비더만에 대해서는 이렇게 덧붙였다. '그(비더만)가 일을 못했다면 결정하기가 훨씬 쉬웠을 것이다.'[53)]

브라이언트 파크의 소유주는 뉴욕시의 공원관리부였으나, 일반적으로 전면에 나서는 일은 없었으며, 실제로 기업에게는 거의 보이지 않는 파트너였다. 하지만 이는 공원관리부 본부의 몇 사람에게는 불편한 점이기도 했다. 예를 들어, 센트럴파크관리위원회(Central Park Conservancy)와 비교하면 BPRC는 시 관계자와의 상호작용이 매우 제한적이었고 그리 친밀하지 않았다. 공원관리부는 브라이언트 공원의 표지판, 웹사이트, 홍보물 등 어디에서도 눈에 띄지 않았다. 그런데도 브라이언트 파크는 공공 자산인 공원이었다. 입장료도 없었으며 회원권도 판매하지 않았다. 밤 시간에는 보안을 위해 문을 닫았지만, 계절에 따라 12시간에서 16시간 동안 시민에게 개방되었다.[54)] 야외 테라스, 광장 또는 잔디밭에서 요금을 지불하고 개인 행사를 개최할 수도 있지만, 마약 거래, 구걸 행위, 무허가 공연, 애완동물 방치, 비둘기 먹이 주기, 구기 종목 경기, 잔디밭 내 플라스틱 사용 등의 금지사항을 준수하는 한 모든 사람이 공원을 무료로 즐길 수 있었다.[55)] 수천 명의 뉴욕 시민과 관광객은 브라이언트 공원을 이용할 수 있는 것이 기쁨이었다.

한편으로, 정부로부터 늘 빠듯하게 예산을 지원받던 공원은 이제 자체적으로 강력한 자원을 창출할 수 있게 되었다. 유료공연은 원래 비더만의 계획의 일부였지만, 1990년대 중반 복구가 완료된 후에서야 급증하기 시작했다. 문화공연장으로서의 공원의 잠재력은 1995년 MTV가 뮤직비디오대상(Music Video Awards) 행사를 공원에서 개최하면서 드러났다. 이날 마이클 잭슨(Michael Jackson)과 루디 줄리아니 두 사람이 같은 무대에 섰다.[56)] 매년 공연, 박람회,

기념일 행사, 결혼식, 회사 기념식 등의 크고 작은 행사들이 줄을 이었고, 더 고급스러워졌다. 브라이언트 파크에서 1주일 동안 진행되는 패션쇼는 곧 국제패션계의 연례행사로 자리 잡았다. BPRC는 공원에서 행사 개최를 희망하는 단체들을 위해 8페이지 브로슈어를 제작했는데, 브로슈어에 의하면 행사 개최 비용은 공원을 얼마나 넓은 규모로, 얼마나 오랜 기간 동안 점유하고 사용하는지에 달려있다고 설명되어 있다.[57)]

브라이언트 파크의 상업적 잠재력은 약 25만 달러의 정부 지원금을 중요도 면에서 초라하게 만들었고, 궁극적으로는 굳이 그 돈이 없어도 운영을 할 수 있는 상황에 이르렀다. 실제 1998년부터 지원금이 감소했고, 이듬해에는 완전히 중단되었다. 2003년까지 각종 행사로 거둬들인 금액은 연간 185만 달러에 달했다. 식당을 비롯한 각종 영업점에서 회수된 임대료와 민간 기부금 등으로 인해 130만 달러가 추가 확보되었다. BID를 통해서 확보되는 세수는 실제 예측했던 것보다 감소된 75만 달러 수준으로 운영 예산의 5분의 1에도 미치지 못했다.[58)] BPRC의 총수입은 거의 4백만 달러였다. 공원 복원 후 개장했을 때 비더만이 필요한 운영 예산을 1백 2십만 달러로 예상했던 것에 비하면 상당한 금액이었다. 임대료와 행사비 등으로 쏟아져 들어오는 재원을 통해 20년 전 마스터 플랜이 꿈꿨던 터무니없는 비전은 실현되고도 남았다.

이 사업이 성공적이라는 사실은 브라이언트 파크 브랜드를 이용하려는 사람들이 생겼다는 사실로도 미루어 짐작할 수 있었다. 부동산 업계의 한 사업가는, '브라이언트 파크는 아름다운 단어가 되었다. 패션쇼까지 열릴 수 있는 공원이 세계 어디 있겠는가? 브라이언트 파크는 이제 세계적인 명소다.'라고 극찬했다.[59)] 2000년에는 브라이언트파크호텔(Bryant Park Hotel)의 이름을 가진 고급호텔이 문을 열었다. 한때 지저분했던 공원 근처 한 모퉁이에 원브라이언트파크(One Bryant Park)라고 불릴 예정인 50층 높이의 빌딩이 건축 중이다. 그

땅 하나만으로도 이미 1,250만 달러의 거래가 일어났다. 2003년 뉴욕교통국(New York City Transit Authority)이 인근의 지하철 정류장 이름을 42번가-브라이언트 파크로 다시 명명한 이후, 한 기자가 비더만에게 브랜드를 확장할 다른 계획이 또 있는지를 물었다. 그는 '브라이언트 파크 도서관은 어떤가요? 좋지 않나요? 지금은 뭐라고 부르고 있죠?'라고 태연한 표정으로 되물었다.[60)]

브라이언트 파크는 상당한 편익이 개인에게 집중되는 재화를 만드는 데 많은 공적 자원을 투입한다는 비판이 있을 수 있다. 이런 재화를 이 책의 서두에서 '반민간재(semiprivate goods)' 또는 '직접재(directed goods)'라는 용어를 사용하여 설명했다. 브라이언트 파크 사례는 역방향의 협력의 특징을 갖는데, 정부가 가장 중요한 권한인 징세 권한을 사용하여 공공의 편익이 아닌 특정 단체의 편익을 추구했다는 사실이다. 그러나 피할 수 없는 사실은 지저분하고 때로는 위험하기까지 했던 장소가 모든 사람이, 어느 때라도, 어떤 목적으로든 자유롭게 사용할 수 있는 값진 보석 같은 공원이 되었다는 것이다. 이는 민간의 참여가 없었다면 결과가 이렇게 좋았으리라고는 주장하기 어렵다.

뉴욕의 두 공원 사례는 각각의 파트너십이 쏟아부어 증가된 자원으로 대중에게 상당한 편익을 제공했다. 민간 조직은 운영을 탄력적으로 할 수 있는 상당한 이점을 누렸다. 여느 시 산하의 부서와 마찬가지로 공원관리부는 수영장을 짓기 위해 혹은 울타리를 설치하기 위한 계약을 체결하거나, 근로자의 급여를 책정하거나, 실적이 부진한 근로자를 해고하거나 할 때마다 정해진 절차를 따라야 했다. 각 규정은 나름대로의 논리가 있었을 뿐 아니라 대개 이전에 있었던 각각의 사연이나 사건들에 의해 마련된 것이었다. 그러나 규정에 따라 절차를 진행해야 하는 정부는 탄력성을 잃었다. 반면, 파트너십은 본인들이 적절하다고 판단하는 대로 고용하고, 급여를 주고, 해고할 수 있었다.

또한 파트너십은 재화와 서비스를 조달하는 데도 공원관리부보다 제약조건이 훨씬 적었다. 센트럴파크관리위원회(CPC), 브라이언트파크복원회사(BPRC), 그리고 다른 주요 파트너십에는 유력한 비즈니스 리더들이 포진해 있었고, 이들이 가져다주는 미묘한 이점은 결코 작지 않았다. 파트너십의 멤버가 식음료계, 건설계 등에 종사하고 있다면 그 분야 최고의 기업인 까닭에 이들과 계약하는 것을 마다할 이유가 없었다. 영향력 있는 경제계에서 기업의 명성에 손상을 줄 일은 벌어지지 않을 것이고, 계약을 통한 그 성과가 저조할 가능성도 적다.

뉴욕에 있는 공원에 자본과 인력을 투입하고, 그 운영을 직간접적으로 기업처럼 관리하게 되면서 점점 편익이 확산되는 것을 확인할 수 있었지만, 더 나아가 파트너십을 통한 근본적인 편익도 확인할 수 있었다. 파트너십은 공원관리부가 응집된 지지집단을 만들 수 있도록 했다. 공원관리부의 지지자는 본질적으로 분산될 수밖에 없었다. 교육부(예산 투쟁에서 학부모 집단이 나서서 예산을 지켜줄 것이라 기대할 수 있는)나 강한 노조를 상대해야 하는 부서와는 달리 공원관리부는 지지층이 결집할 수 있는 제도적 구심점이 거의 없었다. 그러나 파트너십이 가진 네트워크가 조직적인 정치적 지원에 힘입어 이 부족함을 메꿔주었다.

뉴욕에서 가장 영향력 있는 시민이 자신의 개인 자금을 공원에 기부한다고 해서, 공공 자금 투입을 더 받을 수 있도록 치열하게 싸워줄까? 솔직히 그 대답은 확실하지 않다. 본인들이 기여하기로 한 공공임무의 강력한 지지자가 되어 투쟁할 수 있는 반면, 공원의 품격이 더 이상 공공 자원에 의존하지 않게 되었기에, 부족한 시 예산에서 공원 몫을 굳이 더 확보하고자 하는 의지가 없을 수도 있다.

예산 담당 공무원의 움직임을 예측하기는 어렵지 않다. 이들은 경찰과 소방관의 경우와는 달리 공원은 스스로 자금을 모을 수 있다는 사실을 잘 알고 있다. 이 점을 고려하면, 늘 정부의 예산이 빡빡한 것처럼 공원에 배정된 예산이 빡빡해도 공원은 별로 대수롭게 생각하지 않을 경향이 있다. 비영리단체의 기부와 공원관리부의 공무원과의 기본적인 갈등은 예산 문제를 넘어 선호와 관리의 문제로 확장된다. 맨해튼의 한 공원에 민간 자본을 쏟아부은 한 단체의 대표는 이렇게 언급했다. '공원관리부 사람들에게 가장 이상적인 파트너는 수표를 써주고 그저 잠잠히 있는 파트너다. … 누군가가 공원에 중요한 기여를 하려고 한다면 특별한 방식으로 그의 목소리에 귀 기울여 줄 것으로 기대할 것이다.'[61] 우선순위와 선호는 구별되어야 한다. 정치가 이러한 차이를 해결하기 위한 방법으로 개입하면 얻는 것도 있지만, 잃는 것도 있다. 공원감독원 아드리안 베네페(Adrian Benepe)는 다른 한 단체를 언급하며 말했다. '이사진 중에는 공원에 자기가 마음에 안 드는 요소가 자리 잡고 있는 것을 싫어하는 사람이 있다. 그것을 없애고 싶어 한다. 이게 바로 시장이나 공원감독원이 정책 통제를 해야 하는 이유다.'[62] 협력 방식을 선호하는 이들조차도 민간에게 부여된 재량에는 한계가 필요하다는 것에 공감한다.

이제까지 세 공원의 사례를 살펴보았다. 한 공원은 민간의 세심한 관리를 통해서 극적인 성공을 이룬 사례이고, 한 공원은 민간에게 우선순위를 부여함으로써 상당한 공공 편익을 가져다준 멋진 공원을 만든 사례이며, 나머지 한 공원은 쓰레기 더미에서 부활해서 보트하우스까지 갖게 된 아름다운 사례다. 민간의 참여를 통해 시민이 상당한 혜택을 누리게 되었다는 사실은 명확하다. 이들 사례는 광범위하게 일어나고 있는 캠페인 중의 대표적인 사례들이며, 다른 공원과의 파트너십의 경우도 이 세 가지 사례와 유사한 결과를 가져왔고, 상당히 인상적인 결과를 보여주었다. 2002년까지 민간 파트너들은 뉴욕에 있는 전체 공원의 개선, 유지보수, 각종 프로그램 운영을 해 약 5천만 달러를 매년 모금했다.[63] 자원봉사자들은 공원 지원을 위해 약 백만 시간을 할애했는데, 만일 공원관리부가 대민서비스 직원을 활용했다면 4천만 달러가 소요되는 규모였다. 게다가 자원봉사자 중에는 고위직 변호사, 기업 대표, 유명 컨설턴트, 탁월한 기금 모금가 등의 전문가들도 포함되어 있었는데, 공원관리부였다면 절대 고용할 수 없는 사람들이었다.[64)]

| 차세대 자동차 개발을 위한 파트너십 |

선거운동 기간이었던 1992년, 빌 클린턴(Bill Clinton)은 8년 내에 자동차 연비기준을 갤런당 28마일에서 40마일로 향상시키겠다고 공언했다. 게다가 부통령 후보였던 엘 고어(Al Gore)는 베스트셀러가 된 자신의 Earth in the Bal-ance(옮긴이, 번역서는 '위기의 지구'라는 제목으로 2000년 출판되었음)라는 책에서 자동차를 '모든 국가의 안전에 대한 도덕적 위협'이라고 칭했다. 그래서 클린턴의 당선은 미국 자동차회사에게는 상당히 유감스런 일이었다. 이전 의회에서 자동차회사들은 연비기준을 올리려는 법안을 가까스로 제지해 왔는데, 더 작고 더 효율적인 자동차를 앞세운 일본과 유럽의 경쟁 자동차회사들에게 뒤처질까 두려웠기 때문이었다.

자동차 업계는 클린턴 정권에서 더 강력해질 규제에 대비했다. 그러나 새로운 행정부는 업계와의 정면충돌을 피하고 싶었다. 야심찬 목표는 많았지만, 정치 자본이 부족한 상태로 취임하게 된 클린턴은 현명한 방법을 선택해야만 했다. 게다가 취임 후 클린턴과 고어는 기후변화에 악영향을 끼치는(증가속도를 늦추는 것을 넘어서서) 탄소배출량을 줄이기 위해서는 이를 원하지도 않는 기업에 강요할 수 있는 수준을 훨씬 뛰어넘는 연비 개선이 필요하다는 사실을 깨달았다. 이는 자동차회사들이 자신이 가진 모든 자원과 전문기술을 쏟아부어야만 성공할 수 있는 수준이었다.

정부, 기업의 전문가들이 잇따라 만나면서 각 부문 간에 어떻게 활동할 것인지에 대한 수준 높은 논의가 이루어졌다. 그리고 협력 계획이 모습을 드러냈다. 클린턴 행정부 초기, 대통령과 부통령은 미국 3대 자동차회사 CEO와의 차세대 자동차 개발을 위한 파트너십(Partnership for the Next Generation of Vehicles(PNGV))을 발표했다. PNGV의 임무는 10년 이내에 자동차의 성능 감소나 가격 인상 없이, 1993년의 연비기준으로 3배 향상된 연비를 달성하는 것이었다.[65] 상무부(Department of Commerce) 국장과 포드(FORD), 지엠(GM) 그리고 크라이슬러(Chrysler) 수석 부사장이 이 계획을 이끄는 공동 의장을 맡았다. 정부, 산업기술자와 과학자로 구성된 팀은 에너지부, 국방부, 미 항공우주국을 비롯한 그 밖의 부서들의 국가 연구소와 연구 장비에 자유롭게 접근할 수 있게 되었고, 엔진 설계, 신소재 개발, 배기가스 배출 조절, 대체 연료 개발 부문에서 획기적인 돌파구를 찾을 수 있게 되었다. 상무부에 새롭게 설치된 부서는 산업계와 긴밀하게 일할 수 있는 권한을 부여받았다. 연방 연구개발 자금으로 매년 3억 달러가 책정되었고, 훨씬 더 큰 규모의 민간 자본이 투입될 것으로 예상했다.[66]

클린턴 행정부는 연비기준을 의무적으로 상향하는 정책을 포기하겠다는 약속은 하지 않았으며, 이 위협은 여전히 파트너십에 남아 있었다. 그러나 확보된 자금과 높은 수준의 기업 참여를 긍정적으로 평가하며, 정부는 더 친환경적이며 더 효율적인 자동차 개발을 가속화하기 위한 이 파트너십이 매우 훌륭한 전략임을 강하게 시사했다. 업계가 이 거래를 깨뜨리지 않는 한, 행정부는 자동차회사들이 스스로 자신의 자원을 투입하여 목표를 달성하도록 유도하거나 강제하지 않을 작정이었다.

2000년 중반까지 워싱턴은 PNGV에 약 8억 달러를 투자했고, 자동차 업계는 거의 10억 달러를 보탰다. 포드, 지엠, 크라이슬러는 각각 개발한 갤런당

80마일을 목표로 하는 패밀리 세단의 '콘셉트카(concept car)'를 시범 제작했다. 불행히도 그 차들 중에서 어느 모델도 대량생산 준비가 되지 않았다. 설사 대량생산이 된다 하더라도 제작비용과 마케팅 비용은 엄청나게 비쌌을 것이다.[67] PNGV에 참여하지 않았던 혼다(HONDA)와 도요타(TOYOTA)는 훨씬 앞서 있었다. 이들은 각각 기존 자동차에 비해 그렇게 비싸지 않으면서 높은 연비를 자랑하는 '하이브리드(hybrid)' 모델을 시장에 내놓을 준비를 하고 있었다. 그런데도 자동차회사 임원들은 그다지 심각하게 받아들이지 않았고, 파트너십 포기를 명확하게 하지는 않으면서도 단기간에 확실한 이익이 될 것 같아 보이지 않는 투자에 대한 지출을 계속 미뤘다. 시장의 수요가 보장되지 않고, 정부가 시장에서 우선권을 보장해 주지 않는 한 차세대 자동차에 우선 투자할 이익이 없어 보였다.

설상가상으로 민주당은 1994년 의회를 장악하지 못했다. 클린턴 행정부의 정치 자산을 갉아먹는 스캔들과 그에 따른 피로감으로 인해 앨 고어가 다음 대통령이 되지 못할 가능성이 농후했다. 더 이상 엄격한 자동차 연비 규정은 당면한 위협이 아니었다. 조지 W. 부시(George W. Bush)가 대통령으로 당선된 후 새로운 행정부가 파트너십에 대한 회의감을 드러내면서 PNGV는 역풍을 맞았다. 새 행정부의 첫 번째 예산안은 PNGV 예산을 대폭 삭감했고,[68] 1년도 안 되어 부시 행정부는 PNGV를 전면 취소했으며 대신 수소연료 자동차 개발을 위한 지원을 추진했다.[69]

PNGV는 성공적인 협력 사례에 해당하지 않는다. 그러나 실패의 원인은 타이밍이 아니라 협력의 개념에 대한 이해와 협력의 관리였다. 의회와 행정부가 환경문제에 대해 시급한 조치를 위해 합의하고, 기후변화의 위험성에 대해 많은 국민이 경각심을 가졌더라면 아마도 PNGV는 탄력을 받아 큰 진전이 있었을 것이다.

꽤 합리적으로 보였던 모험이 처참한 실패로 끝난 이유를 생각해 보면, 성공적인 협력을 위해서는 세 당사자, 즉 정부, 민간 협력자, 그리고 국민이 각각의 인식과 동기를 합리적으로 잘 조정해야 한다는 것을 가르쳐준다. 이번 사례에서는 민간 협력자는 정부 목표에 대해 회의적이고, 적대적이었고, 국민은 무관심했다.

완벽한 조정은 거의 불가능하다. 하지만, 필요하지 않을 수도 있다. 세 당사자의 인식과 동기를 적절하게 조정할 수만 있다면 견고한 삼각편대를 만들 수 있다. 한 당사자, 혹은 두 당사자의 힘은 부족한 다른 한 당사자의 힘을 채워 줄 수 있다. 정부와 민간 협력자들이 추진하는 사업에 대해 충분한 열정을 공유하고 있었다면 국민의 지지가 미온적이었더라도 파트너십은 성공적이었을 것이다. 또한 민간 협력이 필요한 사업에 대해 정부와 국민이 확고한 공감대가 형성되어 있다면 어떻게 해서든 민간 행위자가 필요한 역할을 하도록 했을 것이다. 그리고 일반적으로 민간 협력자를 포함한 국민 대다수가 원하는 일이라면 정부는 싫더라도 하게 되어 있다. PNGV의 경우 오직 정부만, 엄밀히 말하면 정부 내에서도 몇몇 고위 공직자만이 이 사업에 열정을 가지고 있었다. 자동차 업계는 달갑지 않은 규제를 미연에 방지하기 위한 차원에서만 협력할 의향이 있었다. 그리고 국민 대다수는 기본적으로 무관심했다. 삼각편대는 깨졌고, 차세대 자동차는 묘연해졌다.

| 미국 식품의약청의 신약 안전성 검사 |

미국 식품의약국(Food and Drug Administration(FDA))은 미국 소비자들이 소비하는 금액의 1달러당 대략 25센트를 차지하는 상거래를 관할하고 있다.[70] 진보시대(Progressive Era)에 뿌리를 둔 FDA는 20세기 초중반 일련의 비극적인 사건들, 즉 업튼 싱클레어(Upton Sinclair)가 『더 정글(The Jungle)』이라는 책을 통해 고발한 최악의 식품가공산업의 위생 상태, 향정신성 가짜 약의 무분별한 판매, 테어도어 루즈벨트(Theodore Roosevelt) 행정부 집권 중에 디프테리아로 사망한 어린이들, 에틸알코올로 합성한 초기 항생제로 인한 사망률, 탈리도마이드(thalidomide) 남용으로 유럽 내(미국은 FDA의 의심 많고 완고했던 한 관료에 의해 이 비극을 피했는데, 그는 그 치명적인 결과가 알려질 때까지도 그 약의 승인을 오랜 기간 동안 보류했다)에서 기형으로 출생한 수천 명의 아이들 등, 이와 같은 사건에 반응하여 그 권한을 점차 강화해 왔다. 각각의 비극적인 사건은 FDA로 하여금 새롭고 강력한 입법을 유도했고, FDA 권한은 더 커졌으며, 그로 인해 승인을 위한 절차는 더 느려졌다.

FDA의 가장 핵심 권한은 바로 전문의약품에 대한 규제다. FDA를 통해 안전성과 효과성이 인증되기 전까지 어떤 약물도 도입하거나, 성분을 변경하거나, 새로운 용도로 사용할 수가 없다. 결국 FDA는 막대한 제품 개발 투자와 이에 버금가는 대규모 판매 기회 사이에 서서 굳건한 문지기 역할을 한다. 게다가 다른 국가들도 미국 규제에 편승하는 경향이 있어서 FDA는 많은 해외시장 개척을 위한 간접적인 관문 역할을 수행한다.

1970년대와 1980년대에는 제약사 연구실에서 온갖 신약들이 쏟아져 나왔다. 반면 심사할 신약이 점차 늘어가는 그 기간에 FDA는 예산이 삭감되어 인력 확충도 어려웠다. FDA 내에서 규모가 가장 큰 보건안전규제 항목에 대한 연방 예산은 1975년과 1985년 사이에 3분의 1이상 축소됐다.[71] 늘어가는 수요, 심사 역량의 축소, 안전성에 대한 우려 증가는 자연스레 승인심사의 대기 줄이 길어지는 결과를 가져왔다. 1992년까지 신약승인을 위한 심사 기간은 평균 2년 이상 소요되었다. 환자 단체와 더불어 제약사들이 나서서 느려터진 FDA에 항의했다. 주기적으로 악의적인 홍보공세를 가하여 FDA는 죽어가는 아이들에게 약을 주려고 하지 않는 굼뜬 기관으로 인식되었다.

좋은 성과를 만들어 내는 데 자원 부족만이 유일한 장애물은 아니다. 하지만, FDA에게는 인력과 예산 부족이 신속하면서도 면밀한 심사를 할 수 없도록 하는 가장 큰 장애물이라는 것은 분명했다. 1962년 제정된 법률로 인해 6개월이라는 약품 승인 기간이 정해졌지만, FDA는 터무니없는 기준이라고 생각했다. 직원, 장비, 다른 자원들을 모두 활용해도 커져가는 임무의 규모와 복잡성을 따라잡을 수 없었다. 업무는 상당히 밀려있어서 승인신청서를 제출한 지 1년 이내에 심사를 시작한 경우는 거의 없었다. FDA의 과학자들과 의사들은 스스로를 이윤에 굶주린 제약사와 '제2의 탈리도마이드' 사이에서 겨우겨우 버티고 있는 방어전선이라고 생각했다. 이들은 신속한 승인 압박에 저항하는 것을 오히려 더 명예롭게 생각했는데, 현재의 예산 상황에서 신속한 승인은 불완전한 심사를 의미했기 때문이다. 약물 심사가 완전하면서도 빠르게 진행되기 위해서는 더 많은 자원이 필요했다.

여러 요인들이 복합적으로 작용해서 결국 이 문제를 풀 수 있는 실마리가 드러났다. 첫째, 데이비드 케슬러(David Kessler)가 1990년에 FDA 청장으로 임명되었다. 자금 부족과 더불어 FDA에 만연한 벙커심리(bunker mentality)(옮긴이, 포탄이 쏟아지는 전쟁터에서 벙커 밖으로 나오지 않고 사태가 진정될 때까지 기다리는 것과 같은 소극적인 행태를 일컬음) 때문에 어려움이 있었지만, 케슬러는 상당한 의욕이 있었다. 둘째, 약물 심사에 많은 자금이 투입되는 경우 FDA의 심사 속도가 빨라질 수 있다는 설득력 있는 실증 결과가 드러났다. 암과 에이즈 치료제를 심사하는 부서는 몇 년간 추가 자원을 지원받았고, 승인 기간 단축 면에서 타 부서를 월등히 앞질렀다. 이 점을 FDA 내부와 외부의 관계자들이 주목했다.

그러나 당시는 연방정부의 재정적자를 이례적으로 우려해야 하는 시기였다. 어디에서 여유 자금을 확보할 수 있을까? 한 가지 가능성 있는 참신한 아이디어가 제안되었다. 심사비의 일부를 심사를 청구한 제약사에게 부과하는 방법이었다. FDA의 심사 역량 확대를 위해 심사비를 징수하는 아이디어는 처음 제시된 것은 아니었다. 다만, 처음 이 아이디어가 제시되었을 때부터 FDA의 독립성이 훼손될 것을 우려하는 의원들과 추가 부담을 떠안고 싶어 하지 않는 제약사들이 모두 반대해 왔다. 사용자 비용 부담 정책은 관리예산처(Office of Management and Budget)로부터 시작되었는데, 이는 자원을 증대하기 위한 목적이 아니라, 단순하게 비용을 제약사에게 전가하기 위한 목적이었다. 회사들은 적자를 줄이기 위해 늘 전전긍긍하고 있었다. 그러나 사용자 비용 부담 아이디어만이 유일한 해결책으로 보였고, 업계, 의회, FDA 간의 오랜 협상을 통해 실행 가능한 합의에 도달했다.

1992년 전문의약품 허가신청자 비용부담법(Prescription Drug User Fee Act(PDUFA))은 기본적인 합의사항을 담았다. 제약사들은 심사비용을 부담하고, 절차 규정을 준수하며, FDA는 신약의 '일반심사'를 위해서는 12개월, '우선심사'를 위해서는 6개월의 성과목표를 준수하는 내용이 포함되었다.[72] PDUFA는 1994년은 심사기간 준수를 55% 달성하도록 목표치를 제시했고, 1997년에는 90%까지 점진적으로 준수율을 높여가도록 했다. 그리고 민간 자금이 공공 자금을 아예 대체해 버릴 것이라는 업계의 우려를 불식시키기 위해 FDA와 의회는 전문의약품 심사비용을 1992년의 명목상 달러 금액으로 유지하기로 합의했다.

역시 자금이 중요한 요소였다. 제약사들이 부담한 비용으로 인해 심사를 위한 가용한 자원은 몇 년 지나지 않아 대략 50%까지 증가했다. 증가된 자원으로 신규 채용이 일어나 약 600명의 정규직이 충원되었고, 장비와 시설도 비슷한 비율로 증대되었다. 케슬러가 시행한 경영 개혁은 민간 자원 투입과 조화를 이루어 더 완벽해졌다. 우선심사를 결정하는 공식 절차, 심사 진행 상황을 모니터링하는 시스템, 모든 단계에서 제약사와의 집중적인 상호작용 등의 관리 개선이 이루어졌다.

FDA가 심사기간 준수율 목표치를 앞당겨 달성했을 때, 사실상 모든 사람들이 놀라움과 기쁨을 만끽했다. 원래 FDA는 점차적으로 준수율을 늘려나가 1997년 90%를 달성하기로 하였으나, 1994년 준수 의무가 주어지는 첫해에 즉시 95%를 달성했다. 심사 신청 건수가 꾸준히 증가했음에도 불구하고 제도 시행 몇 년 동안 FDA의 심사 속도는 두 배 이상 증가했다. 의료계에 가져다 준 가장 극적인 보답은 새로운 AIDS 신약이 줄줄이 승인되어, HIV로 인한 사망률이 급격히 낮아졌다는 사실이다. 또 다른 결실로는 유아의 디프테리아, 파상풍, 백일해를 예방하는 인판릭스(Infanrix)가 12개월의 심사 끝에 승인되었고, 최초의 낭포성섬유증 치료제 풀모지엄(Pulmozym)은 9개월의 심사 끝에 승인되었으며, 뇌졸중 환자에 대한 최초 치료제 액티베이스(Activase)는 3개월의 심사 끝에 승인되어 약국 진열대에 오르게 되었다. PDUFA는 기업들과 소비자 모두에게, 그리고 공공 관점으로나 민간 관점으로나 모두 성공적이라는 평가를 받았다. 1997년과 2002년에 사소한 부분이 보완된 수정안이 통과되었고, 10년이 채 지나지 않아 평균 심사 기간은 40% 이상 줄어들었다. 2004년까지 FDA는 연간 200건 이상을 심사하고 있으며, 성과 목표를 늘 초과하고 있었다.[73] 초기 단계뿐 아니라, 10년이 지났어도 PDUFA는 협력적 거버넌스의 승리 사례로 보였다.

제약업계와 FDA는 모두 PDUFA의 의무 규정에 동의하고, 의무를 강제하는 방식에 합의했다. FDA는 심사 속도에 대한 기준을 준수하고, 필요한 자금을 임무에 투입할 것을 약속했다. 제약사는 이전에는 무료였던 정부의 임무 수행에 대한 비용을 대신 지불해야 하는 법적 구속력 있는 요구사항을 받아들이고, 심사 신청의 시기, 형식 및 내용에 대한 까다로운 기준을 준수하기로 약속했다.

이 합의는 각 당사자에게 재량을 부여한다. FDA는 자체적으로 신청 약물의 안전성 요건을 해석하고 판단할 권리와 의무를 가진다. FDA는 이제 빨라진 기준을 준수해야 하고, PDUFA 이전처럼 느리게 할 권리는 없다. 또한 공적인 권한으로 필요하다면 약물 승인을 거부할 수 있고, 더 많은 정보를 요청할 수도 있다. 제약사는 새로운 화합물 판매를 위해 심사 승인을 받을지 여부, 받는다면 그 시기를 스스로 결정할 수 있고, 어떤 입증자료를 제출할지에 대해서 결정(PDUFA의 초기에는)할 수 있으며, 판매 승인이 되는 경우에는 더 이상의 규제 없이 제조하여 시장에 내놓을 수 있다.

공공 목표를 증진하기 위해 민간 자원을 활용하는 다른 협력 사례와 마찬가지로, 핵심 쟁점은 민간 협력자의 동기가 공공 목표와 얼마나 서로 잘 부합하는지 여부, 그리고 민간에 재량을 부여함으로써 발생하는 편익을 거두면서도 발생 가능한 위험을 줄이는 정부의 법적, 정치적, 관리적 능력에 관한 것이다. 이 같은 핵심 쟁점은 시판 전과 시판 후의 안전성 규제 차이를 구별하며 살펴볼 수 있다. FDA가 의약품에 대한 승인을 하는 날까지 정부와 제약사의 이해는 실질적으로 일치한다. 두 당사자 모두 효과적인 신약이 환자에게 빠르게 도달하기를 원하면서도, 그 신약이 안전하기를 희망한다.

물론 속도와 안전성이 공동의 관심사라고 해도, 양 당사자 간에는 약간의 우선순위 차이는 존재한다. 신약이 출시될 경우, 그에 따라 발생하는 수입을 강력하게 기대하는 제약사는 FDA보다 속도를 항상 우선순위에 놓는다. 만일 신약이 이미 시장에 출시된 약보다 약간 우수한 경우에, FDA(제 역할을 잘하고 있다면)는 심사를 크게 서두르지 않겠지만, 제약사(제 역할을 잘하고 있다면)는 빠른 승인을 요구할 것이다. 위험한 약물을 차단하는 것과 안전한 약물을 승인하는 것의 상대적 가치는 공공의 관점과 민간의 관점이 다를 수밖에 없다.

만일 FDA가 승인하여 판매가 개시된 신약이 위험한 것으로 드러난다면 제약사와 FDA에게는 치명적인 일이 될 것이며, 피해환자에게는 더더욱 치명적인 일이다. 이 같은 가능성을 미연에 방지하기 위한 목적에는 제약사와 FDA 모두 동의한다. 그럼에도 불구하고 두 당사자가 느끼는 무게감은 서로 다르다. 그 설립 배경과 보유한 권한이 만들어 낸 조직 문화 덕분에 FDA는 1개의 위험한 약물이 승인되느니, 20개의 안전한 약물의 승인이 지연되는 것이 낫다고 생각한다. 반면, 제약사는 5개나 10개 정도만 지연되고 나머지는 빨리 승인해 주기를 바란다. 이렇게 약간의 우선순위 차이가 있지만, 그럼에도 상당히 일치하는 편이다. PDUFA가 개선하고자 했던 것은 연구실에서 발견된 혼합물이 시장에서 신약으로 신속하게 판매되지 못하는 문제, 즉 '약물 시판 지연(drug lag)'에 대한 문제였다. 이 문제에 대한 입장은 양 당사자가 일치하지 않는다. 안전 여부에 대한 심사를 위해 추가적으로 몇 주, 몇 달을 하는 경우, FDA는 임무 수행 소홀을 이유로 대중의 비판을 받겠지만, 제약사가 그 지연된 기간에 거둬들일 수 있었던 잠재적인 판매 수익은 영원히 사라져 버린다.

그러나 이처럼 FDA 심사의 엄격성, 신속성 측면에서의 우선순위는 각 당사자 입장에서 약간의 차이는 있겠지만, 그 차이는 FDA의 신약 심사 역할과 다른 역할 간의 상대적인 중요성을 선택하는 선호도 차이에 비하면 미미한 편이다. 제약사는 FDA가 식품공급망의 안전성을 확보하는 기관의 또 다른 임무를 다소 희생하더라도 신약을 심사하고 판매를 위한 승인에 온전히 집중해 주기를 원한다. 이를 위해 업계는 PDUFA 협상 시에 필수 조항으로 FDA의 약물 심사를 위한 정부 자금이 1992년 수준 이하로 떨어지지 못하도록 법으로 규정해 놓았다. 이 조항은 강제력이 있었다. 만일 약물 심사에 충분한 자금을 지출하지 않는다면, FDA는 새로운 사용자로부터 심사료를 받을 수 없고, 이미 받은 심사료도 사용할 수 없었다.[74] 강제적으로 정부 자금을 어떻게 사용해야 할지 정해 놓은 합의로 인해 FDA는 심사 신청자로부터 막대한 신규 수입을 확보할 수 있는 위치에 놓이게 되었다.

2005년까지 신약 심사를 위한 자원의 절반 이상이 세금이 아닌 제약업계로부터 확보되었다.[75] 그러나 FDA는 심사료에 대한 의존도가 높아지면서, 이 자원을 잃지 않기 위해서라도 시판 전 약물 심사 임무에 정부 자금을 우선 지출해야 하는 절박함이 커졌다. 정리하면, 이 협력의 구조는 FDA로 하여금 민간 자원에 대한 접근성은 넓혀주었지만, 공공 자원을 어디에 어떻게 사용해야 할지를 결정하는 재량은 좁혀 놓았다. 제약사는 PDUFA에 따라 시판 전 안전성 심사에 대해서는 상당한 규제를 받지만, 일단 FDA의 승인을 받은 후에는 어떤 새로운 규제도 받지 않게 되었다.

FDA가 사용하는 공공 자원이 적절하게 사용되는가에 대한 주장 중 하나는 이미 시판된 의약품에 대한 안전성 심사에 대한 것이었다. PDUFA 이전이나 이후에도 FDA는 시판 전 안전성 검사가 기준이었고, 제약사들은 고단한 임상실험을 통해 신약의 안전성과 효과성을 입증해야 했다. 그러나 일부 위험성은 가장 엄격한 시판 전 심사를 불가피하게 피해가기도 한다. 임상 실험에 나타나지 않았던 부작용은 몇 년 동안 신약을 복용한 후에 나타나기도 한다. 또 다른 위험성은 시판된 신약을 알코올이나 다른 약물과 함께 복용하는 환자의 상황에 달려 있기도 하다. 어떤 부작용은 매우 드물어서, 수십, 수백 명을 대상으로 한 임상실험에는 나타나지 않지만, 수백, 수천, 수백만 명의 환자가 신약을 복용하기 시작하면서 심각한 문제가 드러나기도 한다. 신약이 시장에 출시되면 안전 문제는 제약사의 이익과 연결된 문제가 된다. 배상 문제와 평판도 추락은 제약사에게 가혹한 처벌이다. 그러나 새로운 종류의 약물을 시장에 일찍 출시하는 것의 장점은 제약사의 사후 안전성 심사에 대한 이해관계를 약화시킬 수 있다. 반면 사후 안전성 심사는 FDA에게 환자 보호를 위한 중요한 마지막 보루가 된다. PDUFA는 FDA가 시판 후 안전성 심사보다 시판 전 심사에 더 집중하도록 하는 미세하지만 중요한 편향을 갖도록 했다.

이 같은 편향은 FDA를 포함한 대부분의 규제 기관들의 예산이 장기적으로 긴축 상황이 심화되는 과정 가운데 나왔다. 보건 및 안전 규제를 위한 총 연방 예산은 기준이 되는 1992년 이후 10년 동안 상승률이 더뎠다. 그 이전 10년에 비해 절반에 불과했다.[76] 반면 시판 전 약물 심사에 지출을 우선해야 하는 PDUFA의 규정으로 인해, 그 비중은 1992년 17%에서 2000년 29%로 증가했다. 시판 전 약물 심사 업무를 담당하는 직원은 두 배로 늘어 2,300명이 되었다. 반면 다른 업무를 담당하는 직원 수는 7,700명에서 6,500명으로 줄었다.[77]

이 같은 지출 편향에 대한 우려로, 2002년 PDUFA 개정 시에 심사료 자원의 일부를 사후 안전성 심사에 사용할 수 있도록 허용했다. 그러나 그 직후에 발생한 일련의 심각한 안전 문제들은 FDA의 명성에 손상을 끼쳤다. 이 문제들에 대한 정확한 원인이 무엇이든 간에, 심사료에 의존하는 FDA의 우선순위에 대한 의문을 제기하게 만들었다. 나쁜 결과는 의심을 낳는다.

가장 큰 사건은 미국의 유명 제약사 머크(Merck)가 개발한 강력한 진통제 바이옥스(Vioxx)와 관련이 있다. 바이옥스는 1999년 시판 승인을 거쳐, 관절염 통증을 줄여주는 진통제로 의사와 환자의 인기를 빠르게 얻었다. 2004년까지 매년 25억 달러 이상의 매출을 올리며 블록버스터급 신약으로 등극했다.[78] 그러나 시판 전 심사에서는 드러나지 않았던 종류의 부작용이 나타나는 사례가 보고되기 시작했다. 오로지 바이옥스를 1년 6개월 이상 복용한 환자에게 심혈관 부작용이 나타났으며, 통계적으로 매우 낮은 위험성이었지만, 복용 환자 수가 늘어감에 따라 부작용으로 인한 피해자도 현저히 늘어갔다.

머크 소속 과학자들은 바이옥스의 장기 복용이 심근경색과 뇌졸중 발병률 증가와 관련이 있다는 내부 연구를 마쳤고, 회사는 2004년 9월 이 약의 판매를 중단하고, 발생할 소송에 대비했다. 그리고 FDA는 시판된 바이옥스를 비롯한 다른 약물의 문제점을 발견하지 못한 것에 대한 언론과 의회의 가혹한 비난에 직면했다. 학술지 뉴잉글랜드 저널 오브 메디슨(New England Journal of Medicine)은 FDA가 신약 승인에는 지나치게 서두르고 기존 약물을 감독하는 데는 실패했다고 지적했고, 더 나아가 FDA의 심사료 의존으로 인해 한때 존경받던 기관이 무력하고 시시한 기관이 되어버렸다고 비난했다.[79] 미국의학협회저널(Journal of the American Medical Association)도 FDA를 자원 의존에서 벗어나게 해야 할 뿐만 아니라, 시판 후 약물을 관리할 수 있는 기관으로 재정비할 것을 요구했다.[80] FDA 약물안전처의 수석과학자 데이비드 그레이엄(David Graham)은 상원위원회에서 '현재의 FDA는 또 다른 바이옥스로부터 미국을 보호할 능력이 없다.'고 말했다.[81]

일련의 사고들과 치열한 논쟁은 결국 제약업계로부터 재량을 빼앗아 FDA에게 돌려주었다. 2007년 개정안은 FDA가 시장에 이미 출시된 의약품의 안전성 검사에 더 중점을 두도록 했고, 제약업계에게도 필수 사항이 되었다. 개정안은 심사료를 더욱 증가시켰지만, 더 중요한 사실은 FDA가 신약 승인 심사뿐 아니라 이미 널리 사용되고 있는 약물의 안전성을 모니터링하는 데도 그 심사료를 효율적으로 배분하여 사용할 수 있도록 허용한 것이었다.[82] 업계는 더 엄격해진 조건에도 불구하고, 심사료 납부 방식이 여전히 유용한 방식이라고 판단했고, 혹시 모를 사태에 대비하는 것이 필요하다고 인식했다. 제약업계는 전반적으로 개정 법안을 지지했다.

심사료에 대한 의존성이나, 신약 심사를 최우선으로 하는 지출 경향으로 인해 FDA가 안전성을 경시하게 되었다는 주장에 대한 명백한 증거는 없다.

실제로 FDA의 공식 승인 이후에 안전성을 이유로 약물이 판매 중지될 확률은 PDUFA 전후에 생산된 약물 모두에게 있어 비슷한 수준이다.[83] PDUFA가 안전성 붕괴를 초래했다는 대중의 인식은 PDUFA의 첫 15년 동안의 긍정적인 성과에 먹칠을 했다. 그러나 전문의약품 안전 규제를 위해 적정한 공적 자금 지원이 불가능했기에, 민간 자원 확보를 추진한 것은 합리적인 수단이었다. 데이비드 케슬러와 PDUFA 시스템 설계에 참여했던 사람들은 의도가 명확했고, 정보가 있었으며, 정교했다. 그러나 이들은 법령이 시행되면, 부여한 재량이 어떻게 활용될지, 공공과 민간의 선택에 어떤 영향을 미칠지, 어떤 나쁜 결과가 발생할지, 대중은 어떻게 인식할지, 이런 점들을 완벽하게 예상하기 어려웠다. 위험을 잘 조절하면, 손실의 가능성을 줄여갈 수는 있다. 하지만 손실이 두려워 손실이 아예 발생하지 않게 하려면, 아무 것도 하지 않아야 한다. 그러나 신약 승인을 위해서는 불가능한 일이다. 따라서 어떤 손실이 가장 큰 위험이며, 큰 손실이 발생했을 때, 이어서 무슨 일이 일어날 것인지 예측하는 것이 매우 중요하다. 최초 제정된 PDUFA는 시판 후 약물에 대한 관리에는 충분한 주의를 기울이지 않았다. 연달아 이어진 개정 과정에서 이 결함들을 수정해 왔다. 공공 목표를 추구하기 위한 다른 어느 협력과 동일하게, 현재의 PDUFA가 완벽하다고 평가하기에는 아직 갈 길이 멀지만, 그럼에도 긍정적인 혁신이라 평할 수 있다.

| 앤 랜더스(Ann Landers)의 질문 |

자원을 목적으로 한 올바른 협력은 현대의 결혼 제도와 유사하다. 각 당사자가 책임을 받아들이고, 권한을 행사한다. 그리고 이번 장에서 살펴본 모든 사례와 마찬가지로, 결혼 당사자는 각자의 자원을 그 관계에 투입했다. 한 당사자가 재량을 독점하는 것은 생각할 수 없는 일이다. 공유하는 것만이 유일한 방법이다.

고민 상담을 해주는 유명 칼럼리스트인 앤 랜더스(Ann Landers)는 종종 부부관계의 어려움에 관해 질문을 받는다. 이 경우 보통 한 당사자(주로 남편)에게 문제가 있는 경우가 많다. 문제 있는 배우자의 게으름, 이기심, 혹은 나쁜 습관들을 참고 견뎌야 할지 고민하는 의뢰자에게 그녀는 항상 같은 질문을 던진다. '그가 있는 게 더 나은가? 그가 없는 게 더 나은가?' 질문에 대한 대답이 '있는 게 낫다'라면 그녀는 그 관계를 어떻게 개선시키면 좋을지에 대해 조언해 준다.

이번 장에서는 뉴욕의 여러 공원들, 차세대 자동차 개발을 위한 파트너십, 그리고 미국 식품의약청의 신약 안전성 검사까지 세 부류의 사례에 대해 살펴보았다. 이 사례에 위의 앤 랜더스의 질문을 적용해 본다면, 세 가지 사례에 대한 적절한 대답은 '있는 게 낫다'일 것이다. 의도치 않은 결과나 관리 실수 같은 내용은 잠시 제쳐 놓으면, 이 협력 사례들은 모두 대중의 의제를 진전시켰다. 공원들 중에 두 개의 공원은 놀라운 성공 사례이고, 세 번째도 물론 성공적이지만, 누구를 위한 것인지 정확히 판단하기 어려운 값비싼 선물로 보트하우스가 생겨났다. PNGV는 너무 빨리 한 결혼으로 보였다. 한 파트너가 간절히 원했던 아이, 즉 효율 높은 자동차는 태어나지 못했다. 정치 구조나 석유 가격, 혹은 둘 모두 다르게 움직였더라면, 결과가 달랐을 수도 있다. 결과는 불행했지만, 처참한 수준은 아니었다. 자원 일부가 낭비되었고, 혹시 정부가 단독으로 진행했더라면 어땠을까 하는 의문점을 남기지만 그 결과 역시 알 수는 없다. PDUFA는 광범위한 성공을 거두었고, 좋은 신약이 연구실에서 약국으로 빨리 이동할 수 있게 되었다. 민간 파트너가 신약이 시판된 후 사후관리 부분에 대해 소홀했던 까닭에 그 관계에 흠집이 났다. 그러나 대중의 격렬한 항의와 정치적 대응을 야기한 몇몇 나쁜 결과가 초래된 후에 이 관계에서 가장 중요한 문제점들이 개선되었다. 자원 확보를 기반으로 했다고 하여 모든 협력이 앤 랜더스의 질문을 통과하지는 못하겠지만, 우리가 살펴본 사례들은 분명히 그 질문을 통과했다고 판단한다.

제3부

협력의 기술

제8장

임무와 도구

이번 장 제목에 적힌 평범해 보이는 도구(tool)라는 단어는, 협력의 실용적인 특징을 보여주는 용어다. 즉, 공공임무의 올바른 실행이 이번 장의 주요 내용이다. 하지만, '도구'의 비유로 인해 단순히 전동 드릴로 나사를 박거나, 작업 선반에서 목재를 재단하는 것처럼 협력이 기계적인 능력만을 필요로 한다고 자칫 오해할 수 있다. 이러한 기계적인 능력은 반응이 즉각적이고, 결과를 바로 확인할 수 있고, 작업이 자주 반복되는 까닭에 기술 습득도 용이하다. 이런 상황이라면 당연히 도구 사용법도 빠르게 숙달된다.

공공부문과 민간부문의 협력에 있어서의 기술은 전혀 다른 문제다. 대개 협력은 공공 당사자, 민간 당사자, 혹은 양쪽 모두에게 일회성으로만 일어나는 경우가 많기 때문에 과거 경험사례가 거의 도움이 되지 않는다. 협력 결과도 종종 몇 달, 혹은 몇 년 동안 확실히 판단할 수 없는 모호한 상태로 유지되기도 한다. 심지어 협력이 이루어지고 있는 도중에 유사한 사례에서 도움을 얻으려고 해도, 습득이 오래 걸리는 까닭에 이미 확립된 협력의 구조를 근본적으로 바꾸기에는 이미 늦어버리는 경우도 많다. 좀 더 적절한 도구의 비유를 들어 보자면, 희귀한 대리석 조각을 다듬는 조각가의 끌을 들 수 있다. 문제는 대리석의 결을 감안하여 작업을 해야 하는데, 그 결은 일정하지 않아 끊임없이 형태가 바뀐다는 점이다. 오직 숙련된 조각가만이 할 수 있는 일이다. 조각가는 대리석의 표면 아래에 결이 어떤 모양인지, 이쪽은 형태가 완만한 형태인지, 저쪽은 심한 굴곡이 있는지 예상할 수 있다. 조각가는 충분히 살펴본 후에야 비로소 끌을 대리석에 댄다. 결국 조각가의 기술은 암석에 불과한 돌덩이에서 이끌어낼 수 있는 조각상의 형태를 예측하는 것이다. 그러나 이 비유마저도 협력의 기술이 가진 개념의 풍부함을 제대로 담아내지 못한다. 왜냐하면 협력에 있어 대리석은 하나의 의제(agenda)를 의미하지만, 조각가는 언제든지 그 작업을 취소할 수 있기 때문이다. 우리는 이번 장 마지막에 우리만의 협력의 기술에 대한 좀 더 적절한 비유를 새롭게 제안할 것이다. 그러나 먼저 작업의 본질에 대해 더 살펴보도록 하자.

| 현실적인 예측의 필요 |

조각가 비유가 시사하는 바와 같이, 구상에서 실행으로, 추상적인 것에서 구체적인 것으로 이르는 조각가의 정신적인 과정이 매우 중요하다. 결국 그 과정의 마지막에 나타날 형상이 조각가가 맨 처음 무엇을 해야 하는지를 결정하기 때문이다. 정부가 직접 생산하는 것보다 협력이 더 유리할 것 같은지, 조달 계약이 더 나을 것 같은지, 아니면 다른 대안을 찾는 것이 나은지, 어떻게 일이 진행될지에 대한 예측 없이는 판단하기가 어렵다. 휴가 장소를 정할 때, 그 휴가지에서 무엇을 하며 시간을 보낼지 미리 예상하지 않고서 뉴욕과 마이애미 중 한 곳을 선택하기 어렵듯이, 협력이 어떻게 구현될지 명확한 그림을 그려야 임무 수행을 위한 바른 전달 모델(delivery model)을 선택할 수 있다. 여러 수단을 통해 공공가치를 창출하려는 많은 노력이 실패하는 것은 실제로 일이 어떻게 될지, 효과가 있을지에 대해 제대로 예측하는 데 실패했기 때문이다.

예측은 수익재량과 선호재량으로 인한 손실에 대한 것뿐만 아니라, 이 같은 문제들이 나타날 수 있게 만드는 구체적인 세부사항(계약의 구조, 재원 지급 조건, 의사결정 과정, 협력의 성공 여부를 판단하는 기준과 시기 등)까지 고려하는 것을 의미한다. 건설업자가 사용할 수 있는 장비를 고려하여 건축가가 건물을 설계하는 것처럼, 신중한 분석가는 공공가치를 추구하기 위한 어느 접근법을 선택하기에 앞서 이 같은 현실적인 문제들을 고민한다.

| 분석 도구 |

정부는 종종 정형화된 분석 도구를 이용하여 협력 방식을 포함한 전달 모델을 선택하고 그 과정을 평가하는 데 활용한다. 비용편익분석(cost-benefit analysis)과 비용효과분석(cost-effectiveness analysis)이라는 두 가지의 일반적인 도구는 정부가 투입 비용 대비 최대한의 효과를 얻기 위해 사용하는 객관적이면서 냉철한 분석법이다. 이들 분석법은 주로 시스템 분석(systems analysis) 또는 정책 분석(policy analysis)의 주제에 포함되어 다루어진다. 이 시스템과 정책이라는 용어는 분석가의 분석 대상을 가리키는데, 예를 들어, 새로운 무기 체계 또는 요양보호시설의 환급 규칙 변경을 위한 정책 변경안 등이 해당된다. 그 명칭이야 어떻든 간에, 이 같은 분석의 특징은 어떤 행위에서 발생하는 상호 연관된 영향력을 측정하는 데 그 목적이 있다. 그래서 민간이 관리하는 공원과 같은 협력 사례 또는 생명공학 분야의 R&D 지원사업과 같이 협력 정책 전반에 적용이 가능하다.

시스템 분석은 초기부터 경제학자가 주도하는 경향이 있었으며, 현재도 어느 정도 경제학의 비중이 크다. 그 이유는 이 분석이 주로 가격이 없는 대상의 가치를 다루기 때문이다. 역설적이게도 가격표가 없는 것을 다루는 것은 경제학자들에게 아주 잘 어울린다. 어떤 사업의 목적이 일반시민에게 유해화학물이 노출되는 위험성을 낮추는 것이라면, 분석가들은 그 위험 감소가 지닌 가치의 근삿값을 계산하기 위한 현명한 방법이 무엇인지 연구할 것이다. 예를 들어, 유해물질을 다루어야 하는 직무에 인력을 투입하기 위해 고용해야 하는 근로자의 규모나, 화학공장과 인접한 주택의 상호 간의 가격 차이 등을 측정하는 방법을 사용할 수 있다. 마찬가지로, 대중에게 새롭게 개방된 입장료가 없는 공원의 가치를 측정하기 위해서 분석가는 시민이 공원을 이용하기 위해 얼마나 멀리서 이동했는지 측정하고, 그 소요 시간을 비용으로 반영할 수 있다. 시민들이 공원을 이용함으로써 얻게 되는 가치의 최솟값은 시민들이 이 공원에 오기 위해 지출한 비용(시간에 상당하는 돈)이라고 추정하는 것이 합리적이다.

정책 문제는 얼마나 많이 생산하고, 얼마나 많은 비용을 지출했는지를 설명하는 기존의 계량적 분석을 적용하기에 적합하지 않기 때문에 분석가의 창의성과 응용력을 통해 추론하고 간접적으로 측정될 수밖에 없다. 통계적 추정(statistical estimation)과 계량 경제 분석(econometric analysis) 분야는 합리적인 경험적 평가와 함께, 일부 예상되는 공공사업의 순이익에 대한 조사를 지원하기 위한 방안으로 성장해 왔다. 예를 들어, 새로운 병원 네트워크가 건강 증진에 기여할 것이라는 사실을 합리적으로 지지할 수 있도록 대규모의 데이터를 이용하는 방식이다.

비용편익분석과 비용효과분석은 접근하기 어려운 만큼 기술적이고 터무니없이 인위적인 것처럼 보일 수 있다. 하지만 우리 모두가 이 분석을 일상적으로 사용하고 있다. 예를 들어, 우리가 고장 난 온수기를 직접 고칠지, 배관공을 불러야 할지 고민하고, 분주한 오후 시간 대비 수리비용을 저울질하고, 직접 수리하면 분명히 무릎이 불편하고, 손가락 부상 염려가 있다는 점과 함께 지하실이 물에 잠길 것 같은 불안과 잘못 건드리면 폭발할 위험성까지 고려하는 등, 비공식적이지만 우리는 늘 분석하고 있다. 이번 장의 목적을 감안하면, 비용편익분석과 비용효과분석을 통해 정책과 관련된 손해와 이익을 가능한 많이 구분해 내는 것부터 시작해야 한다. 손해는 단지 재정적인 비용일 수도 있고, 다른 부정적 측면일 수도 있다. 마치 새로운 공원을 만드는 것은 비용이 들어가는 일이기도 하지만, 교통 혼잡을 유발하는 원인인 것과 같다. 마찬가지로 새로운 공원의 이익은 이용자뿐만 아니라 공원을 지나가는 사람, 인근에 거주하는 사람, 또는 언젠가 도심의 복잡함을 떠나 한 시간 정도 머리를 식히고 싶은 기분이 들 때 공원을 이용할 수 있는 선택권을 지닌 사람들에게도 흘러간다. 비용편익분석은 궁극적으로 모든 손익, 즉 분석가의 기술로 산출해 낼 수 있는 화폐가치의 최상의 추정치인 손익을 종합하여 순익을 계산한다. 서로 경쟁하는 프로젝트가 있는 경우, 예를 들어, 어느 한 건물을 서로 사용해야 한다거나, 공원처럼 이미 정해져 있는 공간을 서로 이용하려고 할 때, 결국은 순익이 가장 큰 프로젝트가 선택된다. 경쟁 없는 프로젝트의 경우에는, 순익이 플러스일 경우 선택된다.

비용효과분석은 산출물이 기본적으로 가치가 있지만, 화폐가치로 측정되기 어려울 때 사용된다. 예를 들어, 교육 품질을 극대화하는 것이 목표일 경우, 다양한 방식의 조사를 통해 동일한 투입 비용 대비 산출량을 측정할 것이다. 비용효과분석은 동일한 비용이 투입되었을 때, 기존의 공립학교보다 차터스쿨이 더 많은 교육 혜택을 제공한다는 것을 보여 줄 것이다. 하지만, 비용효과분석은 산출량, 즉 이 경우에서는 교육 혜택을 동일하게 만들기 위해 필요한 비용을 산출하기에는 어려움이 있다.[1)]

| 불확실성의 문제 |

물론 우리 모두가 원하는 것은 협력이 어떻게 작동할지 확신을 심어줄 수 있는 정확하고 안전한 분석 도구일 것이다. 그러나 어떤 예측이라도 부정확한 요소들의 영향을 받으며, 특히나 공공부문과 민간부문 간의 협력처럼 복잡할 뿐만 아니라, 시시각각 변할 가능성이 있는 인간이 다루게 될 경우에는 그 불확실성이 더욱 커진다. 협력의 결과를 예측하는 것은 항상 불확실성을 평가하는 작업이다. 앞서 언급한 사례를 계속 이어가보면, 차터스쿨과 같이 혁신적인 교육 모델을 완성하겠다고 홍보하는 민간 교육단체는 과연 그 약속을 이행할 것인가? 그 약속을 이행한다고 하더라도 그 민간 교육단체가 선택한 교과과정이 과연 다른 도시처럼 우리 도시에서도 통할 것인가? 이 도시의 학부모들이 다른 차터스쿨처럼 학교의 성공을 위해 요구되는 수준의 학부모 참여에 동의할 것인가? 이 질문들에 대한 정직한 대답은 언제나 '글쎄'일 것이다. 그러나 분석가가 자신의 분석에 의문을 가질 필요는 없다. 정책 분석은 실제로 우주공학과 유사하다. 세심한 관리와 더불어 기술의 점진적인 개선을 통해 불확실성을 낮출 수 있지만, 불확실성을 완전히 제거하지는 못한다. 컴퓨터 시뮬레이션, 전문가의 각종 의견을 종합해 가는 델파이 기법, 통계적 유의성 평가, 세부사항에 대한 각고의 검토를 거쳤어도, 성공확률이 대략 50:50으로 보일 수 있다. 그런데 실제 결과는 90% 성공이 될 수도, 겨우 20% 성공이 될 수도 있다.

협력은 대개의 경우 역동적인 상황에서 이루어지며, 협력의 실행 또한 단 한 번의 결정으로 끝나는 것이 아니다. 이번 장 후반부에 언급되겠지만, 불확실성의 감소는 행위에 영향을 준다. 카드 게임처럼, 새로운 카드를 보여줄 때마다 새롭게 인지하게 되는 신선한 정보는 현명한 관료가 얼마나 많은 돈을 걸 것인지에 영향을 미친다. 성과가 좋지 않은 협력은 축소하거나, 끝내거나,

아니면 근본적으로 수정해야 한다. 이 같은 유연성을 갖기 위해, 프로젝트 설계자는 새롭게 맞닥뜨리는 상황마다 운영상의 변화를 꾀할 수 있어야 한다.

물론 불확실성에도 긍정적인 면이 있다. 좋은 협력 사례가 알려질 경우, 협력이 견고해질 수 있고, 규모가 더 커질 수 있고, 또는 다른 협력 사례의 모델이 될 수도 있다. 협력을 고려하고 있는 정부 기관과 소규모 첨단기술 기업은 이 마법 같은 단어, 확장성(scalability)에 함께 주목한다. 어떤 실험이 확장성이 있다면, 이는 더욱더 매력적이다. 즉, 규모가 커지더라도 그 효과가 동일하게 유지된다면, 그 실험은 성공적일 것이다. 한 지역에서 5개의 차터스쿨이 개교하여 4개가 실망스러운 결과를 낳았더라도 1개의 학교가 다른 12개의 학교로 하여금 닮고 싶은 열망을 불러일으킨다면 여전히 차터스쿨은 성공적인 실험일 것이다.

불확실성은 언제나 우리와 함께 존재한다. 협력적 거버넌스도 예외가 아니다. 때문에 불확실성이 마법처럼 사라지기를 바라는 것은 올바른 대처 방법이 아니다. 대신 (첫째로) 훈련을 통해 불확실성을 다루기 위한 기술을 습득하고 배워야 하며, (둘째로) 계획을 유동적으로 유지하고, 진행될수록 새롭게 드러나는 각각의 정보를 최대한 이용하여 계획을 조정하며 불확실성을 적이 아닌 동지로 여겨야 한다.

여러분이 상당히 중요한 공공 목표를 실현하기 위한 실무에 책임을 지는 정부 기관의 관료라고 가정해 보자. 당신은 대체로 이 책에서 제시하는 논리에 어느 정도 동의하며 확신하고 있다. 당신은 민간부문의 역량을 이용하면 당신의 업무 영역에서 더 나은 결과를 얻을 수 있다고 믿는다. 그리고 이를 효과적으로 실행하기 위해, 당신은 민간 협력자에게 어느 정도의 재량을 넘겨주어야 한다는 사실도 알고 있다. 물론 제3장에서 설명한 두 가지 함정, 즉 수익재량과 선호재량에 대해서도 잘 알고 있으며, 그 함정에 수반되는 비용을 최소화하도록 이 협력을 설계하려고 한다. 자, 어떻게 해야 할까?

| 위임자의 임무, 감시와 보상 |

앞서 제1장에서 우리가 논의했던 핵심 개념인 '대리 관계(agency relationship)', 즉 정부가 임무를 직접 수행하지 않고 위임하는 관계를 상기할 필요가 있다. 신약의 안전성을 심사하여 승인하는 일, 병원의 의료서비스 품질을 평가하는 일, 차터스쿨을 인가하는 일, 공원의 자원봉사자를 모집하는 일 등, 정부는 민간 대리인으로부터 좋은 성과를 끌어내려고 노력하고 있다. 정부는 민간 협력자가 무엇을 알고 있는지, 어떤 조치를 선택해서 취했는지, 대신에 어떤 다른 조치를 취할 수 있었는지에 대해서 정확히 모르는 경우가 많다. 정부는 민간 협력자에 비해 정보가 부족하므로 이에 대응한 조치를 취해야 한다. 그것은 감시와 보상인데 통상 둘 다 가능하며, 필수 사항이다.

● 감시

위임을 통해 임무를 수행하는 정부 관료는 민간부문의 대리인이 무엇을 하고 있는지, 무엇을 못하는지, 때로는 대리인이 무엇을 알고 있는지까지 감시하려고 할 수 있다. 이 같은 감시 노력은 여러 형태를 취할 수 있는데, 점검 후 평가 방식, 외부 위원을 통한 평가 방식, 기만행위나 태만행위가 발생할 경우 심각한 제재를 받는 것을 조건으로 한 대리인의 자체 보고 등이 대표적이다.

정부가 임무 수행을 위해 협력 방식을 채택하는 경우, 감시는 필수불가결하며, 실행 과정에서 끊임없이 이루어져야 한다. 그래서 과연 누가 감시해야 하는가를 먼저 결정해야 한다. 다음 몇 가지 가능성이 있다. (1) 공공임무를 담당하는 각 일선 부서가 자체적으로 감시한다. (2) 여러 일선 부서를 총괄하는 상급 부서를 통해 감시한다. (3) 지방 정부, 주 정부, 연방정부를 아우르는 광역 감시망을 활용하여 감시한다. (4) 감시 업무를 위해 외부인을 계약 고용하여 감시한다.

자체 감시(in-house monitoring) : 대부분의 일선 부서-일반적으로 대규모 정부 조직 내에 있는 세분화된 조직으로서의 부서-는 계약자나 민간 대리인의 업무를 어느 정도까지 감시한다. 일선 부서의 자체 감시는 몇 가지 이점이 있다. 당면 과제를 정확히 인식하고 있으며, 잘못된 내용을 바로 수정할 수 있을 정도로 문제를 조기에 발견할 가능성이 있고, 향후 추가적인 협력을 위한 인센티브를 행사하기에 가장 좋은 위치에 있다.

상급부서 감시(beyond-the-bureau monitoring) : 여러 이유로 인해 정부는 협력을 담당하는 일선 부서를 넘어서서 감시하는 방안을 빈번히 고민할 것이다. '상급부서(beyond the bureau)'를 통해 감시하는 방식은 1960년대와 1970년대에 시스템 분석(systems analysis), 감찰관 제도(inspectors general), 프로그램평가(program evaluation) 등과 같은 혁신 방안이 유행하면서 연방 정부의 부처가 채택한 방식이었다. 시스템 분석은 1960년대 초 로버트 맥나마라(Robert McNamara)가 국방부 장관으로 재임하던 시절 위즈 키즈(Whiz Kids) 그룹에 의해 개척되었다. 그 임무는 각 부서의 프로그램을 검토하여 어떤 것이 잘 작동하는지, 어떤 것이 잘 작동하지 못하는지, 어떤 선택을 해야 하는지 등을 결정하는 것이었다. 연방 정부의 다른 부서들이 이를 따라 하기 시작했을 때, 분석 전문 부서가 연방 정부에서 싹을 틔웠다.

광역 감시(broad-spectrum monitoring) : 이 접근 방식은 상급 부서를 통한 감시보다 더 높은 수준으로 끌어올려서 새로운 연방 차원의 부서를 형성한다. 이 부서를 통해 정부 전반의 성과를 감시하고, 개선점을 도출하거나,

정부 자금이 효율적으로 집행될 수 있도록 한다. 미국의 연방 차원에는 이 같은 부서가 많이 존재하는데, 회계감사원(Government Accountability office(GAO)), 예산관리국(Office of Management and Budget(OMB)), 클린턴 행정부의 국가업적평가(National Performance Review)팀과 같은 부서들이 여기에 속한다. 운영자를 통한 감시에서 사업 승인자를 통한 감시로 외부감시 개념을 한 단계 확장시켜 준, 의회예산처(Congressional Budget office(CBO))는 1974년에 신설되었고, 예산 결정 과정에 도움이 될 수 있도록 입법자에게 정부의 각 프로그램 성과에 대한 객관적 정보를 제공하는 임무를 맡았다. 캘리포니아 주의 입법분석사무실(Legislative Analyst's office)과 같은 유사한 기관도 정부 도처에서 유사한 기능을 수행한다.

이번 장의 목적이 정부의 감시 기관의 성과를 평가하기 위한 것은 아니지만, GAO, OMB, CBO는 안정적으로 운영 중이며, 이들의 연구 결과는 일반적으로 존중받고 있다. 특히 전체 정부를 대상으로 운영하지만, 그 규모가 상대적으로 작다는 것이 매우 인상적이다. 이 세 개의 기관에 종사하는 인원은 총 4천 명이고, 연방정부 전체 인원의 약 0.2%에 지나지 않는다.

외부 감시(third-party monitoring) : 정부는 자체적인 감시 업무를 보충하기 위해 외부 기관에 자주 의존해 왔다. 제3자인 외부인을 통한 감시 제도의 일부는 이미 정부의 표준 절차에 통합되어 있는 탓에 별다른 주의를 끌지는 않는다. 예를 들어, 지방 정부나 주 정부 수준에서 환경영향평가는 공공부문이나 민간부문에서 중요한 신규 건설 프로젝트를 진행하기에 앞서 필요한 절차다. 전문 컨설팅 기업으로 구성된 업계에서 이 같은 분석을 제공한다.

정부와 일하는 계약자는 종종 회계보고서 제출을 요구받는다. 이 회계보고서는 외부 감시자를 궁지에 빠뜨리는 경우가 많다. 전통적인 회계보고서는 복지서비스를 제공하는 비영리 단체, 시청의 급여 처리 업무를 담당하는 데이터 처리 회사, 학생을 교육하는 차터스쿨의 성과 중에서 아주 작은 부분에 대한 정보를 위임자에게 줄 뿐이다. 회계보고서는 예산이 어디에 어떻게 사용되었는지 알아내는 데 유용하지만, 실제로는 숫자에 불과하다. 이 보고서로는 실제로 성취된 내용이 무엇인지 전혀 알 수가 없다. 차터스쿨이 그동안 예산을 횡령하지 않았다는 사실, 간접비보다는 주로 교육비로 사용되었다는 사실을 알게 되면 안심할 수는 있다. 그러나 학생들이 무엇을 어떻게 배웠는지에 대해서는 알 수가 없다. 마찬가지로, 급여 처리 업무를 담당하는 계약자가 그 경영 이익을 그 관련 업계의 표준 수준으로 유지하고 있다는 사실을 알면 안심할 수는 있지만, 실제 그 업체가 수행하고 있는 업무의 질은 확인할 수가 없다.

정부는 교육을 평가하거나, 생산 공정의 질을 평가할 수 있는 많은 전문가들이 없기 때문에, 성과의 내용과 질을 조사하기 위하여 그 업무를 민간 계약자에게 빈번하게 위임하고 있다. 이 같은 외부 감시는 잘 진행되기도 하고, 일부는 적절한 수준이며, 또 일부는 제대로 진행되지 않기도 한다.

감시 방식의 선택 : 감시 주체를 다룬 네 가지 방식 중, 어느 하나가 모든 곳에서 적용되는 유일한 모델이라고 할 수는 없다. 어느 감시 모델이 적합한지 여부는 협력하고 있는 임무의 종류, 민간 협력자의 특성, 담당 부서의 역량, 감시를 위해 필요한 기술 등 여러 요인에 따라 달라진다. 예를 들어, 감시를 위해 특수기술에 대한 전문지식이 필요한 경우, 정부 조직 내에서 그런 인력을 보유하고 있지 않기 때문에 외부 감시가 적합할 수 있다. 감시해야 할 임무 내용이 담당 부서의 전문 영역은 아니지만, 소속된 기관의 업무 영역에는 포함되는 경우, 상급부서 감시가 유용할 수 있다. 일선 부서가 비슷한 임무를 수행하기 위해 서로 다른 여러 대리인과 일하게 되는 경우에, 엄격한 자체 감시 능력을 가지고 있거나 꼭 갖춰야 한다. 여러 임무를 담당하는 부서이

면서 협력 방식을 유용하게 사용하는 부서의 경우, 감시 방식을 두 가지, 세 가지 또는 네 가지 모두를 동시에 사용하기도 한다.

감시를 방해하는 결함 : 감시는 협력을 위해 꼭 필요한 과제다. 이 과제가 해결되지 않으면 정부는 일탈을 감지하고, 기회주의를 방지하며, 남용을 막을 수가 없다. 자체 감시의 경우, 두 가지 면에서 명백한 위험성이 있다. 감시를 위해 고급 재무 용어와 개념, 난해한 기술 영역과 같이 상대적으로 전문 능력이 필요할 수 있으며, 특히 부서의 핵심 능력과는 상당히 이질적일 경우, 감시 임무를 제대로 수행할 수 있는 인력이 없을 가능성이 크다. 또한 관리자는 현 상황을 개선시키는 것보다 난처한 상황을 피하는 것이 더 낫다고 판단할 수 있으며, 간단히 결함을 못 본 척할 수도 있다.

대부분의 정부 부처가 감시 임무를 담당할 제대로 된 인력도 전문성도 갖추고 있지 않기 때문에, 외부 감시 또한 유사한 문제점을 가지고 있다. 아마도 사고가 터지고, 내부고발이 제기된 후에야, 정부 조직 내에 그나마 존재하는 소수의 전문가들이 행동에 나설 것이다. 결국 대부분의 외부 감시에는 감시가 없다.

2008년의 금융위기는 감시되지 않는 외부 감시의 위험성을 여실히 보여준다. 위험성을 철저히 감시하기 위해 상당한 비용을 들였는데도 불구하고 주요 채권평가기관은 제대로 기능하지 않았고 부패하기에 이르렀다. 민간부문이나 정부의 규제 당국도 그 감시자를 제대로 주시하지 않았다.

일선 부서는 필요한 전문 역량이 부족하기 때문에 감시 임무를 외주화(outsourcing)하는 것이 아니라, 감시를 전략 경영을 위한 핵심 요소로 보지 못하고 규정 때문에 어쩔 수 없이 해야 하는 일로 보기 때문에 외주화한다. 그 결과 감시는 느슨하거나, 엉성하게 되고, 심지어 '포획(captured)' 현상이 일어나기도 한다. 나쁜 결과는 겉으로 드러나지 않을 수 있어서 일선 부서는 그 부적절한 감시에도 대단히 만족하고 있을 수 있다. 설상가상으로, 감시가 양심적으로 이루어지는 대부분의 경우에서도, 불성실 이행을 이유로 대리인을 제재하거나 교체하는 결과는 제대로 이루어지지 않는다. 민간 대리인들은 이 점을 충분히 알고 있으며, 관료의 타성은 그들의 결점을 보호해 준다. 이 경우, 수익재량과 선호재량은 어두운 그늘에서 번창한다.

비록 감시 시스템이 처음에는 잘 구축되었다 하더라도 시간이 경과함에 따라 점차 망가져서 '경보기(alarm bell)' 수준에 지나지 않을 수도 있다. 이 경보기는 재난이 코앞에 닥쳤을 때에나 작동하기 때문에 그때서야 정부는 대리인에게 주의를 갖게 된다. 가랑비에 옷 젖는 줄 모르는 것처럼, 날마다 조금씩 감시가 허술해질수록 공공가치는 그만큼 어디론가 새어나간다. 민간 대리인은 날마다 기회주의를 발휘할 틈을 교묘히 포착한다. 그리고 이 틈은 더 커지고 다양해진다. 확실히, 감시는 조금이라도 소홀해지면 결국 큰 손실이 다가온다. 그러나 적발될 확률이 낮고, 기회주의의 이익이 크며, 일탈행위에 따른 처벌이 경미하다면, 대리인은 위험을 감수할 것이다.

최근 미국에서 가장 큰 공공 프로젝트 중 하나였던 보스턴의 빅딕(Big Dig)은 경보기 감시의 실패를 보여주는 좋은 사례로 경보기가 너무 늦게 울렸다. 프로젝트가 사실상 완료된 후에, 콘크리트 제공업체가 약 5,000대 분량의 콘크리트를 기준미달 제품으로 공급했다는 사실이 밝혀졌다. 그들은 작업이 지연되는 동안 경화되기 시작한 콘크리트에 물을 섞었다. 다행히 포설 작업이 가능하도록 무르게 만들었지만 콘크리트 강도는 약해졌다. 콘크리트 조달은 우리가 논의하고 있는 협력 방식에 해당하지 않는 단순 계약이었지만, 의도하지 않은 조그만 재량이 치명적인 결과를 낳았다. 대부분의 대리인을 통한 기회주의 행위와는 대조적으로, 이 일탈 행위는 확실히 불법이었고, 국민에게 물리적 위험 가능성을 안겼기에 상당히 심각했다. 회사의 행위는 머지않아 발각되었고, 결과적으로 그 문제를 해결하기 위해 5천만 달러를 지불했다.[2] 그러나 강도가 약해진 콘크리트가 보스턴의 교통시설에 무수히 부어지는 동안에 이 사실은 발견되지 않았다. 회사는 위기를 모면할 좋은 기회를 포착했고, 발각되더라도 처벌 조치에 상한이 있다는 것도 알고 있었다. 파산을 각오하고 소송–실제 처벌은 가벼웠고, 향후 조달 계약 참여에 제한을 받지도 않았다–에 임하더라도 주식회사라는 이유로 투자자에 대한 책임에도 한도가 있었다. 이 부정행위가 가진 모순적인 비극은 국민은 향후 상당한 잠재적 비용을 부담해야 하지만, 회사는 오히려 슬쩍 피했다는 사실이다. 엄청난 낭비가 발생한 것이다.

● 보상

민간 대리인이 공공가치를 증진시키는 방향으로 움직이도록 유도하기 위해서는 감시를 통해 얻은 정보를 바탕으로 짜임새 있는 보상 구조를 보완해야 한다. 세심하게 조정된 보상은 대리인으로 하여금 공공가치를 위해 에너지를 집중할 수 있도록 해야 한다. 보상의 가장 일반적인 형태는 더 나은 성과가 발생할 경우, 더 큰 보상을 제공하는 단순한 방식이다. 그 방식은 정부의 급여지급 방식처럼 구체적일 수도 있고, 성과가 좋으면 더 많은 계약을 통해 더 많은 대가를 받을 수 있다는 기대처럼 시기의 정함이 없이 모호할 수도 있다.

보상의 본질 : 보상의 형태는 다양할 수 있다. 시장경제에서는 금전적인 보상이 가장 흔하고 친숙하다. 하지만, 다른 형태의 보상도 충분히 생각할 수 있으며 권한의 확대, 평판도 향상, 자원 통제 권한 부여 등 실제로 보상은 다양하고 광범위하게 운영되고 있다. 그래서 우리는 보상을 직접보상과 간접보상으로 구분한다.

직접보상은 정부가 전체 성과 중 일부 측면을 근거로 부여하는 것이다. 정부는 민간기관에게 향후 금전적인 수익을 확보할 수 있는 후속계약과 같이 금전 보상 이외의 것도 줄 수 있다. 또는 민간기관에게 성과를 근거로 타인의 선망을 얻을 수 있는 포상을 수여할 수도 있다. 상은 단순히 수상차원으로 머무를 수도 있지만, 이를 계기로 다른 수익의 기회를 얻을 수도 있다. 예를 들어, 국립예술기금(National Endowment for the Arts)의 수혜를 직접 얻는 것은 불가능하지만, 민간후원자들이 기꺼이 기부할 수 있는 확실한 보증서가 될 수 있다. 비영리단체에게 줄 수 있는 정부의 보상은 더 큰 책임 영역에 대한 통제권을 부여하는 것일 수 있다. 정부가 단순히 공개적으로 지지해 주는 것만으로도 시민에게 명망을 얻게 되고, 이로 인해 많은 혜택을 얻을 수 있다.

많은 경우, 정부 조직은 민간 행위자들이 다른 곳에서 이익을 확보할 수 있도록 조치를 취한다. 이 같은 경우를 우리는 간접보상이라고 부른다. 보건사회복지부(Department of Health and Human Service)는 의료기관인증합동위원회(JCAHO)를 통해 의료서비스 품질 평가 임무를 맡김으로써, 더 많은 대중이 병원을 이용하도록 유도하여 정부가 직접 비용을 지불하는 것을 뛰어넘는 보상을 제공한다. 제약사는 신약을 시장에 출시하기 전에 반드시 비용을 지불하고 FDA의 승인을 받아야 하지만, 대부분의 수익은 정부가 아닌 개인이나 민간보험사로부터 나온다. 주 정부나 지방 교육청이 차터스쿨을 승인하면 전형적인 교육 시장이 아니지만 여전히 경제적 측면에서 중요한 시장에서 학생을 두고 경쟁할 수 있는 자격을 얻게 된다.

보상이 간접적인 경우에 정부는 보상 구조를 조정하는 데 어려움을 겪을 수 있다. 보상의 내용과 수준을 예측하여 등급화해야 하는데, 민간 협력자가 어떻게 반응할지 예상해야 할 뿐만 아니라 동일한 시장의 다른 참여자들의 행동까지 예상해야 하기 때문이다. 이 같은 예측과 평가라는 과제는 완전히 숙달되기에는 어려움이 있어 보인다. 왜냐하면 정부 조치로 인해 파생되는 재정적 효과를 완전하게 느끼지 못하기 때문이다. 반면에 간접보상에 따른 책임은 서로가 동등하게 진다. 공공부문이 병원을 인가해 주고, 상당수의 환자의 의료비를 부담해 주고 있더라도 정부는 환자나 그의 가족이 스스로 행동하고, 치료를 위해 가고 싶은 병원을 선택할 수 있는 권한을 이미 줬기에 질이 낮은 의료서비스를 받았더라도 이에 대한 비난을 피할 수 있다. 이와 대비하여, 국가기관인 재향군인병원에서 발생한 잘못에 대해서는 비난을 면치 못한다.

일치하는 이해관계 : 일부 운이 좋은 경우, 정부 위임자와 민간 대리인의 이해관계가 잘 맞아떨어진다. 센트럴파크관리위원회(Central Park Conservancy(CPC))는 앞서 보았듯이 고품격의 공원 서비스를 시민과 방문객에게 제공하는 것을 목적으로 하는 비영리단체다. CPC의 경영진과 구성원은 공원에 상당히 헌신적이었으며, 그 헌신으로 인해 상당한 사회적 지위를 누리게 된다. 따라서 염려할 필요가 없다. 직원들에게만 혜택을 부여하거나 이사진들의 배를 두둑하게 만들기 위해 공원 유지보수에 인색할 것이라는 염려를 시장이나 공원관리부가 할 필요가 없다. 마찬가지로 차터스쿨의 이사회는 학생 복지에 상당한 관심을 가진 학부모, 지역사회 리더, 혹은 시민 등으로 구성된다는 사실을 감안하면, 차터스쿨이 교직원에게 호화로운 근무환경을 제공하기 위해 수학교육 비용을 축소할 것이라는 염려를 교육당국이 할 필요가 없다. 위임자와 대리인의 선호가 잘 맞아떨어지면, 대부분의 보상 문제는 저절로 해결된다.

그러나 선호나 이익의 불일치는 늘 발생 가능성이 있으면서, 불가피한 것이기도 하다. 예를 들어, CPC 이사진은 통상 센트럴 파크 이용자보다 나이가 상당히 많은 경향이 있기에 어린이 놀이터보다는 조용하고 단정하게 정리된 정원을 더 선호할 것이다. 그렇기에 공원관리부는 시민의 선호를 반영한 공원 서비스에 CPC가 관심을 갖도록 유도하는 것이 당연하다고 판단할 것이다. 만일 이 두 그룹, 즉 CPC와 시민이 공원 편의시설에 대해 동일한 선호를 가지고 있다 하더라도, 이용자인 시민은 비용을 지불하지 않는 데 반해 CPC는 공원 시설의 유지 관리를 위해 많은 자원을 기여하고 있다. 이 점이 선호 면에서 큰 차이를 만들어낸다. 이를 극복하기 위해 공원관리부는 유용한 보상책을 만들 수 있다. 예를 들어, 천만 달러를 모금해 준다면 음악공연장을 위한 최고의 장소를 보장해 주는 방법이나, 모금액 증가분에 비례한 도시기금의 보충을 약속하는 등의 방법이다.

차터스쿨의 경우도 마찬가지다. 교육당국이 보상 구조에 대해 염려할 만한 비슷한 불일치를 나타낼 수 있다. 이해관계의 차이는 학생입학 기준에서 크게 나타날 수 있다. 차터스쿨 운영자와 재학생의 학부모는 학업성취도에 근거하여 입학생을 선발하기를 희망하겠지만, 교육당국은 지역사회의 다양한 학생을 학교가 수용해 주기를 원할 것이다. 이 같은 우선순위의 차이를 관리하기 위해, 차터스쿨 운영을 담당하는 관료는 추첨을 통해 학생에게 입학자격을 부여하는 의무를 명시적으로 부과한다. 더 나아가 교육당국과 학교 운영자는 학교의 커리큘럼과 학습 환경에 대해 의견이 갈릴 수 있다. 예를 들어, 차터스쿨이 특정 종교를 선호하여 학생들을 개종시키려 한다면, 교육당국에 의해 차터스쿨 인가 취소를 당할 수 있다.

불일치하는 이해관계 : 달성하려는 목표에서 정부와 민간 대리인의 이해관계가 상당히 차이가 나는 경우, 보상 문제는 두 배로 어렵게 된다. 계약한 기업은 수입 증대를 원하지만, 한쪽의 수입은 다른 한쪽에게는 비용이기 때문에, 정부는 비용을 줄이기 원한다. 비영리단체는 어떤 임무를 완전히 단독으로 수행하기를 원하는 반면 정부는 여러 비영리단체들이 서로 건전한 경쟁구도를 유지하기를 원한다. 그리고 비영리단체가 잘 정의된 책임 영역을 가지고 성실히 수행하고 있을 때에도, 그 책임을 이행하는 여러 측면에서 선호의 차이가 발생할 수 있다. 미술관은 야단법석인 학생들에게 간식서비스를 제공하

는 것보다 점잖은 상류층에게 다과를 제공하기를 원할 것이다. 하지만 시 당국은 다음 세대의 교양을 함양하는 것을 선호할 수 있다. 이런 종류의 충돌은 정확히 최근 비과세 자격을 유지하기 위해 병원이 얼마나 많은 자선 의료서비스(charity care)를 제공해야 하는지에 관한 논쟁의 중심 주제이기도 하다. 정부는 당연히 더 많은 서비스를 제공해야 한다고 주장하지만, 병원은 비급여 환자가 늘어나는 데는 거의 관심이 없다.

이해관계가 엇갈리는 상황일 때, 정부가 해야 할 가장 중요한 일은 어떤 점이 문제가 되는지, 공공부문과 민간부문의 이해관계가 가장 크게 벗어나는 지점을 찾는 일이다. 그리고 그 지점에 대해 보상책을 검토해야 한다. 위임자인 정부의 예산을 임의로 대리인이 유용하는 행위에 대해서는 처벌을 해야 하지만, 민간의 비용으로 공공의 필요를 충족시키는 봉사에는 확실한 보상을 해야 한다. 예를 들어, 차터스쿨이 특정 종교를 강제로 주입시키는 것이 밝혀지는 경우, 차터스쿨에 대한 예산 지원을 삭감하는 등의 제재를 가할 수 있다. 돈은 부적절한 행위를 막는 데 있어 도덕적 설득(moral suasion)보다 위력이 있다. 테러 공격의 위험을 염려하는 화학물을 취급하는 기업은 일반적으로 화학공장이 어떻게 테러리스트의 목표물이 될 수 있는지를 평가하고, 이 정보를 정보 당국과 공유하는 작업에 대해 보조금을 받아야 한다. 그런 보상이 없다면, 민간부문의 적절한 도움을 충분히 받을 수가 없다.

그런데, 보상 구조를 잘 갖추는 것이 만병통치약을 갖는 것은 아니다. 때로는 목표가 여러 개인 데다가, 시간이 흘러서 그 목표가 가지를 뻗어가게 되고, 측정이 불완전해지는 까닭에 성과에 대한 평가는 너무나 어렵게 되기도 한다. 이런 환경이라면 보상은 효과가 없을 수도 있다. 쉽게 확인하고 측정할 수 있는 성과에 대해 협력자가 보상을 받게 된다면, 협력자의 능력은 당연히 측정이 가능하고 보상을 쉽게 받을 수 있는 곳으로 향하게 된다. 그리고 다른 목표는 등한시하게 된다. 일부 전문가 조직에서는 엄격하고 객관적인 측정 결과를 근거로 인센티브를 지급하는 것이 현실성 없는 제도임을 인정하여, 상사의 주관적 판단에 근거하여 인센티브를 지급하기도 한다. 하지만 이런 주관적 보상 구조는 위임자의 호의를 대리인이 의심하지 않는, 지속적으로 유지되는 관계에서만 유용하다. 정부가 위임자가 되는 상황에서는 그런 비공식적인 보상 제도는 종종 효용이 없다. 일선 부서를 넘어서는 책임의 요구, 일회성의 협력 사업, 민간 협력자에게의 무분별한 권한 부여 금지 등은 그 관계가 지속되지 않을 수 있음을 시사하는 항목들이다. 요컨대 잘 조정된 보상 구조는 협력 관계를 위한 매우 중요한 도구이지만, 특정한 상황에서만 그 도구를 사용할 수 있다.

첫 번째 교훈은 이해관계의 불일치는 책임 있는 협력을 위해 의지적인 노력이 필요하다는 점을 의미한다. 다시 말해, 방해물이 없는 길은 일반적으로 나쁜 곳으로 인도한다. 두 번째 교훈은 좋은 행위이든지 나쁜 행위이든지 여부를 떠나 예기치 않은 행위를 대비하여 민첩하게 감시해야 한다는 점이다. 놀라운 소식을 들었다는 것은 그 관계를 충분히 파악하지 못하고 있다는 것이며, 대개는 나쁜 소식일 가능성이 크다. 제대로 감시하기에는 비용이 너무 많이 들거나, 비용에 비해 감시의 의미가 없거나, 보상 구조의 효과가 없을 때, 세 번째 교훈이 적용된다. 그 교훈은 그런 상황이라면 협력을 하지 않아야 한다는 것이다. 이런 조건에서 협력하면 결국 더 큰 고민을 떠안게 되므로, 임무를 수행하기 위한 다른 모델을 모색해야 한다. 하지만 적절한 감시가 가능하다면, 다음 네 번째 교훈을 적용할 수 있다. 그 교훈은 그럼에도 불구하고 협력을 계속 추진해야 한다는 것이다. 좋은 행위는 장려하고, 나쁜 행위에 대해서는 제재를 가하기 위해 의미 있는 감시와 잘 조정된 보상 구조를 지렛대 삼아 세심하게 진행해야 한다.

| 협력 사이클(The Cycle of Collaboration) |

여러분이 만일 특정한 임무를 맡게 된 정부 관료라고 가정해 보자. 여러분은 그 임무를 수행하기 위한 가장 효과적인 방법이 바로 협력이라고 판단했고, 협력이 단순한 종류의 관계가 아니라는 점을 충분히 이해했으며, 재량으로 인한 손실이 발생할 수 있다는 점과 그런 위험을 최소화하며 협력의 이점을 극대화하는 것이 목표임을 충분히 알고 있다. 여러분은 목적이 뚜렷하고, 전략도 준비가 되어 있다. 그러면 이제 어떻게 해야 성공할 수 있을까?

여기에서 전하고 싶은 교훈은 효과적인 협력은 일회성 절차가 아니라는 점이다. 여러분은 유일무이한 해결책, 전속력으로 진행하는 방법을 기대해서는 안 된다. 협력적 거버넌스는 주기적인 분석과 관리가 필요하다. 협력 진행 중에 어떤 사건이 발생하거나, 우선순위가 변화하게 되면, 협력의 구조는 수정되어야 한다. 이 교훈을 이해하기 위해 우리는 도표를 참고하여 각 측면을 구분하여 살펴보기로 한다. 그리고 우리가 이미 제2부에서 살펴본 두 가지 사례를 직접 적용해 보기로 한다.

효과적인 협력을 위해서 분석(analyze), 배치(assign), 설계(design), 평가(assess) 등 네 항목으로 단계를 구분하여 관리해야 한다. 이 네 항목은 한 번만 실행하면 끝나는 선형 배열의 순서가 아니라, 시간에 따라 각 항목이 순환 반복되는 원형 배열이다. 반드시 순환 반복될 수밖에 없는 여러 고려사항이 존재한다. 첫째, 외부 조건이 바뀐다. 둘째, 정부의 우선순위–더 정확하게는 정부가 봉사하는 국민의 우선순위–는 시간이 지남에 따라 점진적으로 변한다. 셋째, 변화 없는 구조는 기회주의를 양산한다. 민간 행위자가 어떻게 해도 상황이 바뀌지 않는다는 것을 알게 되면, 더욱더 자기 잇속을 챙기는 데에 빠져들게 된다. 넷째, 일반적으로 협력이 진행되는 과정 중에 어떤 것은 잘 작동하고, 어떤 것은 그렇지 않다는 것들을 학습하게 된다. 이 같은 이유들로 인해

2011년에 잘 작동했던 것이 2021년에는 잘 안될 수도 있다. 이 순환 반복은 계속 지속되어야 하며, 각 순환마다 미세한 조정이 필요하다.

● 협력 사이클의 구성 요소

그림8.1은 협력 사이클의 4단계를 보여주며, 가장 상단에서 시작한다.

분석 : 협력 사이클의 첫 단계는 바로 상황을 분석하는 일이다. 분석은 정부가 달성하려고 하는 것이 무엇인지를 정확히 이해하는 것에서 시작한다. '인류의 건강 증진'과 같은 거대한 집단 목표는 협력을 구조화하는 기준으로 보기에는 너무 추상적이다. 책임 있는 행위를 위해서는 명확성이 기본이다. FDA는 기관의 목표를 시장에 출시될 신약의 효과성과 안전성을 입증하는 것이라고 인식할 수 있다. 그러나 이 목표조차도 매우 폭넓은 개념이다. FDA는 신약을 검증하면서 효과성(효능 있는 신약을 시장에 빨리 출시하도록 하는)과 안전성(심각한 부작용을 방지하기 위해 추가 연구를 진행해야 하는) 간의 줄다리기가 불가피하다는 것을 인식해야 한다.

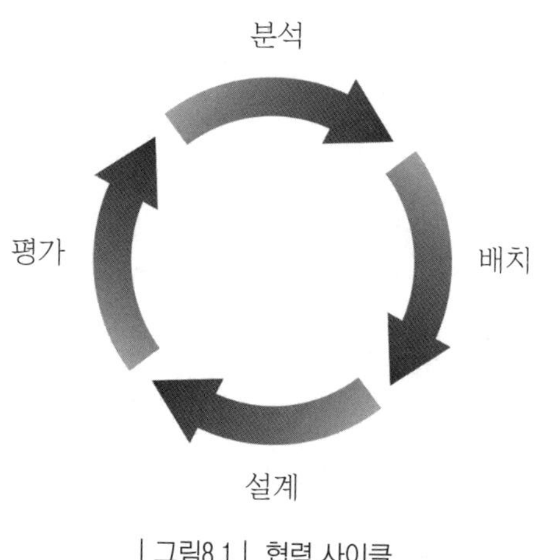

| 그림8.1 | 협력 사이클

철저한 분석은 '어떤 점을 더 향상시키기를 바라는가?'라는 질문에 비추어 현재 상황이 어떠한가를 주의 깊게 조사하는 것으로부터 시작한다. 일선 부서는 대개 자신과 유사한 조직들이 어떻게 하는지, 즉 관행을 먼저 살펴보면서 배우기도 한다. 예를 들어, 차터스쿨 운동은 기존의 공립학교보다는 가톨릭 기반의 사립학교 혹은 기부자에 의해 운영되는 사립학교가 교육열이 강한 학부모의 요구에 부응하여 교육 활동을 잘 해내고 있음에 주목했었다.

물론 어떤 문제들은 유사 사례가 거의 없다. 제4장에서 등장했던 '메가톤을 메가와트로(Megatons to Megawatts(MTM))'라는 사례를 상기해 보자. 대량살상무기로 가득 찬 거대한 제국의 빗장은 잘 열리지 않았다. 하지만 구소련 내외부에 누구나 접근 가능한 핵분열 물질이 존재하며 이는 좋은 상황이 아니라는 것은 굳이 분석할 필요도 없는 내용이었다. 문제는 무엇을 어떻게 해야 하는지를 분석할 지점을 찾는 것이었다. 중요한 통찰은 점점 무너져가는 공산주의에 내재된 군사문제와 냉전 후 자본주의, 즉 시장경제와의 관련성을 인식하는 것에서 시작했다. 그 통찰이 실제 구현되는 과정에서 다소 아쉬운 점이 남았지만, 러시아산 핵폭탄 원료를 봉쇄하는 것보다 수익성이 좋은 상업 수단으로 만든 것이 장기적인 전략으로 매우 유용했다는 것은 자명한 사실이다.

또한 분석을 통해 민간부문의 협력자가 누구인지 제대로 평가해야 한다. 보통의 경우, 민간 협력자는 쉽게 파악이 되지만, 협력 방식이 스스로 잠재 협력자를 만들어 내기도 하고, 기존 협력자를 헤쳐 모이게 만들기도 한다. 센트럴파크관리위원회라는 민간단체가 구성되자, 이를 모방하여 다른 공원들을 관리하기 위해 여러 단체들이 움직여 연합하기 시작했다. 몇 개의 차터스쿨이 설립되면, 교육영역에 한 번도 관여하지 않았던 비영리 단체들도 새로운 학교를 설립하는 것을 적극적으로 고려하기 시작할 수도 있고, 학부모들이 나서서 학교를 운영하기 위해 비영리단체를 설립할 수도 있다.

성공사례를 모방하는 것은 자연계의 진화, 경제계의 번영, 공동 가치 창출 등을 위해 필요한 방법이다. 분석이 갖는 중요한 역할은 다양한 대안이 모색될 경우, 어떻게 새로운 협력자가 나타날지를 예측하는 것이다. 이러한 예측은 다음 단계, 즉 배치와 설계 단계의 토대가 된다. 이 둘은 보통 동시에 고려할 필요가 있다.

배치 : 배치는 적임자를 정확한 위치에 위치하도록 하는 가장 중요한 문제다. 배치 과정 중에도 재량은 민간 협력자와 공유된다. 신약 안전성 검사 규정은 그 과정의 시작 단계에서 정부의 역할은 작지만, 본격적으로 과정이 진행되면 정부는 지배적인 역할을 맡는다. 스스로 결정하면 어느 제약회사라도 FDA의 파트너가 될 수 있다. 시장에 출시하고자 하는 약물에 대해 신약 안전성 검사 신청만 하면 된다. 그러나 승인 과정에서는 FDA가 필요한 제약회사의 역할을 결정한다. FDA의 감독하에 신약 실험을 진행하고, 최종 승인을 위해 신청서를 제출한다. 정해진 형식에 의해 모든 것이 진행되지 않으면, 그 신약은 승인될 수가 없다.

뉴욕의 배치는 다소 다른 이야기를 보여준다. 공원관리부는 각각의 조직과 명시적인 협상안을 두고 협상했다. 이 협력을 감독했던 공원감독관 아드리안 베네페(Adrian Benepe)는 공원을 위해 헌신하려는 조직과 협약을 진행했고, 때로는 여러 경쟁자들 중에서 가장 유망해 보이거나, 관리하기 쉬운 조직을 선택하기도 했다. 가끔은 초기 단계에 있는 민간 조직을 양성하기도 했다.

설계 : 설계는 배치를 보완하는 역할을 한다. 배치된 협력자가 어떤 권한을 받았고, 무엇을 해야 하는지, 어떻게 감시되고 보상받게 되는지, 얼마나 오래 그 책임을 지는지 등을 구체적으로 정해야 한다. 만일 생산에 따른 대가를 받는 단순한 계약이었다면 이 문제는 복잡하지 않다. 이 경우 각 민간 당사자는 그 임무가 상세히 기술된 계약서를 받게 될 것이다. 하지만, 우리의 관심은

단순한 계약이 아니라 협력에 있다. 협력은 복잡성이 상당히 높은 방식이라는 것을 의미한다. 많은 경우, 차터스쿨과 마찬가지로 잠재적 협력자들 간에 경쟁이 있을 것이다. 따라서 '설계' 단계는 '분석', '배치' 단계와 중첩될 수 있는데, 정부는 아직 드러나지 않은 행위자를 포함하여 서로 다른 잠재적인 행위자들이 어떻게 상호작용하게 될 것인지를 고려해야 하기 때문이다. 이 점 외에도 공공의 이익을 증진시킴으로서 얻는 순수한 만족감, 정부의 협력 파트너로 선택되었다는 자긍심, 공공 정책에 영향을 미칠 수 있는 명예로운 지위 등 금전적인 보상을 넘어서는 보상이 복잡성을 높이는 원인이 된다.

협력과 관련된 모든 사항이 그런 것처럼, 정부와 민간 협력자의 이해관계가 상당히 일치할수록 설계는 간단해진다. 이 사실은 협력적 거버넌스나 정부에게만 국한되는 것이 아니라 일반적으로 모든 곳에 적용되는 사실이다. 가족 경영 기업은 보통 족벌주의의 폐해로 어려움을 겪기도 하지만, 일치된 이해관계 덕분에 적당한 감독과 적은 허례허식으로 효율적인 관리가 가능한 까닭에 번창하는 사례가 있다. 이를 잘 인식하고 있는 미국 대통령은 자신의 진영에서 국무위원을 임명할 때, 선거운동 초기부터 함께했던 인사들을 우선 고려하여 등용한다. 이는 충성도에 문제가 없는 사람들을 확보하는 방법이다.[3)]

하지만, 대부분 많은 임무에서 정부와 민간의 이해관계는 차이가 나기 때문에 이번 장 서두에서 언급한 것과 같이 이 경향에 대응하기 위해 보상을 제공할 수 있는 설계가 필요하게 된다. 그래서 배치와 설계의 가장 중요한 목표는 가능한 한 서로의 목표를 일치하도록 만드는 것이다.

설계가 완성되고, 민간 협력자가 배치된 후에는(혹은 배치를 위한 설계가 완성된 후에는), 협력이 움직이기 시작한다. 신약 안전성 검사 절차에 자금이 보충되고, 공원 관리를 위한 단체가 결성되어 나무를 가꾸고 쓰레기를 처리하고, 병원 의료서비스 품질 평가가 시작된다. 이는 협력 사이클의 다음 단계로 안내한다.

평가 : 이 책에서 다룬 사례를 포함한 대부분의 협력 사례는 일회성의 업무라기보다는 지속적인 업무에 해당한다. 많은 경우, 시행일 또는 종료일을 정해 놓지 않은 경우가 많다. 즉 일몰조항(sunset provision)이 있는 경우는 드물다. 안타깝게도 초기 설계는 결함이 많을 수밖에 없다. 오늘까지 이상적인 협력이었지만, 내일은 문제가 터질 수도 있다. 어제까지는 눈부신 설계였지만, 오늘은 그 설계가 끔찍한 실수가 되는 새로운 상황이 발생할 수 있다. 이는 정부 부처, 혹은 정부 부처를 감독하는 입법부와 행정부가 협력이 어떻게 진행되고 있는지 살펴보아야 한다는 것을 의미한다. 평가는 협력이 의도한 대로 수행되고 있는지, (그렇다면) 시작 단계에서 예상한 대로 공공 목표가 증진되는 성과가 실제로 나오고 있는지 여부를 판단해야 한다. 때로는 간단한 수정이 필요할 것이다. 또 다른 경우에는, 설계를 대폭 수정 등의 상당히 중요한 변경이 필요할 수 있다.

분석, 배치, 설계, 평가 순서를 따르는 협력 사이클은 때로는 빠르고, 때로는 느릴 수 있지만, 협력이 진행되는 과정에서 절대로 중단해서는 안 된다. 이 사이클은 정부가 조치를 취함으로 문제를 개선시켜 나가기 위한 목적으로도 중요하지만, 민간 협력자가 공공가치를 지속적으로 창출할 수 있도록 보상을 유지하기 위해서도 중요하다.

● 협력 사이클 적용1 : 신약 안전성 검사

앞서 살펴본 신약 안전성 검사 사례를 들어 우리의 협력 사이클에 적용해 보기로 한다. 제7장에서 설명한 전문의약품 허가신청자 비용부담법(Prescription Drug User Fee Act(PDUFA))은 총 네 개의 버전이 존재하는데, 최초 제정된 PDUFA에 뒤이어 개정된 PDUFA Ⅱ, PDUFA Ⅲ, PDUFA Ⅳ이 그것이다. 원안에 비해 별로 중요하지 않은 부분이 수정된 PDUFA Ⅱ, PDUFA Ⅲ는 공공과 민간 협력자의 권리와 의무를 약간 수정했지만, 그 관계 구조는 수정되지 않았다. 그런데 2007년 개정된 PDUFA Ⅳ는 조금 다르다. 본래의 협력 구조를 상당히 수정했으며, 이는 이번 장에서 설명한 협력 사이클을 보여준다. 이 사이클은 PDUFA의 핵심 요소에 대한 불만족이 심화되고, 확산되고 있다는 평가 단계에서 시작했다. 가장 문제가 되었던 것은 FDA의 상대적으로 취약한 보상과 한정된 권한에 대한 것이다. 권한 문제는 시판을 위한 신약 안전성 검사와는 반대로, 신약이 승인을 받아 국민에게 판매되기 시작한 후에 발생하는 안전 문제에 대해서는 조치를 취할 수 있는 능력의 한계와 관련이 있었다. 몇 년에 걸쳐, 광범위한 행위자들이 참여하는 과정에서 자연스레 분석 단계로 옮겨갔다. 이 단계에서는 FDA, 제약사, 환자, 의사, 그리고 의료서비스 산업에 종사하는 다양한 관계자들의 상대적인 능력, 즉 이미 시장에 출시된 약물에서 발생하는 안전성 문제를 식별하고 대처할 수 있는 능력에 대해 깊이 분석했다.

법안을 갱신하거나, 개정하거나, 폐기를 결정해야 하는 5년 시한이 다가오자, 국회의원들과 자문위원들은 책임을 새롭게 배치하는 단계로 넘어왔다. 개정안에 따르면 새로운 배치에 따라 사용자가 부담하는 수수료 재원을 사용하기 위한 예산 배정 작업에서 FDA의 역할을 확대하고, 시장에 출시된 약물의 안전성 감시를 위해 그 재원을 사용할 수 있는 새로운 재량도 부여했다. 제약사들도 새로운 책임을 부여받았다. 좋지 않은 결과라도 정보를 수집해야 하고 반드시 전달해야 한다는 중요한 책임이었다(국회의원들은 처방약으로 인해 자신의 환자에게서 발생한 부작용을 신고할 의무를 의사에게 부과하려고 고려했으나, 결국 거부했다). 마지막 네 번째 설계 단계에 이르러서 협력 관계는 상당히 중요한 부분이 변경되었다. 앞서 변경된 내용으로 인해 신약 안전성 검사를 위한 제약사의 수수료 비용이 증가되었고, FDA는 새로운 정보(안전성에 관한 사항 등)를 표기할 수 있도록 약품에 표시하는 라벨 변경을 제약사에 요구할 수 있게 되었고, 신약 승인에 관여하는 전문가들의 이해충돌 규정이 강화되었다.[4)]

● 협력 사이클 적용2: 직업훈련

성인 근로자를 대상으로 인적자본 개발을 촉진하기 위한 정부의 노력은 이미 협력 사이클을 여러 차례 순환한 사례다. 연방정부가 1962년의 인력개발훈련법(Manpower Development and Training Act) 제정 이래로 직업훈련 정책은 늘 협력 방식을 추구해 왔다.[5)]

1970년대 정부가 직접 진행한 직업훈련 프로그램은 후회스러운 결과만 남겼다. 1973년 종합고용훈련법(Comprehensive employment and Training Act(CETA))은 뉴딜(New Deal) 정책 이래로 여기저기 분산되어 있는 직업 훈련, 인력 개발 프로그램들을 통합하기 위한 노력의 일환으로 제정되었다. 10년 정도 지난 후, 가장 눈에 띄면서도, 비판을 받게 된 결과는 각 주와 지방정부에게 실업자를 고용할 수 있도록 연방 자금을 지원하는 대규모 공공 고용 프로그램이었다. 언론은 이 프로그램의 비효율성에 더해 예산 소진을 위한 일자리 만들기 정책이라며 연일 비판했다. CETA의 소모적인 정부 프로그램에 대한 광범위한 반발에 따라 직업훈련의 효율적인 개선을 위하여 향후 인력개발 정책 수립 시에는 민간부문이 상당한 역할을 하게 될 것이 확실해졌다.

로널드 레이건(Ronald Reagan) 대통령은 선거운동 기간에 CETA에 대해 거세게 비판했으며, 직업훈련에 더 효율적인 접근이 필요하다고 역설했다. 의회가 이에 반응했다. 에드워드 케네디(Edward Kennedy)와 댄 퀘일(Dan Quayle)의 상원의원의 주도로 1982년 직업훈련협력법(Job Training Partnership Act(JTPA))을 통해 전략이 수정되었다. 새로운 법은 협력 방식에 방점을 찍었고, 연방 자금으로 모든 훈련을 지원하되 계약을 통해 결과에 따른 책임(results-based accountability)

을 요구했다. 1980년대와 1990년 초에 걸쳐 JTPA는 다소 추상적인 체계에서 전국적인 훈련 시스템으로 바뀌어갔다. 각 도시의 실업률을 기반으로 복잡한 공식에 의해 연방 자금이 공급되었다. 수천 개의 민간산업위원회(Private Industry Council(PIC))가 결성되었고, 수만 명의 각계각층의 기업인들이 PIC 회원사 자격 충족 여부의 판단을 위한 기준을 만들었다. 민간 직업훈련 프로그램이 급증하기 시작했다. 영리목적의 프로그램도 중요한 역할을 했지만, 대다수는 비영리 프로그램이었다. 이는 연방 보조금으로 운영되는 현장실습교육의 대폭 확대를 가져온 대단히 중요한 부분이었다. 이번 장에서 논의하고 있는 용어를 통해 정리해 보면, 평가와 분석을 통해 공공부문에서 민간부문으로 기능의 급격한 재배치를 가져오게 되었다.

정부가 CETA를 통해 전달했던 직업훈련에 비해 협력 방식의 직업훈련은 모든 면에서 개선을 가져왔다. 그러나 프로그램을 운영하며 얻은 경험을 기반으로 평가를 계속 진행하면서 JTPA도 나름의 빈틈과 결함이 있다는 것이 드러났고, 협력 사이클은 계속 순환하게 되었다. JTPA의 특징적인 거버넌스 조항은, 기업에게 다소 불명확하지만 방대한 역할을 부여하고 있었기 때문에 때때로 부패, 자기거래 또는 노골적인 수익재량을 발생시켰다.

이 같은 일탈은 교묘했고 발견하기 어려웠기 때문에 심각했다. 하지만 더 심각한 점은 따로 있었다. 그것은 바로 대리인의 우선순위와 위임자인 정부의 우선순위 간의 차이였고, JTPA는 그 격차를 좁히기 위한 수단이 약했다는 점이다. 실제로 JTPA는 CETA에 대한 반사적이고 무비판적인 반작용으로 인해 비즈니스 원칙과 제도를 광범위하게 선호하는 특징이 있었다. JTPA가 자랑하던 결과에 따른 책임(results-based accountability) 시스템은 민간 행위자가 자신의 재량을 공공가치 창출 목적으로 사용하도록 하는 데 실패할 때가 많았다 (이 정책과 관련된 재량에 대해서는 제5장의 베티(Betty)의 직업훈련과 관련된 재량의 딜레마 논의를 참고하라). 결국 JTPA 시행 후 10년 동안의 평가에 의하면, 그 설계가 너무 느슨해서 공적 가치를 추구해야 하는 곳에서 직업훈련을 위한 공적 자금이 신뢰성 있게 관리되지 못했다는 것을 보여주었다.[6] 경제 사정이 넉넉한 시민이 공공 비용으로 기술을 습득하는 것이 문제가 아니었다. 보조금 수혜자 규정에 따라 직업훈련은 사회약자로 제한되어 있었다. 진짜 문제는 수혜자에 해당되는 교육생은 충분히 많았고, 교육 프로그램 종류도 매우 다양했기에, 기업들은 자체적으로 교육을 시행한 대가로 공공자금을 수시로 청구할 수 있었다는 점이었다. JTPA에서 심각한 수준의 부패는 드물었지만, 수익재량의 경미한 형태는 일상적으로 나타났는데, 공공가치 창출과는 상관없이 보상을 받고, 자신의 수익을 위해 기술 투자를 한 비용을 공공 자금으로 충당하기도 했다.

JTPA의 전신인 CETA와 마찬가지로 그 결점을 경험적으로 드러냈고, 다시 한번 협력 사이클을 순환해야 할 시점이 되었다. 차세대 직업훈련 정책은 공공부문과 민간부문 간의 상당히 미묘한 분업을 만들어 냈다. 아마도 가장 큰 배치의 변화는 정부 또는 민간 고용주의 역할이 축소되는 것과는 반대로 훈련을 받는 개인의 역할이 확대된 것이었다. 클린턴 행정부 내에서 개인의 재량을 대거 재배치해야 한다는 목소리가 있었다.[7] 만일 개인의 역할이 대폭 확대되었다면, 아마도 중등교육과정과 연계되는 직업훈련이 만들어졌을 것이고, 대부분의 연방 예산은 직업훈련을 실시하는 공공기관이나 민간기관에 지급되는 것이 아니라 자신에게 맞는 훈련을 찾아서 사용할 수 있도록 개인에게 지급하는 장학금 개념으로 바뀌었을 것이다. 또한 정부의 역할은 개인에게 구매력(purchasing power)을 제공하고, 교육 제공자에 대한 방대한 정보를 제공하고, 그 이후에는 한 발짝 물러서게 되었을 것이다. 정부, 영리기관, 비영리기관 등 교육 훈련 기관의 업무 배치는 정부의 결정에 따르는 것이 아니라 개인의 선택에 따라 달라졌을 것이다. 이 같은 바우처 모델로 완전히 전환하는 것은 의회가 받아들이기에는 너무 급진적인 변화였다. 하지만, 1998년 제정된 인력투자법(Workforce Investment Act)을 통해서 마침내 어느 정도의 개인의 재량권이 확보되었고, 본인의 선택에 따른 책임성 부여도 가능해졌다.

협력 방식은 직업훈련 분야에 매우 적합한 방식이다. 그러나 공공가치를 창출하는 데 재량을 집중하도록 하는 이상적이고 완벽한 구조는 구현하기 어려울뿐더러 시시각각 변하기까지 한다. 적절하다고 판단되는 방식들은 경제가 제조업에서 서비스업으로, 국가 중심에서 글로벌 중심으로, 중앙집권화 기술에서 분권화 기술로 변화하는 것처럼 변화해 간다. 우리는 계속해서 평가하고, 분석하고, 임무의 배치와 협력 시스템의 설계를 고쳐나가야 한다. 정부가 직업훈련을 통해 국민의 소득 수준을 높이려는 의지가 있고, 운영하는 현재의 시스템이 의도한 대로 제대로 작동하지 않을 경우 이를 정직하게 인정할 수 있고, 변화하는 환경에 맞게 방식을 조정해 나갈 수 있을 만큼 똑똑하다면, 협력 사이클은 계속 돌아갈 수 있다.[8)]

협력 사이클의 각 단계는 일부 독자들에게 너무 기본적인 원칙에 가까운 까닭에 현재의 실무에 반영하기가 쉽지 않다고 생각할 수 있다. 하지만, 여러 증거들이 그렇지 않다는 것을 보여준다. 협력 방식인지의 여부를 떠나, 대부분의 정부 프로그램은 늘 엄격한 평가를 피해왔다. 협력이 이루어지는 시작점에는 일반적으로 배치가 자리 잡고 있고, 서로 다른 협력자가 과연 더 많은 공공가치를 창출할 수 있는지에 대한 고민은 거의 없다. 기업 활동의 경우, 시장의 반응은 즉각적이기에 훨씬 수월하다. '제품 판매로 수익을 남겼는가?' 이 질문으로 가치 창출 여부를 충분히 확인할 수 있다. 하지만 정부가 수행하는 일은 대부분 목표 자체가 복잡하고, 종류도 다양한 데다, 대부분 가격도 정해지지 않았다. 자동으로 성공 여부를 가늠할 수 있는 기준이 애초에 존재하지 않기 때문에, 협력 사이클이 제공하는 간단한 체크리스트는 협력 전략

을 순조롭게 진행하는 데 도움이 될 것이다.[9)]

협력 사이클이 단순해 보이기에 우리가 협력은 매우 쉬운 것이라고 주장하는 것처럼 오해될 것이 염려되어 몇 가지 점을 명확히 하고자 한다. 협력 사이클의 각 단계는 관리적인 면에서, 학술적인 면에서, 정치적인 면에서 힘든 노력을 요한다. 친구나 지인 간의 협력적 관계, 민간 기업 간의 제휴 관계와는 대조적으로 협력적 거버넌스는 수정하기가 매우 어렵다. 아무리 건강한 정부라도 어느 정도 타성에 젖은 부분이 있기 마련이고, 민간부문은 자신들에게 유리한 역할은 계속 유지하고자 하는 등 많은 이유들이 있기 때문이다. 평가를 통해 문제점을 밝히고, 분석을 통해 대안이 될 수 있는 방안을 찾아냈다 하더라도, 이미 깊게 자리 잡은 배치는 움직이려 하지 않고, 설계는 사실상 돌에 새겨져 있는 것처럼 바꾸기가 어려울 수 있다. 왜 우리는 학생에게 학자금대출을 실행하기 위해 민간 행위자에게 그렇게 큰 역할을 부여했을까? (2010년 개혁 이전까지 오랜 기간, 매우 많은 비용이 소비되었다) 그리고 공립학교 운영을 위해서는 학생 통학버스, 구내식당 운영 등 왜 그렇게 작은 역할만 민간부문에게 부여했을까? 우리는 정치적 요소와 기득권이 초기 배치를 오랜 기간 동안 바꾸기 힘들게 만들었다고 생각한다. 구축된 협력은 여간해서는 바꾸기 어렵다. 그렇기에 명확한 사고가 반드시 필요하다.

| 협력을 위한 정부의 역할 |

정부가 이 협력 사이클을 돌고 있다면, 사이클 내에서 정부의 고유 역할은 무엇일까? 이렇게 포괄적인 질문에 대한 답을 찾기 전에, 먼저 비유의 중요성에 대해 짚고 넘어가자. 논의하는 어떤 대상을 나타내기 위해 선택하는 단어는 우리의 인식에 미묘하지만 강력한 영향을 미친다. 이 단어들은 관심을 기울여야 할 내용에 초점을 맞추고, 본질적인 특징과 더불어 부가적인 특징까지 제시해 준다. '마약과의 전쟁'을 선포하는 것은 불법 약물을 투여하는 사람들을 향한 몇 가지 정책을 떠올리게 만들어 주지만, 다른 대안이 될 수 있는 정책들은 머릿속에서 배제된다. 조지 W. 부시(George W. Bush)가 스스로를 '결정권자(Decider)'라고 자임했을 때, 그는 책략가였던 루즈벨트나, 자상했던 레이건과는 매우 다른 대통령의 개념을 드러냈다(대통령의 권력은 '설득할 수 있는 힘(the power to persuade)'이라고 천명한 리처드 뉴스타트(Richard Neustadt)의 명언과는 다소 모순된다). 루이스 브랜다이스(Louis Brandeis)는 미국의 각 주를 '실험실(laboratory)'로 규정한 결과, 각 주의 주지사, 의원, 시민들이 각 주마다 특색이 다른 공공부문의 기능을 바라보는 데 영향을 미쳤다. 이미지를 갈구하는 우리의 인식 작용을 감안하면, 은유, 비유, 상징은 모두 우리의 생각에 영향을 미친다.

정부는 수십 년 동안 협력 방식을 설계한 경험이 있다. 그러나 협력적 거버넌스가 이렇게 광범위한 현상이 된 것은 오래되지 않았다. 새로운 영역에서 중요한 응용법을 찾는 것이 중요하며, 신중한 고민과 축적된 경험을 바탕으로 협력을 위한 능력을 키워나가야 한다. 이 방향이 옳은 방향이어서, 협력이 점점 보편화되고, 더 정교화되고, 성공 사례들이 많아지면, 우리가 가진 정부의 역할에 대한 생각을 바꾸어 놓을 것이다. 그래서 정부가 협력의 시대에 어떤 역할을 해야 하는지 적절한 이미지를 갖는 것이 편리할 수 있다.

오랜 기간, 공공 관리에 대한 전통적인 이미지는 군사 지휘와 유사했다. 상급 관료는 상부의 명령을 받아 아래 하급자에게 전달한다. 권위 체계는 모호하지 않았고 명확했으며, 누가 지휘하고 있는지 혼동이 없었다. 정당한 지휘에서 벗어나는 것-하급자가 그 의도를 추측하거나, 임의로 행동하는 것-은 비정상으로 치부되었다. 막스 베버(Max Weber)의 관료제(Bureaucracy), 우드로우 윌슨(Woodrow Wilson)의 미국 정부에 대한 저술, 그리고 다른 공공행정에 대한 많은 문헌들이 군사 지휘와 같은 비유를 사용했다. 물론 현재도 일부 상황에서는 군사 지휘와 같은 정부의 운영 형태가 여전히 남아 있다.

그러나 지배구조의 실제 현실은 끊임없이 진화했고, 학자들도 현실세계는 상당히 유동적이라는 사실을 인지하면서부터, 군사 지휘 모델은 전형적인 정부를 묘사하기에는 충분하지 못하게 되었다. 현대 학자들은 간접적이고 위임을 통한 정부 조치를 포함하는 좀 더 복잡한 모델을 담아내기 위해 다른 비유를 개발해 왔다. 우리는 이번 장을 시작하면서 협력의 구조를 설명하기 위해 도구를 골라 작업하는 조각가 비유를 사용했다. 조각가가 신중하게 앞에 놓인 대리석을 살펴보고 원하는 결과를 가늠해 본 후에 처음으로 끌로 대리석을 내리치는 이미지의 비유였다. 레스터 살라몬(Lester Salamon)의 권위 있는 저서인 『거버넌스의 도구(The Tools of Governance)』에서 비슷한 방식으로, 공공사업이 어떻게 완수되는지 이해하기 쉽게 다양한 개념적이고 제도적 도구들을 비유로 설명해 주고 있다.

우리의 동료 교수 마크 무어(Mark Moore)는 현대 공공관리자를 전형적인 즉흥연주자로 비유했다. 이는 저명한 인류학자 클로드 레비스트로스(Claude Lévi-Strauss)가 브리꼴뢰르(bricoleur)라고 불렀던 것과 같은 표현이다. 브리꼴뢰르라는 용어는 인류학자들뿐만 아니라 프랑스 철물점 광고판에서에서도 사용된다. 이는 영어 핸디맨(Handyman)과 거의 유사한 용어다(옮긴이, 브리꼴뢰르는 원시 문화와 같이 제한된 환경과 재료를 가지고 시행착오를 거치며 필요한 것을 즉석에서 만들어 내는 재능 있는 사람을 의미한다). 브리꼴뢰르는 분명 다양한 도구를 능숙하게 활용하는 능력을 지니고 있겠지만, 기술 숙련도를 넘어서는 역할이 있을 것이다. 레비스트로스와 무어 모두 공통적으로 강조하는 특징은 재료를 보는 창의적 기회주의(imaginative opportunism)다. 3만 년 전 핸디맨의 조상은 빙하기로 인해 크고 곧은 나무가 희귀해졌을 때, 마스토돈(mastodon)(옮긴이, 코끼리를 닮은 고대 포유류)의 뼈를 보며, 집을 짓는 뼈대로 쓰기에 유용할 것으로 생각했을 수 있다. 또 핸디맨의 현대 후손은 헛간을 둘러보다가, 오래된 문이 탁구대로 쓰기에 적격이라는 것을 알아챘을 수도 있다. 마찬가지로 무어의 개념을 적용해 보면, 약간의 규정, 예산, 인력을 조정하면 사용률이 저조한 지역 도서관이 맞벌이부부의 자녀들을 위한 아동 센터로 바뀔 수 있다. 브리꼴뢰르의 천재성은 원래의 출처나 목적과 관계없이 가까이에 있는 재료를 가지고 새롭게 가치 있는 용도를 상상해 내는 것이다. 그러나 브리꼴뢰르의 비유를 협력적 거버넌스에 바로 적용하기에는 무리가 있다. 브리꼴뢰르는 도구와 재료를 직접 사용하지만, 협력적 거버넌스에서는 그 도구와 재료가 스스로 행동한다는 점에서 큰 차이가 있기 때문이다.

도널드 케틀(Donald Kettl)은 자신의 저서 『미국의 차기 정부(The Next Government of the United States)』에서 우리가 계속 논의해 온 위임에 대한 주제와 조직 간 행동에 대한 내용을 상세히 다루고 있다. 그가 공공관리자의 비유로 독특하게 사용한 이미지는 바로 우주선 발사를 앞둔 통제관(mission controller)이다. 통제관은 안전한 왕복 우주여행을 위해 공공 행위자와 민간 행위자의 복잡한 네트워크를 면밀히 검토하고 지시하는 능수능란한 베테랑이다. 케틀이 제시한 이미지는 매우 적절하며, 이 이미지는 (무어가 제시한 것과 같이) 정부의 임무 수행 방식의 본질적인 면을 상기시켜 주는 데 중요한 역할을 한다. 그러나 통제관이라는 용어는 일방적인 권위에 대한 오해를 불러일으킬 수 있는 까닭에 우리가 논의하는 협력적 거버넌스와는 딱 맞아 떨어지지는 않는다.

협력의 본질은 재량 공유에 있다. 정부는 공공가치 창출의 효율성을 증진하기 위해 민간의 대리인에게 어느 정도의 통제권을 명시적으로 부여한다. 그런 점에서 NASA의 가장 우수하고 명석한 우주비행선 통제관들이 이 사실을 명백히 인지하고, 때때로 자신의 재량을 행사할 수 있을지 의심이 든다. '책임자(I'm-in-charge)'를 떠올리는 이미지는 우리가 생각하는 역할과는 다소 거리가 있다. 재량을 부여 받은 민간 협력자에게 의존하는 것은 위험과 과제를 함께 떠안는 것이지만, 효율성과 혁신, 그리고 예기치 않은 형태의 공공가치를 얻을 수 있는 방법이기 때문이다.

● 링마스터 비유

협력 관계에서의 정부 관료의 역할을 담아내기 위해서는 조금 다른 비유가 필요하다. 우리는 서커스단의 무대감독을 일컫는 링마스터(ringmaster)가 비유하기에 가장 적절하다고 판단했다. 협력을 위한 모든 기술을 보유하고 있는 링마스터는 우리의 논의를 쉽게 이해할 수 있도록 도와준다. 서커스 대형 천막 아래에서 전통에 따라 연미복과 중산모를 쓴 채, 다양하고 복잡한 묘기 활동을 모두 조율하고 있는 링마스터의 존재는 협력의 세계에서 정부가 해내야 하는 역할을 잘 표현해 준다.[10] 제1차 세계대전부터 냉전시대에 이르는 기간 동안 링링 브라더스(Ringling Brothers), 바넘(Barnum), 베일리(Bailey) 서커스단의 전설적인 링마스터였던 프레드 바드나(Fred Badna)는 자신의 역할을 이렇게 묘사했다.

링마스터는 각 단원들이 자신의 기량을 힘껏 발휘할 수 있도록 긴장의 끈을 놓지 못하도록 한다. 링마스터는 날씨와 질병처럼 급작스런 변화나, 단원의 기질까지 감안하여 세심한 주의를 기울이며 작품을 매 순간 조정해 나간다. … 링마스터는 동시에 쇼맨, 무대연출자, 엄격한 교관, 협상가, 상담사, 음악가, 심리학자, 동물사육사, 기상 예언가도 되어야 했다. … [11]

링마스터는 어느 정도의 공식적인 권한을 가지고 있었다. 링링 브라더스

소속 공연자들은 프레드 바드나가 어떤 공연을 지향하는지 전혀 염려하지 않았고, 그가 정하는 우선순위를 늘 존중했다. 그러나 링마스터는 자신이 통제권을 꽉 쥐고 있다는 환상에 사로잡혀 우선순위를 고집하지 않았다. 무뚝뚝하게 지시하고 지시한 대로 정확하게 움직여 주기를 바라는 것이 아니라, 공연자의 움직임을 통해 가장 가치 있는 공연이 될 수 있도록 그의 미묘한 기술을 사용했다. 링마스터의 간섭이 전혀 없는 상황에서 공연자들이 어떤 실력을 보여줄지, 그리고 각 공연자의 움직임을 교정하기 위해서는 언제 어떻게 개입해야 할지를 그는 모두 알고 있었다. 링마스터는 말에 대한 상당한 이해가 있어야 했다. 평범한 말이나, 아라비아산 말 정도가 아닌, 아미르(Emir)(옮긴이, 이슬람의 왕 또는 군주 등 고위직을 칭한다)의 말에 대한 이해가 있어야 하는데, 그것도 뜨거운 8월의 어느 저녁 시간에 아미르 말이 어떻게 움직여 줄지에 대해서 정확히 알고 있어야 한다. 곡예사에 대한 이해도 마찬가지였다. 평범한 곡예사가 아닌, 혹은 평범한 중국인 곡예사도 아닌, 중국 출신의 주원(Wen Chou) 곡예사가 고향에 있는 가족에게서 슬픈 편지를 받았을 때 어떻게 공연하는지에 대한 이해가 있어야 했다. 물론 이 같은 세심한 지식은 어느 상황에서든 유용하지만, 특히 통제가 줄어들 때 그 중요성은 더 커진다. 관리자라면 기계를 다루거나 기계처럼 정해진 대로 움직일 수밖에 없는 경우보다, 자유 의지를 가진 동물이나, 재량을 가진 협력자를 더 세심하게 다룰 것이다. 실제로 관리하다(manage)라는 동사는 야생동물을 의미하는 단어(menagerie)와 어원이 같다.[12] 링마스터는 천막 아래에서 일어나는 일을 관리하지만, 완전히 통제하지는 않는다. 그는 이미 공연자들과 재량을 공유하고 있기 때문이다. 그는 공연자 한 명 한 명의 능력이 잘 발휘되어 서커스 전체가 최고의 공연이 될 수 있도록 공연자 대기실에서 빠져나온다.

마찬가지로 협력 방식을 통해 공공임무를 추진하려는 공공관리자는 지역 소재 비영리단체, 전국적 네트워크를 가진 영리단체, 국제기구, 국제 자선단체 등 다양한 계층의 협력자들의 일반적인 특성에 대해 깊은 이해가 필요하며, 미팅 테이블 너머에 앉게 될 특정 인물과 조직에 대한 세부적인 특징까지도 주의를 기울여야 한다. 링마스터와 같이 공공관리자에게 필요한 능력은 재무 분석, 조직 구조 분석에서부터 파트너가 될 조직의 경영 건전성 또는 정치적 영향력 측정, 회의에서 보여주는 몸짓에 대한 의미 파악에 이르기까지 다양하다. 요약하면 우리의 링마스터가 갖춰야 할 것은 냉철한 분석 능력에 공감 능력, 대인관계 능력, 감성적 지능이 놀랍게 조화된 능력이다. 무리한 요구처럼 보일 수 있다. 하지만, 오늘날 정부의 공공관리자에게 요구하는 것이 점점 많아지고 있는 것이 사실이다.

미국 정부 인사 중에서 역사적인 영웅들은 과감한 프로젝트를 실행한 지도자였거나, 필수적인 공공 서비스를 제공하는 여러 기관들을 능숙하게 다뤘던 능력 있는 관리자—제7장에서 다룬 바 있는 뉴욕시의 로버트 모지즈(Robert Moses), 대공황 시기 초기 테네시강 유역 개발공사를 맡았던 데이비드 릴리엔탈(David Lilienthal), 미 해군을 핵잠수함 시대로 인도했던 하이만 릭오버(Hyman Rickover) 제독 등—였다. 아마도 21세기 정부에 대한 역사가 정리된다면, 위대한 공공 지도자들은 자신들이 추구했던 목표를 실행하기 위해 협력했던 위대한 개인들의 도움이 없이는 명예의 전당에 이름을 올리지 못할 것이라고 우리는 확신한다. 그들은 민간부문과의 협력을 통해 공공가치를 창출하기 위하여 분석, 배치, 설계, 평가라는 고정적이면서도 유연한 기술의 도구를 활용하여, 상황의 변화에 따라 협력 사이클을 계속 반복할 것이다. 스포트라이트를 받으면서 서 있을지, 어두운 그늘 아래에서 협력 사이클을 반복하고 있을지 모르지만, 정치의 소음을 뚫고 관료제의 복잡한 계층에도 불구하고, 링마스터의 목소리는 모든 공연자에게 울려 퍼질 것이다.

제9장

협력을 위한 조건

미국 정부의 성과는 공공사업을 위해 민간 참여자를 끌어들이는 능력에 달려있다. 이 책의 내용이 단지 미국에만 적용되는 것은 아니지만, 시장 친화적인 특성이 매우 강한 미국에 더욱 잘 적용되는 것이 사실이다. 또한 예견되는 정부가 감당해야 할 문제들의 특성과 규모로 인해 정부 단독으로 모든 해결책을 만들어낼 수 없다는 것을 감안한다면 향후 수십 년 동안은 특별한 힘이 추가적으로 필요할 것으로 보인다. 민간 협력자에게 정부가 의존한다는 것은 주어진 임무의 성공 가능성을 높여 주고, 실패하기 쉬운 길을 바로 잡아주지만, 정부 관료가 보유해야 할 핵심 능력이 바뀌어야 한다는 것도 암시한다.

협력은 여러 영역을 넘나들며 사람과 조직의 에너지를 증폭시키는 잠재력을 가지고 있다. 성공적인 협력은 여러 측면에서 이익을 발생시킨다. 가장 분명한 것은 공공 문제를 더 완전하고, 더 만족스럽고, 그리고 더 효율적으로 해결할 수 있다는 것이다. 이 같은 측면은 우리가 이전 장들을 통해 계속 관심을 가졌던 내용이다. 협력 방식으로의 전환은 이념적인 선호나 공허한 열망을 기반으로 하는 것이 아니라, 협력이 확실하게 임무수행을 위한 대안적인 모델이 된다는 정확한 평가를 기반으로 해야 한다. 우리가 이미 자세히 살펴본 바와 같이, 민간의 역량을 활용하는 것이 공공임무를 완수하는 가장 효과적인 방법이다.

어떤 측면에서는 공공가치를 창출하기 위한 협력 방식은 단순한 분업의 전형적인 사례에 해당한다. 그러나 이 분업은 개개인의 노동자 간의 분업이 아니라, 조직 간의 분업에 해당한다. 정부는 임무를 완수해야 하는 궁극적인 책임을 가지지만, 그 임무를 위해 필요한 일의 일부 또는 전부를 민간 행위자와 나눠 갖는다. 애덤 스미스(Adam Smith)는 그의 명저 『국부론(Wealth of Nations)』에서 바늘공장을 비유로 들며, 특정한 작업을 위한 숙련된 노동자들 간의 분업을 설명했다. 그러나 스미스의 비유는 누가 무엇을 해야 하는지 결정하는 관리자의 중요한 역할의 존재를 고려하지 않았다. 협력을 위해 정부는 이 중요한 관리자의 역할을 수행한다. 정부는 먼저 각 영역 전반에 걸쳐 그 기능을 분류한다. 먼저는 정부가 단독으로 직접 수행해야 성과가 좋을 것으로 예상되는 임무를 구분하고, 그 후에 정부가 보유하지 않거나 부족한 기술, 지식, 자원을 가진 민간부문의 조직에게 맡길 임무로 구분한다. 정부는 시간이 경과하면서 어떤 임무가 협력에 적합한지, 그 임무가 의도한 협력 방식으로 제대로 진행되고 있는지 파악해야 한다. 실무 현장에서의 협력을 위한 노력을 자세히 들여다보면 좀 더 미묘한 차이를 이해할 수 있다.

| 도시 간 협력 사례 비교 |

2007년 여름, 우리는 대학원생들과 함께 지역의 공공 서비스 전달 모델에 대한 현장 연구 프로젝트를 수행했다. 4개의 동일한 공공 서비스가 서로 다른 지역에서 어떻게 처리되는지를 확인하기 위한 목적이었다. 대상이 되는 서비스에는 공원 유지관리, 응급 의료를 위한 구급차, 직업 훈련, 헤드 스타트 프로그램(Head Start program)에 의한 미취학 아동 교육 등이 해당되었다. 이들 각 서비스는 정부가 직접 제공할 수도 있고 여러 종류의 위임 방식을 이용할 수도 있을 만큼 다양한 전달 모델 활용이 가능할 것으로 예상되어 선택했다. 연구 대상 도시는 보스턴(Boston), 롤리(Raleigh), 마이애미(Miami), 루이빌(Louisville), 콜로라도 스프링스(Colorado Springs), 오클랜드(Oakland)였다. 이 도시들은 인구가 약 25만에서 50만까지의 범위로 규모는 비슷하지만 지정학적, 인구학적으로는 차이가 있었다.

우리는 시 관료들이 위 임무를 수행하기 위해 어떻게 민간 역량을 활용했는지 여부 및 그 과정은 어떠했는지, 그리고 그 형태는 어떠했는지가 궁금했다. 이 프로젝트는 예비 연구 수준–연구 결과를 도출하기 위해서는 좀 더 신뢰할 만한 더 큰 표본이 필요하다–이었지만, 세심한 주의를 기울여 계획하고 실행했다. 두 단계의 과정을 거쳐 우리가 어느 도시를 대상으로 할 것인지를 결정했다. 첫 번째 단계에서는 분류법을 적용했다. 북동부, 중서부, 남부, 대서양 연안 중부, 산악 지역 그리고 서부 등 각 주요 지역 중에서 중형 규모의 도시 목록을 만들었다. 두 번째 단계는 분류법과는 다소 거리가 있었다. 우리는 도시 목록 중에서 그 지역을 잘 알고 있으며, 제대로 된 정보를 수집할 수 있을 만한 네트워크를 가진 대학원생들을 모집 가능한 도시를 간추렸다. 우리는 해당 도시들이 각 서비스를 어떤 전달 방식으로 제공하고 있을 것이라는 짐작을 전혀 하지 않았고 더 나아가 연구자들에게도 우리가 바라는 연구 결과의 방향이나, 특정 방식의 지지에 대한 내용에 대해서는 아무런 암시를 주지 않았다. 앞서 제6장에서 살펴본 보스턴의 사례 외에는 이들 지역의 협력 방식 사용에 대한 사전 지식이 전혀 없었다. 대학원생으로 구성된 팀은 7월에 각 지역으로 흩어졌고, 정기적으로 전화 또는 메일로 협의하고, 주기적으로 하버드대학에 모여 회의를 진행했다. 단 두 가지 예외–오클랜드의 미취학 아동 교육과 루이빌의 직업 훈련–를 제외하고는 상세한 운영 방법, 자금 조달 데이터를 충분히 취합할 수 있었으며, 이를 토대로 각 서비스의 전달 방식(delivery model)을 직접 제공(direct), 계약을 통한 제공(contract), 협력 방식을 통한 제공(collaboration)으로 분류할 수 있었다.

우리는 지역 차원에서의 협력이 상상 속에나 있을 만한 허구가 아닌 것을 확인했고, 우연히 마주치게 된 사례를 일반화한 것이 아니라는 점에도 확신을 갖게 되었다. 네 가지 서로 다른 서비스에 대해 최소 하나의 도시가 협력 방식을 채택하고 있었다. 루이빌에서 민간단체는 도시 공원을 개선하고 인지도를 높이기 위해 역동적으로 활동하고 있었다. 롤리에서 대부분의 구급차는 공공 기관의 조정을 통해 여섯 개의 비영리단체가 운영 중이었다. 보스턴에서는 수십 년에 걸쳐 정교하게 구축된 공공과 민간 네트워크를 통해 직업 훈련 서비스가 제공되었다. 롤리는 헤드 스타트의 책임과 연계된 예산 대부분을 여러 주의 걸친 대규모 비영리단체에 위임한 상태였고, 콜로라도 스프링스는 자선 종교단체에 기반을 둔 지역 기관에 비슷한 수준으로 위임 중이었다. 이 같은 '존재 증명(existence proofs)'에도 불구하고 협력 방식이 모든 지역에서 모든 서비스에 적용 가능한 확실한 대안이라고 말할 수 없다. 보스턴에서 잘 작동했지만, 오클랜드에서는 아닐 수 있으며, 롤리와 마이애미에서는 다른 방식으로 해야 할 합당한 이유가 있을 수 있다. 그러나 만일 한 도시에서 협력 방식을 채택하였다면 다른 지역에서도 협력 방식을 선택하는 경향이 있을 것이라고 예상했다.

그러나 그 예상은 틀렸다. 한 도시에서 협력 방식을 어느 서비스의 전달 방식으로 선택했다는 사실이 다른 도시들도 같은 방식을 선택하리라는 추측은 뚜렷한 근거가 없음이 드러났다. 협력 기회가 많을 것으로 예상되는 공원 관리 부분을 살펴보자. 민간 행위자의 관심은 꽤 명확하고 가시적이다. 관련된 일들은 다양한 방식을 통해 수행 가능한 업무이기도 했으며, 실험을 해볼 만큼 이해관계의 복잡성이 높지 않았다. 루이빌의 공원 관리 전략으로 협력이 핵심이었지만, 보스턴과 콜로라도 스프링에서는 그 전략의 중요성은 낮았다. 마이애미에서는 작은 공원 두 개만이 민간 신탁기관과의 협력을 통해 관리되고 있었지만, 대부분의 업무는 시 공무원들이 직접 담당했다. 롤리에서는 자원봉사자가 어느 정도 역할을 하지만, 정부의 직접적인 관리에 비하면 미미한 수준이었다. 오클랜드 공원의 경우는 아예 시 공무원의 배타적인 관리하에 있었다.

롤리의 구급차 서비스는 이 책에서 살피고 있는 전형적인 협력 방식을 통해 제공되고 있었다. 정부는 민간 협력자 간의 네트워크를 조정했으며, 어느 협력자도 공공부문의 통제를 전적으로 받고 있지 않았다. 이와는 대조적으로 콜로라도 스프링스와 오클랜드에서는 계약 방식으로 제공하고 있었고, 보스턴, 루이빌, 마이애미는 공무원이 서비스를 직접 제공하고 있었다. 연방법은 직업훈련에 있어 협력 방식을 거의 의무화했지만, 대부분의 도시들은 직업훈련을 구성하고 전달하는 데 민간의 역량을 최대한 활용하는 보스턴에 미치지 못했다. 헤드 스타트 서비스 제공에 있어서는 롤리와 콜로라도 스프링스의 민간부문과의 협력이 두드러졌지만, 다른 도시에서는 그렇지 못했다. 이론적으로 협력 방식이 가능했고, 심지어 한 도시에서 실제로 실현 가능함을 입증해서 보여주었더라도, 실제 적용된 전달 방식의 형태는 중구난방이었다. 지역의 정치적 성향이라고 생각할 수도 없었는데, 동일한 도시라도 어느 한 서비스에 대해서는 협력 방식을 선택했지만, 다른 서비스에 대해서는 공공부문이 이례적으로 직접 전달을 고집하는 경우도 있었기 때문이다.

구분	공원관리	구급차 운영	직업훈련	미취학 아동 교육
보스턴	민간의 역할이 중요하지만, 대부분 시 기관이 통제하는 계약 방식. 민간 자원봉사 단체는 공공 자원으로 지원	시 관할하에 구급차와 구급대원이 대부분의 응급 전화에 대응하며, 나머지 소량은 계약을 통해 위임	*공공 기관, 민간기관, 비영리 기관이 포함된 광범위한 네트워크가 협력하여 제공*	*모든 서비스는 비영리단체 한 곳에 위임하여 제공*
콜로라도 스프링스	민간 보조금 일부와 자원봉사단 활동 일부가 투입되지만, 연간 대략 2천만 달러의 예산을 가진 시 산하의 부서가 공원을 직접 관리	모든 응급의료서비스는 민간 업체 한 곳에 위탁 계약	대부분의 훈련은 공공 기관인 인력개발센터에서 제공. 일부 전문 분야의 훈련은 위탁 계약	*모든 서비스는 비영리단체 한 곳에 위임하여 제공*
루이빌	*도시 공원의 향상과 장기적인 유지 보수 지원을 위해 전략적인 협력 모델 채택*	보스턴과 같이, 시 관할하에 구급차와 구급대원이 대부분의 응급 전화에 대응하며, 나머지 소량은 계약을 통해 위임하여 대응	(데이터 불충분)	모든 서비스는 공립학교 시스템을 통해 제공
마이애미	시 공무원이 대부분의 공원을 관리. 공공과 민간부문의 공동 신탁기관이 두 개의 공원을 관리	응급의료서비스 대부분을 시가 직접 관할	*훈련 센터를 운영하는 민간부문의 영리단체와 비영리단체에 주로 의존*	대략 절반 정도는 공공기관이 직접 담당. 나머지 절반은 비영리단체와 종교단체가 담당
오클랜드	시 공무원이 대부분의 공원을 관리. 나머지는 협력이 아닌 단순 계약을 통해 위임	콜로라도와 같이, 모든 응급의료서비스는 민간 업체 한 곳에 위탁 계약	정부 직접 훈련과 비영리 기관 위탁 계약 병행	(데이터 불충분)
롤리	시 공무원이 대부분의 공원을 관리. 제한적인 민간 자원봉사 단체의 지원	*정부와 협약을 체결한 비영리기관의 네트워크를 통해 구급차 서비스 제공*	*공적 자원을 가진 위원회와 공공과 민간부문의 협력적 거버넌스가 훈련 센터를 운영*	*모든 서비스는 비영리단체 한 곳에 위임하여 제공*

| 표9.1 | 도시 간 협력 사례 비교

표9.1에 대학원생과 함께 연구한 결과를 정리했다. 굵은 글씨체를 통해 우리가 협력 방식이라고 정의한 내용을 표시했다. 오클랜드를 제외한 모든 도시는 하나 이상의 서비스 제공을 위해 협력적 거버넌스 방식을 채택했지만, 어느 도시도 네 가지 서비스 모두에 협력 방식을 채택하지 않았다. 또한 모든 서비스는 어느 한 곳에서 협력 방식으로 제공되었지만, 어느 한 서비스가 모든 곳에서 협력 방식으로 제공된 경우는 없었다. 이 표는 다소 놀라운 점 두 가지를 제시해 준다. 첫째, 어떤 서비스도 다른 서비스에 비교해 협력 방식에 의존하는 경향을 보여주지 않는다는 점. 둘째, 여섯 개의 도시 중 어느 도시도 다른 도시들과 비교해 협력 방식에 극적으로 의존하지는 않는다는 점이다.

우리의 여섯 개 도시에 대한 연구는 지역 수준에서의 협력적 거버넌스의 범위, 강도, 또는 동기에 대해 일반화하기 전에 반드시 수행해야 하는 체계적인 조사를 앞두고 실시하는 작은 예비 연구에 불과하다. 각각의 도시들은 같은 임무를 다른 방법으로 수행해야 할 합리적인 이유가 있을 것으로 본다. 그리고 우리는 결코 이 임무들을 수행하는 각기 다른 방법 중에서 어느 것이 정답이라고 제안하고 싶지 않다. 그러나 우리는 경향성을 찾았는데, 어느 서비스가 협력에 적합하다거나, 다른 지역에서 성공했다는 이유로 공공 서비스의 전달 방식이 특정한 모델로 수렴되는 것을 기대할 수 없다는 경향성이다. 공공 서비스 전달 방식의 진화는 생물학에서의 진화와는 다르다. 자연선택(natural selection)은 끊임없이 성공적이지 못한 개체는 도태되고 상황에 잘 적응한 개체만 살아남는 원리다. 또한 한 기업이 잘되면 재빨리 다른 기업이 모방하듯 서로 촘촘하게 연결된 산업계와도 다르다. 공공임무를 완수하기 위해서 우리는 이 책이 계속하여 강조하는 협력 방식을 위해 지적설계(intelligent design), 즉 임무의 특성과 임무를 수행할 조직의 역량 사이에서 가장 적합한 조합을 찾아내는 것이 중요하다는 것을 다시금 강조하고자 한다.

| 골디락스의 판단 |

골디락스(Goldilocks)가 만일 여섯 개의 도시에서 실행된 협력을 만났다면 어땠을까? 골디락스는 아마도 어떤 것은 너무 부족하고, 어떤 것은 너무 과하고, 또 어떤 때는 정확하고, 어떤 때는 아주 틀렸다는 사실을 발견했을 것이다. 여러 요인으로 인해 협력이 충분히 그 기능을 발휘할 수 없거나, 잘못 사용되거나, 악용될 수도 있다. 정부가 창의력이 부족하면 임무 수행을 위한 방법을 고민할 때, 현재 상황 너머의 일을 볼 수가 없다. 또한 정부가 협력을 고려하고 있더라도 정보의 격차는 생각하는 것 이상의 것을 기대할 수 없도록 만든다(옮긴이. 골디락스는 금발머리 소녀가 세 마리 곰이 사는 집을 찾아가, 뜨겁지도 차갑지도 않은 적당한(just right) 스프를 골라 먹는다는 내용의 영국 전래동화다).

이해관계가 상충된다면 문제는 좀 더 어려워진다. 능력 있는 리더십이나 참신한 아이디어, 충분한 정보에도 불구하고 원하는 대로 움직이지 않을 가능성이 있기 때문이다. 여섯 개 도시 사례 중에 정부가 직접 그 기능을 수행하는 경우, 잠재적으로 이해관계가 상충되는 이유 때문에 협력을 통하면 더 잘할 수 있는 일들을 공무원이 직접 수행하고 있다. 그들의 이익, 그리고 그 이익을 부추기는 정치적 노력은 왜 오클랜드의 공원 관리를 정부가 직접 하고, 보스턴의 구급차 운영을 정부가 직접 하는지를 설명해 준다. 정부가 제공하는 일자리에서 일하는 특정 직종의 근로자들은 민간부문에 소속되어 일하는 것보다 정부부문에 소속되어 일하는 것이 훨씬 유리하다. 이 같은 근로자에게는 자신의 직업을 민간부문에 위임하는 것을 반대하는 것은 어쩌면 당연한 일이다.[1] 반대로 현재 서비스가 외주 계약을 통해 제공되고 있는 경우라면, 협력을 반대하는 쪽은 민간부문이다. 현재 민간 생산자는 계약을 통해 얻고 있는 이익을 놓치고 싶지 않을 것이고, 자신의 이익을 지키기 위해 정치력을 발휘하려고 할 것이다. 이익단체의 로비가 효과적인 경우, 비록 협력 방식이 가장 바람직한 모델이어도 단순 계약 방식이 계속 고집될 것이다. '군산복합체(military-industrial complex)'라는 용어를 탄생시킨 드와이트 아이젠하워(Dwight Eisenhower)의 대통령 이임 연설에서 강력한 이익단체의 로비를 주의하라고 경고된 바 있다. 안이한 계약 방식은 고착화된 민간 당사자에게는 잘 구성된 협력보다 훨씬 이익이 클 수 있다. 특히 현재의 계약자가 아닌 다른 민간 당사자가 협력자로 선정될 가능성이 있는 경우에는 더욱 그렇다.

공공 목표 달성을 위해 협력 방식을 선택하고, 협력을 반대하는 정치적 노력을 극복할 수 있는 경우라도 정부의 관리 역량이 부족하면 협력은 제대로 이루어질 수 없다. 전통적으로 공공부문의 조직들은 본질적으로 협력을 효과적으로 조정하기 위한 능력 있는 인력, 관리 시스템 등의 자산이 부족하다. 물론 이것은 닭이 먼저냐 달걀이 먼저냐의 문제다. 협력 방식이 한 번도 이루어진 경험이 없는 분야인 경우, 정부는 협력을 효과적으로 운영할 자원이 부족할 것이고, 결국 자원이 부족하기 때문에 협력을 선택하지 않을 것이다. 여기에 두 가지 대안을 제시할 수 있다. 첫 번째는 협력을 진행하며, 그 능력을 동시에 키워가는 방법이고, 두 번째는 향후 협력 모델의 활용이 증가할 것을 대비하여 협력을 위해 필요한 능력을 미리 키워 놓는 방법이다. 후자의 방법을 위해서는 현재와 미래의 관료들에게 계약, 협상, 평가, 재정관리 등 협력 업무에 필수적인 분야에 대한 교육을 필요로 한다.[2)]

이제까지 우리는 협력이 여러모로 타당한데도 정부가 협력을 선택하지 못하는 여러 가지 이유에 대해 논의해 왔다. 다른 측면으로는 잘못된 협력의 수용과 관련이 있다. 협력 방식이 잘못 선택되었거나 제대로 실행되지 못한 경우의 잠재적인 부작용은 처음에는 매우 조그맣게 드러나지만 결국은 시스템 전체를 망치는 결과에 이르기도 한다. 우리는 제3장 '위임자의 딜레마'에서 이 같은 위험성에 대해 논의했는데, 다시 강조해도 지나치지 않는다. 잘못된 협력은 분명, 곧 좋지 않은 결과를 낳는다. 비용은 높고, 질은 낮고, 혁신은 느리며, 서비스 품질을 나타내는 지표들은 기대에 비해, 그리고 다른 방법으로 달성할 수 있었던 것보다 훨씬 실망스러운 결과일 수 있다. 눈에 잘 띄지 않지만, 어쩌면 더 중요한 사실은 공공의 우선순위가 왜곡될 수 있다는 사실이다. 공동의 이익을 우선하지 않고, 민간 협력자 자신의 편협한 이익 추구를 우선으로 반영할 수 있기 때문이다. 민간부문이 정부의 영역을 점차 차지해 나가게 될 경우 중요한 공공 기관의 역할이 위축되거나 왜곡될 위험은 더 커질 수 있다.

협력 방식으로 수행할 적합할 임무를 선정하고, 그에 걸맞은 민간 협력자를 선정했다 하더라도 성공을 보장할 수 없다. 세 가지 범주의 문제가 협력 시도를 무참히 좌절시킬 수 있으며, 실제로 그렇게 되기도 한다.

구상의 오류*(errors of conception)* : 정부는 협력의 개념을 제대로 이해하지 못한 까닭에 잘못된 게임을 할 수도 있다. 서투르게 위임 카드를 만지작거리다 실패하는 것이다. 단순 계약에 적합한 임무에 복잡한 협력 방식을 선택하거나, 공공가치를 더욱 확대하기 위해서 통제를 축소해야 할 때, 민간 재량을 힘껏 제한해 버리거나, 반대로 민간 협력자에게 너무나 많은 재량을 부여해서 남용되는 결과를 초래하는 것이다.

구조의 오류*(errors of construction)* : 협력 영역을 적합하게 선정했을지라도, 설계나 적용이 잘못될 수 있다. 이런 오류는 주로 보상, 정보, 배치의 잘못된 조치가 특징이다. 보상은 자칫하면 민간의 역량을 그릇된 방향으로 바꿀 수 있다. 예를 들어 차터스쿨의 지원비가 특정 교과과정의 점수 측정 결과를 기반으로 지급된다면, 지적 성장에 도움이 될지라도 측정할 수 없지만 중요한 교육적 가치를 소홀하게 만들 수 있다. 또한 정보의 흐름이 곡해되거나, 차단되거나, 무익할 정도로 느릴 수 있다. 잘못된 민간 협력자에게 중요한 임

무를 배치하거나, 의지도 능력도 부족한 정부 기관이 협력을 조정하는 역할을 담당할 수도 있다.

실행의 오류(errors of performance) : 아무리 협력에 대한 구상도 완벽하고, 설계도 잘 되었다고 해도 흠이 없을 수가 없다. 머피의 법칙(Murphy's Law)처럼 예측했던 것보다 때때로 협력 노력의 결과가 더 안 좋아지는 경향이 있다. 실행의 오류는 특히 협력 방식이 처음 시작할 때 발생하는 경향이 있는데, 이는 구상하고 설계했던 내용들이 처음으로 현실과 마주하게 되기 때문이다. 아무리 효율적인 기계가 새롭게 설계되었더라도 새로운 환경에서 처음으로 가동하게 되면 약간의 조정과 변경이 필요한 것과 같은 맥락이다. 잘 자리 잡은 협력 방식이라고 하더라도 참여하는 사람들의 신분과 행동을 포함한 어느 조건이 조금이라도 변경될 때에는 늘 감시하고 변경할 사항을 찾아 조정해 나가야 한다. 유능한 관리자라도 안일하고 게을러질 수 있으며, 보상 정책은 변화하는 임무와 결이 맞지 않을 수도 있고, 여태까지 충실했던 직원이 유혹에 넘어갈 수도 있다.

협력을 제대로 관리하지 못한다는 것은 모든 문제를 피하는 능력이 없다는 것이 아니라, 제때에 오류를 발견해서 고칠 수 없다는 의미다. 우리의 목표는 티끌처럼 조그만 문제의 씨앗도 보이지 않도록 완벽한 협력을 달성하는 것이 아니다. 필연적으로 완벽할 수 없기에, 성취 가능한 어느 정도의 균형을 유지하는 것이다. 구상의 오류는 상당히 드물고 구조의 오류는 가끔 발생하고, 실행의 오류는 불가피하게 잘 나타나지만, 신속하게 수정되어야 한다. 이런 문제점들이 잘 해결된다면 정부가 선택한 협력 방식은 정부의 전통적인 직접 생산 모델, 계약을 통한 아웃 소싱 모델보다 훨씬 더 나은 결과를 창출할 것이다. 골디락스는 협력 방식에 대해 결국 이렇게 판단할 것이다. '딱 적당하네(Just right)'

| 성공적인 협력을 위한 여건 |

골프에서 파(par)의 개수로 골퍼의 수준을 가늠하는 것처럼, 협력에서는 장애물의 수와 난이도로 그 협력의 수준을 평가할 수 있다. 협력 방식을 선택하면 성공할지 또는 실패할지, 상대적으로 좋은 결과를 낳을지 또는 애석하게도 나쁜 결과를 맞게 될지는 여러 조건에 따라 달라진다. 이 조건들은 기술하기는 쉽지만, 측정은 어렵고, 실무적으로는 잘 처리하기는 더 어렵다.

이해관계의 조정 : 아마도 성공을 위한 가장 근본적인 조건은 공공부문과 민간부문의 협력자 간의 이해관계를 합리적으로 조화시킬 수 있는지 여부일 것이다. 공과 사의 이해관계가 첨예하게 대립하는 극단의 상황에서의 재량 공유는 심각한 위험성을 내포한다. 이런 상황에서는 단순한 관계-전통적인 방식의 명시된 내용대로 이행하는 계약에 의한 관계-를 통해 민간 역량을 활용하는 것이 좋으며, 정부가 스스로 그 임무를 직접 수행하는 것도 옳은 방향이다. 외교정책을 빗대어 생각해 보자. 우리의 정치 성향이 어떻든지, 우리 모두는 정부가 외교 문제를 엉망으로 만들 수 있다는 사실을 잘 알고 있다. 하지만, 어느 누구도 외교정책에 대한 재량권을 개인에게 허용하는 것을 용납하지 않을 것이다.

반대로 공과 사의 이해관계가 완벽하게 일치하는 또 다른 극단의 상황에서는 복잡한 협력을 굳이 관리할 필요가 전혀 없다. 자발적으로 공공가치 창출을 위해 자신의 역량을 쏟아붓는 민간 협력자를 두고 옆으로 살짝 물러나 있을 수 있다. 더 나아가 공공의 이익과 사적인 이익을 동시에 그리고 체계적으로 증진시키는 경우라면, 그 규모를 더욱 키우기 위해 일부 보조금을 정부가 지원해 줄 수도 있다.

이해관계가 어느 정도 조정이 되었지만, 완전하지는 않은 경우가 실은 협력이 가장 흥미로울 때다. 협력 방식은 적용하기 너무 쉬운 상황이 나타날 때까지 아껴 두기에는 너무 유용한 도구다. 그리고 그런 상황은 드물다. 또 다른 조건들을 살펴보자.

공공가치에 대한 합의 : 협력을 통해 공공가치가 증진될 것이라고 모두가 동의하는 경우라면, 그 협력은 번창할 수 있는 최고의 기회를 맞게 된다. 수학시험에서의 고득점은 좋은 일이고, 에이즈바이러스(HIV) 감염률이 높은 것은 좋지 않은 일이라는 데에 어느 누구도 이의를 제기하지 않는다. 당연히 점수를 높이고 감염률을 낮추려는 자유로운 민간의 노력에 대한 우려는 적다. 그러나 목표 자체가 경합하게 될 경우, 민간의 역할은 우려를 자아낼 수 있다. 보수주의자는 미국국제개발처(USAID)의 인구억제프로그램(population-control program)의 일환으로 시행되는 가족계획(planned parenthood)에 대해 불편해할 수 있고, 진보주의자는 초등학교 교과과정 학습에 도움을 주겠다는 기업의 광고에 대해 불편하게 생각할 수 있다. 그리고 각 목표가 갖는 방향에 온전한 합의를 이루었다고 하더라도 각자 다른 목표에 대해 가중치—점수 높이는 활동은 좀 더 많이, 감염률을 낮추는 활동은 좀 더 적게—를 어떻게 둘 것인지에 대해서는 논란이 있을 수 있다. 예를 들어, 모든 사람이 수학 과목에서 높은 점수가 낮은 점수보다 좋다는 데에 동의하지만, 어떤 사람들은 수학 점수를 높이기 위해 교육적 가치가 높은 다른 과목 시간을 줄이는 것은 반대할 수 있다. 또한 알츠하이머, 알코올 중독, 암 등의 질병에 비해 에이즈바이러스 질병에 대한 지원이 너무 많다는 지적이 나올 수 있다. 이렇게 공공가치 증진에 있어서 상대적인 우선순위의 모호함 또는 이견, 유사한 목표에 대한 가중치 등은 성공적인 협력을 저해하는 조건이다.

성과 평가 : 서로의 목표가 일치하지 않는 상황이라도, 협력의 실행 과정의 모든 측면을 쉽게 감시할 수 있고, 평가가 가능하다면 협력은 여전히 선택 가능한 방식이다. 예를 들어, 도시 공원 관리 사업에 입찰하려는 회사는 공원

내 판매점 운영과 주변 부동산 가치 상승을 내심 기대하며 공원에 기여하겠다고 할 수 있다. 그러나 정부가 모든 시민이 공원을 이용할 수 있고, 일과 시간은 물론 주말과 저녁 시간에도 개방되고, 잘 유지되는지 여부를 쉽게 확인할 수 있는 상황이라면, 회사의 옹색한 이익추구로 인해 효과적인 협력을 포기할 이유가 없다. 반대로 만일 상업적 외교정책 기구가 무역관계를 관리하고 있다면, 지적재산권 방어와 인권 옹호 사이의 균형을 맞추는 과정에서 공익을 흥정의 대상으로 삼았는지 여부를 알 수 있기는 정말 힘들 것이다. 이렇게 공원 관리처럼 감시할 수 있는 상황이라면 협력이 유용하겠지만, 그렇지 않다면 협력 방식을 채택하기 힘들다.

| 협력과 비교우위 |

협력적 거버넌스의 성공을 위한 전제조건 중 하나는, 공공임무를 완수하기 위한 다양한 방식 중에 협력 방식을 하나의 모델로 인식하는 명확한 시각이다. 개념에 대한 이해가 명확하지 않아 오류에 빠지면, 전체적인 그림을 보지 못하고, 단지 몇 가지 특별한 장점에만 관심을 갖게 된다.

여러 임무 수행 방식 중에서의 선호, 특히 강력하게 고집하는 선호가 종종 존재할 수 있다. 영리를 추구하는 계약자, 전통적인 정부 기관, 비종교적인 비영리 단체, 종교에 기반을 둔 조직, 지역 소재 시민단체, 그리고 여러 종류의 파트너십과 연대 등 각기 서로 다른 기관들이 선호하는 대상들이다. 도처에 협력할 수 있는 많은 조직이나 단체들이 존재하지만, 대개 이 같은 선호는 논리적이지 않을뿐더러 정책 논쟁에 도움도 되지 않는다. 공공부문의 관료나 정부와 함께 일을 하는 기업 같은 경우에 정부의 임무 수행 방식에 관심을 갖는 것은 당연하다. 그러나 특별히 관련이 없는 사람들이 협력 방식의 장점과 단점에 대해 확고한 견해를 가지고 있는 경우가 더러 있다.

이 같은 선호는 경험으로부터의 추론에 근거한 합리적인 일반화를 보여준다. 여러분이 만일 자율적으로 운영되는 12개의 공공기관을 경험했고, 각자 여러 종류의 서로 다른 공공임무를 수행한다고 가정하자. 그런데 모든 기관이 비효율적으로 운영되고, 시민의 우선순위는 전혀 개의치 않고 일을 하고 있다면, 13번째 공공기관이 새로 설립되는 것을 결단코 반대할 것이다. 또한 우리는 임무 수행 방식에 대한 선호가 그 방식을 받아들이는 사람들에게 일종의 상징적인 가치를 인정하는 것이라고 생각한다. 공공임무를 정부기관에게, 혹은 민간 계약자에게, 또는 지역 근린집단에 맡겨야 한다고 생각하는 것은 세상이 어떻게 돌아가야 하는지에 대한 확고하지만, 이성적이거나 합리적이지는 않은 신념을 반영하고 있다.[3)]

우리는 공공임무를 수행하는 어느 방식에 대해 어떤 이념적 지향을 근거로 판단하지 않는다. 실은 그럴 필요도 없다. 요컨대, 우리는 임무 수행 방식의 본질적인 가치를 다루고 있는 것이 아니라, 수단으로서 그 방식이 가치가 있는지를 다루려고 노력했다. 하지만 우리는 많은 사람들이 대안적인 모델에 아예 무관심하지는 않을 것이라 생각한다. 결국 그 대안적인 모델은 인간으로 구성되고, 대부분 인간의 욕구, 감정, 신념에 의해 추진된다.

인지적 편향은 특정한 전달 모델에 대한 선호를 더욱 복잡하게 만든다. '가용성 편향(availability bias)'이라는 용어는 얼마나 자연스럽게 그 예시를 머릿속으로 떠올릴 수 있는지가 그 사건의 빈도를 판단하는 근거가 된다는 의미다.[4)] 어느 종교단체나 지역 근린집단이 공공임무를 수행하며 극적인 성공을 거둔 사실을 경험한 사람은 아마도 이 같은 성공이 일반적이고 당연하다고 생각할 수 있다. 물론 이 판단의 원인이나 근거는 고려하지도 않고서 말이다. 반대로 비참한 결과를 낳았던 협력을 경험했던 사람은 그 같은 실패는 당연한 것이라고 생각하는 경향이 있다.

임무와 그 임무에 적합한 수행 방식을 판단하는 정확한 분석을 통해 선택 가능한 조직 중에 완벽한 적합도를 보이는 전달 모델(정부 기관, 계약자, 자원봉사자, 협력자 등)을 선택하고, 임무를 맡기게 될 것이다. 어느 전달 모델이 가장 책임 있고, 효율적으로 임무를 수행할 수 있는지를 선택하는 것은 그 모델의 조직 생태계와 아무 상관이 없다. 오로지 필요한 기능을 감안해서 선택해야 한다. 그러나 여러분이 만일 대부분의 민간 조직은 역량이 충분하며, 늘 공공의 이익을 우선하는 데 반해, 정부가 하는 일은 명확하고, 간단하며, 쉽게 위임이 가능한 일이라고 확신할 수도 있다. 반면 나는 정부가 지닌 복잡한 목표, 각 정부 기능 간의 연결 관계, 게다가 이 점들을 충분히 이해하지 못하고, 행실까지 좋지 못한 민간 행위자의 관여로 이 점들을 왜곡할 가능성 등에 대해 매우 염려할 수 있다. 정부가 하는 일 중에서 협력이 큰 부분을 차지해야 하는지, 아니면 작은 부분만 차지해야 하는지를 생각하기에 앞서, 우리는 어떤 기능이 협력 방식을 적용하기에 더 낫고, 더 좋지 않은지를 합의할 수 있다. 다시 말해, 각자 다른 확신을 가졌더라도, 절대적인 기준은 아니라는 점이다. 상대적인 관점을 통해 어느 임무에 어떤 전달 모델이 더 적합한지 함께 평가할 수 있다.

각 전달 모델이 지니는 가치에 대해 이견이 상당한 경우에도, 서로 적용 방식의 우선순위에는 의견이 완전히 일치하는 경우가 있다. 예를 들어, 쓰레기 수거 관리, 경전철 신설 및 운영, 세무부서 운영 등 세 가지의 임무를 수행해야 하는 한 도시가 있다고 하자. 선택권이 주어지는 경우, A는 시 공무원이 세 가지 임무 모두를 수행하기를 원하고, 반면 B는 모든 임무를 민간기관에게 맡기고 싶어 한다. 그러나 하나의 임무는 반드시 계약 방식이어야 하고, 또 다른 하나는 반드시 협력 방식이어야 하고, 나머지 하나는 시가 직접 수행 방식으로 반드시 정해야 한다는 조건으로 다시 선택할 기회를 준다면, 쓰레기 수거 관리는 계약 방식, 경전철은 협력 방식, 세무부서 운영은 직접 수행 방식으로 하는데 두 사람 모두 동의할 것이다.[5)]

어떤 이가 정부 기관보다는 기업을 더 선호(혹은 그 반대)하고, 또는 연방이 통제하는 것보다는 지역 정부가 주도하는 것을 선호(혹은 그 반대)하고, 또는 종교 단체보다 비종교 단체를 선호(혹은 그 반대)하더라도 비교 우위(comparative advantage)논리에 근거한 분석적 접근은 여전히 받아들일 수 있다. 나는 종교적 신앙을 기반으로 한 단체가 미국의 근본 가치를 지지하고, 중요한 덕목을 배양하고 있으니, 활동이 더 많아져야 한다고 생각할 수도 있다. 반면 여러분은 종교 단체는 이성의 활동을 억누르고, 파벌 싸움을 조장하므로, 공공 서비스를 왜곡할 수 있다고 믿을 수 있다. 우리는 여전히 신중하게 여러 고려사항을 참고하여, 종교 단체의 장점은 약물 중독 치료에 상당히 유리하고 부작용도 적다고 판단할 수 있다. 마찬가지로, 여러분은 자유로운 문화의 원천으로서 민간 기업의 활동을 적극 지지할 수 있지만, 나는 이윤 추구를 위한 동기는 좁은 상업적 영역을 벗어나는 순간 부정적인 영향을 끼친다고 염려할 수 있다. 그럼에도 우리는 영리 기업에 의존하는 바우처 프로그램이 어린이를 위한 초등교육보다는 성인을 위한 직업 훈련 과정에 적합한 아이디어라고 동의할 수 있다. 큰 정부, 작은 정부를 추구하는 것은 우리가 관여할 사항이 아니다. 그렇기에 공공임무의 수행 방식에 대해 검토할 때는 비교 우위 원칙을 적용하는 것이 도움이 된다.

세무 행정	쓰레기 수거	경전철 시스템
정부가 직접 수행	계약 방식	협력 방식

| 표9.2 | 임무별 비교 우위

| 협력적 거버넌스의 대안으로서 민간의 참여 방식 |

민간 행위자가 공공가치를 창출하기 위해 상당한 노력을 기울이고 있다는 사실을 우리가 처음 알게 된 것은 아니다. 앞선 장에서 살펴본 많은 이유들로 인해 모든 공공임무를 정부가 혼자서 다 해내도록 하는 것은 오늘날 상당히 비현실적이다. 자원의 불균형, 효율성 부족, 정보의 격차, 정당성 우려, 기타 다양한 이유들로 인해 민간부문의 참여가 필요하다. 그리고 우리가 주장하는 방식이 오직 유일한 방법이 아니라는 점을 당연히 인정한다. 협력적 거버넌스의 대안이 될 수 있는 다른 두 가지 방식을 이 시점에서 한번 살펴볼 필요가 있다.

민관파트너십(Public-private partnership(PPP))(옮긴이. 민관합작투자사업) : 이 방식은 학계와 실무 모두에 깊은 관련이 있다. 그러나 개념이 다소 불명확하다는 점이 아쉽다. 때때로 파트너십은 민간과 공공 행위자 간의 관계를 적절히 묘사해 주는 단어다. 특히 상업적 목적을 위해 자신들의 모든 역량을 집중하는 비즈니스 파트너처럼 두 당사자는 거의 동등한 지위라는 것을 함축하고 있다. 그러나 학자들과 실무진 사이에서는 PPP가 아웃소싱과 같은 단순 계약 방식에서 고결한 자선 활동에 이르기까지 양극단을 포함한 모든 위임의 스펙트럼(spectrum of delegation)을 포괄하는 너무 넓은 범위를 가진 개념이 되어 버렸다. 양극단 중에 어느 한 쪽은 분명 파트너십 관계의 본질을 잘못 이해하고 있다. 그 스펙트럼 안에 있는 협력의 영역도 정부 당사자와 민간 당사자가 거의 동등한 지위를 갖지 않는다. 결국 '파트너십'이라는 용어는 공공부문과 민간부문이 함께 참여하는 모든 영역에서 그 관계의 본질을 흐리고 있다.

'PPP가 잘 돌아가는가?'라는 질문은 '동물이 안으로 잘 들어가는가?'라는 질문처럼 제대로 된 질문이 아니다. 동물이 햄스터인지, 소인지, 범고래인지, 들어갈 곳이 아쿠아리움인지, 외양간인지, 놀이방인지에 따라서 달라지는 것처럼, 질문에 대한 답은 상황에 따라 너무 달라지기 때문에 어떤 단정적인 반응도 내놓을 수 없다. 그래서 우리가 관심을 가져야 할 일은 위임의 각 형태를 구분하고, 재량의 할당에 따라 그 범주를 분류해서, 계약, 자선 활동, 그리고 우리가 협력적 거버넌스라 부르는 넓은 중간지대를 각각 구분하여 다루는 것이다. 여러분이 원한다면, 협력적 거버넌스를 PPP와 같다고 생각해도 되지만, 유념할 것은 개념의 수렁에 빠질 위험이 크다는 점이다.

기업의 사회적 책임(Corporate social responsibility(CSR)) : 잘 정의된 개념처럼 보이지만, 민간 기업의 공공 역할에 대한 잘못된 이해로 인해 협력을 명확히 이해하는 데 오히려 다른 장애를 야기한다고 생각한다. 민간-공공부문의 협력 방식과 CSR은 공공가치를 창출하기 위한 기업의 역량을 발휘하는 방법에 대해 서로 다른 시각을 가지고 있으며, 실제 생각하는 것만큼 상당히 차이가 크다.

우리가 이제까지 설명해 온 협력 방식은 정부의 효율성을 높이기 위해 민간의 전문성과 역량, 그리고 자원을 끌어들이는 것을 명확히 한다. 순수한 상업적 고려, 공공임무 참여로 인해 얻게 되는 부수적 이익, 조직의 이미지 개선, 고위 경영진의 개인적 신념, 기업 임직원의 자기 발전 욕구 등, 그 동기가 무엇이든지 간에 기업은 공원을 깨끗하게 유지관리하고, 학교 교육을 지원하고, 질병 예방을 위해 전념한다. 회사에게 주어진 재량은 상당하지만, 여전히 한도는 정해져 있다. 유권자에게 책임을 져야 하는 정부는 공공가치를 정의하고, 우선순위를 결정하며, 성공과 실패를 평가한다. 이는 민간에게 부여한 재량의 제약 범위이고, 가치를 정의한 유권자에게 대한 존중이기도 하며, 협력적 거버넌스를 나타내는 특징이다. 이 협력 모델은 정부가 모든 임무를 완벽하게 수행할 능력이 부족하다는 스스로의 인정과 그럼에도 공공가치의 증진을 위해 꼭 수호해야 하는 정부의 역할을 포기할 수 없다는 의지가 결합한 것이다.

CSR은 공공 목표를 위해 민간의 역량을 활용하는 것과는 조금 다른 접근

방식이다. 이 방식의 지지자들은 정부는 민간 조직에 비해 상대적으로 운영상의 불리한 상황이라는 점에 대해 협력 방식의 지지자와 의견이 일치한다. 그러나 공공가치를 정의하고, 우선순위를 설정하고, 그 결과를 평가하는 정부가 가진 특권적인 역할에 대해서는 가치 절하한다. 이같이 정부가 무능하다는 관점은 공공임무를 달성하는 능력은 고사하고, 공공임무를 구체화하는 능력까지도 약화시킨다. 사회적 책임이 있는 기업들은 굳이 정부의 승인이 없어도 공공의 이익을 증진시키기 위해 스스로 행동할 수 있으며, 실제 그렇게 해야 한다. 고용인이나 고객이 제안한 임무, 지역사회에 관련된 부서가 우선적으로 추진하는 임무, 최고경영자에게서 도의적으로 제안된 임무 등, 이들도 입법과정에서 복잡해지고, 이상해져버리는 공공임무만큼이나 유효하고 중요한 임무다.

컨퍼런스 보드(Conference Board)는 23개 국가, 약 2만 5천 명을 대상으로 기업의 책임의 범위와 성격에 대해 설문조사를 의뢰했다. 응답자들은 기업의 역할은 '이윤을 추구하고, 세금을 납부하며, 근로자를 고용하고, 모든 법규를 따르는 것'인지 '기업은 모든 법규 준수를 당연한 것으로 여기고, 더 높은 윤리적 기준을 확립하며, 더 나은 사회가 되도록 돕는 것'인지에 대한 질문을 받았다. 모든 선진국에서는, 상당수가 후자, 즉 더 야심찬 사회적 책임을 강조하는 정의를 선택했다.[6)]

이 정의가 바람직하다고 하더라도, 과연 그대로 될 수 있을지는 역시 의문이다. 그런 사회적 책임을 지지하는 기업들은 그 책임을 행사할 영역에 상당히 전략적으로 접근하는 경향이 있다. 대중적 가시성(Public visibility), 상대적으로 낮은 비용, 그리고 상업적 잠재 이익 등이 주요 고려사항이다.[7)] 어떤 범위, 어떤 행동에 한해서, 책임성에 대한 사회적인 기대를 충족시키려는 노력은 상당히 이해가 된다. 직원을 실족하게 하거나, 고객이 언짢게 느끼지 않도록 노력하는 것은 당연히 필요하다. 예를 들어, 애견미용실 체인 기업이 모피코트 자회사를 설립하는 것은 현명하지 않은 처사다. 또한 기업의 명성을 드높이는 활동은 고객의 기업에 대한 호감도를 높이고, 상대적으로 명성이 낮은 기업에 비해 가격 프리미엄을 정당화해서 순수익을 증가시킬 수 있다. 입사하여 직원이 되는 것이 수치스러움보다 영예를 가져다주는 기업이라면, 더 낮은 비용으로 더 유능한 근로자를 채용할 수도 있다. 대출 기관과 투자자들이 관심을 가질 만한 종류의 활동을 그들로부터 지원받은 자원이 허락하는 한도 내에서 수행한다면 사회적 책임은 자본비용(cost of capital)을 낮출 수 있다. 물론 합법적인 민주주의 제도 내에서 법규를 준수하며, 과세된 세금을 성실하게 납부해야 한다.

제안된 의제를 실행하기에 비용이 많이 소요되고, 소비자의 호감을 사는 수준과 고객, 직원들의 의견을 적당히 반영하는 수준을 넘어서는 경우에는 CSR의 논리는 문제가 된다. 특히 전통적으로 정부가 담당하는 핵심 기능–헌법 전문의 내용을 빌리자면, '정의를 확립하고, 국내 안녕을 보장하고, 공동방위를 도모하며, 국민의 복지를 증진하고, 우리 자신과 우리의 후손에게 자유의 축복을 확보'–에 더 가까워질수록 기업 경영자가 아무리 현명하더라도 그 일을 기업에 맡기는 것은 문제가 된다. 두 가지 넓은 범위의 반대 의견이 있다. 각각은 CSR이라는 특이한 형태에 대해 의문을 제기하기에 충분하다.

첫째, 기업 관리자는 공공의 우선순위를 정의하고, 평가하고, 순위를 정하는 데 적절한 담당자가 아니다. 이들이 관련된 훈련, 경험, 기질이 부족해서 그렇다고 말할 수는 없다. 다른 모든 사회와 진정한 공화국을 구분해 주는 대의 조직(machinery of representation)에 속하지 않기 때문이다. 이들은 국민 대다수의 관심사, 우선순위, 동의, 그리고 자원을 국민의 이름으로 행동할 이들에게 전달하는 복잡한 네트워크에 포함되어 있지 않다. 기업으로 하여금 사회적인 문제에 신속하게 집중하도록 만드는 정치적인 반응과 부담으로부터 자유롭다는 것은 모든 정당성 요구로부터 선을 그을 수 있도록 만들어 준다.

둘째, 기업 관리자가 자신의 시간, 에너지, 회사의 자원을 광범위한 공익 추구를 위해 사용할 경우, 그들은 오히려 자신의 본연의 임무를 정의하고, 자본주의 경제에서 재화를 제공하도록 하는 신의성실의무(fiduciary duty)를 소홀히 할 위험이 있다. 하지만 사회적 책임을 보여주는 자선 행위와 수익이 조금이라도 연관성 있다면 분명히 그렇지 않다. 기업의 덕목으로 인해 주주가치가 증대될 것이라는 기대가 있다면, 이의 제기는 힘을 잃는다. 우리는 지역 사회에서 이루어지는 기업의 자선 활동의 타당성에 대해 논쟁하지 않는다. 이는 선의의 행위이거나, 향후 사회적 책임이 강화될 것을 감안하여 현재 기준을 초과하여 준비를 갖추는 과정이라고 본다. 그러나 주주가치와 직접적이고, 합리적인 연결고리가 없다면, 공익을 위해 봉사한다는 명분 아래 신의성실의무를 태만히 하고, CEO들만 미화하는 편리한 변명이 될 수 있다.

요즘의 CSR에 대한 열광은 1980년대의 정책 논쟁과 어느 정도 유사한 점이 있다. 철강, 자동차와 같은 주력 산업의 침체와 텔레비전과 다른 전자기기 산업에서 미국의 위상 하락에 대한 우려, 첨단 기술 분야에서 선두 탈환을 위한 일본과 유럽의 추격에 대한 위기감으로 인해, 일부 학계와 정치 일선에서는 중요한 기업의 투자 결정에 대해 정부의 직접적인 영향력 행사가 필요하다고 주장했다. 미국의 민간 기업의 핵심 과제인 자산배분을 머뭇거리다가, 유망한 신산업에 진입할 수 있는 기회를 놓쳤다고도 하였다. 민간부문의 실패를 보완하기 위해 공공부문이 개입할 수 있도록 '산업정책(industrial policy)'이라는 용어를 빌어 왔다.

일부 지지자들은 쇠퇴하는 도시를 되살리고, 중산층을 부양하기 위한 목적으로 정부가 중요한 투자에 직접 나설 것을 요청했고, 다른 지지자들은 우대 세율이나 자원을 선호하는 투자 대상으로 투입할 수 있는 대체 방식을 요청했다. 한편 일부 반대자들은 산업정책은 한물간 사회주의를 새 포장지로 싼 것에 불과하다고 비난했다. 다른 비판자들은 덜 이념적이면서, 더 분석적인 비평을 내놓았다. 이들은 산업 변화의 궤적이 일부 도시와 지역에 상당한 피해를 주고 있으며, 더 넓게는 전후 수십 년 동안 중산층 경제에 피해를 주고 있다는 것을 인정했다. 그러나 그 궤적이 자본주의 시스템에 내재된 창조적 파괴(creative destruction)가 아니라, 경제가 잘못된 방향으로 가고 있는 것을 나타내며, 그렇더라도 정부가 개입하여 원래 방향으로 되돌려 놓을 수 있다는 데에는 동의하지 않았다. 시장의 논리에 반하는 투자를 위해서는 기술과 규범 그리고 미국 정부가 가지고 있지 않은 -뿌리 깊게 자리 잡은 이유로 인해 쉽게 갖기 어려운- 제도적 구조가 필요하다.

다수가 이 같은 평가에 동의했다. 산업정책 지지자들은 공공부문에 본질적으로 적합하지 않은 임무를 수행하라고 요구하다가, 결국 다른 전략을 요구하게 되었다. 정부는 성공할 수 있는 산업을 선정하려고 노력하지 않고, 기반시설을 개선하고, 기초 과학을 지원하고, 양질의 교육과 지속적인 훈련에 접근할 수 있는 기회를 확대하는 노력에 집중했다. 정부는 생산성 향상을 위한 기반 토대에 투자함으로써, 민간 자본 시장의 계속된 투자를 이끌어 내서 국가 번영을 위한 토대를 만들고자 했다.

물론, 변경한 전략도 실제 구현에는 상당한 어려움이 있었다. 지지자들이 경고한 대로 중산층은 몰락하고 소득 불평등이 커졌기 때문에 지난 세대의 전반적인 결과가 대체적으로 만족스러웠다고 주장하는 사람이 거의 없었다. 그러나 산업 투자를 임의로 미세 조정하기보다 기반시설과 인적 자본에 투자하는 전략은 우리의 정부 조직이 잘할 수 있는 분야에 대한 현실적인 인식에 바탕을 두고 있었다. 고속도로 확충, 기초 연구와 교육에 적절히 투자하는 것은 고해상도 텔레비전, 생명공학, 또는 차세대 자동차에 대해 투자하는 것보다 정부에게 훨씬 적절한 영역이다. 산업정책 옹호자들이 정부가 중산층 경제를 부양할 수 있는 더 직접적인 조치를 바라는 것은 이해할 수 있지만, 바란다고 해서 다 이루어지지는 않는다.

한 세대에 걸친 산업정책의 호황과 불황의 역사에 비추어 보면, 무능한 정부에 대한 보상책으로 기업의 책임을 요구하는 오늘날의 광범위한 열망은 실제로 부문별 강점과 약점에 대한 혼동을 기반으로 하고 있다. 1980년대로 되돌아가서, 미국 정부가 산업 투자를 현명하고 냉정하게 선택할 수 있었다면 당시 상당히 현실적인 문제들은 피할 수 있었을 것이다. 마찬가지로 오늘날의 기업이 중요한 공공임무를 체계적으로 정의하고, 처리할 수 있다면 더할 나위 없이 잘된 일일 수 있다. 하지만, 두 가지 바람은 모두 거대하고, 복잡한 데 반해, 민주적인 국가에서 경제의 한 부문이 다른 부문보다 훨씬 다재다능하다는 것을 가정하고 있다.

이 같은 개념적 혼란이 협력적 거버넌스와는 다른 대안적인 방식들이 실패하는 주요 원인 중 하나다. 또 다른 원인은 미국 경제의 왜곡에서 발생하는 미묘한 장애물이다. 가난한 노동자에게는 정부가 상당히 매력적인 고용주이지만, 최근 수십 년간 민간부문에 대한 전망이 급상승하는 상황에서 재능 있고, 잘나가는 노동자에게는 최후의 선택지라는 사실이다. 앞선 장에서 제안했듯이, 협력할 수 있는 좋은 기회를 포착하는 데 많은 경우 실패하는 원인은 위임하게 되면 자신들이 수행하고 있는 일이 앞으로 필요 없는 일이 될 수 있으며, 다시는 그만큼의 좋은 일자리를 찾지 못할 수도 있다는 나름 합리적인 두려움을 정부 관료가 지니고 있어서 그들이 저항하기 때문이다. 다른 한편으로는 엘리트 근로자들은 공직에 채용되는 것을 꺼린다. 정부 내 만성적인 인재 가뭄은 공공부문이 협력적 거버넌스를 사용하는 빈도가 낮고 기대보다 능숙하지 못한 이유를 설명하는 데 많은 도움이 된다. 또한 엘리트 근로자들은 기업의 일자리를 통해 높은 임금을 받고 높은 지위에 오르는 것이 국가에 이바지하는 것이라고 믿고 싶어 한다. 그렇게 되기를 바라는 것은 이해할 수 있다. 다시 한번 말하지만, 바란다고 해서 다 이루어지지는 않는다.

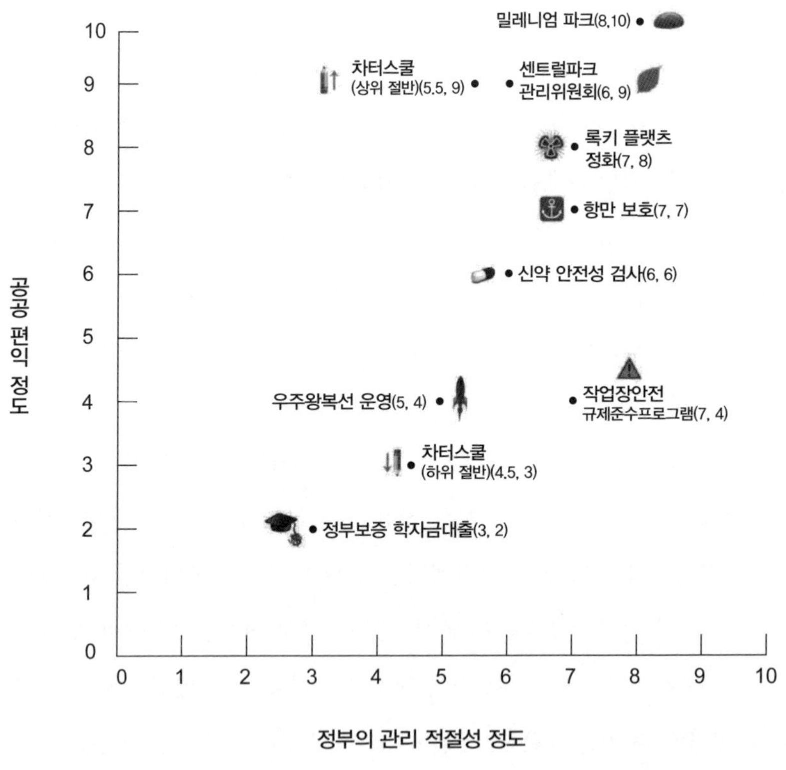

| 표9.3 | 협력 사례별 공공가치 창출 정도

협력을 잘 되도록 하는 것은 근본적으로 관리의 문제라는 것을 다시 한번 강조하면서 이번 장을 마무리하고자 한다. 협력의 결과는 이전 장에서 설명한 협력 사이클–분석, 배치, 설계, 평가의 순환–에서 제안한 작업을 얼마나 잘 이행했는지에 달려 있다. 표9.3은 우리가 논의했던 구체적인 사례들을 보

여준다. 가로축은 0에서부터 10까지의 척도로, 정부가 협력 모델을 적절하게 선택했는지, 상황을 정확하게 분석했는지, 민간부문과의 관계를 능숙하게 관리했는지에 대한 우리의 인식을 표시했다. 세로축도 0에서부터 10까지의 척도(주관적이지만 매우 신중하게 적용했다)로 공공 편익의 정도에 대한 우리의 판단을 표시했다. 결과적으로는 단순하고, 직접적인 연관성은 드러나지 않는다. 운명은 때때로 가장 공들여 만든 계획에 눈살을 찌푸리기도 하고, 신중하지 않은 계획에 환한 미소를 짓기도 한다. 그러나 일반적인 경향은 뚜렷하다. 평균적으로 공공부문의 리더십과 관리가 부지런하고, 정직하며, 능숙할수록, 협력적 거버넌스는 더 성공적이었다.

제10장

미래를 향한 협력

우리는 제1장을 뉴욕 센트럴 파크의 변신과 폐철도 부지의 낙후된 지역에서 태어난 시카고 밀레니엄 파크의 출현에 감탄하는 것으로 시작했다. 여러분은 이미 수완이 좋은 공공 관리자와 탁월한 민간 조직인 센트럴파크관리위원회가 어떻게 닥친 위험으로부터 센트럴 파크를 구해냈는지 잘 알고 있다. 시카고 밀레니엄 파크를 만들기 위한 협력은 조금 다른 이야기이지만, 충분히 논할 가치가 있다.

| 밀레니엄 파크 조성을 위한 협력 |

미국 대도시 중에서 가장 실용적이지만, 상대적으로 감성적인 면이 부족하다는 평을 받는 시카고도 경치가 좋은 장소를 하나 가지고 있다. 시민들은 특히 미시간 호(Lake Michigan)에 대한 긍지가 대단하다. 도심에 밀집된 고층 빌딩숲은 300에이커 너비의 미시간 호 수변공원과 맞닿은 미시간 애비뉴(Michigan Avenue) 앞에서 끝이 난다. 수변의 녹지 공간 보호는 시카고 도시의 초기까지 거슬러 올라가는데, 1835년 미시간 애비뉴 동쪽 지역을 녹지화하는 내용의 '빌딩숲으로부터 영원한 자유'라는 결의안이 통과되었다.[1] 그러나 도시가 성장함에 따라, 도심 공간이 부족해지고, 동시에 그 가치가 상승함에 따라 결의안은 압박을 받게 되었다. 통신판매 분야의 거물 아론 몽고메리 워드(Aaron Montgomery Ward)는 그랜트 파크(Grant Park)로 알려진 곳의 개발을 막은 대가로 줄 소송을 당했다. 하지만 이 결의안은 결국 1909년 시카고 계획(Chicago Plan)으로 명문화되었는데, 일부 소수의 공공 건축물의 개발은 허용하지만 호수변의 광범위한 개발은 금지했다. 결과적으로 그 공공 건축물에는 유명한 시카고 미술관(Chicago Art Institute), 셰드 아쿠아리움(Shedd Aquarium), 아들러 천문관(Adler Planetarium), 필드 자연사 박물관(Field Museum of Natural History) 등이 포함되었다.[2)]

그러나 그랜트 파크의 북서쪽 가장자리의 오래된 한 지역만은 한 세기가 지나도록 그대로였다. 1800년대 중반 시카고는 24에이커 부지를 일리노이중앙철도(Illinois Central Railway) 회사에 양도했는데, 이는 철도회사의 광범위한 호수 부지의 매립과 침식 방지 사업에 대한 보상 차원이었다. 수십 년 동안 철도 운송, 이와 관련된 산업은 시카고 경제를 이끌었다가, 20세기 후반부터 이 산업의 경제적 중요성은 급격히 퇴색하기 시작했다. 이 호수의 변두리 부지는 각종 철도 정비 물품이나 파손 물품의 보관 장소, 철도차량의 조차장으로 쓰이다가 결국은 철도회사 직원들을 위한 가설 주차장으로 바뀌었다.

● 시장의 치과 치료와 변호사의 자전거

1989년 처음 시장으로 당선된 리처드 M. 데일리(Richard M. Daley)는 전설적인 인물이었던 그의 아버지 리처드 J. 데일리(Richard J. Daley)를 포함하더라도 누구보다 긴 시간 동안 시카고 시장을 역임하고 있었다.[3)] 데일리 시장의 변하지 않았던 야심 중에 가장 중요한 것은 시카고를, 특히 다운타운을 미적으로 살려내는 것이었다. 그는 일리노이중앙철도 구역이 도시 푸른 경관을 방해하는 흉물인 것에 늘 불만이었다. 특히 그가 치과치료를 받는 병원 대기실에서 그곳이 잘 보이는데, 치료를 위해 방문할 때마다 정기적으로 불편함을 느껴야 했다.[4] 일 년에 두 번씩 치료를 받으려면 그 자갈이 깔린 구역을 매번 봐야 하는 불편함이 생길 것이 두려워 결국 시장은 그 구역을 철도회사로부터 되돌려 받을 수 있는 방법을 찾도록 지시했고, 동시에 보기 좋게 활용할 수 있는 방법을 검토하도록 했다. 물론 시장은 6개월 동안 치과 치료를 꼼꼼히 받았다.

그때, 시카고파크지구 수석 변호사였던 랜달 메르베르크(Randall Mehrberg)는 비슷한 생각을 하고 있었다. 몇 년 전, 메르베르크는 철도법을 전문으로 하는 개인 변호사였다. 그는 젊고 활기찬 인물이었다. 시카고 도심 지역을 산악자전거로 누비며 여기저기 다니는 것을 운동으로 즐겨했다. 직업으로나 자전거로나 항상 일리노이중앙철도 회사의 주차장을 마주쳤고, 그 구역은 공원이어야 한다고 평소에 늘 생각했다. 그가 시카고 공원 시스템을 담당하는 최고위 변호사가 되었을 때에도 그 생각은 변함이 없었다.

메르베르크는 오래된 법률 문서를 검토했다. 그가 발견한 것은, 알려진 것과 다르게, 시카고가 1850년대에 그 구역을 철도회사에게 양도하지 않았다는 것이었다. 오히려, '철도 운영 목적'에 한하여 기한을 정하지 않은 채 사용 권한을 부여했다. 메르베르크는 일리노이중앙철도 근로자와 관계사 직원들을 위한 주차장은 이 목적은 여기에 부합하지 않는다고 판단했다. 1996년 그는 철도 회사를 상대로 그 구역을 시에 반환하도록 하는 소송을 제기했다.[5] 그런데 때마침 행운의 기회가 찾아와서 좀 더 순탄한 방법으로 원하는 결과를 얻을 수 있었다. 캐나다철도공사(Canadian National Railway)는 일리노이중앙철도의 인수 의향을 발표했다. 시카고파크지구 변호사들은 현재 논란이 되고 있는 24에이커의 구역에 대한 권리를 시에 반환한다면 상당한 세금 공제를 받을 수 있다는 사실을 알게 되었다. 그러한 합병 직전 년도의 세금우대조치는 세후 수익을 대폭 증대하고, 높은 취득 가격을 정당화할 수 있었다. 변호사들은 이 구역의 반환은 시카고와 일리노이중앙철도 모두에게 이익이 될 수 있음을 설명하자, 결국 캐나다철도공사는 이에 동의했다. 1997년 말에 결국 24에이커의 토지는 시에 반환되었다.[6]

● 계획 수립

시카고의 초기 계획은 이 지역을 비효율적인 민간 주차장에서 효율적인 공공 주차 구역으로 바꾸는 데 초점을 맞췄다. 이는 직장인과 그랜트 파크의 문화 시설 방문자를 위한 2,500대 규모의 지하 주차 시설 계획이었다. 데일리 시장의 대변인은 시의 목표는 '지상에 잔디밭을 가진 지하 주차 구조물'이라고 밝혔다.[7] 그러나 이 계획은 곧 문화적인 명소를 만드는 데 주안점을 두어 주차장 위를 공원으로 만들고, 다가오는 새 천년을 위해 이름을 붙이고, 2000년에 맞추어 준공하는 것으로 수정되었다. 지하 주차장을 가진 구조물 위에 공원을 만드는 데는 주차장 건설비를 포함하여 1억 2천만 달러 이상의 자금이 필요할 것으로 산출되었다. 하지만 최초 계획 시에는 3천만 달러가 소요되는 것으로 추정했었다. 1990년 후반 당시 다른 대도시의 시민들처럼 시카고 시민들도 문화 시설과 관련한 사항은 세금 지출 목적에서 후순위였다. 그래서 데일리 시장은 공원 조성을 위해 민간 자금을 모으기로 결정했다. 그는 '차고지 개선 사업'을 위한 3천만 달러 모금 운동을 위해 식료품 업계에서 대기업인 사라 리(Sara Lee)의 회장 존 브라이언(John Bryan)에게 접근했다.[8]

시장은 적극적으로 모금을 요청했다. 반면 브라이언 회장은 오히려 재빨리 데일리 시장을 설득하여 시야를 넓힐 것을 요구했다. 브라이언은 이미 시카고 리릭오페라하우스(Lyric Opera House)와 오케스트라홀(Orchestra Hall) 건립을 위한 모금 캠페인의 좌장을 맡고 있었다. 예술 중심의 도심 공원 계획에 민간 참여

금액 3천만 달러는 너무 작은 목표라고 생각했다. 재량을 허용해 달라는 분명한 단서와 함께 6천만 달러를 투자하겠다고 제안했다. 그 재량은 기부자들이 그 공원 조성 계획을 실현하는 데 실질적으로 직접 참여하는 것을 의미했다. 브라이언 회장과 데일리 시장은 소규모 기부자부터 대규모 기부자에 이르는 다양한 모금 운동 방식을 고려했으나 결국 채택하지 않았다. 대신 유력가를 공략하는 방법을 택했다. 기여하는 방법에는 두 가지 종류가 있었다. 한 방법은 소수의 부유한 개인, 가문, 회사에게 최소 3백만 달러를 기부하도록 초청하고, 공원의 특정 구역 또는 공원 내 문화 자산의 일부를 직접 개발하도록 하고 그 이름까지 정할 수 있는 명명권(Naming Right)을 부여하는 방법이었다. 다른 한 방법은 공원 조성 사업 전반을 지원하도록 기부하되, 기념 상징물을 통해 그 기여를 드러내도록 하는 방법이었다. 가장 저렴하게 참여하더라도 최소 1백만 달러 이상을 기부해야 했다.[9]

● 자금 모금과 공원 조성

나중에 '현명하고 배짱 있는' 전략이라고 평가받게 된 이 전략은 존경과 부러움을 받는 재력가만을 대상으로 한 모금이었지만, 결국 밀레니엄 파크를 만들어 냈다.[10] 브라이언 회장은 그 모금 운동을 '가장 쉬운 영업'이었다고 회상했다.[11] 공원이 오픈하기까지 92명이 최소 1백만 달러를 기부했으며, 8명의 개인 혹은 단체는 개발 참여와 명명권을 얻기 위한 최소 금액 3백만 달러보다 훨씬 더 많은 금액을 기부했다. 하얏트호텔(Hyatt Hotel) 체인을 비롯한 다양한 사업 분야를 가진 시카고 최고의 부유한 프리츠커(Pritzker) 가문은, 제이 프리츠커(Jay Pritzker)를 기리기 위한 공연장 건립에 1,500만 달러를 투자했다.[12] 메이태그(Maytag), 시카고불스(Chicago Bulls) 야구단, 뉴욕양키즈(New York Yankees) 야구단의 상당한 지분을 가진 크라운(Crown) 가문도 랜드마크 분수 건설을 위해 비슷한 금액을 기부했다.[13] 최소 6백만 달러 이상의 기부자로 구성된 컨소시엄은 AT&T 플라자에 자리를 잡은 아니쉬 카푸어(Anish Kapoor)의 대형 작품을 위해 투자했다. 리글리 스퀘어(Wrigley Square), 뱅크 원 프로메나드(Bank One Promenade), BP 브리지(BP Bridge), 맥코믹 트리뷴 플라자(McCormick Tribune Plaza) 등이 모두 기부자들의 기여로 만들어졌다.[14] 브라이언 회장의 모금 운동은 당초 시장의 목표였던 3천만 달러를 뛰어넘어, 브라이언 회장 자신이 제안한 6,000만 달러도 넘어섰다. 결과적으로 밀레니엄 파크를 조성하고, 문화 시설을 확충하고, 공원을 유지하기 위해 총 2억 500만 달러가 쏟아져 들어왔다.

그러나 재정적 풍요함이 성공을 보장해 주지는 않았다. 실제로 공원을 조성하는 데는 예상했던 것보다 훨씬 더 많은 시간과 비용이 들었다. 2000년 중반 개장을 목표로 했으나, 결국 이루지 못했다. 다시금 2003년, 2004년으로 지연되어가자 건설현장을 가리켜 '넥스트 밀레니엄 파크'라고 비꼬아 말하기도 하였다. 일정이 지연되면서, 비용도 부풀어 올랐다. 시카고 시가 당초 계획했던 3천만 달러가 소요되는 '차고지 개선 사업'은 결국 10배 이상의 비용이 드는 문화 보석 사업으로 커져버렸다. 그러나 최종적으로 2004년으로 공원 개장 목표 일정이 잡혔을 때, 사업 책임자는 밀레니엄 파크가 기다릴 만한 가치가 충분할뿐더러 실망스럽지 않을 것이라고 약속했다. '솔직하게 말하면, 제 생각에는 시카고가 이 공원에 압도당할 것 같다.'[15]

그의 말이 옳았다.

● 문화예술 도시로서의 급부상

밀레니엄 파크는 2004년 여름, 거의 모든 이들의 환호를 받으며 개장했는데, 늘 강경하다 못해 논쟁적인 이미지의 시카고 역사상 유례가 없는 일이었다.[16] 공원의 문화적 구심점이 된 프리츠커 파빌리온(Pritzker Pavilion)은 '심슨 가족'(Simpson) 만화와 어린이 프로 '아서 쇼'(Arhter show)에 등장할 만큼 유명한 건축계의 거성 프랭크 게리(Frank Gehry) 건축가의 최신 걸작이다. 그의 빌바오, 프라하, LA에 있는 다른 랜드마크 건축물처럼 게리의 프리츠커 파빌리온은 광택이 나는 금속판을 이용하여 음악당을 구조화했다. 스테인리스 강판 리본이 빙빙 돌아가는 듯하며 따뜻한 나무 톤의 무대를 감싸고, 숨겨진 스피커로 꽉 채워진 금속 튜브가 복잡한 격자 모양으로 파빌리온의 4천 개의 좌석과 7천 명의 관중석을 수용할 수 있는 잔디밭을 덮고 있다. 음악가들은 파빌리온의 음향, 음악가 친화적인 스튜디오 배치, 그리고 연습 공간에 찬사를 보냈다. 음악과 춤을 좋아하는 사람들은 여름 내내 일주일에 몇 차례씩 열리는 무료 저녁 콘서트와 주간에 이루어지는 공개 리허설 장소를 가득 메웠다. 공연 레퍼토리는 클래식부터 힙합까지, 발레에서 플라멩고에 이르기까지 다양했다. 시의 주요 문화 단체들은 이곳에서 공연을 했고, 청소년 단체와 지역 내 커뮤니티 단체들도 마찬가지였다.

지구상의 모든 도시가 문화 중심지로 각광을 받고자 게리의 건축물을 원하는데, 밀레니엄 파크에 게리의 작품이 두 개나 있다는 것은 놀라운 사실이다. BP 브리지(BP Bridge)는 게리의 두 번째 다리 작품이었다. 프리츠커 파빌리온에서 데일리 바이센테니얼 플라자(Daley Bicentennial Plaza)를 잇는 굽이쳐 흐르는 것 같은 나무판자로 된 길을 스테인리스 강판으로 둘렀다. 이 다리는 스카이라인과 호수의 장관을 감상할 수 있도록 배치되었고, 휠체어와 보행약자들도 이용할 수 있도록 설계되었으며, 스케이트보드 이용자를 막기 위한 적당한 요철도 설계에 반영되었다.

공원의 또 다른 명물로 자리 잡은 크라운분수(Crown Fountain)는 세계시민주의를 표방함과 동시에 말 그대로 시카고의 얼굴을 기념하고 있다. 단순히 돌로 둘러싸인 물웅덩이 분수를 만드는 것이 싫었던 크라운 가문은 세계 최고의 조각가이자 카탈루냐 예술가인 하우메 플렌자(Jaume Plensa)를 고용하기 전에 세계적인 조각가를 대상으로 오디션을 보았다. 크라운 가문은 플렌자에게 새롭고도 특이한 분수를 설계해 달라고 요청했다. 플렌자는 역사적인 인물이나 신화적인 인물을 분수의 중심에 놓는 기존의 분수를 급진적으로 재창조하고자 했다. 그가 크라운 가문을 위해 설계한 뉴밀레니엄 버전에는 단지 몇 밀리미터 깊이의 직사각형 수영장이 그려져 있었고, 양 측면에는 한 쌍의 거대한 돌기둥처럼 보이는 것이 서 있는 모양이었다. 그러나 이 돌기둥은 높이 50피트의 발광 소자를 가진 유리벽돌 기둥이었다. 결국 이 기둥은 거대한 텔레비전 스크린이 되었다. 스크린에 표출할 이미지를 찾기 위해 플렌자는 시카고 미술관의 학생들을 파견하여 각계각층의 시카고 시민 수천 명의 얼굴을 클로즈업으로 촬영했다. 유리벽돌 기둥은 그 얼굴들을 무작위로 표시하도록 프로그램되었고, 그 기념물에 각각 5분 동안 표출되었다. 또한 그 거대한 얼굴이 입술을 오므리면 실세계에서는 그 입술에서 물분수가 시작되었다.[17)]

아마도 가장 인기 있는 작품은 AT&T 플라자에 있는 카푸어의 작품일 것이다. 66피트 길이의 반짝이는 강판 덩어리는 거대한 수은 액체 방울을 연상시켰다. 카푸어는 이 작품을 '시카고 스카이라인을 투영해서, 반사된 높은 건물들과 함께 떠다니는 구름도 볼 수 있도록' 하고자 했다고 그 제작 의도를 밝혔다. 이후, 이 작품의 공식 명칭은 '클라우드 게이트(Cloud Gate)'가 되었다.[18)] 그러나 거대한 규모와 금속 재질에도 불구하고, 대부분의 시카고 시민에게 이 타원형의 비대칭 작품은 확실히 콩처럼 보였다. 카푸어의 초기 의도와는 달랐지만, 그가 최종 수락한 후에 이 작품은 문화애호가와 일반 대중에 이르기까지 '더 빈(The Bean)'이라는 이름으로 사랑받았다.

문화예술 명소 외에도, 밀레니엄 파크 내에는 완벽하게 다듬어진 정원, 멋진 산책길, 스케이트장과 더불어 자전거 대여, 샤워장, 관광 안내, 지도를 판매하는 맥도날드 사이클 센터를 갖추고 있었고, 고급 레스토랑 파크 그릴(Park Grill)은 음식보다 그곳의 배경만으로 더 많은 관광객이 즐겨 찾는 곳이 되었다.[19] 공원은 개방 즉시 시카고 시민들의 마음 깊이 자리 잡았다. 개방 후 처음 몇 주 동안 발생한 예상치 못한 문제가 그 인기를 실감하게 했다. 모여든 시민들로 인해 미술품을 둘러싼 잔디들이 닳아 없어져 버릴 정도였다.[20] 공원 개장 2주년을 앞두고 이 공원은 5백만 명의 관광객을 끌어 모았으며, 시카고가 어떻게 이런 완벽한 공원을 조성하고, 성공할 수 있었는지 알아보기 위한 외국인 방문객들이 줄을 이었다.[21]

| 미국 의료보장시스템을 위한 협력 |

이번에는 범위와 복잡성은 조금 상향 조정하되, 성공 단계는 상당히 하향 조정한 다른 사례를 살펴보자. 미국의 의료보장시스템(health-care system)은 너무 비싸지만, 보장은 너무 적은 것으로 악명이 높다. 여타의 선진국들에 비해 절대적으로 GNP 대비 상당한 비용을 지불하지만, 기대 수명, 유아 사망률 또는 질병 사망률 등과 같은 주요 의료 지표에서 뒤처져 있다. 광범위한 분야에 걸쳐, 미국 의료서비스는 잠재력에 비해 훨씬 미치지 못한 것은 명백한 사실이다.

미국의 정보통신 기술을 감안해 보자. 우리는 미국이 인터넷, 구글(Google), 페이스북(Facebook)을 개발한 나라이며, 아이패드(iPad)를 이용해서 가상의 홈오피스, 도서관을 만들 수 있으며, 수천 명의 온라인 유저들의 경험들을 활용하여 카메라를 구입할 수 있는 좋은 곳을 발견하거나, 수만 명의 이베이(eBay) 판매자들의 신뢰성을 판별하고, 페이스북을 활용해서 사회생활을 조정할 수 있는 국가임을 안다. 그러나 의료 기록을 전산화하거나, 진단 결과를 분류하거나, 치료 과정, 처방, 향후 치료 계획 등을 경험한 수백만 명의 미국인의 의료 경험을 집약하거나,[22] 의료 서비스 기관의 품질 평가를 위해 정보통신 기술을 사용하지는 않는다.

미국이 선두보다 상당히 뒤처져 있는 분야에서라면 일부 협력의 실패는 용인될 수도 있다. 일본이 고효율 차량 생산 분야에서 상당한 차이로 앞서고 있기 때문에 미국이 이를 따라잡기 위해 노력하는 것은 상당히 도전적인 과제다. 그러나 의료 분야에서는 이 같은 변명이 통하지 않는다. 미국은 현재 새로운 의료 기술, 의료 기기 생산, 의료 기관 품질 부문에서 세계를 선도하고 있다. 그러나 우리는 이러한 장점을 제대로 활용하지 못해, 의료서비스 제공의 역량을 제대로 확산시키지 못하는 실수를 연발하고 있다. 우리의 문제는 무지가 아니라 무능력이다.

더욱이 우리의 의료보장시스템을 개혁해야 할 때마다, 대부분 정치적으로 호소하는 방법을 통해 단편적으로만 변경해 왔다. 고령자를 위한 처방 의약품 보장을 보조하는 메디케어 파트 D(Medicare Part D)가 대표적인 예다. 고비용임에도 불구하고, 우리 의료 시스템의 중요한 문제, 즉 의료 서비스의 평균적인 품질을 개선하고, 비용을 통제하고, 보험 비가입자에게로의 보장 확대 등을 다루는 데 전혀 도움이 되지 않는다. 의료와 관련된 비유를 들어보자면 미국 의료 시스템은 마치 다양하고 심각한 만성 질환으로 고통 받는 환자와 같다. 그러나 환자의 의사는 처음에는 습진 치료에 매진하고, 그다음 내성발톱 치료에 집중한다. 당연히 치료를 받은 덕분에 불편함이 없어지는 효과를 보겠지만, 오히려 가장 중요한 근본 원인은 놓치고 있다.

미국의 의료보장시스템의 저조한 실적이 나타내는 증상들은 쉽게 알아챌 수 있지만, 이 증상들이 내포하고 있는 근본적인 원인을 진단하기는 쉽지 않다. 그 문제의 주요한 원인은 의료보장시스템은 상당한 협력을 기반으로 하지만, 우리가 그 중심에 자리 잡은 진실을 정면으로 직면하지 않았다는 점이다. 의료 임상에서도 그러하듯이, 진단이 바르지 않은 상황에서 공공 목표를 추구한다고 해서 좋은 결과가 나올 리 만무하다.[23] 이 주장에 대한 근거는 다음과 같다. 정부는 미국 의료보장 프로그램 제공을 위해 큰 규모의 예산을 조달해야 하는 책임이 있다. 그 의료서비스는 주로 메디케이드(Medicaid)와 메디케어(Medicare)를 통하는 직접적인 방법과 건강보험료에 대한 세금 보조, 의료서비스를 제공하는 비영리 기관에 대한 세금 우대, 바이오 의료 분야 연구와 의료진 교육 지원 등의 간접적으로 방법으로 진행된다. 그러나 정부는 의료서비스 중에 작은 부분만 직접적으로 전달하고, 대부분은 민간 행위자에게 위임하여 전달한다. 그러나 민간 행위자는 상당한 범위의 재량권을 가지지만, 서비스 전반에 대한 통찰력을 가지고 세심하게 서비스를 운용할 수는 없다. 간단히 말해, 우리는 의료 서비스 분야에서 민간과 공공과의 관계를 만성적으로 잘못 관리하고 있다. 의료 기록을 보관하고, 의료 기관의 등급을 평가하고, 의료 경험을 축적하여 학습하기 위한 정보통신 기술을 확산하고 촉진하는 역할을 무시하고 있다. 이 영역은 정부의 책임에 속한다.

마찬가지로 우리는 효과적인 보험이 되기 위한 중요 원칙을 깨뜨리는 메디케어 파트 D(Medicare Part D)나 메디갭(Medigap)과 같은 보험 장치를 만들었다. 메디케어 파트 D는 개인에게 발생한 소액의 처방 비용을 충당해 준다. 그러나 지출 금액이 커질 때까지 보장을 받지 못하는 구멍이 있다. 메디갭의 경우, 민간 보험사를 통해 제공되지만, 정부에 의해서 그 구조가 엄격하게 지정이 되어 있는데, 의료비용을 통제하기 위해 고안되어 자기부담금과 공동부담금을 보장해 준다. 이렇게 정부는 비용 통제 조치를 무력화하는 방법을 스스로 만들어 내고 있다.

어떤 의미에서는 이는 실낱 같은 희망일 수도 있다. 일단 우리에게 당면한

이 중요한 일을 제대로 인식하고 집중한다면, 우리 경제의 1/6을 차지하는 이 의료 분야에서 큰 성과를 기대할 수 있다. 좀 더 정직하게 말하자면, 이 책이 개선하고자 하는 분석과 관리의 실패 사례에 대한 내용은 실제 미국 의료서비스의 비참한 상태에 대한 설명의 일부에 지나지 않는다. 그러나 이는 전체 내용에서 중요한 부분이다.

2009년 전국이 환자보호 및 부담적정보험법(Patient Protection and Affordable Care Act(PPACA))의 법제화 과정을 거치며 진통을 겪었다. 이 법의 강력한 혜택은 메디케이드를 확장하고, 직접적으로 보험 보조를 시행하여 상당수의 개인 보험 보장 비용을 낮추는 데 있다. 또한 보험사들이 특정 조건에 해당되는 개인들의 보험료를 인상하거나 가입을 거부하는 능력을 제한하고, 보장 형태를 확대하는 내용도 담고 있다. 이 법은 고소득자에 대한 메디케이드 금액 인상, 고비용의 건강우대보험 지출 삭감을 통해 비용을 충당한다.

그러나 정부와 민간 의료보험 분야의 협력 관계를 다루어야 하는 이 기본적인 숙제는 이번 개혁에서 거의 다뤄지지 않는다. 다만 경쟁을 촉진하고, 비용 효율적인 서비스 향상을 위한 유일한 조치는 2014년에 시작하는 주(州) 단위의 의료보험 교환에 대한 내용이었다. 정부가 직접 비용을 지출하는 분야인 메디케어와 메디케이드는 손대지 않았고, 많은 비효율성을 양산하는 조세 보조 방법인 보험료 세금 공제도 이번 조치에서 비껴갔다.

공평하게 언급하자면, 오바마 행정부는 이 법안과는 별개로 의료 절차 개선과 건강 증진을 위한 대책 마련을 주장하고, 재정부양책 중 약 200억 달러를 의료정보기술 육성에 사용하고 있다.[24] PPACA에는 보건 시스템 현대화 조항도 포함되어 있다. 여기에는 지불 방식에 대한 혁신 내용도 포함하고 있는데, 병원, 의사 그리고 의료 서비스에 대한 '포괄수가제'와 함께 질병 예방 서비스에 대한 높은 수가 등이 포함된다. 게다가 메디케어와 메디케이드 내에서 시범 사업과 실험 프로그램의 효율을 위해 혁신 센터를 설립한다. 이 개혁 입법은 의료서비스 제공자의 비용과 품질을 측정하고, 다양한 효과성 비교 연구와 함께 해당 정보를 광범위하게 이용할 수 있도록 하는 조항도 포함하고 있다. 이러한 노력이 성경 속 겨자씨 비유처럼, 비용-효율성 면에서 큰 효과를 거둘 수 있을지, 이도 저도 아닌 것이 될지 지켜볼 노릇이다.[25] 그러나 향후 몇 년간의 정치적 열정을 다 써버린 것 같은 이 떠들썩했던 건강보험 개혁 입법은 정부와 의료 분야의 민간부문 사이의 협력 관계를 재편해야 하는 중요한 과제에 조금 접근했을 뿐이다.

의료서비스에 대한 논의를 마치기 전에 세 번째 중요한 협력자인 시민을 언급하지 않을 수 없다. 건강을 유지하기 위한 행동을 실천하는 시민은 건강을 극적으로 개선할 수 있다. 그러나 미국인들은 너무 자주 맥도날드를 통해 영양분을 섭취하고, TV 리모콘 조작을 운동으로 삼는다. 게다가 많은 사람들이 만성질환을 가지고 있음에도 약을 정확한 처방대로 먹지 않거나,[26] 임신 중에도 영양분을 고르게 섭취하지 않고, 검진을 잘 받지 않는다. 시민들의 상당수는 태어날 때는 저체중, 태어나서는 과체중이다. 건강이 위협받고 있다. 시민들은 아이들이 12년, 13년간 무상 교육받을 권리를 주장하지만, 아이들이 원하는 대로 먹고 운동하지 않도록 내버려 둔다. 이 지점에서 우리는 미국의 비만 억제를 영부인의 주된 역할로 삼은 미셸 오바마에게 경의를 표한다. 시민들은 보통 낮은 소비 수준에 비해 상당히 높은 금액으로 보험에 가입하기 때문에 의료비 지출에 대한 감각이 조금 무딘 편이다. 그래서 우리가 지출한 금액에 비해 건강상의 유익은 훨씬 적은 편이다.[27]

| 두 협력 사례의 비교 |

밀레니엄 파크는 협력적 거버넌스의 몇 가지 위험 요소를 비롯한 주요한 장점 대부분을 보여주는 축소판이다. 민간 협력자들을 통해 정부의 고유한 임무를 달성하려고 하는 다양한 수준의 모든 동기를 보여준다. 충분한 자원을 확보하려는 목표는 분명하고, 충분히 달성되었다. 브라이언 회장이 주도한 모금 활동은 성공적이었다. 프리츠커 파빌리온 하나만으로 최초에 데일리 시장이 계획했던 공원 조성 사업비용에 맞먹는 금액이 모금되었다. 더 빈을 위해서도 비슷한 금액이 모금되었다. 본래 지하주차장 상부를 3천만 달러를 들여 녹지 공원으로 만들려 했던 계획이 결과적으로 10배의 금액을 모금했고, 대부분은 민간 자본이었다. 이 투자를 통해 시카고는 공원 주변 부동산 가치 상승과 세수 확대는 물론이고, 국제적으로도 문화 중심 도시로 급부상하게 되었다.

산출물이 문화와 예술일 때는 생산성은 다소 부정확한 개념이 된다. 그러나 명확한 사실이 한 가지 있다. 시 정부와 적극적으로 협력하고, 그 결과를 통해 자신들의 영예를 드높이고자 하는 의도를 가진 민간 기부자는 게리, 카푸어, 플렌자를 비롯한 예술가, 조각가, 그리고 각종 건설업자를 통해 최고의 결과물을 만들어내는 것이 가능했지만, 시 정부의 구매 담당자로서는 도저히 불가능한 일이라는 사실이다. 개인 기부자들은 관련 예술가, 필요한 기술, 그리고 건설 부분에 대한 정보나 네트워크를 이미 가지고 있어서 이 일을 진행하는 데 훨씬 수월했다.[28] 또한 대다수의 도시들이 마찬가지겠지만, 세계적인 예술 작품을 위해 정부가 그렇게 많은 비용을 가장 높은 우선순위로 지출하는 것은 시카고에서 정치적으로 용납될 수 없었을 것이다. 만일 정부가 독자적으로 밀레니엄 파크를 만들 수 있는 자원, 정보, 역량을 가지고 있고, 지출을 정당화하는 충분한 세수 증대가 확실시 된다고 하더라도, 이 모험이 정당성을 갖기란 상상하기가 힘들다. 결국 '차고지 개선 사업'을 넘어 현재의 밀레니엄 파크를 만들기 위해, 민간 협력자의 참여는 필수적이었다. 게다가 참여하는 민간 협력자에게 재량을 허용해야 하는 두 가지 이유가 있었다. 하나는 기부자로 하여금 자금을 출자하도록 하기 위해서, 또 하나는 그 일을 제대로 할 수 있도록 하기 위해서였다.

밀레니엄 파크가 성공적이라는 이유로 협력적인 방식으로 공원을 만드는 것만이 시카고에 최적화된 방식이라는 것을 보장하지는 않는다. 공원이 설계되고, 예산을 지원받고, 건설되는 과정에 심각한 결함, 일정의 차질, 그리고 예산 낭비의 문제들이 있었다. 민간 협력자들에게 역량과 자원을 기여하도록 각자 할당된 공원의 구역에 대해 통제권을 주는 전략은 조정하는 데 비용이나, 시간이 많이 소요되는 문제를 야기했다. 예를 들어, 원래 설계대로라면 프리츠커 파빌리온과 더 빈은 너무 무거워서 지하 주차장을 무너뜨렸을 것이다. 예술 작품과 공연 공간에 대한 계획이 구체화되어 가면서, 지하 주차장은 지상의 구조물 이동 계획에 따라서 여러 차례 다시 작업을 하거나 개조해야 했다.[29] 공원의 각 부분들이 각자의 시공 계획과 자금 조달 계획을 가지고 있었기 때문에 공사 기간이 서로 일치하지 않았고, 그만큼 건설 기간이 길어졌다. 정부처럼 재량을 독점하는 경우였다면 이 같은 문제들을 피했을 것이다. 그러나 정부 고유의 특징으로 인해 밀레니엄 파크를 정부가 독자적으로 조성하려고 했다면 오히려 발생할 수 있는 문제는 더 심각했을 것이다.

밀레니엄 파크 사례에서 실제로 일어났던 가장 심각한 일은 갈수록 치솟은 비용과 관련이 있었다. 시카고 선타임즈(Chicago Sun-Times)는 공원의 재정 상태를 나타내주는 좋은 사례로 클라우드 게이트를 꼽았다. '거대하고 거울처럼 비추는 콩 조형물을 만드는 데 900만 달러면 가능한지 물었다면, 그 정도면 충분하다고 답했을 것이다.' 원래 조각가에게 600만 달러를 지급하기로 했던 이 작품은 오클랜드의 정밀 주조 공장에서 제작된 후, 시카고로 운송되어, 현장에서 조립하고 완성하기로 했었다. 그러나 결국 최종 비용은 2,300만 달러였다.[30] 프리츠커 파빌리온의 경우는 더 심각했는데, 원래 예상 비용은 약 1,000만 달러였으나, 결과적으로 6,000만 달러로 엄청나게 급등했다.

이 같은 비용 상승은 대부분 전통적인 비용 초과의 경우와는 조금 달랐다. 보통은 부패, 사인의 이익추구, 공공 관리 부족 등이 맞물려 발생하고, 본질적으로 그 작업 자체는 변경되지 않기 때문에 비용이 초과하게 된다(밀레니엄 파크의 경우, 약간의 부패가 있었으나, 기자들의 상당한 노력에도 불구하고 뇌물 수수나, 정실 인사 사례가 비용 상승을 설명하지는 못했다).[31] 오히려 협력 방식과 민간 행위자가 갖는 상당한 재량을 통해 공원을 만든다는 것이 정부가 당초 예상했던 것과 달랐음을 의미했다. 비용은 낭비되지 않았고, 오히려 매우 야심차고, 혁신적인 예술 작품, 건축물, 조경, 건설 등에 자금이 쓰였다. 주차장을 제외하고, 공원 조성비용은 약 3억 5,500만 달러에 달했다. 이는 데일리 시장이 원래 예상했던 비용보다 엄청나게 큰 금액이었다. 그중 약 2억 500만 달러는 민간 기부자를 통해 조달되었다. 최초 계획에 따라 필요했던 예산 3,000만 달러가 세금으로 충당하기 너무 큰 부담이었기에 결국 민간부문의 도움을 받기로 했지만, 결과적으로 그 금액의 5배나 되는 금액을 시카고가 직접 부담하게 되었다.[32]

협력 방식을 채택한 까닭에, 민간 행위자의 우선순위를 있는 그대로 수용하게 되면서 시카고에게 있어 중요한 부분의 일부를 희생해야 하는 일도 발생했다. 지상부의 작품과 구조물의 무게를 떠받칠 수 있도록 보강하기 위해 지하 주차 공간을 희생해야 했다. 또한 크라운 분수의 전기, 유압 등 기반시설을 설치하기 위해 주차 공간이 더 사라졌다. 그리고 뒤늦게 공원 조성 계획에 포함된 해리스 음악무용 극장(Harris Theater for Music and Dance)의 공간을 마련하기 위해 또다시 300대의 주차 공간을 잃게 되었다. 시가 부담하는 비용은 주로 채권을 통해 조달되었고, 결국 향후 주차 수익으로 충당할 예정이었기에 주차 공간(결국 2,100개가 조금 넘는 주차 공간이 확보되었다)이 줄어드는 것은 심각한 문제였다.[33]

시카고 당국은 기존의 낡은 음악 공연장을 대체하는 3만 명 수용 시설의 공연장을 목표로 했으나, 프리츠커 가문의 설계에 의하면 파빌리온 수용 인원은 1만 1,000명에 불과했다.[34] 경비원들이 더 빈의 사진을 촬영하는 전문 사진작가를 쫓아내고 갤러리 소유주들이 밀레니엄 파크 건물이 포함된 엽서 판매를 중단하라는 경고를 받으면서 논란이 일기도 했다. 저작권이 있는 이미지의 상업적 사용을 제한하는 규정은 잘 확립되었다. 일반 관광객들이 사진을 찍었다는 이유로 처벌받지는 않았으나, 공공 예술품의 이미지에 대한 통제는 일부 시카고 시민에게 불편을 느끼게 했다.[35] 경비원들이 밤 11시부터 아침 6시까지 공원의 문을 닫고, 때로는 민간 임대 시설을 밧줄로 막았다는 불만도 제기되었다.

민간부문을 통해 대부분의 자원을 충당했는지 여부와 상관없이, 시카고가 1억 5,000만 달러의 시 예산을 고급문화, 예술 시설에 쏟아 부을 권리가 있는지에 대해 좌우 진영을 떠나 상당한 논쟁이 있었다. 그 예산이 만일 시민의 손에 쥐어졌다면, 거대한 금속 콩이나 세계적 수준의 공연장보다는 아마도 저축하거나, 투자하거나, 나름의 우선순위에 따라 소비되었을 것이다. 정치적으로 반대 진영에서 보면, 그 큰 금액으로 경찰을 더 충원하거나, 학교에 더 훌륭한 교사를 채용하고, 낙후된 지역의 공공 공원에 그네라도 설치하는 것이 더 나았을 것이라고 한탄할 수도 있다. 모든 것을 감안할 때, 이 두 가지 견해 모두 공공가치의 개념을 지나치게 협소하고 소심하게 반영하고 있다는 인상을 준다.

그러나 밀레니엄 파크를 조성하는 데 있어 시카고 정부의 중심적인 역할을 제대로 인식하는 것이 매우 중요하다. 데일리 시장은 모든 중요한 결정에 대해 궁극적인 권한을 행사했다. 심지어 민간 자원과 전문 지식을 대가로 일부 권한을 이양하는 결정을 해야 할 때도 마찬가지였다.[36] 민간부문의 과도한 참여는 정부가 책임을 회피한다는 의미가 아니다. 오히려 이는 정부가 그 책임을 행사하는 한 가지 방식이다. 민간 협력자를 비난하기 위해 공원은 지출의 낭비 요소라고 주장하는 사람들은 시 정부가 분수에 넘치게 자금을 차용했을 때, 채권 시장을 비난하는 것과 다를 게 없다. 또한 민간부문의 혜안과 관용을 단순하게 찬양하는 사람들은 이 민간부문의 능력을 불러일으키고, 조정하는 정부의 결정적인 역할을 놓칠 위험이 있다.

데일리 시장은 거대한 규모와 복잡성을 지닌 프로젝트라면 불가피할 수밖에 없는 몇 가지 실수를 저질렀다. 시장은 '밀레니엄'이라는 이름표에 걸맞은 시기에 오픈하기 위해 조기 완공을 재촉했다. 하지만, 시간이 흐른 뒤에 오히려 조급한 공원 조성은 비용이 많이 드는 어리석은 일이라는 것이 분명해졌다. 그리고 그는 공공연하게 프랭크 게리가 일정보다 지체하고 있다며 비난했다. 그는 게리가 유명 건축가들 중에서 독보적으로 정해진 예산과 일정을 잘 맞추는 건축가인 것을 몰랐다. 실제로 게리는 밀레니엄 파크를 위한 두 개의 작품에 대한 설계를 약속했던 일정보다 더 빨리 전달했다. 반면 데일리 시장은 민간부문과의 거래에 있어서 모든 면에 확신에 차 있었다. 그는 언제 비용을 지불하고, 언제 치켜세우고, 언제 권고하고, 언제 비위를 맞춰주고, 언제 잘못을 지적하고, 언제 고소하고, 언제 믿어야 하는지에 대한 본능적인 감각을 지니고 있었다. 스타 건축가 치고는 이례적으로 점잖은 게리는 준공식에서 데일리 시장을 가리켜 '세계에서 가장 비범한 시장'이라고 강조했다.[37] 장례식처럼 준공식은 다소 과장되게 그 공적을 치장하는 경향이 있기는 하다.

어쨌든 데일리 시장은, 더 단순한 시기에 시카고 시장을 역임했던 아버지와는 달리 조금 다른 능력을 가지고 재임시절에 자신의 임무를 유능하게 수행한 지도자였다.

다시금 우리의 초점을 앞서 살펴보았던 협력 사례인 의료보장시스템으로 옮겨서, 공공부문의 리더십을 서로 대조해 보자. 데일리 시장은 영리했고, 요령이 있었고, 강인했다. 하지만, 그가 상대하는 민간부문의 행위자들을 다루는 데 냉소적이거나 고지식하지 않았다. 그의 하급자들도 선별되었고, 시장과 비슷한 입장을 취하게 되었다. 그러나 의료서비스 정책과 관련된 리더십을 살펴보면 이와 유사한 점은 전혀 발견되지 않는다. 관련된 경력을 지녔거나, 해당 위원회에 오래 소속되어 있었던 몇몇 의원들은 의료 정책에 있어 상당히 전문가였다. 하지만, 대부분은 쟁점에 대한 친숙함, 초기의 편견, 정책의 이익이나 시민에 대한 대표성과는 상관없이 유권자나 후원자의 이익에 따라 투표했다. 하지만, 우리가 2010 PPACA(옮긴이, 2010년 통과된 미국의 의료보험 개혁 법안으로 환자보호 및 부담적정 보험법(Patient Protection and Affordable Care Act)을 가리킨다. 흔히 오바마케어라 부른다)에서 보았듯이, 무엇보다 이들에게 가장 중요한 것은 이념적 입장을 따르는 것이다.

각 집행부, 특히 보건복지부 장관이나, 메디케어메디케이드센터장과 같은 연방정부 고위 인사는 기술적 자격과 정치 성향을 함께 고려하여 임명된다. 민간부문을 대하는 그들의 견해는 효율적인 협력을 위한 냉정하고 분석적인 입장이 아니라, 주로 집행부의 특성[38]에 따라 본능적으로 의심하거나, 열렬히 환영하는 쪽으로 기울어지는 경향이 있다. 의료서비스 시스템에서 일상적으로 공공부문과 민간부문 사이의 관계를 관리하는 데 전문화된 관료는 주로 조사관, 계약 담당자, 회계 담당자이며, 그리고 경찰과 사무원 등의 다양한 직종의 직원들이다. 비록 그 인원이 소수이고, 법률과 규정이 직원들의 활동을 제약하고, 유능한 직원 채용을 어렵게 만드는 임금 격차도 존재하지만, 각자 그런대로 맡은 일을 잘해주고 있다. 그러나 완벽하게 합법적이지만, 상당한 비용을 발생시키는 민간부문의 수익재량(payoff discretion)과 선호재량(preference discretion)을 감지하거나 멈추기에는 그리 효과적이지는 않다.

마찬가지로, 의료보장시스템에서의 협력 방식은 생산재량(production discretion)의 편익이 극대화되게끔 구성되는 경우가 드물다. 우리는 정부 관료의 행위를 비난하거나 평가절하하려는 것이 아니다. 각 상황에 해당되는 규정을 적용하는 조립라인의 근로자처럼 스스로를 여길 것이 아니라, 공공가치를 창출할 수 있는 모든 기회를 놓치지 않기 위해 구체적인 상황에 자신의 전문성을 적용해 보는 기술자가 되어 주기를 바랄 뿐이다. 우리는 민간부문이 가진 재량이 제대로 관리되지 않아서 발생하는 피해로 얼룩진 미국의 의료보장시스템이 안타까울 뿐이다.

많은 경험적 연구는 정부의 의료보장에 대한 지출과 그 산출물 사이의 연관성이 취약함을 보여주고 있다. 실제로 메디케어 환자들은 정부가 민간 의료서비스 제공자들에게 가장 많은 비용을 지출하는 지역에서 오히려 최악의 서비스를 받는 경향이 있다는 사실이 확인되었다.[39] 이런 상황은 누구든지 본능적으로 탐욕과 무능이 결합한 결과라고 생각할 것이고, 우리도 그 결합이 존재한다고 인정할 수밖에 없다. 그러나 우리는 미국의 의료보장시스템에 존재하는 민간의 재량을 인정하지도 않고, 관리하지도 않는다는 것이 더 큰 문제라고 판단한다. 예를 들어, 수익재량은 진단영상의료 분야에서 비정상적으로 높다. 이 분야는 고비용이지만, 성과가 낮은 분야 중 하나다. 또 수익재량이 드러나는 부분은 '자기방어적 의료조치(defensive medicine)'인데, 환자에게 좋은 것이 아닌데도 의사가 의료과실로 인한 소송을 피하고자 필요하지 않은 진단이나 검사를 실시하는 것을 의미한다. 오히려 의사는 그 노력의 대가로 상당한 금액을 보전받는다. 전문분석가들은 이 같은 편법이 의료 지출의 약 5.4%를 차지한다고 추정한다.[40] 선호재량의 경우는 보통 환자들이 안전하다고 느끼는 일반적인 의료 조치보다는 특수 의료 조치로 변경되는 경우에 자주 나타난다. 이 변경은 특히 많은 미국인들의 임종 직전 중환자 집중 치료 시에 상당히 집중되는 경향을 볼 수 있는데, 이는 종종 환자나 보호자의 불편함을 덜어주기보다는 의사로서 최선을 다했다는 것을 보여주기 위한 조치의 형태다.[41]

그러나 시카고의 너무나 아름다운 문화적 유산과 타협성이 없기로 악명 높은 의료시스템을 나란히 놓는 것은 많은 사람들이 반대하기에 충분할 만큼 불공평하지 않은가? 한쪽은 공원에서 여유롭게 즐기는 산책길이지만, 다른 한쪽은 삶과 죽음의 갈림길이다. 한쪽은 등장인물이 많지 않고, 이해관계의 수준도 낮은 한 편의 드라마이지만, 다른 한쪽은 정치, 사회, 경제 부문이 서로 얽히고설킨 실타래가 여기저기로 뻗어나간 연속 드라마다. 한쪽은 몇 년 동안의 집중적인 노력이 모여 이루어진 결과지만, 다른 한쪽은 수십 년 동안 여러 행정부와 의회를 거치며 굽이쳐 흘러온 결과물이다.

우리는 밀레니엄 파크와 미국 의료보장시스템이 비교적 심각한 문제를 가지고 있다는 것을 암시하는 것이 아니다. 또한 오래된 철도 부지를 유용하게 활용한 시카고의 노력처럼 미국의 의료보장 정책이 단호하고, 우아하게 한 번에 해결될 것이라 절대 예상하지 않는다. 보건의료 정책은 비교하기엔 너무나 어렵고 큰 문제임에 틀림없다.[42]

그럼에도 불구하고, 이 책이 거의 마무리될 무렵에 이 서로 다른 사례를 대비하는 이유는 확실하다. 밀레니엄 파크가 조성될 때, 정부 관료는 이 책에서 충분히 설명한 것처럼 자신의 역할을 잘 이해했고, 그대로 이행했다. 즉, 상당한 재량을 발휘할 수 있는 민간 협력자의 행위를 완벽하게 통제하는 것이 아닌, 조정하는 역할을 수행했다. 관료들은 그 역할이 자신의 직무라고 이해했고, 정치도 이들에게 그 직무를 수행할 권한을 주었고, 이들은 자신의 직무를 잘 해냈다.

의료보장에 책임이 있는 관료들도 객관적으로는 이와 같은 전략을 취해야 한다. 그러나 그들이 훈련받아 체득한 것과 정치와 조직의 상황들은 마치 그들이 하는 일은 조금 다르고 단순한 것처럼 믿고 행동하게 만든다. 즉 그들은 계약만 체결하고, 자선 활동을 장려하되, 재량 공유로 인한 복잡성은 피하는 행동을 취한다. 수행해야 할 임무에 이들이 가진 도구는 적절하지 않다. 청진기가 필요한데 펜치를 들었고, 수술용 메스가 필요한데 해머를 가지고 있다. 이 도구로는 세심한 진단이나 정확한 절개가 불가능하다. 그리고 우리는 의료보장 정책이 협력보다는 계약과 자선활동의 문제라는 변명으로부터 기인하는 저조한 성과와 터무니없이 큰 비용을 견디고 있다. 우리는 더 잘할 수 있다. 그 일의 본질을 제대로 깨달으면 우리는 더 잘할 수 있다.

| 새로운 거버넌스 시대를 향하여 |

역사를 되돌아보면 미국은 시대적 고비마다 문제를 해결할 새로운 방법을 고안해 내며 회의주의자들을 무색하게 했다. 창의성, 유연성, 그리고 번뜩이는 기지로 결함을 보완하고, 위협을 무력화하며 우리에게 이런 능력이 있었나 싶을 정도로 스스로도 놀랐다. 1780년대, 독립한 소수의 영국 식민지가 이후 수세기 동안 서로를 결속하게 만든 새로운 형태의 정부를 만들 수 있을 것이라고 아무도 상상하지 못했다. 1940년대가 시작될 무렵, 외톨이 신생 국가가 세계대전 승리를 이끄는 결정적인 변화를 이끌어 내고, 더 나아가 세계를 평화롭게 재편할 것이라고는 아무도 상상하지 못했다. 1960년대에는 긴 기간

인종 문제로 분단되었던 나라가 몇 년 간의 격동의 시기를 거쳐 법전에서 차별을 철폐하고, 더 나아가 한두 세대 만에 그 마음과 영혼에서 인종차별을 씻어내는 진전을 이룰 것이라고는 아무도 상상하지 못했다. 상상하지 못했던 해결책으로 세상을 놀라게 하는 것이 바로 미국만의 특기다.

우리는 정부가 공공임무를 완수하는 데 필요한 지식과 자원을 모두 소유하고 있다는 것을 믿을 수가 없다. 그리고 우리는 정부가 떨쳐버린 부담을 시민이나, 기업가 혹은 비영리단체가 떠맡아 주기를 마냥 기다릴 수도 없다. 또한 우리는 민간 계약자가 옳은 일에만 전념할 것이라고 기대하며 공공임무와 공공 예산을 전부 넘겨 줄 수도 없다.

다행히, 위기 때마다 알맞은 해결책을 찾아냈던 경험이 우리에게 있다. 전국에 걸쳐 정부, 의회, 시청, 각종 회의실, 그리고 심지어 거실에서 조차도 새로운 형태의 협력이 이루어지고 있다. 실용주의와 연합이라는 유서 깊은 미국의 본능을 반영하여, 이 책에서 계속 설명해 온 혁신은 앞으로 나아갈 방향을 제시한다. 협력적 거버넌스(Collaborative governance)는 공공가치를 추구하기 위해서라면 공공부문과 민간부문, 영리단체와 비영리단체, 근로자와 자원봉사자 등 미국의 모든 역량을 활용한다. 협력적 거버넌스는 아무도 생각할 수 없었던 새롭고, 유연한 해결책을 만들기 위해 기업가 정신이 투철한 사람들의 예측할 수 없는 능력을 발휘시키도록 한다. 협력적 거버넌스는 공공임무에 민간의 참여를 장려하며, 책임과 함께 의무를 나눠 갖는 것에 대해서 긍정적이다. 협력적 거버넌스는, 공공임무를 완전히 비영리단체에 양도하는 것이나 공공 이익을 위한 기업의 사회적 책임(CSR)에 의존하는 것과는 달리, 국민의 우선순위를 인식하고 국민에게 설명해야 하는 정부의 핵심적인 역할을 유지한다. 또한 협력적 거버넌스의 프레임 내에서 영리단체든 비영리단체든 민간기관은 전통적으로 정부 고유의 영역으로 여겨졌던 곳에서 활동할 때 상당한 수준의 재량을 갖거나 가져야 한다.

협력적 거버넌스는 미국 전역으로 퍼졌다. 작은 지역사회의 소규모 작업부터 연방 최대 기관의 중요한 사업에 이르기까지 모든 수준에서 공공가치 창출을 위한 수단으로 채택되고 있다. 성공적인 협력을 위해서 두 당사자, 즉 정부 관료와 이들의 민간 협력자 모두 그 방법과 동기에 대해 충분히 이해해야 한다. 어느 한 쪽의 이해만으로는 충분하지 않다. 훌륭한 협력적 거버넌스라면 재량이 공유되기에 이에 대비하여 정부는 갖추어야 할 필요한 기술과 능력에 상당한 변화가 필요할 것이다. 단순히 보충하는 수준이 아니라, 변화가 필요하다. 정부 관료에 대한 관리는 핵심적인 거버넌스를 위한 기술의 필수요소가 될 것이다. 적합한 협력자를 선별하는 법, 다양한 종류의 행위자들로부터 공공가치 창출을 위해 조정하는 법을 아는 것이 더욱 중요해질 것이다. 이런 공공 관리를 위해서 계약, 협상, 재무, 공정한 보상, 감시, 결과에 대한 평가와 같은 다양한 분야에 정교한 이해가 필요할 것이다. 정부 관료가 협력 네트워크 내에서 시민의 이익을 효율적이고, 책임감 있게 대변하기 위해서는 다음에 열거된 능력을 완벽하게 체화해야 한다.

- **특정 임무를 민간부문에 위임할 경우, 공공가치를 더욱 증진할 수 있는지 여부를 판단한다. 이 판단은 정부의 역량에 대한 현실적인 판단으로부터 시작해야 한다.**

- **재량이 주어질 경우, 그 재량을 어떻게 사용할지, 공공가치를 창출하는 데 있어 얼마나 생산적일지를 고려하여 잠재적 협력자들을 차별화해야 한다.**

· 특정 임무를 민간부문에 위임함으로써 창출될 공공가치와 민간부문의 재량으로 인한 손실 사이의 균형을 추정해야 한다.

· 생산재량으로부터 얻게 되는 이익, 수익재량과 선호재량에 따른 손실의 정도와 특성을 세부사항까지 충분히 예측할 수 있을 만큼 잠재적 협력자의 목표, 제약 사항, 내부 역학 관계를 이해해야 한다.

· 생산재량의 제한은 느슨하게 하고, 수익재량과 선호재량은 엄격하게 제한하도록 구조화하고, 실행하며, 유지되도록 관리해야 한다.

· 사업을 수행하며, 다양한 수준에서 발생하는 여러 상황 속에서 공공의 순편익을 평가해야 한다.

· 민간 협력자가 자원, 정치적 영향력, 대중의 기대 면에서 공공부문을 훨씬 능가하더라도 효과적으로 그 협력을 관리해야 한다.

· 세심하게 확립한 구조라도 그 잠재력에 미치지 못할 때에는 내용을 수정하거나 대폭 변경해야 한다.

모든 정부 관료가 협력 방식을 고려하기 전에 이 모든 사항을 수행할 수 있는 준비가 완벽하게 되어 있어야 한다는 것은 아니다. 중요한 것은 상대적인 성과다. 정부가 직접 임무를 수행하는 경우에도 공공 관리를 위해 위 사항들은 필수 요소이지만 완전히 충족되는 경우는 드물다. 협력 초기에 즉각적인 결과를 기대해서는 안 된다. 초기의 노력은 협력의 기술을 학습할 수 있는 것에 그 가치가 있다. 우리는 정부의 각 기관이 경험을 쌓아 갈수록 그 결과가 향상되고, 한 경험에서 다른 경험으로 각각의 교훈들이 축적되고 옮겨가기를 기대한다.

협력 방식의 조정을 위한 기술은 일선의 공공 관리자보다는 기업 경영진, 벤처 사업가들이 주로 보유하고 있는 능력에 가깝다. 정부는 그런 능력을 기반으로 직원을 선별하고, 활용하고, 평가하는 데 익숙하지 않다. 필요한 기술은 대개가 개념적인 것이어서, 고전적인 공공 행정과는 상대적으로 관련성이 떨어지고, 오히려 경제, 제도분석, 게임이론, 의사결정 분석 등 결과에 대한 예측과 영향을 분석하는 상대적으로 진보적인 도구와 관련이 깊다.

게다가 개념적 정교함은 정책을 수립할 때뿐만 아니라, 실행 단계와 그 이후 과정에서 계속 필요하다. 실행하고자 하는 모델이 비교적 단순할 경우에는 정부는 최상위 수준의 분석 능력을 지닌 소규모 인재를 동원하여 그럭저럭 해나갈 수 있다. 정책연구소나 학계의 전문가들이 의사결정권자에게 바른 해결책을 제시해 줄 것이고, 정치 현실이 허용하는 한 그 해결책을 일선 관료들이 정책으로 시행하게 될 것이다. 그러나 협력적 거버넌스의 역할이 다방면에서 점차 커지며 확대되고 있기에, 정부 내에 세밀하고, 광범위하며, 지속가능한 분석 능력이 깊게 자리 잡을 수 있도록 해야 한다.

유능한 인력을 채용하여, 훈련시키고, 정부를 위한 협력적 거버넌스의 광범위한 활용을 위한 도전에 지속적으로 대응하는 것의 중요성은 강조해도 지나치지 않는다. 언급했다시피 창의성과 재능을 요구하는 혁신적인 모델에 대한 갈망은 미국의 역사적인 특징과 잘 맞아 떨어진다. 미국인들은 늘 새로운 방식으로 가치를 창출하기 위해 스스로 노력해 왔다. 항상 그래왔듯이, 공공부문과 민간부문의 각기 다른 역할에 대한 선입견을 버리고, 그 효과와 결과물에 대한 열린 마음을 소유한다면, 다시 한번 새로운 미래를 창조할 수 있다.

감사의 말

이 책의 초고와 선행 연구, 관련 사례들에 관해 동료들이 통찰력 있는 의견을 제시해 주었다. 특히 로버트 벤(Robert Behn), 데이비드 엘우드(David Ellwood), 아천 펑(Archon Fung), 토니 고메즈-이바네즈(Tony Gomez-Ibanez), 존 하이(John Haigh), 스티브 켈만(Steve Kelman), 마크 무어(Mark Moore), 말콤 스패로우(Malcolm Sparrow), 줄리 윌슨(Julie Wilson)에게 감사를 전한다. 또한 펜실베니아대학(University of Pennsylvania), 레알 콜레지오 마드리드(Real Colegio Madrid), 보코니 경영대학원(Bocconi Business School), 두바이 행정대학원(Dubai School of Government), 한국의 지식 포럼(Knowledge Forum in Korea), 칭화대학교(Tsinghua University)를 비롯한 하버드에서의 다양한 세미나와 포럼 참가자들과의 많은 교류를 통해 통찰을 얻었다. 특별히 바르셀로나대학(University of Barcelona)과 저마 벨(Germa Bel) 교수는 이 책의 몇 장을 작성할 수 있도록 안식년 기간 동안 좋은 공간을 제공해 주었다. 스티븐 브라이어(Stephen Breyer) 대법관은 우리에게 공공부문과 민간부문과의 관계에 대해 많은 것을 알려주었을 뿐만 아니라, 인상적인 서문을 작성해 주었다.

이 책이 발행될 수 있도록 많은 연구자료와 사례를 조사하고 정리해 준, 에릭 드릭스(Eric Driggs), 제이슨 엘리엇(Jason Elliot), 비키 지(Vicky Ge), 에스더 크로파(Esther Krofah), 벤 레노-베버(Ben Reno-Weber), 아신 샤(Ashin Shah), 세밀 샤(Semil Shah), 존 스완(Jon Swan), 닐스 워너펠트(Nils Wernerfelt)를 포함한 많은 연구원들의 도움에 진심으로 감사한다. 피터 장(Peter Zhang)은 상하이 외곽에서 이 책이 거의 완성되어

갈 즈음에 우리가 확인해야 할 많은 사항을 끊임없이 찾아내어 도움을 주었다. 패트리샤 가르시아-리오스(Patricia Garcia-Rios), 커스틴 룬드버그(Kirsten Lundberg), 수잔 로즈그랜트(Susan Rosegrant), 에스더 스콧(Esther Scott), 파멜라 바알리(Pamela Varley)는 이 책에서 제시하는 각종 사례를 연구하는데 기여해 주었다.

더글러스 시이즈(Douglas Sease)는 복잡성과 추상성을 추구하는 학문적 경향을 극복하고, 이 책이 전하고자 하는 의도가 명확해지도록 숙련된 도움을 주었다. 피터 도허티(Peter Dougherty)는 프린스턴대학출판사(Princeton University Press)를 운영하며 매우 분주한 시기를 보내면서도 편집자로서의 능력 발휘는 가히 인상적이었다. 로렌 르포우(Lauren Lepow)는 능숙하고 꾸준한 손길로 우리의 원고를 교정해 주었고, 로레인 도네커(Lorraine Doneker)는 이 책의 매력적인 표지를 디자인해 주었다. 우리의 오랜 조력자인 웬디 와이트(Wendy Wyatt)와 에리카 제프-레드너(Erica Jaffe-Redner)는 이 책이 여러 차례 어려움을 겪을 때마다 다시 일으켜주었다. 협력적 거버넌스(collaborative governance)를 위한 저자들의 오랜 협력을 기꺼이 참아주고 기쁘게 지지해 준 가족에게 감사한다. 이 책을 저술하는 기간 동안, 실제 가족을 만나는 횟수는 줄고, 가족이 아닌 공저자를 만나는 횟수는 늘었지만, 두 상황 모두 기쁘고 만족스러웠다.

우리는 프랭크 웨일(Frank Weil)에게 큰 마음의 빚을 가지고 있다. 그는 이 작업을 시작한 이후 수년 동안, 날카로운 안목을 가진 배우자이자 협력자인 데니(Denie)와 함께 그의 신념과, 무한한 에너지와 열정으로 이 작업을 지원해 주었다. 우리는 이 책이 공익을 증진시키는 협력적 거버넌스의 잠재력에 대한 그의 이상이 실현되는 데 조금이라도 도움이 되기를 간절히 바란다.

존 도나휴(John D. Donahue),
리처드 잭하우저(Richard J. Zeckhauser)

각주

| 제1장 |

01) Samuel E. Finer, History of Government (Oxford University Press, 1999)

02) 이 점에 대해서는 다음 문헌을 참고하라. Mancur Olson, The Logic of Collective Action: Public Goods and the Theory of Groups (Harvard University Press, 1965); Robert Axelrod, The Evolution of Cooperation (Basic Books, 1984); Oliver Williamson, Markets and Hierarchies (Free Press, 1975); and Ronald Coase, "Theory of the Firm," Economica 4 (1937). Coase와 Williamson은 모두 1991년과 2009년에 각각 노벨상을 받았다.

03) Robert Dahl, Who Governs? Democracy and Power in an American City (Yale University Press, 1961). Dahl과 Lindblom이 함께 쓴 'Politics, Economics, and Welfare'라는 책은 'polyarchy-controlled' 기관과 'price-system controlled' 기관과의 흥미로운 차이를 설명한다. 이들이 설명하는 polyarchy-controlled 기관은 정부 기관과 관련이 있지만, 협력적 거버넌스는 민간 기관을 이 영역으로 끌어들인다. 정치학 분야에서도 참고할 만한 내용이 많다. Robert Putnam, Making Democracy Work: Civic Traditions in Modern Italy (Princeton University Press, 1993). Bowling Alone: The Collapse and Revival of American Community (Simon and Schuster, 2000). John Elster, The Cement of Society: A Study of Social Order (Cambridge University Press, 1989). 전통적인 네트워크 관련 이론은 다음을 참고하라. David Knoke and James Kuklinski, Network Analysis (Sage Publications, 1982). Timothy Rowley, "Moving beyond Dyadic Ties: A Network Theory of Stakeholder Influences," Academy of Management Review 22, no.4 (1997). 특별히 협력적 거버넌스와 관련이 있는 네트워크 이론의 사례로서 Kevin McGuire는 informal network가 특별한 전문지식을 소유하고 영향력을 행사한다는 사실을 사법부를 통해 설명한다. Kevin McGuire, "Lawyers and the U.S. Supreme Court: The Washington Community and Legal Elites," American Journal of Political Science 37, no.2 (May 1993). 다음 자료는 목표의 일치가 왜 중요한지, 목표 일치가 어려울 경우 어떤 문제가 생기는지에 대한 흥미로운 의견을 제시한다. William G. Ouchi, "Markets, Bureaucracies, and Clans," Administrative Science Quarterly 25, no.1 (March 1980). 다른 주목할 만한 정치학 문헌은 다음을 참고하라. Julian LeGrand, Quasi-Markets and Social Policy (Palgrave Macmillan, 1990). Barry Bozeman, All Organizations Are Public: Bridging Public and Private Organizational Theories (Jossey-Bass, 1987). R.A.W. Rhodes, "The New Governance: Governing without Government," Political

Studies 44 (1996). Anne Schneider and Helen Ingram, "The Behavioral Assumptions of Policy Tools," Journal of Politics 52, no.2 (May 1990)

04) Carnegie Endowment의 Marina Ottaway는 국제 관계에서 협력적 거버넌스의 전형으로 여겨지는 Global Compact를 유럽 기업주의에서 유래하였으며 10년 내에 파시즘으로 변모할 가능성이 있는 것으로 규정하고 비판한다. Marina Ottaway, "Corporatism Goes Global: International Organizations, NGO Networks and Transnational Business," Global Governance: A Review of Multilateralism and International Organizations 7, no.3 (2001). 도시에서의 협력적 거버넌스에 대한 고전적인 논평은 다음을 참고하라. Lincoln Steffens, The Shame of the Cities (McClure, Philips, and Co., 1904). Jorg Raab and H. Brinton Milward, "Dark Networks as Problems," Journal of Public Administration Research and Theory 13, no.4 (2003), Julia Sass Rubin and Gregory M. Stankiewicz, "The Los Angeles Community Development Bank: Possible Pitfalls of Public–Private Partnerships," Journal of Urban Affairs 23, no.2 (2001)

05) 한 가지 좋은 예시를 위해 다음 자료를 제안한다. Jody Freeman, "Collaborative Governance in the Administrative State," UCLA Law Review 45, no.1 (October 1997). Martha Minow의 책은 주로 계약에 관련된 내용을 다루지만, 협력에 적용할 수 있기에 배울 점이 많다. Martha Minow, Partners, Not Rivals: Privatization and the Public Good (Beacon Press, 2002). 특히 Minow와 Freeman이 함께 편집한 책은 Government by Contract: Outsourcing and American Democracy (Harvard University Press, 2009)인데, 법조계가 이 주제에 대해 어떻게 인식하는지에 대한 좋은 개관을 제공한다. 다소 도발적이지만 또 다른 법적 관점 책은 다음 자료를 참고하라. Jochai Benkler, The Wealth of Networks: How Social Production Transforms Markets and Freedom (Yale University Press, 2006)

06) 이미 시장과 계층제에 관한 Williamson의 문헌을 언급했지만, 좀 더 최근의 자료를 추천하고자 한다. Oliver E. Williamson"The New Institutional Economics: Taking Stock, Looking Ahead," Journal of Economic Literature 38 (September 2000). Williamson은 경제활동의 조직 관점에서 시장과 기업의 상대적 장점에 대해 탐구했다. 반면 우리 책에서는 공공부문과 민간부문을 넘나드는 조직의 활동을 살펴볼 것이다. Agency–theory이 상당히 중요한 이유이기도 하다. Agency–theory에 대한 문헌은 상당히 방대하지만, 자신 있게 다음 자료를 추천한다. John Pratt and Richard Zeckhauser, eds., Principals and Agents: The Structure of Business (Harvard Business School Press, 1985). Alliance theory에 대해서는 다음 자료를 참고하라. Mancur Olson and Richard Zeckhauser, "An Economic Theory of Alliances," Review of Economics and Statistics 48, no.3 (August 1966): 266–279. Todd Sandler, Collective Action: Theory and Applications

(University of Michigan Press, 1992). 사회학자 Victor Nee는 Williamson과 Mancur Olson가 개발한 개념을 이용하여 경제학을 넘어서는 크로스오버 작업을 수행했다. Victor Nee, "Norms and Networks in Economic and Organizational Performance," American Economic Review 88, no.2 (May 1998)

07) 그 예시를 위해 다음 자료를 참고하라. Farok Contractor and Peter Lorange, eds., Cooperative Strategies in International Business (Lexington Books, 1988). Bruce Kogut, "Joint Ventures: Theoretical and Empirical Dimensions," Strategic Management Journal 9 (1988). Organization Science 특별판에 소개된 다음 자료를 참고하라. Mitchell Koza and Arie Lewis, "The Co-Evolution of Strategic Alliances"; Africa Ariño and José de la Torre, "Learning from Failure: Towards an Evolution Model of Collaborative Ventures". Anoop Madhok and Stephen B. Tallman, "Resources, Transactions and Rents: Managing Value through Interfirm Collaborative Relationships": Organization Science 9, no.3 (May-June 1998). 아울러 다음 자료도 참고하라. Ken G. Smith, Stephen J. Carroll, and Susan J. Ashford, "Intra- and Interorganizational Cooperation: Toward a Research Agenda," Academy of Management Journal 38, no.1 (February 1995)

08) 이 분야의 연구들은 질적인 면에서 너무나 다양하지만, 상대적으로 매우 훌륭한 자료를 하나 꼽는다면 다음 자료를 추천한다. Harvey Brooks, Lance Liebman, and Corrine Schelling, eds., Public-Private Partnership: New Opportunities for Meeting Social Needs (Ballinger, 1984). 다음 자료는 주로 내부 협력을 다루지만, 우리가 이 책에서 발전시키고자 하는 학문적 전통의 상당부분을 다루고 있다. Eugene Bardach, Getting Agencies to Work Together: The Practice and Theory of Managerial Craftsmanship (Brookings Institution Press, 1998). 다음 자료들도 비슷한 분야를 다루고 있다. Stephen Rathgeb Smith and Michael Lipsky, Nonprofits for Hire: The Welfare State in the Age of Contracting (Harvard University Press, 1995). John D. Donahue, The Privatization Decision: Public Ends, Private Means (Basic Books, 1989) and parts of The Warping of Government Work (Harvard University Press, 2008). 또 다른 주목할 만한 공공관리에 관련된 문헌은 다음 자료를 참고하라. Barry Bozeman, All Organizations Are Public: Bridging Public and Private Organizational Theories (Jossey-Bass, 1987). David Osborne and Ted Gaebler's Reinventing Government (Addison-Wesley, 1992). Donald Kettl, The Next Government of the United States (Norton, 2008). Phillip Cooper, Governing by Contract: Challenges and Opportunities for Public Managers (Congressional Quarterly Press, 2003). Lester Salamon's edited The Tools of Government: A Guide to the New Governance (Oxford University Press, 2002). Salam-

on and Ruth Hoogland, "Purchase-of-Service Contracting," pp.319 - 339. Steven J. Kelman, "Contracting," pp. 282 - 318. Paul L. Posner, "Accountability Challenges of Third-Party Government," pp.523 - 551. 우리의 의견과 어느 정도 부합하거나, 생산적인 관점에서 다소 대조되는 의견들은 다음의 자료를 참고하라. Donald Kettl, The Transformation of Governance (Johns Hopkins University Press, 2002). Stephen Goldsmith and William D. Eggers, Governing by Network: The New Shape of the Public Sector (Brookings Institution Press, 2004). R. Scott Fosler, Working Better Together: How Government, Business, and Nonprofit Organizations Can Achieve Public Purposes through Cross-Sector Collaboration, Alliances, and Partnerships (Independent Sector, 2002). Chris Huxham, "Theorizing Collaboration Practice," Public Management Review 5, no.3, 2003. Ann Marie Thomson et al., "Conceptualizing and Measuring Collaboration," Journal of Public Administration Research and Theory 19, no.1 (2009). David Van Slyke, "Agents or Stewards: Using Theory to Understand the Government-Nonprofit Social Service Contracting Relationship," Journal of Public Administration Research and Theory 17, no.2 (2007). Barbara Crosby and John Bryson, "A Leadership Framework for Cross-Sector Collaboration," Public Management Review 7, no.2 (2005). Keith Provan and H. Brinton Milward, "A Preliminary Theory of Interorganizational Network Effectiveness," Administrative Sciences Quarterly 40 (1995). Rosemary O'Leary and Lisa Blomgren Bingham, eds., The Collaborative Public Manager: New Ideas for the Twenty-first Century (Georgetown University Press, 2009)

09) 이 비율은 예산관리국의 자료를 토대로 계산되었다. 다음을 참고하라. Office of Management and Budget, Budget of the United States, Fiscal Year 2010, historical table 15.4, and U.S. Department of Commerce, Bureau of Economic Analysis, National Income and Product Accounts, table 3.10.5, both accessed on-line in late May 2010

10) John D. Donahue, "The Wrong Question about Business and Government," Governing, April 28, 2010

11) '공공'과 '민간'의 애매한 경계는 명확성을 저해하는 고질적인 원인이다. 한 세대 전에 다음의 두 학자는 '공공과 민간의 차이를 정의하기 위해 경쟁적으로 많은 접근법이 사용되었고, 각각은 다른 의미를 내포했다. ... 혼란을 피하기 위해서라도 그 정의는 향후의 연구 방향을 고려해야 한다'고 분석한 바가 있다. James L. Perry and Hal G. Rainey, "The Public-Private Distinction in Organization Theory: A Critique and Research Strategy," Academy of Management Review 13, no.2 (1988): 185. 이는 꽤 합리적인 주장이기는 하나, 종종 다른 학자들에 의해 비난을 받기도 하고, 일반적으로 무시된다.

12) 텍사스의 감사관은 과도한 이단성을 근거로 미국에서 가장 오래된 종파 중의 하나인 Unitarianism에 대해 세금 면제 지위를 박탈하려고 했다. 그러나 지역에서의 가벼운 저항과는 달리 전국적으로 조롱거리가 된 후에야 재검토하기로 했다. Ken Herman, "Unitarians Get Religious Status aft er Intercession," Austin American-Statesman, May 25, 2004, p.B-1

13) 우리는 Mark H. Moore가 엮은 책의 한 부분을 통해 항만 보호에 대한 상세한 내용을 설명한다. 다음을 참고하라. Mark H. Moore, Ports in a Storm: Public Management in a Turbulent World, Brookings Institution Press, Ash Institute for Democratic Governance and Innovation, 2012

14) http://www.harrisinteractive.com/harris_poll/index.asp?PID=940

15) http://www.harrisinteractive.com/harris_poll/pubs/Harris_Poll_2009_01_13.pdf

16) Howard Pollack, George Gershwin: His Life and Work (University of California Press, 2007), p.188

| 제2장 |

01) 놀랍게도, 정부는 수천 년 동안 공공재를 제공해 왔지만, 실제 공공재 개념의 기초에 대해서는 Paul Samuelson이 1954년 'The Pure Theory of Public Expenditure'를 쓰기 전까지는 이해가 부족했었다. 미국인 최초로 노벨경제학상을 수상했던 Samuelson은 이 책이 거의 완성될 무렵인 2009년 12월에 타계했다. Paul Samuelson, The Pure Theory of Public Expenditure, Review of Economics and Statistics 36, no.4: 387-389

02) 정부 스스로가 국민의 대리인이라는 점에서 실제로 더 복잡한 것이 사실이다. 이 책이 제시하는 몇 가지 사례를 통해 이 대리 관계가 합리적으로 잘 작동하고 있다는 것을 확인하고, 또 다른 사례를 통해 정부와 민간 대리인 간의 관계에서 국민의 이익을 보호하려는 정부의 의지가 저하될 수 있는 상황을 확인하게 된다.

03) 1970년부터 2008년까지 기간의 평균은 31%였다, 전체 경제가 위축되고 비상조치가 공공지출을 증가시켰던 2009년에는 36.1%에 이르렀다. 그러나 이 급상승은 향후 몇 년 동안만 지속될 것으로 예상한다. Office of Management and Budget, Budget of the United States Government, Fiscal Year 2011, historical table 15.3.

04) 사실 협력을 결정하는 과정은 좀 더 미묘하다. 비용과 위험성이 작은 편이라면, 실질적으로 더 나은 결과를 얻을 가능성이 적어도 협력할 가치가 있다. 더 중요한 것은 협력이 성공적이어서 널리 전파될 수 있는 경우라면, 리스크가 큰 협력 실험도 해 볼 만하다는 점이다.

05) 이에 반해 주립대학들은 상당히 예외적으로 보인다. 이들은 정부로부터 운영을 위한 대부분

의 예산을 지원받고 있지만, 거기에 더해 동문으로부터 상당한 기부금을 받고 있다. 주립대학 중 기부금 규모가 가장 큰 곳은 University of Texas system으로 116억 달러, University of California system은 52억 달러에 이른다. 모교에 기부하는 행위는 일반적인 관례이면서, 대부분의 기부금은 민간 재단이 소유하고, 사용에 대한 책임을 진다. 민간재단은 이 기부금을 일반 용도로 사용하지 않고, 운동부 운영이나 학생 장학금 용도로 사용한다.

06) 이 광범위한 두 가지 이유는 보통 함께 작용하는 경우가 많다. 개인과 기관은 자신들이 참여함으로써 더 나은 결과를 낳게 될 것이라 기대하고, 그 결과 상당한 수익이 창출될 것으로 예상하기에 자신들의 자원을 더 투자하려는 의지를 가질 것이다.

07) John D. Donahue, "Parks and Partnership in New York City A: Adrian Benepe's Challenge" (Harvard University, Kennedy School of Government Case Program, 2004), Rebuilding Central Park: A Management and Restoration Plan (MIT Press, 1986)

08) Public Law 105-220, 112 Stat. 936

09) Chap.1, sec. 111, (b) 3; chap. 2, sec. 117

10) Chap.5, sec. 134

11) 이 같은 관점은 다음 자료를 참고하라. John D. Donahue, Lisa Lynch, and Ralph W. Whitehead, Jr., Opportunity Knocks: Training the Commonwealth's Workers for the New Economy (Massachusetts Institute for a New Commonwealth, 2000). 좀 더 자세한 평가를 위해서는 다음 자료를 참고하라. Larry L. Orr et al., "Does Training for the Disadvantaged Work? Evidence from the National JTPA Study" (Apt Associates, Bethesda, MD, 1994)

| 제3장 |

01) 정부 직영과 위탁 계약 간 선택의 기본 조건에 대해서는 다음 문헌이 잘 설명해 준다. John D. Donahue, The Privatization Decision: Public Ends, Private Means (Basic Books, 1989), chap.5

02) 효과적인 계약 체결이라는 것은 어려운 과제다. 정부는 다양한 위험에 직면하게 되는데, 요구 사항에 오류가 있거나, 요구 사항을 계약 조건으로 옮기는 과정에서 실수하기도 하고, 경쟁 업체 중에서 잘못 선택하기도 하며, 제공자의 성과 모니터링에 실패하기도 한다. 보안 업무나 보안 장치와 같은 계약에서는 계약상의 주된 임무 자체가 발생가능성이 낮은 사건으로부터 안전하게 보호하는 일이다. 실제 그 사건이 일어나지 않는다면 전례가 없기 때문에 배울 수 있는 교훈도 없다. 그래서 미국이 911 사태에서 보았듯이, 2001년 민간 항공 보안 회

사의 경우처럼, 효과적인 모니터링이 없는 경우, 재난이 발생한 후에야 비로소 그 부재가 드러난다.

03) 이 일반적인 주제는 규격 기준을 넘어 성과 기준을 선호하는 것과 관련하여 규제와 관련 문헌에서 다루어진다. 성과 기준은 규제 대상 기업에게 규정의 요건을 가장 잘 충족할 수 있는 방법을 결정할 수 있는 능력을 준다.

04) 이솝 우화 원전에서는 네 종류의 동물이 등장하는데, 사자가 결국 모든 것을 차지한다. 우리는 주로 두 종류의 동물, 즉 정부와 정부의 민간 협력자를 다루고, 가장 큰 몫을 의미하는 '사자의 몫(Lion's share)'을 다룬다.

05) 다른 당사자들에 의한 손익합계가 '0'이 되어야 할 필요는 없다. 실제로 기업이 시장지배력을 얻기 위해 기업의 재량을 활용한다면, 다른 기업들은 얻는 것보다 잃는 것이 더 많을 것이다.

06) 우리는 정보를 제공해 준 Recovery Engineering의 CEO인 Brian Sullivan에게 감사한다. 그의 논문 지도교수였던 Zeckhauser는 회사의 이사로 재직했다.

07) 생산 계약 입찰에 참여하려고 했던 다른 회사들은 정확하게 추정할 수 없는 비용까지 입찰가에 포함했어야 했다. Recovery Engineering이 가진 정보는 확실하게 일부 경쟁자들을 포기하게 만들었고, 정보가 부족한 다른 회사들에게는 생산 단계의 입찰가를 매우 높게 책정하게 만들었다. 회사의 경쟁자들은 게임이론가들이 명명한 '승자의 저주(Winner's curse)'를 피하기 위해 노력했다. 이 승자의 저주는 전통적인 '고가 낙찰' 경매에서 낙찰 받은 사람들이 흔히 겪게 되는 불행이다. 이는 다른 모든 사람이 승자보다 낮은 평가를 했고, 이에 따라 품질과 가치에 대한 견적이 낮아졌어야 함에도 승자는 적절한 추론에 실패했다는 것을 의미한다.

08) 우리의 휴대용 담수화 기기에 대한 이야기는 Recovery Engineering 회사, 소비자, 그리고 정부에 이르기까지 정말 좋은 결과를 가져왔다. 결국 군사용 특수 정수 기기로 초기 성공을 거두고, 더 큰 시장인 가정용 정수기 시장에 진출해서 PUR 브랜드를 런칭했다. 당시 Brita라는 업체가 이례적인 점유율을 가지고 있었던 시장에 경쟁을 촉발해 소비자에게 유리한 낮은 가격과 품질 향상을 유도했다. 그 회사는 결국 고용인원 700명의 회사로 성장했고, 1999년 Procter & Gamble 회사에 매각되었다.

09) 언급을 공정하게 한다면, BP 기름 유출 사건 담당 책임자, Thad Allen 장군은 카트리나 이후 복구 과정에서 Federal Emergency Management Agency의 임시 대표로서 재해 대응에 광범위한 경험을 가지고 있었다.

10) 우리 중 한 명이 개교에 참여했던 차터스쿨에서는, 주(州) 전체를 대상으로 표준 시험이 일반적으로 학생들에게 경멸의 대상이었고, 똑똑한 학생들조차 그 시험에 진지하게 응시하지 않는 것을 자랑스럽게 생각했다.

11) 우리가 만일 각자 잘 쓸 수 있는 부분을 서로에게 할당했다면, 이 책의 문체는 앞뒤가 서로 달랐을 것이다. 우리는 각자의 선호가 잘 반영될 수 있도록 모든 항목에 대해 집중적으로 협력했다. 사실 정부가 이렇게 협력을 추구했다면 상당한 비용이 들었을 것이다.

| 제4장 |

01) 이를 일컬어 저자 중 한 명은 시장 경제를 특징짓는 intensive accountability과 정부를 특징짓는 extensive accountability의 차이라고 규정했다. 다음 자료를 참고하라. John D. Donahue, The Warping of Government Work (Harvard University Press, 2008), chap.5., "The Right Kind of Accountability," Governing, April 16, 2008

02) Katherine McIntire Peters, "U.S. Port Security Measures Cover the Waterfront," Government Executive, September 10, 2004

03) U.S. Government Accountability Organization report GAO-04-838, "Maritime Security: Substantial Work Remains to Translate New Planning Requirements into Effective Port Security" (June 30, 2004), p.4

04) U.S. Government Accountability Office, "Nuclear Waste: Action Needed to Improve Ac-countability and Management of DOE's Major Cleanup Projects," GAO-08-1051 (September 2008)

05) 핵폭발물 공장이 Denver 인근에 위치해 있다는 사실을 보여주는 놀라운 사진은 다음 자료의 47페이지를 참고하라. Kim Cameron and Marc Lavine, Making the Impossible Possible: Lessons from the Cleanup of America's Most Dangerous Nuclear Weapons Plant (Berrett-Koehler Publishers, 2006)

06) Ibid., p.55

07) Ibid., pp.69 - 70

08) U.S. Government Accountability Office, "Nuclear Cleanup of Rocky Flats: DOE Can Use Lessons Learned to Improve Oversight of Other Sites' Cleanup Activities," GAO-06-352 (June 2006), p.8

09) Chap.3 of Cameron and Lavine, Making the Impossible Possible (pp.75 - 99). 이 자료가 좀 더 심도 있는 내용을 말해준다. 다만 칭송 일색의 내용은 약간은 피상적이면서, 협력에 있어서는 민간 행위자에게 초점이 주로 맞추어져 있다.

10) U.S. Government Accountability Office, "Nuclear Cleanup of Rocky Flats," pp.4 - 5, 17, 20 - 22, 56 and Cameron and Lavine, Making the Impossible Possible, chaps.6 and 7

11) U.S. Government Accountability Office, "Nuclear Cleanup of Rocky Flats," p.4

12) Ibid., p.26

13) Ibid., pp.20 - 22

14) Ibid., pp.7, 39 - 40

15) NASA는 원래 관리감독을 원했으나, 결국 Insight라 불리는 단계로 옮겨갔다. 이는 계약자

에게 많은 재량을 허용하게 되는 강도가 낮은 모니터링 형태였다. 일부 우주왕복선 관리자들은 NASA와 USA 간의 지식 격차가 운항 안전을 위태롭게 할 것을 심각하게 우려하면서 위임을 취소하거나, 왕복선 운영에 있어 보다 종래의 방식으로 회귀하여 의사결정권한을 재결합해 달라고 요청했다.

16) 이 단락은 다음 자료를 참고하여 작성하였다. Gunnar Arbman et al., "Eliminating Stockpiles of Highly Enriched Uranium", Swedish Nuclear Power Directorate (April 2004)

17) Ibid., pp.5 and 8

18) 이 단락은 Nunn-Turner Initiative가 발간한 자료를 토대로 작성되었다. 다음의 웹 페이지를 참고하라. http://www.nunnturnerinitiative.org/db/nisprofs/russia/fissmat/heu-deal/heudeal.htm (2006년 2월 접속)

19) Richard A. Falkenrath, "The HEU Deal and the U.S. Enrichment Corporation," Non-proliferation Review, Winter 1996, p.62

20) 이 단락의 통계와 역사적 사실에 대해서는 다음 자료를 참고하라. Marc Humphries, "Privatizing the United States Enrichment Corporation," CRS Issue Brief 95111 (Congressional Research Ser-vice, December 4, 1996). USEC로 전환 당시 Energy Department 소속의 다른 부서와 마찬가지로 외주 계약을 통해 많은 업무가 진행되고 있었으며, 160여 명의 정부 관료들이 계약을 통해 실제 농축 시설을 운영하는 Lockheed-Martin 소속의 수천 명의 근로자들을 감독하고 있었다.

21) Quoted in Eric Moses, "Uranium, Inc.," Government Executive, April 1, 1997

22) Ibid.

23) Ibid.

24) Terry Langeland, "Megatons to Mega-problems," Bulletin of the Atomic Scientists 58, no.3 (2002): 54

25) David M. Schanzer of Janney Montgomery Scott, quoted in Daniel Gross, "Turning Arms into Energy, If Not Much Cash," New York Times, January 13, 2002, sec.3, p.4

26) 금액은 다음 자료를 참고하라. Langeland, "Megatons to Mega-problems," p.54. GAO의 가치 평가 금액은 다음 자료를 참고하라. Humphries, "Privatizing the United States Enrichment Corporation."

27) Langeland, "Megatons to Mega-problems," p.55

28) Ibid.

29) 세부 내용은 다음 자료를 참고하라. Nancy Dunne, "U.S., Russia Set for Uranium Deal," Financial Times, February 26, 2006, p.6. 그리고 Kenneth Bredemeier, "A Nuclear Power Fissure," Washington Post, August 19, 2002, p.E-1

30) Langeland, "Megatons to Mega-problems," p.56, Falkenrath, "The HEU Deal and the U.S. Enrichment Corporation," p.63
31) Friedrich Nietzsche, "The Wanderer and His Shadows," in Human, All Too Human: A Book for Free Spirits, trans. R. J. Hollingdale (Cambridge University Press, 1996), p.360
32) 미 교육부는 차터스쿨을 "주 입법부 또는 기타 관련 당국이 승인한 헌장에 따라 무상으로 공공의 초등 및 중등 교육을 제공하는 기관"으로 정의한다. National Center for Education Statistics Statistical Analysis Report, Overview of Public Elementary and Secondary Schools and Districts: School Year 2001-02 (U.S. Department of Education, May 2003), Glossary of Key Terms.
33) Data from U.S. Department of Education, National Center for Education Statistics, National Assessment of Educational Progress, Long-Term Trend Assessment at http://nces.ed.gov/nationsreportcard/ltt/results2004 (2005년 12월 접속)
34) 차터스쿨은 현재 지출에 대해서만 충당할 수 있는 주정부와 지방정부 교부금에 의존하기 때문에 일반적으로 재정적으로 불리한 조건을 가지며 자본비용의 어려움에 늘 처해 있다. 이와 반대로, 차터스쿨은 종래의 공립학교에 비해서 보조금이나 기부금을 확보하기에는 어느 정도 유리한 상황이다.
35) 이 학교의 웹 페이지는 다음을 참고하라. http://www.agassiprep.org/. 애거시의 자서전에도 학교에 대한 자부심과 열정을 표현했고, Shaquille O'Neal, Lance Armstrong, Muhammad Ali가 어느 때든지 학교를 들를 수 있다고 설명했다. Open: An Autobiography (Alfred A. Knopf, 2009), p.381
36) Stanford University에서 수행한 CREDO(2009) 연구는 차터스쿨에 대해 가장 부정적인 입장을 가진 연구였다. 이 연구는 16개 주에서 취합된 여러 자료를 보여준다. 5개 주에서는 차터스쿨이 종래의 공립학교를 능가했으며, 6개 주에서는 반대로 저조했다. 다음 웹 페이지를 참고하라. http://credo.stanford.edu/reports/MULTIPLE_CHOICE_CREDO.pdf
37) 원칙적으로 이 같은 업무는 상당히 쉽게 외주 계약이 가능하지만, 실무상으로 그렇게 흔하지는 않다. 이 내용에 대한 몇몇 자료와 의견에 대해서는 다음을 참고하라. Donahue, The Warping of Government Work, 101-136
38) Chester Finn은 '차터스쿨은 학교 운영의 결과에 대해 교육당국에 설명하고 책임져야 하는 입장이지만, 자신들이 생각하는 대로 그 결과를 자유롭게 만들어 낼 수 있는 입장이기도 하다'라고 설명한다. Chester Finn, Jr., et al., Charter Schools in Action (Princeton University Press, 2000), p.15
39) Ibid., pp.70-71
40) SRI International, "Evaluation of the Public Charter Schools Program: Final Re-

port," Report prepared for the Office of the Deputy Secretary (U.S. Department of Education, November 2004), p.32. 2002년 현재 거의 1/5에 달하는 차터스쿨이 일부 서비스를 관리 회사에 위임하고 있다. 다음 자료를 참고하라. Alex Molnar et al., Profiles of For-Profit Education Management Organizations 2004 - 05, Seventh Annual Report (Education Policy Studies Laboratory, Arizona State University, Tempe, Arizona, April 2005), p.13, table 2

41) 이 같은 관점으로는 한 가정이 선택하는 교육의 정의가 무엇이든 그 지역사회는 이를 수용하고, 한 아이에게 할당된 특정한 몫을 소비하도록 할 뿐이다. 정부의 K-12 교육을 위한 공공지출이 이 같은 관점을 근거로 한다면, 학생들을 끌어들일 만한 교육비전만 있다면 그것이 무엇보다 가장 가치 있는 것이므로 차터스쿨의 선호재량은 실제 아무런 문제가 되지 않는다. 그러나 이 관점이 교육을 위한 공공지출의 유일한 근거라고 한다면, 순수하게 교육 바우처를 지급하는 것이 오히려 더 간단하고 동일하게 유효한 개혁 전략이 될 수 있다는 점을 주목해야 한다.

42) 만일 시험점수가 차터스쿨의 성과를 정확하게 측정하는 도구이고, 건실한 책임구조가 차터스쿨로 하여금 그 시험성적을 극대화하도록 동기를 부여한다면, 선호재량은 매우 사소한 문제가 된다. 차터스쿨의 교사와 관리자가 민족적 자긍심, 소크라테스 문답법, 파닉스, 자존감, 전통 가치, 예술적 창의성, 에스페란토 등 어느 것을 내면적으로 가장 가치 있게 여기는지는 전혀 중요하지 않을 것이다. 그들은 자신들의 선호를 억압하거나 시험성적에서 고득점이 나오도록 조정할 것이다. 그러나 정당한 교육의 범위가 넓어질수록 관리의 복잡성은 더 커지며, 이는 시험성적은 교육 측면에서 아주 조그만 부분만을 다루는 것임을 암시한다.

43) 추첨에서 탈락하여 선발되지 못한 학생들의 낮은 성적은 열등한 교육에 따른 것이 아닌, 선발되지 못한 좌절감이 가져오는 효과일 수도 있다는 비판이 있을 수도 있다. 만일 그렇다면, 승자들의 낮은 성적은 게으름 때문일지도 모른다고 다시 비판받을 수 있다.

44) U.S. Government Accountability Office, Report to the Secretary of Education, "Charter Schools: To Enhance Education's Monitoring and Research, More Charter-School Level Data Are Needed," GAO-05-5 (January 2005), p.21, table 4

45) SRI International, "Evaluation of the Public Charter Schools Program: Final Report," p.18

46) Ibid., p.38 and p.50, exhibit 4-8. American Federation of Teachers의 연구에 따르면 캘리포니아와 코네티컷 주의 경우처럼, 비교적 감독이 보다 엄격한 곳에서는 감독 수준이 비교적 낮은 지역(텍사스, 애리조나, 미시간, DC, 콜로라도)보다 차터스쿨의 성과가 평균적으로 우수했다. F. Howard Nelson et al., "Charter School Achievement on the 2003 National Assessment of Educational Progress" (American Federation of Teachers, August 2004), 13 - 15, tables 8 and 9

| 제5장 |

01) George J. Stigler, "The Economics of Information," Journal of Political Economy 69, no.3 (1961): 213-225, Joseph E. Stiglitz, "The Contributions of the Economics of Information to Twentieth Century Economics," Quarterly Journal of Economics 115, no. 4 (2000): 1441−1478. George Akerlof, Kenneth J. Arrow, A. Michael Spence가 이 분야에 큰 기여를 했으며, 그 업적으로 인해 노벨상을 받았다.

02) 인력개발에 접근하는 미국만의 특징적인 협력 방식의 장단점에 대한 이론적, 경험적 문헌들은 상당히 많다. 경험적 연구의 훌륭한 개관은 다음 자료를 참고하라. Howard Bloom et al., "The benefits and Costs of JTPA Title II−A Programs: Key Findings from the National Job Training Partnership Act Study," Journal of Human Resources 32, no.3 (Summer 1997): 549-576

03) Cary Coglianese and David Lazer, "Management−Based Regulatory Strategies," in Market−Based Governance: Supply Side, Demand Side, Upside and Downside, ed. John D. Donahue and Joseph S. Nye, Jr. (Brookings Institution Press, 2002)

04) 1970년대부터 1990년대까지 Richard Zeckhauser와 함께 강의했던 대법관 Breyer의 하버드 로스쿨 강연 중의 언급이다. Cooperative Compliance Program의 기본적인 배경과 정보는 다음 자료를 참고하라. "Motivating Job Safety," chap. 10 of Making Washington Work: Tales of Innovation in the Federal Government, ed. John D. Donahue (Brookings Institution Press, 1999)

05) Quoted in ibid,, p.123

06) Susannah Zak Figura, "Safer Days Ahead," Government Executive, March 1, 2000

07) 각 부문은 각자가 분담하는 업무를 처리하기 위해 일련의 결정 과정을 마주하게 된다. 공공부문 내에서는 연방정부, 주정부 및 지방정부가 어떻게 책임을 나눌 것인지, 군대와 민간 경비대와는 어떻게 나눌 것인지를 결정해야 한다. 민간부문 내에서는 각 회사가 각자의 보안을 책임질 것인지, 업계 전반에 걸친 위협에 대해서 공동 대응할 것인지를 결정해야 한다.

08) From "Politics as a Vocation," in From Max Weber, ed. H. H. Gerth and C. Wright Mills (Oxford University Press, 1946), p.78

09) Thomas Hobbes, Leviathan (Oxford University Press, 1881), p.95

10) The Pennsylvania Associators figure in David Hackett Fisher, Washington's Crossing (Oxford University Press, 2004). Their origins and organization are described on pp.26-28

11) Robert H. Patton, Patriot Pirates: The Privateer War for Freedom and Fortune in the American Revolution (Pantheon Books, 2008)

12) Peter Singer, Corporate Warriors (Brookings Institution Press, 2002)

13) 때로는 공공부문이냐 민간부문이냐의 구분이 그 개념에 비해 중요성이 떨어지기도 한다. Paul DiMaggio와 Walter Powell은 유사한 기능을 수행하는 기관은 각자의 공식적인 구조가 어떠하든지 유사한 운영 모델을 가진다고 주장한다. 다음 자료를 참고하라. Paul J. DiMaggio and Walter W. Powell, "The Iron Cage Revisited: Institutional Isomorphism and Collective Rationality in Organizational Fields," American Sociological Review 48, no. 2 (1983): 147-160

14) 2001년 9월 11일 이전보다 보안 수준은 더 향상되었을 가능성이 있다(물론 그 이전과 이후 모두 비행기 납치 사건이 드물기 때문에 전반적인 위험 수준과 대비 정도를 판단하기는 쉽지 않다). 하지만, 안전성의 향상을 위해 비용을 대폭 증가시킬 가치가 있는지, TSA 운영이 민간 보안 시스템을 개선하여 활용하는 것보다 효과가 훨씬 좋은지 여부에 대한 판단은 명확하지 않다. 이전의 계약 방식에 총체적인 결함이 있었다 하더라도 더 견고한 방식으로 구조화하는 것이 불가능하지는 않다. 필수사항들은 손쉽게 명시할 수 있다. 모든 승객과 모든 수하물을 점검하여 어떠한 무기도 비행기에 반입되지 않도록 하는 것이다. 계약 조항을 통해 보안 검색 요원의 자격 요건을 두어, 자국민, 학사학위 소지자, 정신과의사, 무술 유단자 또는 필수적이라고 판단되는 요구조건을 명시할 수 있다. 평가는 오히려 계약을 통해 위임된 다른 많은 기능보다 간단한 편이다. 보안 검색 요원의 성과는 X-ray 검사 등을 통해 총, 칼, 폭탄 등을 걸러내기 위해 일상적으로 사용되는 기기장치를 통해 쉽게 측정할 수 있다. 사복을 착용한 조사단이 모형 무기나 폭탄을 소지하고 보안 검색대를 통과하는 방식을 통해 평가하고, 원하는 수준의 보안이 이루어지지 않는 경우 재정적 벌칙을 부과하거나 계약업체를 교체하는 등의 방식을 활용할 수도 있다. 이미 여러 대기업들이 이 분야에 진출해 있으며, 상대적으로 진입이 쉬운 탓에 다른 아웃소싱 분야보다 경쟁이 치열한 편이다. 이 같은 방식은 단순히 가능성 있는 방법을 제안하는 것이 아니다. 테러에 익숙한 유럽 국가에서 이미 자리 잡은 방식이다.

15) 적정한 안보 수준 유지에 대한 대중의 태도는 최근 극적인 정부의 실패로 인해 다소 확고해졌다. 테러 방지와 비교될 수 있는 허리케인 카트리나에 대처했던 정부의 노력은 안전 보장을 열망하는 국민의 기대를 꺾어 놓았다.

16) 전문가마다 정도에 대한 판단은 다르지만 수익재량을 수반하는 구조적 위험성은 2002년 Terrorism Reinsurance Act(TRIA)를 통해 구체화되었다. 이 법은 911테러 이후에 민간부문의 테러 피해에 대한 보험 보장이 너무 고비용인 데다 때로는 보장이 불가능하다는 불만에 따라 제정되었다. 보험 시장에 정부가 참여하는 것에 대해 찬반 주장이 당연히 제기되었다. 결국 TRIA는 테러로 인한 재산상의 피해가 상한을 넘는 경우 정부가 그 손실을 보상해 주는 것으로 조정되었다. 따라서 보험사는 치명적인 사고에 대해서 정부가 대부분의 비용을 부담하게 되므로 그 위험 노출을 줄이는 것에 대한 수익을 거의 얻지 못할 것이다. 또

한 보험가입자들이 위험 부담 경감을 위해 많은 금액을 투자하도록 하는 유인책도 약화될 것이다. Pennsylvania's Wharton School의 Kent Smetters는 TRIA 법령에 따라, 치명적인 사고가 발생했을 때 많은 비용을 정부가 감당해주기 때문에 취약한 자산을 보유한 민간인들이 오히려 보안에 과소 투자할 것이라고 설명했다. TRIA의 배경, 조항, 효과에 대한 내용은 다음 자료를 참고하라. Smetters, "Insuring against Terrorism: The Policy Challenge" (paper prepared for January 2004, Conference of the Brookings-Wharton Papers on Financial Services, draft of February 4, 2004)

17) Eric Lipton, "Audit Faults U.S. for its Spending on Port Defense," New York Times, February 20, 2005, sec.1, p.1

18) 도시의 항구가 민간기업의 소유인지, 뉴욕항만청과 같이 공공기관의 소유인지의 여부가 이 경우에 해당할 수 있다.

19) John W. Pratt and Richard J. Zeckhauser, eds., Principals and Agents: The Structure of Business (Harvard Business School Press, 1985; paperback, 1991)

| 제6장 |

01) House Appropriations testimony of May 10, 2001, quoted in Kirsten Lundberg, "Smarter Foreign Aid?" KSG Case Program, C-15-04-1778 (Harvard University, 2004), p.8

02) Quoted in Stephen Mufson, "Holmes Calls for Abolishing AID, Increasing Support for Taiwan," Washington Post, January 12, 2001, p.A6

03) Holly Wise, quoted in Lundberg, "Smarter Foreign Aid?" p.5

04) Quoted in ibid., p.11

05) Global Development Alliance, 2008 report, USAID, December 2007

06) General Accounting office, "Student Loans: Direct Loans Could Save Money and Simplify Program Administration," HRD-01-144BR (September 1991)

07) 상원에서의 상정법안 및 공동결의안에 대한 발표 내용은 1995년 8월 11일 의회기록을 참고하라. https://www.congress.gov (옮긴이. 2021년 7월 접속)

08) 추가 발언 내용은 1995년 6월 9일 의회기록을 참고하라. https://www.congress.gov (옮긴이. 2021년 7월 접속)

09) Jonathan D. Glater and Karen W. Arenson, "Lenders Sought Edge against U.S. in Student Loans," New York Times, April 15, 2007

10) General Accounting office, "Student Loans: Direct Loan Default Rates," GAO-01-

068 (October 2000), p.8

11) Glater and Arenson, "Lenders Sought Edge against U.S. in Student Loans."

12) Karen W. Arenson, "Columbia to Pay $1.1 Million to State Fund in Loan Scandal," New York Times, June 1, 2007

13) "The Widening Student Loan Scandal" (editorial), New York Times, April 8, 2007

14) Sam Dillon, "Spellings Rejects Criticism on Student Loan Scandal," New York Times, May 11, 2007

15) Tamar Lewin, "House Passes Bill to Expand Student Aid," New York Times, September 17, 2009

16) Leslie Crawford, "Valencia's Formula for Getting Ahead Is by Thinking Big," Financial Times, October 26, 2005, p.6. 그리고 "Historia de las ciudad de las artes y las ciencias,"에 대한 내용은 다음 웹페이지를 참고하라. https://www.cac.es/en/home/la-ciutat/descubre-cac.html (옮긴이. 2021년 7월 접속)

17) Kirsten Lundbert, "Too Many Parents: The Governance of the Rose Kennedy Greenway," Kennedy School Case Program, 2006

18) Anthony Flint, "City, Pike Seen Near Parks Plan; Dismantling of Artery Spurs Race for Role," Boston Globe, February 21, 2004, p.A1

19) Thomas Palmer, "10 Named to Govern and Raise Money for Greenway," Boston Globe, December 1, 2004, p.C5

20) "A Problem with the Greenway Solution," Boston Business Journal, July 16, 2004

21) 아르메니아 대량 학살과 그 이후 자행된 모든 대량 학살을 추모하는 조형물과 분수를 가졌고, 인생의 여정을 상징하는 잔디와 암석으로 이루어진 미로를 가진 Armenian Heritage Park는 2010년에 개장하여 흥미를 더하고 있다.

22) 1962년 연설은 발췌된 내용이며, 그 상황은 다음 자료에 잘 기술되어 있다. Edward R. Annis, Code Blue: Health Care in Crisis (Regnery Gateway, 1993), pp.67 - 70

23) Lawrence R. Jacobs, "Institutions and Culture: Health Policy and Public Opinion in the U.S. and Britain," World Politics 44, no.2 (1992): 203

24) 이 단락의 모든 수치는 다음 자료를 기반으로 계산되었다. Statistical Abstract of the United States 2010, tables 127, 134, and 215

25) Quoted in Jacobs, "Institutions and Culture," p.197

26) ibid., pp.203 - 204. 케네디와 존슨의 정부 관료는 정부가 직접 관리하는 것의 타당성을 의심했기 때문이 아니라, 정당성 때문에 메디케어의 간접 관리를 선호했다.

27) Robert Ball memo of 1961, quoted in Jacobs, "Institutions and Culture," p.204

28) USC 42, chap.7, subchap. XVIII, sec.1395kk.

29) USC 42, chap.7, subchap. XVIII, sec.1395x(e)

30) USC 42, chap.7, subchap. XVIII, sec.1395bb

31) Timothy Stoltzfus Jost, "Medicare and the Joint Commission on Accreditation of Health-care Organizations: A Healthy Relationship?" Law and Contemporary Problems 57, no.4 (1994): 25

32) Barry Meier, "Sparks Fly over Industry Safety Test," New York Times, December 22, 1995, p.3-1

33) Susanna Duff, "Two Vermont Hospitals Abandon JCAHO Accreditation," Modern Health-care, August 19, 2002, p.20

34) Center for Medicare and Medicaid Services는 오랜 기간 Health Care Finance Administration로 알려져 있었다.

35) See "Remarks by Dennis O'Leary, M.D." from July 20, 2004

36) 이들 7개 기관의 2005 회계연도의 지출은 약 1,540억 달러였다. Office of Management and Budget, Budget of the United States, Fiscal Year 2006, historical table 4-1, "Outlays by Agency 1960 - 2010."

37) Office of the Inspector General, "The External Review of Hospital Quality: The Role of Accreditation" (Department of Health and Human Services, July 1999), p.13

38) Michael J. Astrue, "Health Care Reform and the Constitutional Limits on Private Accreditation as an Alternative to Direct Government Regulation," Law and Contemporary Problems 57, no.4 (1994): 75

39) July 20, 2004, O'Leary remarks from press release cited above, n.35

40) Dennis O'Leary의 보수는 다음 자료에 따르면 86만 달러였다. Modern Healthcare, May 2, 2005, p.26. 반면 Mark McClellan의 보수는 다음 자료에 따르면 14만 달러에 못 미쳤다. Committee on Government Reform, U.S. House of Representatives, 108th Congress, 2nd session, "United States Government Policy and Supporting Positions, 2004 Edition" (U.S. Government Printing office, 2004)

41) David R. Hodge, "Spirituality and People with Mental Illness: Developing Spiritual Competency in Assessment and Intervention," Families in Society 85, no.1 (January - March 2004): 36 - 44

42) Walt Bogdanich, "Small Comfort: Prized by Hospitals, Accreditation Hides Perils Patients Face," Wall Street Journal, October 12, 1988, p.1; Gilbert M. Gaul, "Accreditors Blamed for Overlooking Problems," Washington Post, July 25, 2005, p.A-1

43) 2004년 Massachusetts Group Insurance Commission은 품질과 경제성을 기준으로 새롭게 평가하는 제도를 도입했다. 하위 수준의 의사를 찾는 환자들은 더 높은 공제를 받는다.

| 제7장 |

01) 이 단락은 다음 자료에서 인용, 편집하였다. John D. Donahue, "Parks and Partnership in New York City," Kennedy School of Government Case Program CR16-04-1743 and CR16-04-1744 (Harvard University, 2004)

02) Moses의 인력은 대공황 기간을 지나며 연방정부의 자금 지원을 받았던 수준에서 많이 줄어들어 1963년에는 겨우 만 명 정도였다.

03) Anna Quindlen and Michael Goodwin, "New York City Park System Stands as a Tattered Remnant of Its Past," New York Times, October 13, 1980, p.1

04) Central Park Conservancy에 대한 자세한 정보는 인터뷰를 통해 얻었으며, 그 내용은 다음의 웹사이트에서 확인할 수 있다. http://www.elizabethbarlowrogers.com/lecture/index.html 그리고, 공식 홈페이지의 연혁 정보에서도 확인이 가능하다. http://www.centralparknyc.org/thenandnow/cpc-history

05) Rebuilding Central Park: A Management and Restoration Plan (MIT Press, 1986)

06) "Agreement between the Central Park Conservancy and City of New York, Parks and Recreation," dated and signed February 11, 1998

07) Ibid., pp.5-6.

08) Ibid., pp.29-33

09) Ibid., pp.9-10

10) 센트럴파크관리위원회는 3년 동안 그리고 그 이후에도 계속 기준선을 초과하여 시로부터 자금을 추가지원 받을 수 있었지만, 시에서 추가 지급하기로 한 금액은 400만 달러로 제한되었다.

11) "Agreement," pp.15-16

12) Ibid., pp.37-38

13) 거의 40편의 일류 영화가 센트럴 파크 공원 내에서 촬영되었다.

14) The Many Faces of Central Park, Central Park Conservancy Annual Report, Fiscal Year 2002 (2003)

15) 이 단락은 저자 중 한 명이 2003년 가을에 직접 관찰한 내용과 상기의 2003년 자료를 바탕으로 작성되었다.

16) The Many Faces of Central Park, p.13

17) Ibid., p.28

18) Ibid., p.14

19) Guy Trebay and Eddie Borges, "Central Park Sell Out: With Little Public Input, a Private Elite Is Set to Take Over the Crown Jewel of Urban Parks," Village Voice,

October 14, 1997, p.44

20) Bette Midler의 Good Housekeeping와의 인터뷰 내용은 New York Restoration Project 공식 웹사이트에 등재되었다. 다음 웹사이트에서 확인이 가능하다. http://www.nyrp.org (2004년 1월 접속)

21) Peter Hellman, "On Harlem River, Hope Floats," New York Times, October 30, 2003, p.D-9

22) Ibid.

23) 이 수치는 인구조사 데이터에서 가져왔으며 다음 웹사이트에서 확인이 가능하다. http://www.census.gov/main/www/cen2000.html/ (2003년 12월 접속). Data Set: Census 2000 Summary File 4 (SF 4)—Sample Data Geographic Area: Census Tract 289, New York County, New York

24) 다음 웹사이트에서 자세한 내용 확인이 가능하다. http://www.nycgovparks.org/sub_about/parks_history/historic_tour/history_reinventing_parks_recreation.html (2003년 12월 접속)

25) Hellman, "On Harlem River, Hope Floats."

26) Ibid.

27) Dianne Pucin, "For Women, It's a Whole New Ballgame," Los Angeles Times, November 30, 1998

28) 1997년부터 2005년 챔피언십에 대한 정보는 다음 웹사이트에서 자세한 내용 확인이 가능하다. http://www.ncaasports.com/rowing/womens/history/ (2005년 11월 접속). 여자 조정팀이 Title IX를 통해 처음으로 NCAA 자격을 얻었던 1997년에 22차례의 전국대회에서 아이비리그 학교가 16차례 우승을 차지했다. Dan Brown, "Scholarships Threaten Ivy's Success in Women's Crew," Yale Daily News, April 8, 1997.

29) 다음 웹사이트에서 내용 확인이 가능하다. http://www.ncaasports.com/rowing (2003년 12월 접속)

30) 다음 웹사이트에서 내용 확인이 가능하다. http://www.nyrp.org/boathouse.htm (2003년 12월 접속)

31) Hellman, "On Harlem River, Hope Floats."

32) Peter Jay Sharp Boathouse에 대한 정보는 뉴욕조정협회 웹사이트에서 확인이 가능하다. http://www.nyrowing.org/peterjaysharprc/rowing_programs.html (2005년 11월 접속). Oxford-Cambridge 동문 경기에 관한 정보는 다음 웹사이트에서 확인이 가능하다. http://www.oxalumny.org/pastevents/archives/2005/04/ (2005년 11월 접속)

33) "Rowing Gains a Following," New York Newsday, November 5, 2005

34) 보트하우스 건립 모금에 참여한 기부자들이 과세 소득에서 그 모금액을 공제했다면 연방정

부와 주정부도 그만큼의 세금을 잃어버린 것이다. 그러나 이 공제액을 보트하우스 건립을 위한 공공비용에 추가해야 하는지에 대한 여부는 Midler의 요청에 응한 기부자들이 공제액을 감안하여 기부금을 증액했는지, 혹은 단순하게 전용했는지 여부에 달려있다.

35) Bryant Park 웹사이트의 History 페이지를 참고하라. https://bryantpark.org/blog/history/ (옮긴이. 2021년 7월 접속)

36) Deirdre Carmody, "Vast Rebuilding of Bryant Park Planned," New York Times, December 3, 1983, p.1

37) Ibid.

38) A business improvement district(BID)로 지정되면 해당 지역 내의 기업체 대부분에게 동의를 구해 세금을 증액하거나 과세하게 된다. (법적으로는 과세 전에 49.5%의 부동산 소유주의 동의가 필요했으나, 실무적으로는 BID 승인 전에 70%의 동의를 필요로 했다) 각 BID는 주 의회의 승인을 받아야 했다. 하지만, 의회의 승인 후에는 추가적인 세금은 법적인 의무가 되었고, 정부가 징수한 후에 거리의 경관 유지, 보안 순찰 또는 추가적인 공공 서비스를 지원 BID에 제공했다.

39) 이 절차에는 환경 영향 평가, 토지 이용 계획 검토, 지역 주민 공청회, 도시 계획 위원회의 승인, 뉴욕시 예산위원회, 랜드마크 보존위원회와 예술위원회의 승인, 주 의회의 승인 등이 필요했다. Carmody, "Vast Rebuilding of Bryant Park Planned."

40) Ibid.

41) Ibid.

42) "Management Agreement for Bryant Park between the City of New York and Bryant Park Restoration Corporation," July 29, 1985, signed by Mayor Ed Koch, Parks Commissioner Henry Stern, and BPRC Chairman Andrew Heiskell, sec. 4, pp.7-8

43) Ibid.

44) Bruce Weber, "Town Square of Midtown," New York Times, August 25, 1995, p.B-1

45) Ibid.

46) "Remodeling New York for the Bourgeoisie," New York Times, September 24, 1995, p.B-1

47) Weber, "Town Square of Midtown."

48) "Our Mission"에 대한 내용은 다음의 BPRC 웹사이트에서 확인이 가능하다. http://www.bryantpark.org/park-manage ment/mission.php (2004년 2월 접속)

49) Glenn Collins, "All the Pretty Horses, and a 6-Ton Gear Drive," New York Times, June 1, 2002, p.B-5

50) Eleanor Blau, "Pigeons on the Pill Bring Cleaner Bryant Park," New York Times, May 28, 1994, p.23. Robert F. Worth, "In Bryant Park, Hawks Are Circling and the

Pigeons Are Nervous," New York Times, April 17, 2003, p.D-1. 1994년 공원감독관 Henry Stern은 여러 공원에서 비둘기와의 오랜 투쟁을 벌였지만, 결국 패배를 인정했다.

51) http://www.34thstreet.org/partnership/index.php

52) http://www.grandcentralpartnership.org/home.asp

53) Quoted in Terry Pristin, "For Improvement Districts, Restored Alliance with City," New York Times, February 18, 2002, p.B-1

54) Elaine Louie, "Chronicle," New York Times, August 26, 1995, p.20

55) Bryant Park Web site rules page, http://www.bryantpark.org/park-rules.php (2004년 2월 접속)

55) Bryant Park 웹사이트의 Rules 페이지를 참고하라. https://bryantpark.org/the-park#rules-regulations (옮긴이. 2021년 7월 접속)

56) Weber, "Town Square of Midtown."

57) 브로셔에 의하면 브라이언트파크복원회사뿐만 아니라 공원관리부도 행사를 승인할 수 있었다. Bryant Park: The Events Guide (Bryant Park Restoration Corporation, 2003).

58) "Bryant Park Restoration Corporation, Proposed Operating Budget with Comparison to Current Year Operations, for the Year Ending June 30, 2004," provided by the New York City Department of Parks & Recreation.

59) Faith Hope Consolo, quoted in Denny Lee, "You're a Hot Park When Everyone Wants Your Name," New York Times, April 27, 2003, p.14-6

60) Biederman is quoted in ibid

61) Interview with Donahue, October 16, 2003

62) Interview with Donahue, September 4, 2003

63) Estimate by Benepe, interview with Donahue, September 4, 2003

64) 이는 공원관리부의 예산 80%가 직원의 인건비로 사용된다는 점을 감안한 가정이다.

65) "Partnership for a New Generation of Vehicles: A Declaration of Intent," joint press release of September 1993.

66) 상세한 내용은 Kennedy School of Government Case 프로그램으로부터 얻을 수 있었다. "From Confrontation to Cooperation: How Detroit and Washington Became Partners" (Harvard University, 1997)

67) Justin Hyde, "GM Says Precept Concept Car Achieves 80 mpg in Tests," Associated Press State and Regional Wire Service, Business News section, October 20, 2000

68) Nedra Pickler, "Partnership May Not Reach Goals for Affordable 'Super Car' by 2004," Associated Press State and Regional Wire Service, Business News section, August 13, 2001

69) Ed Garsten, "Bush Abandons High-Mileage Program for Hydrogen Fuel-Cell," Associated Press State and Regional Wire Service, Business News section, January 9, 2002

70) 1996년에 발표된 Innovations in American Government Award 후보자로 FDA가 지명되면서 저자 중 한 명이 현장 방문자로 선정되었다. 이 단락은 당시 현장 보고서의 내용에서 인용, 편집되었다.

71) Calculated from office of Management and Budget, Budget of the United States, Fiscal Year 2006, historical table 3.2, "Outlays by Function and Subfunction, 1962-2010."

72) 우선심사(priority)는 새로운 치료 가능성을 보여주는 약물에 해당하며 일반심사(standard)는 시판 중인 약물의 새로운 경쟁 약물을 위한 것이다. 제시된 기간은 신약에 대한 심사에 해당되며, 기존 약물의 새로운 용도 또는 새로운 시설에 대한 점검에 대해서는 별도의 성과 목표가 존재한다.

73) 회계연도 2004년의 성과보고서는 다음 웹사이트에서 확인이 가능하다. https://www.fda.gov/about-fda/reports-manuals-forms/reports/ (옮긴이. 2021년 7월 접속, 수정된 웹사이트). 물론 다른 요인들로 인해 심사 속도에 영향을 줄 수 있음을 감안해야 한다. 보건경제학자인 Ernst Berndt와 그의 동료들은 PDUFA가 심사 속도 증가에 2/3 정도 영향을 미쳤다고 평가했다. Ernst R. Berndt et al., "Assessing the Impact of the Prescription Drug User Fee Act on the FDA Approval Process," National Bureau of Economic Research Working Paper No. 10822 (October 2004). 다른 두 명의 학자는 PDUFA 이전에 이미 FDA의 자원이 증가하고 있었다는 점을 지적하고, 심사 속도의 향상은 환자와 지지자들의 압력 때문이라고 판단했다. Daniel Carpenter and A. Mark Fendrick, "Accelerating Approval Times for New Drugs in the U.S.," Regulatory Affairs Journal 15, no. 6 (June 2004): 411 - 417

74) General Accounting office, "Food and Drug Administration: effect of User Fees on Drug Approval Times, Withdrawals, and Other Agency Activities," GAO-02-958 (September 2002), p.16

75) Susan Okie, "What Ails the FDA?" New England Journal of Medicine 354, no.11 (March 17, 2005): 1063 - 1066

76) Calculated from office of Management and Budget, Budget of the United States, Fiscal Year 2005

77) General Accounting office, "Food and Drug Administration: effect of User Fees on Drug Approval Times, Withdrawals, and Other Agency Activities," GAO-02-958 (September 2002), p.15, fig.5, and p.16, fig.6

78) John Carey and Amy Barrett, "Lessons from the Vioxx Fiasco," Business Week, November 29, 2004

79) FDA 감찰관에 따르면, 이 같은 우려에도 불구하고 직원 중 1/5이 약물 승인에 대한 압력을 받았다고 한다. Office of Inspector General, "FDA's Review Process for New Drug Applications: A Management Review," OEI-01-00590 (March 2003). 그리고 New England Journal of Medicine가 이용했던 FDA 내부 연구에 의하면 승인 조건이었던 시판 후 약물 연구에 대한 약속의 65%는 지켜지지 않았다는 것이 밝혀졌다. Okie, "What Ails the FDA?"

80) Ricardo Alonso-Zalzibar, "Congress Weighs New Restraints on FDA to Improve Drug Safety," Boston Globe, November 29, 2004

81) Graham is quoted in Simon Frantz, "How to Avoid Another Vioxx," Nature online (December 4, 2004), at http://www.nature.com/news/2004/041220/pf/nrd1629_pf.html/ (2005년 10월 접속)

81) David Graham의 발언은 다음 논문에서 인용했다. Simon Frantz, "How to Avoid Another Vioxx," Nature online (December 4, 2004). https://www.nature.com/articles/nrd1629/. (옮긴이. 2021년 7월 접속, 수정된 웹사이트)

82) Gardiner Harris, "House Passes Bill Giving More Power to the F.D.A.," New York Times, September 20, 2007, p.A-18

83) FDA data referenced in Okie, "What Ails the FDA?"

| 제8장 |

01) 정책분석 분야의 선구적인 교재로 여겨지는 다음의 도서를 참고하라. Stokey and Richard Zeckhauser, A Primer for Policy Analysis (W. W. Norton & Company, 1978)

02) 콘크리트 조달 회사와의 합의 내용에 대한 내용은 다음의 홈페이지 링크를 통해 확인할 수 있다. http://archive.boston.com/news/local/articles/2007/07/28/big_dig_payment_for_fraud_at_50m/. 교통부의 공식 보고서를 통해서도 이 내용을 확인할 수 있다. http://www.oig.dot.gov/StreamFile?file=/data/pdfdocs/Aggregate_Plea_PRjuly27.pdf (2007년 11월 접속)

03) 동료 교수 Jane Mansbridge는 경제학의 대리이론의 요체인 이해관계의 일치를 기반으로 한 선택이라는 주제를 정치학으로 확장시켰다. "A 'Selection' Model of Political Representation," Journal of Political Philosophy17, no. 4 (December 2009): 369 - 398

04) Gardiner Harris, "House Passes Bill Giving More Power to the F.D.A.," New York

Times, September 20, 2007, p. A-18. 일부 회의적인 시각에서는 여전히 PDUFA의 기본 논리에 대해서 의문을 제기했다. 예를 들어 다음을 참고하라. Jerry Avorn, "Paying for Drug Approvals: Who's Using Whom?" New England Jour-nal of Medicine, 356, no.17 (April 26, 2007)

05) Workforce Investment Act에 앞선 연방정부의 직업훈련 정책에 대해서는 다음 도서를 참고하라. John D. Donahue, The Privatization Decision: Public Ends, Private Means (Basic Books, 1989), chap.9

06) JTPA에 관련된 중요한 자료는 노동부가 예산을 지원하고 Abt Associates의 연구팀이 실행한 대규모 연구를 통해 수집되었다. Larry Orr et al., Does Training for the Disadvantaged Work? Evidence from the National JTPA Study (Urban Institute Press, 1996)

07) 이 논쟁이 끝날 무렵, Donahue는 노동부의 정책관이었으며, 직업훈련 분야에서 공공기관, 민간기관보다는 개인에게 재량이 치우치는 것을 대체로 선호했다.

08) Workforce Investment Act 법안이 갱신되거나 다른 법안으로 대체되어야 할 시기에 접어드는 가운데 이 법안에 대해 재평가할 수 있는 한 가지 사례는 다음의 자료를 참고하라. U.S. Government Accountability office, "One-Stop Infrastructure Continues to Evolve," report GAO-07-1096 (September 2007)

09) 유명한 외과의사이자, 학자이며, 뉴욕시민이며, 수필가인 Atul Gawande는 간단한 체크리스트의 놀라운 영향력을 연대기적으로 기록했다. 항공기 조종부터 환자 수술에 이르는 여러 작업을 살펴본 결과, 그는 대부분의 실수가 무지에서 오는 것이 아니라 우리가 알고 있는 사항을 적절히 활용하지 못하는 부주의함에서 비롯된다고 지적한다. 동시에 그는 체크리스트가 이 같은 오류를 극적으로 줄여 줄 수 있다는 사실을 발견했다. 수술실에 들어가는 모든 사람이 수술 전 체크리스트를 통해 서로의 이름을 익히도록 하는 것만으로도 합병증을 35%까지 줄일 수 있다고 한다. 다음의 링크를 통해 자세한 내용을 확인할 수 있다. http://www.leanblog.org/2010/01/dr-gawande-checklists-featured-on-npr/. 보다 일반적인 내용을 위해서는 다음 도서를 참조하라. Atul Gawande, The Checklist Manifesto (Metropolitan Books, 2009)

10) 두 저자 모두 이 비유가 가지는 실재적인 장점에 대해 확신이 있지만, 우리 둘 다 때때로 서커스 관람을 즐긴다는 사실을 솔직히 밝히는 것이 옳다고 느낀다. 더 나아가 둘 중 한명은 P. T. Barnum의 후손과 결혼했다.

11) Fred Bradna and Hartzell Spence, The Big Top (Simon and Schuster, 1952), pp.101-102

12) Martin Landau and Russell Stout, Jr., "To Manage Is Not to Control: Or the Folly of Type II Errors," Public Administration Review, March/April 1979

| 제9장 |

01) 이 주제에 대한 보다 많은 자료와 주장에 대해서는 다음 도서를 참고하라. John D. Donahue, The Warping of Government Work (Harvard University Press, 2008)

02) 우리 두 저자 모두 Harvard Kennedy School의 교육과정을 혁신하여 학생들로 하여금 협력에 필요한 핵심 능력을 갖추도록 훈련시키고 있다.

03) 물론 이들이 완전히 비이성적인 것도 아니다. 만일 여러분이 종교 기반의 어느 단체나 기업에서 특정한 기준, 관계, 사고방식을 고수하는 것에 상당히 관심을 가지고 있다면, 여러분이 선호하는 조직의 형태가 많아지기를 원할 것이고, 국민으로서 그 선호를 논리적으로 구체화시키기 위해 노력하게 될 것이다.

04) Amos Tversky and Daniel Kahneman, "Judgment under Uncertainty: Heuristics and Biases," Science, n.s., 185, no.4157(September 27, 1974): 1127-1128

05) 비교 우위에 따른 접근 방식은 최초에 국제 무역 때문에 생겨났는데, 어느 국가가 서로 다른 재화를 생산하는 데 있어 상대적인 우위를 가지는지를 평가하는 데서 시작했다. 원시적인 예로서, 영국은 포르투갈보다 더 적은 노동력으로 양모와 와인을 생산할 수 있음에도 불구하고, 상대적으로 양모가 포르투갈에 비해 유리하므로 포르투갈의 와인을 양모와 교환하여 얻을 수 있다.

06) Millennium Poll on Corporate Social Responsibility (Environics International, Ltd; Prince of Wales Foundation; The Conference Board, Toronto, 1999)

07) 구글(Google)의 하이브리드 자동차에 대한 강력한 지지 선언이 떠오른다. 구글은 회사 차량 구입 시에 하이브리드 차량만 구입하며, 직원들에게도 이 차량 구입을 위한 보조금을 지급하고, 이 분야에 연구비 지원도 하고 있다. 상당히 훌륭한 일이다. 구글의 시가총액을 감안하면 정말 적은 수의 자동차를 소유하고 있는 것이 사실이지만, 구글의 이 같은 조치에 대해서 상당히 호의적인 대중적 지지를 받고 있다. 또한 회사 가치에 비해 상당히 작은 100~1,000만 달러 범위의 기부를 했다. 만일 구글이 회사 운영을 위해 전기 사용을 20% 절감하는 노력하겠다고 발표한다면, 환경에는 상당한 좋은 영향을 미치겠지만, 구글에게는 상당한 비용이 발생하고, 뉴스로서의 가치도 다소 적을 것이다.

| 제10장 |

01) Chicago Park District 웹사이트의 History 페이지를 참고하라. https://www.chicagoparkdistrict.com/about-us/history-chicagos-park/ (옮긴이. 2021년 7월 접속). "Say No to Museum in Park" (editorial), Chicago Sun-Times, September 21, 2007, p.35

02) 이 역사적 배경 부분은 다음 도서를 참고하라. Timothy J. Gilfoyle, Millennium Park: Creating a Chicago Landmark (University of Chicago Press, 2006), pp.5-30. 역사와 조금 관련이 있지만 일어나지 않았던 일을 언급해 보는 것도 좋을 것 같다. Frederick Law Olmsted가 19세기 후반 뉴욕에 센트럴 파크를 만들 당시, 시 정부의 의뢰를 받아 일을 했다. Robert Moses가 20세기 중반 뉴욕의 공원 시스템을 대거 개편하는 일을 할 당시, 그는 시 정부에 소속된 관료였다. 그러나 20세기에서 21세기로 넘어오는 시점의 시카고 지역의 놀라운 변화는 대규모의 공공사업을 위한 자원이 정부에게는 부족하고 민간에게는 넉넉한 시기였다는 점을 감안해야 한다. 상황이 다르면 모델도 달라져야 한다는 점을 시사한다.

03) 시장실에 뼈를 묻겠다고 했던 아버지 시장과는 달리 2011년 재선에 도전하지 않겠다고 선언해 시카고 시민에게 충격을 안겼던 시장은 이 책이 출간되기 직전에 아버지의 시장 시절 임기를 넘겼다.

04) Andrew Martin and Laurie Cohen, "Millennium Park Flounders as Deadlines, Budget Blown; Poor Plans, Constant Changes Slow Progress, Drive Up Price—and City Taxpayers May Have to Help Make Up difference," Chicago Tribune, August 5, 2001

05) Gilfoyle, Millennium Park, pp.82 and 364

06) Ibid., p.82

07) Ibid., p.83

08) Ibid., pp.94-97

09) Martin and Cohen, "Millennium Park Flounders."

10) Noreen S. Ahmed-Ullah, "Millennium Park Wows VIP Visitors: President of Czech Republic, Entourage, Get Whirlwind Tour, Chicago Tribune, April 28, 2006

11) Martin and Cohen, "Millennium Park Flounders."

12) Andrew Herrmann, "$475 Million Millennium Park Set to Open July 16," Chicago Sun-Times, March 11, 2004, p.8

13) http://www.forbes.com/lists/2005/54/58EE.html (2007년 9월 접속)

14) Tara Burqhart, "4 Years Late, Chicago Gets Millennium Park," Associated Press Online, May 15, 2004

15) Project director Ed Uhlir, quoted in ibid.

16) 구체적인 출처는 없으나, 밀레니엄 파크에 대한 일반적인 정보는 한 저자가 공원을 직접 경험하여 체득한 내용과 다른 한 저자가 다음의 웹사이트의 정보를 정독하여 얻은 내용이다. http://www.millenniumpark.org

17) 이 예술 작품이 탄생하게 된 이면의 기술적이고 실행상의 도전들은 다음 자료를 참고하라. Emily Nunn, "Millennium Park's Spouting Faces," Chicago Tribune, January 27, 2005

18) Anish Kapoor에 대한 내용은 밀레니엄 파크 웹사이트에서 인용하였다.
19) Zagat Survey online, http://www.zagat.com (2007년 10월 접속)
20) Gilfoyle, Millennium Park, pp.291 – 292
21) Ahmed–Ullah, "Millennium Park Wows VIP Visitors."
22) 개인정보보호도 중요하지만, 최우선 대상은 아니다. 현존하는 암호화 기술로도 연구자들이 의료기록을 이용하여 연구를 하는 동안 개인정보를 보호하는 데 충분하다.
23) 많은 질병을 앓고 있는 환자의 경우처럼, 제대로 기능하지 못하는 시스템은 정확하게 진단하기는 매우 어렵다. 사소한 문제가 제일 중요한 문제라고 오인될 수 있고, 그 반대일 수도 있다. 현재 가장 필요한 것은, 미국의 의료서비스와 건강보험을 둘러싼 고도의 긴장감이 감도는 정치적 상황에서, 실행하기는 어렵겠지만, 무엇이 잘못되었는지에 대한 냉정한 평가다. 다음을 참고하라. Katherine Baicker and Amitabh Chandra, "Myths and Misconceptions about Health Insurance," Health Affairs 27, no.6 (September/October 2008)
24) 추가적인 재정 지출은 2010년 2월에 발효된 Health Information Technology for Economics and Clinical Health(HITECH) 법안에 기인한다. 이 법안은 의료정보기술을 도입하고 활용하는 병원과 의사에게 인센티브를 제공한다. Letter from Robert A. Sunshine, acting director, CBO, to Charles B. Rangel, chairman, Committee on Ways and Means, U.S. House of Representatives, January 21, 2009
25) 진보적 관점에서의 사려 깊고 낙관적인 분석은 다음 자료를 참고하라. David M. Cutler, Karen Davis, and Kristof Stremikis, "The Impact of Health Reform on Health System Spending," The Commonwealth Fund, the Center for American Progress, Issue Brief (May 21, 2010), vol.88
26) 최근 조사에 따르면 전체 환자의 절반 정도가 처방을 제대로 따르지 않은 까닭에 발생하는 입원 치료에 1,000억 달러 이상이 지출된다. 처방대로 혈압 약만 잘 복용해도 연간 89,000명의 조기 사망을 막을 수 있다. 다음 자료를 참고하라. David M. Cutler and Wendy Everett, "Thinking Outside the Pillbox—Medication Adherence as a Priority for Healthcare Reform," New England Journal of Medicine, April 7, 2010, 10.1056
27) David Cutler and Richard Zeckhauser, "Extending the Theory to Meet the Practice of Insurance," in Brookings–Wharton Papers on Financial Services, ed. Robert E. Litan and Richard Herring (2004), pp.1 – 53. 이 자료는 적은 비용으로도 광범위하게 보장해주는 것은 의료보험이라고 불려도 실은 보험이 아니라는 것을 분명하게 보여준다. 우리는 이 내용을 확장해서, 미국의 금융 시스템과 각종 규제에 적용해 볼 수 있다. 이를 통해 잘못된 접근 방식의 협력적 거버넌스가 2008~2009년의 금융위기를 초래했음을 알 수 있다. 여러 분야의 분석가들은 그 위기의 원인이 다양하다고 말하고 있지만, 우리는 정부와 민간 부문이 전체적인 위험을 관리하기 위한 효과적인 협력 관계를 가지고 있지 않았다고 판단

한다. 사실, 그 관계라는 것이 너무 부실했기에 어느 쪽도 서로의 허점을 인지할 수 없었다. 금융위기에 대한 이러한 관점은 우리 중 한 저자의 다음 저서에 잘 나타나 있다. Richard Zeckhauser, "Causes of the Financial Crisis: Many Responsible Parties," in New Directions in Financial Services Regulation, ed. Robert Glauber, Thomas Healey, and Roger Porter (MIT Press, forthcoming)

28) Crown 가문과 고용된 예술가 Plensa와의 상호작용에 대한 분석은 다음 자료를 참고하라. Gilfoyle, Millennium Park, pp.278 - 279. 또한 가문의 영예를 드높이고 가문 특유의 유산을 남기고자 하는 이 같은 관례는 르네상스 시대의 이탈리아에서 잘 알려져 있다. 다음 자료를 참고하라. Jonathan K. Nelson and Richard J. Zeckhauser, The Patron's Payoff : Conspicuous Commissions and Italian Renaissance Art (Princeton University Press, 2008)
29) Gilfoyle, Millennium Park, pp.164 - 165
30) "Our Sky High Cloud Gate," Chicago Sun-Times, May 27, 2005
31) Mike Robinson, "Former Chicago Park Official Pleads to Fraud at Millennium Park," Associated Press State and Local Wire, September 1, 2005
32) Figures are from Herrmann, "$475 Million Millennium Park Set to Open July 16," p.8
33) Gary Washburn, "Garage at Downtown Chicago Park Failing to Pay Its Way," Chicago Tribune, January 19, 2005
34) Martin and Cohen, "Millennium Park Flounders."
35) Kelly Kleiman, "Who Owns Public Art?" Christian Science Monitor, March 30, 2005
36) 중요한 결정을 포함한 모든 사소한 결정들에 대한 Daley 시장의 통제 권한에 대해서는 다음 두 자료를 참고하라. Gilfoyle, Millennium Park, p.351, Burqhart, "4 Years Late, Chicago Gets Millennium Park."
37) Gilfoyle, Millennium Park, p.174
38) Obama 대통령의 최고위 정부 각료 중에는 기업가가 없다. 아마도 공화당 정부였다면 상당히 많았을 것이다.
39) 이 단락에서 인용된 Medicare 지출에 대한 경험적 연구에 대한 내용은 다음 자료를 참고하라. Baicker and Chandra, "Myths and Misconceptions about Health Insurance."
40) Michelle M. Mello, Amitabh Chandra, Atul A. Gawande, and David M. Studdert, "National Costs of the Medical Liability System," Health Affairs 29, no.9 (September 2010): 5
41) Medicare 예산의 1/8은 생애 마지막 30일 동안에 모두 지출된다. 다음 자료를 참고하라. Peter H. Schuck and Richard J. Zeckhauser, Targeting in Social Programs (Brookings Institution Press, 2006), p.61

42) 의료보장 정책이 특히 어려운 한 가지 이유는 개인이 각자의 역할을 잘 수행해야 하기 때문이다. 의료보장은 복잡성, 불확실성, 시간 경과에 따른 결과의 유동성과 관련이 있으며, 이 세 가지 요소는 필요한 의료보장을 받고, 좋은 보험을 선택하려는 사람들의 노력을 꺾어버린다. 다음 자료를 참고하라. Jeffrey Liebman and Richard Zeckhauser, "Simple Humans, Complex Insurance, Subtle Subsidies," in Using Taxes to Reform Health Insurance: Pitfalls and Promises, ed. Henry J. Aaron and Leonard E. Burman, (Brookings Institution Press, 2008), pp.230-252

출간후기

정부와 민간이 힘을 합쳐 더 강한 대한민국으로!

| **권선복** | 행복에너지 대표이사

바야흐로 21세기는 격동의 시대입니다. 민생들의 삶은 더욱 팍팍해지고 스트레스 지수는 높아집니다. 세계적 경제 침체 분위기에 대한민국도 빠지지 않습니다. 코로나로 인해 경제는 하락곡선을 그리며, 주택 가격은 천정부지로 치솟고 일자리를 구하지 못하는 청년들이 늘어나고 있습니다. 앞으로는 또 어떤 일이 일어날까요? 인류사에 유래 없는 호황기를 맞이한 오늘날이라지만 아직 우리에겐 넘어야 할 산이 많습니다. 우리가 아직 겪어보지 못한 많은 도전 앞에 직면해 있습니다. 기후변화와 같은 환경을 생각해야 하고, 후속 세대의 삶을 질을 고려해야 하며, 사회보장제도는 지속적으로 발전시켜야 하며, 우리나라를 벗어나 전 인류의 공존을 위한 협의도 계속되어야 합니다.

그런데 이 모든 것을 정부가 전부 해결해 줄 수 있을까요. 확답을 줄 수 없는 부분입니다. 이 책은 그러한 가정에서 출발하여 '정부'와 '민간'이 서로 협력하는 '협력적 거버넌스'를 최대한 활용해야 함을 역설합니다.

정부와 민간이 손을 잡고 공동의 목표를 세우고 수단을 공유한다면, 민간의 지식과 효율, 자본이 합쳐져 시너지 효과를 일으킬 수 있다는 것이 이 책의 주제입니다. 자칫 정부의 머릿속에만 갇혀 이룰 수 없을 것 같은 뛰어난 아이디어들이 민간부문과의 협력을 통해 쏟아져 나와 창조적이고 신선하며 유연한 해결책을 이끌어 낼 수 있음을 말합니다.

우리나라에도 '백지장도 맞들면 낫다'는 속담이 있습니다. 정부가 모든 것을 해결하려는 노력은 이제 지양해야 할 목표에 지나지 않습니다. 이제는 민간의 역량을 활용하는 것이 지향해야 할 새로운 목표입니다. 정부의 노력보다 훨씬 더 나은 효과를 거둘 수 있을 것입니다.

하지만 모든 결과가 좋게 나오지 않을 수도 있습니다. 이 책에서는 협력의 장점, 밝은 면을 예시를 들어가며 보여주지만, 전혀 그렇지 않은 경우도 있다고 경고합니다. 협력하지 않아야 할 상황에서 협력하거나, 협력해야 할 때 하지 않거나, 잘못된 판단을 내렸을 경우입니다.

따라서 협력을 위한 착안점을 제시해 주고, 꼼꼼하고 다양한 사례를 통해 '협력적 거버넌스'가 성공적으로 이루어지기 위한 실무적인 도움까지 일러주는 본서를 통하여 여러분은 민간과 정부의 협력에 관한 새로운 지혜에 눈을 뜨게 될 것입니다.

'협력적 거버넌스'는 우리나라에서도 적극적으로 활용한다면 큰 효과를 볼 수 있는 방식입니다. 이것이 잘 이루어졌을 때 교육, 경제 개발, 의료 및 안전 등 다양한 분야에서 번뜩이는 아이디어와 풍족한 결과를 얻을 수 있을 것입니다.

참신한 접근법을 통해 훌륭한 정책 사업이 펼쳐져 더 나은 대한민국이 되기를 소망합니다. 대한민국의 의지와 저력이 국민들을 실망시키지 않을 것입니다.

좋은 책을 번역해 주신 역자 조용운님께 감사의 말씀을 전하며 추운 겨울날이지만 뜨거운 상상력과 에너지로 펄펄 끓는 하루하루가 되기를 빌겠습니다.

여러분이 주인공입니다. 감사합니다.

지금 중요한 것은 마케팅이다

신윤창 지음 | 값 20,000원

신윤창 저자의 이 책『지금 중요한 것은 마케팅이다』는 전사적 마케팅 개념을 기반으로 하여 마케팅의 원론을 풀어나가고 있는 책이다. 마케팅을 진행하는 사람이라면 꼭 알아야 하는 전략들을 읽기 쉽고 일목요연하게 이해될 수 있도록 돕고 있다. 더불어 저자 본인이 실제 수행했던 마케팅 전략을 통해 실제 마케터의 위치에 선 독자들의 고민과 갈증에 도움을 줄 수 있는 가이드북이 될 것이다.

인생은 정면돌파

박신철 지음 | 값 17,000원

늦깎이 공무원으로 시작하여 해양수산부, 농림수산식품부에서 실질적 혁신을 주도하였고, 국립수산물품질관리원 원장을 끝으로 용퇴하여 현재 수협중앙회 조합감사위원장으로 재직하고 있는 박신철 저자의 인생과 신념을 담은 에세이다. 국민의 이익과 정의를 위해 자신이 부서지는 한이 있어도 정면돌파로 극복해 나갔던 그의 삶은 공무원에 대한 많은 이들의 편견을 걷어내는 데에 큰 도움이 되어줄 것이다.

코로나 이후의 삶

권기헌 지음 | 값 16,000원

본서는 2020년 COVID-19 사태를 맞이해 이미 시작되고 있는 전 세계적 새로운 패러다임 속에서 참된 나를 찾아가는 여정을 설명하고 있다. 나는 육신에 갇힌 좁은 존재가 아니라 무한하고 완전한 존재라는 것이 이 책이 담고 있는 생의 비밀이자 핵심이다. 저자가 소개하는 마음수련의 원리를 따라가면 어느새 본서에서 제시하는 몸과 마음에 관한 비밀에 매료되는 자신을 발견하게 될 것이다.

도서출판 '행복에너지'의 해피 대한민국 프로젝트!

〈모교 책 보내기 운동〉

"좋은 책을 읽는 것은 과거의 가장 뛰어난 사람들과 대화를 나누는 것과 같다." 철학자 데카르트의 말입니다. 빌 게이츠 회장은 **"오늘의 나를 있게 한 것은 우리 마을 도서관이었다. 하버드대학 졸업장보다 소중한 것이 독서 하는 습관이다"**라고 강조했습니다.

책은 풍요로운 인생을 위해 절대적으로 필요한 도구입니다. 특히 청소년기에 독서의 중요성은 아무리 강조해도 지나침이 없습니다. 하지만 우리나라 청소년들의 독서율은 부끄러운 수준입니다. 무엇보다도 읽을 책이 부족한 실정입니다. 많은 학교의 도서관이 가난해지고 있습니다. 학생들의 마음 또한 가난해진 상태입니다. 지금 학교 도서관에는 색이 바랜 오래된 책들이 쌓여 있습니다. 이런 책을 우리 학생들이 얼마나 읽고 싶어 할까요?

게임과 스마트폰에 중독된 초등과 중등학생들, 대학 입시 위주의 교육에서 수능에만 매달리는 고등학생들, 치열한 취업 준비에 매몰되어 책 읽을 시간조차 낼 수 없는 대학생들. 이런 상황에서도 학생들이 책을 읽고 꿈을 꾸고 도전할 수 있도록 책을 읽는 분위기를 조성해야 합니다. 학생들이 읽을 수 있는 좋은 책을 구비할 필요가 있습니다.

저희 도서출판 '행복에너지'에서는 베스트셀러와 각종 기관에서 우수도서로 선정된 도서를 중심으로 〈모교 책 보내기 운동〉을 전개하고 있습니다.

대한민국의 미래, 젊은 꿈나무들에게 좋은 책을 보내주십시오!

독자 여러분의 자랑스러운 모교에 보내진 한 권의 소중한 책은 학생들의 꿈과 마음을 더욱 풍요롭게 하는 촉매제가 될 것입니다.

책을 사랑하시는 독자 여러분의 많은 관심과 참여를 부탁드립니다.

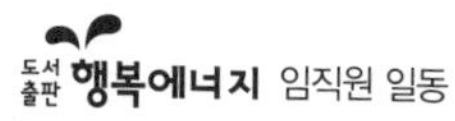

임직원 일동

문의 전화 010-3267-6277